本书为国家社会科学基金西部项目"云南古代神话图像与中华文化认同研究"（22XZW026）阶段性研究成果

先秦神话的变形叙事研究

段丽 著

中国社会科学出版社

图书在版编目(CIP)数据

先秦神话的变形叙事研究/段丽著.—北京：中国社会科学出版社，2024.6
ISBN 978-7-5227-3104-9

Ⅰ.①先… Ⅱ.①段… Ⅲ.①神话—研究—中国—先秦时代 Ⅳ.①B932.2

中国国家版本馆CIP数据核字(2024)第055035号

出 版 人	赵剑英
责任编辑	慈明亮
责任校对	王 龙
责任印制	戴 宽

出 版	中国社会科学出版社
社 址	北京鼓楼西大街甲158号
邮 编	100720
网 址	http://www.csspw.cn
发 行 部	010-84083685
门 市 部	010-84029450
经 销	新华书店及其他书店

印 刷	北京明恒达印务有限公司
装 订	廊坊市广阳区广增装订厂
版 次	2024年6月第1版
印 次	2024年6月第1次印刷

开 本	710×1000 1/16
印 张	19.5
插 页	2
字 数	335千字
定 价	109.00元

凡购买中国社会科学出版社图书，如有质量问题请与本社营销中心联系调换
电话：010-84083683
版权所有 侵权必究

目 录

绪论 先秦神话的变形叙事初探 ……………………………… (1)
  第一节 先秦神话变形叙事研究的方法论思考 ………… (1)
    一 中西变形文学研究综述 ……………………………… (1)
    二 论题研究的可行性思考 ……………………………… (10)
    三 论题研究的方法论思考 ……………………………… (18)
  第二节 先秦神话变形叙事的概念确认 ………………… (24)
    一 变形概念厘定 ………………………………………… (24)
    二 变形叙事界说 ………………………………………… (26)

第一章 先秦神话的图腾型变形叙事 …………………………… (28)
  第一节 静态图腾型变形 ………………………………… (30)
    一 人兽共生型 …………………………………………… (30)
    二 兽兽共生型 …………………………………………… (40)
  第二节 动态图腾型变形 ………………………………… (48)
    一 动物图腾型 …………………………………………… (48)
    二 植物图腾型 …………………………………………… (77)
    三 自然物图腾型 ………………………………………… (87)

第二章 先秦神话的想象型变形叙事 …………………………… (100)
  第一节 夸饰想象型变形 ………………………………… (100)
    一 扩大型与缩小型 ……………………………………… (101)
    二 过度型与缺失型 ……………………………………… (102)
  第二节 类比想象型变形 ………………………………… (105)
    一 尸生万物型 …………………………………………… (105)

二　元件成活型 …………………………………………………（107）
　　三　坼剖生子型 …………………………………………………（116）
第三章　先秦神话的功能型变形叙事 ………………………………（119）
　第一节　巫术型变形 ……………………………………………（119）
　　一　接触型变形 …………………………………………………（119）
　　二　相似型变形 …………………………………………………（124）
　　三　接触相似型变形 ……………………………………………（125）
　第二节　惩罚型变形 ……………………………………………（134）
　第三节　牵连型变形 ……………………………………………（139）
　第四节　避险型变形 ……………………………………………（142）

第四章　先秦神话的情感型变形叙事 ………………………………（147）
　第一节　复仇型变形 ……………………………………………（147）
　第二节　忧懑型变形 ……………………………………………（150）
　第三节　惭惧型变形 ……………………………………………（151）
　第四节　弥补型变形 ……………………………………………（157）

第五章　先秦神话的梦幻型变形叙事 ………………………………（163）
　第一节　梦像有兆型变形 ………………………………………（164）
　　一　刑神入梦 ……………………………………………………（165）
　　二　梦熊有兆 ……………………………………………………（171）
　　三　梦鸟有兆 ……………………………………………………（174）
　第二节　梦变有寓型变形 ………………………………………（177）

第六章　先秦神话的进化型变形叙事 ………………………………（182）
　第一节　西王母、三青鸟神话的进化型变形 …………………（182）
　　一　基型变形：图腾装饰的猎人西王母及其三青鸟 …………（185）
　　二　仿兽型变形：人兽共生的西极之神与霸气猛禽 …………（196）
　　三　仿人型变形：人神合一的人间老者及东方神鸟 …………（199）
　　四　准人型变形：人情人性的帝女人王及祥瑞之鸟 …………（204）
　第二节　"大人""小人"神话的进化型变形 …………………（208）
　　一　地理博物志的远国异人变形 ………………………………（209）
　　二　经史元典中外域神族的变形 ………………………………（214）
　　三　诸子话语中海外神人的变形 ………………………………（223）
　　四　文人诗歌中东方神祇的变形 ………………………………（228）

第七章　先秦神话的变形叙事模式 (234)
第一节　变形叙事语法 (235)
第二节　变形叙事结构 (237)
　　一　圆形循环结构 (240)
　　二　线形单向结构 (247)
第三节　变形叙事视角 (251)
　　一　全知全能视角 (252)
　　二　第三人称限知视角 (255)
第四节　变形叙事时间 (258)
　　一　叙事时序 (259)
　　二　叙事时长 (266)

第八章　先秦神话的变形叙事发展向度 (270)
第一节　先秦神话变形叙事的共时性向度 (270)
　　一　变形叙事的型与式演化 (271)
　　二　先秦神话变形叙事的模式转换 (279)
第二节　先秦神话变形叙事的历时性向度 (284)
　　一　先秦神话变形叙事向度 (285)
　　二　秦汉神话、仙话变形叙事向度 (285)
　　三　魏晋南北朝志怪变形叙事向度 (286)
　　四　明代神魔小说变形叙事向度 (289)

结语 (291)
参考文献 (293)
后记 (306)

绪　论

先秦神话的变形叙事初探

　　变形是脱胎于人类文化启蒙期的一种艺术创造形式,不仅是原始初民神话思维渗透下生活经验与艺术想象激情碰撞的奇思异想,俶诡怪诞的物象中审美艺术思维的初芒绽放,更内隐着原始初民的综合生命观念、原始宗教信仰,甚至凝聚着整体性的民族文化—心理结构。变形在中国文学中渊源久远,其源头可追溯至先秦神话,神话作为先秦时代艺术创作的"一座高峰",数量蔚为大观,尤以变形一类居于核心。因此,本书将占据先秦神话数量主体的变形一类列为研究对象,提出变形叙事的概念,注重从文学主题学、文学叙事学的角度切入,并结合文字学、图像学、神话学、民俗学等跨学科领域的互动阐释,重点讨论先秦神话的变形叙事的型与式、变形叙事模式,乃至变形叙事的整体性发展规律。为使本书研究有序展开,兹先检视先秦神话变形叙事的研究方法及相关概念。

第一节　先秦神话变形叙事研究的方法论思考

一　中西变形文学研究综述

　　19世纪初,黑格尔开拓性地将变形作为一种文艺体裁纳入研究视野。19世纪末,随着文化人类学、神话学与民俗学发展的兴盛,充溢于神话、传说、童话、民间故事中的变形现象也引起了人们的普遍关注。爱德华·泰勒的《原始文化》、詹姆斯·弗雷泽的《金枝》等著作应运而生,从民俗学和神话学的角度切入,就变形问题多角度阐述。随后,恩斯特·卡西尔的《语言与神话》《人论》《神话思维》《国家的神话》等著作也立足于神话学角度,对神话变形的探讨做出了杰出贡献,《人论》更是开拓性的提出变形是神话的基石,将变形提升至前所未有的文化地位。20世纪50年代以后,克洛德·列维-斯特劳斯的《野性的思维》《结构人类学》《图腾制度》等著作相继问世,从文化人类学视野对变形思维与现象进行观照。时至今日,学界对变形的研究已近两百年。

西方对变形的研究早于中国,但中国古代的神话、传说中蕴含着无比丰富的变形文学宝藏,在借鉴西方研究方法的基础上,中国对变形文学的研究也自成体系,总体上看,研究趋势表现在如下三个方面。

(一)跨历史维度的变形文学研究

从整个历史发展的纵向维度或者某一特定时代的横向维度对变形文学加以审视的研究成果,可划分为整体性研究和阶段性研究两类。

整体性研究往往将整个中国古代文学中的变形或单类变形纳入研究视野,通过变形观念融摄的原始初民思维规律解读,揭示变形文学的产生原因、本质特点及存在意义。前者如四川大学2004届硕士董林的学位论文《中国古代文学变形观》,将整个中国古代文学中的变形现象作为研究对象,从文艺学的角度,首次提出变形观、变形文学两个概念,以变形文学为对象,对变形观进行深度溯源,从原始心理、宗教、思想文化、社会背景及作家个人五个方面探究变形观的本质特点[1]。通过变形文学中龙崇拜、灵石崇拜、妖狐崇拜的原型追溯,归纳出变形观的本质特点,即变形首先作为生命的一种基本存在形式,是自然促成,它表现了积极主动的生存意志,与此同时,变形又具有人类童年时期的神话思维特征,主导着善、真与完美,此外,变形还具有宗教色彩与超时间性。后者如西北大学2005届硕士毛郭平的学位论文《神话变形论析》,该文同样立足于历时性向度,以探究整个中国古代神话中的变形,在神话变形具体论例的列举中,指出神话变形的原因在于原始人的神话思维、生活环境、人类的语言环境变化,并将神话变形的意义归结为人的非专门化本来与人类生命律动的表现[2]。上述论文以历史性时间向度为线索,从总体上勾勒了古代变形文学、变形神话的产生、发展与演变规律,挖掘了变形观念的显性与隐性特征,可看作是对中国古代变形文学发展历程的总结。

阶段性研究侧重于就某一特定时代的文学变形观念及其特点的考察,

---

[1] 董林:《中国古代文学变形观》,硕士学位论文,四川大学,2004年。
[2] 毛郭平:《神话变形论析》,硕士学位论文,西北大学,2005年。

在研究方法、研究内容方面，与整体性研究如出一辙，只是常常撷取一个朝代，在共时性向度中探讨变形文学，亦可看作是前一类研究的细化、补充。如蔡堂根《先秦的变形观念及其发展》便认为先秦时期基本上不存在随意变形的观念，其变形或是以自然物为对象的客观变形，或是以神鬼为对象的隐显变化，虽具有自由性和主动性，但只存在隐和显两种状态，随着时间推移，两种变化逐渐融合，遂先后出现鬼神随意变形或精怪随意变形等形式，直至魏晋时期，这种变形观念完全成熟。当然，在这种变形观念形成、发展的过程中，神仙思想、外丹黄白术、佛教观念等先后发挥了重要作用[①]。

李丰楙《先秦变化神话的结构性意义——一个"常与非常"观点的考察》从文化人类学角度剖析了"自然"与"非自然"，"常"与"非常"两组对立性的文化结构，通过"种""类""生""产"诸字的语义分析，以及先秦、两汉诸子对"变""化"的阐释，直指先秦时代的文化心理结构就在于"变化"[②]。李丰楙《不死的探求——从变化神话到神仙变化传说》一文又进一步提出应该把我国的"变形神话"称作"变化神话"，以更贴合中国文化的独有特性，其结合中国古代道教思想，分析了"变化"母题在神话、仙话中的一脉相承，及二者所承载的先民对生命不死的信仰[③]。

康韵梅《六朝小说变形观之探究》一文，依次分析了六朝小说出现神异题材的根本原因与六朝小说的发生、发展背景，将中国古代小说中高频率出现"神怪题材""灵异题材"与"形体变异"思想，称作"变形"。论文中康韵梅对静态变形的"变形根据与背景"提出了质疑，但论文只承认力动变形，而对静态变形则予以否定，认为静态变形只能看作是初民想象力的表现方法，属于抽象思维的变形，这导致其界定的"变形"定义较为狭隘。但是，康韵梅对力动变形的分类是科学的，依据变形内容的不同，将力动变形划分为"死生变形""化生变形""感生变形"三种，且在分析各类具体的变形论例之际，总先联系六朝小说中相关的佛、

---

① 蔡堂根：《先秦的变形观念及其发展》，《西南交通大学学报》（社会科学版）2004年第2期。

② 李丰楙：《先秦变化神话的结构性意义——一个"常与非常"观点的考察》，《中国文哲研究辑刊》1994年第4期。

③ 李丰楙：《神化与变异：一个"常与非常"的文化思维》，中华书局2010年版，第130—152页。

道宗教变形理论，将中国变形故事的产生动因，归结为受到先秦神话变形心理、庄子齐物论、汉代以来的气化论、阴阳五行学说、天人感应思想、仙道成仙观念、报应观念及道教轮回思想的影响①，无疑是妥帖的。尽管该文在变形定义界说上有局限性，但将研究对象还原到特定时代的社会文化背景中考察的方法，开辟了变形文学研究的新思路。

（二）跨文化视域的变形文学研究

变形文学是中西方文学共有的、独特的一种文学类型，长期以来，由于文化、地域、心理等差异，中西方变形文学既各有体系，又相互影响，目前已经发展成为世界文学领域的一种互文性现象，求同存异，共生对话，因此，跨文化视域下变形文学的比较研究就自然而然地跃入了学者们的视野。

王孝廉《死与再生——回归与时间的信仰》一文比较了古希腊神话、基督教、佛教、道教的时间观念。创造性地提出古希腊的"循环的时间观"与西方基督教"直线的时间观"；继而又对比了中国古代的时间观念，认为中国古代"循环的时间观"与"直线的时间观"是同为一体的；文章还进一步分类，认为儒教属于"循环的时间观"，道教属于"直线的时间观"，并判定中国古代最早的时间观念为"原型回归的时间观念"。依据此种理论，王孝廉以中国古代的代表性神话、小说为例，选择《红楼梦》为研究中心，梳理出以"死亡与再生"及"变形"为主题的中国变形神话。值得注意的是，王孝廉引入美国学者米尔恰·伊利亚德的"圣俗理论"作为依据，此种理论认定神话主人公可以通过死亡，解体原有形体，然后就能脱离现实世界，也就是所谓"俗的时间"，回归到原始的、永远的"圣的时间"，而这一必经过程就是变形。换言之，神话讲述的死亡与再生，只是从"俗性时间"到"圣性时间"的过程和仪式②。此文开拓性的征引宗教学家米尔恰·伊利亚德的"圣俗理论"，当下已经为学者普遍接受、使用。

武汉大学2004届硕士胡珣的学位论文《变形文艺现象研究》沿袭黑格尔将变形作为文艺体裁的方法，将变形现象命名为"变形体"，通过"变形体"在中西方文化世界中各自的发展源流、表现形式，概括出"变

---

① 康韵梅：《六朝小说变形观之探究》，硕士学位论文，台湾大学，1987年。
② 王孝廉：《死与再生——回归与时间的信仰》，《中国的神话世界》，作家出版社1991年版，第96—124页。

形体"的艺术特质与未来发展走向①。华东师范大学2007届硕士李捃君的学位论文《略论中西方文学里变形模式"超越身体死亡"的意图》，从比较文学视野出发，提出中国倾向于用变形来超越身体死亡，西方则倾向于精神拯救②。至于邱文龙、杨刚华的论文《变形母题的文学阐释》，将奥地利作家弗兰兹·卡夫卡的《变形记》与中国清代文学家蒲松龄的《聊斋志异·促织》作比较，分析了中西方"人变物"母题所蕴含的不同文化内涵③。陕西师范大学2009届郭雪妮的硕士学位论文《日本文学中的"变形小说"及其外来影响研究》在对比中西方变形小说特点的基础上，认为日本文学史上的"变形小说"一方面受到中国文化滋养，追求一种东方悟道式的天人合一的神秘性；另一方面受西方多元价值观影响，表现了资本主义社会生存荒诞感④。

在中西方变形文学的阐释中，学者们不断推陈出新，巧妙借用文艺学、比较文学等学科视角，对变形文学的审视日趋深入。

(三) 跨体裁类型的变形文学研究

变形文学涵盖变形神话、变形小说等体裁类型。研究成果蔚为大观者，非变形神话莫属，涉及变形神话自身变形方式、变形动因、变形条件、变形意味的多维度探讨。最具代表性的当属中国台湾学者乐蘅军《中国原始变形神话试探》，该文开拓性的就原始变形神话的表现方式、变形动机、变形条件进行分析。首先，从表现方式上将变形神话分为力动的变形、静态的变形两种，前者指从某种原始形象转型蜕变为另一种形象，包括人类、动植物、无生物之间相互变化的神话，后者则指变化褪去常形之形的神话⑤。乐蘅军对力动变形的定义、论证是准确而妥帖的，但其对静态变形的解读略显偏颇，理由有二。一是乐蘅军在例证中将颛顼死即复苏的神话归为静态变形，实有不妥，根据《山海经·大荒南经》所载，颛顼是在特定条件下由蛇化为鱼的，故应视其为通过死亡求再生的动态过程更为准确。二是乐蘅军认为人兽互体的动态变形来源于原始初民观

---

① 胡珣：《变形文艺现象研究》，硕士学位论文，武汉大学，2004年。
② 李捃君：《略论中西方文学里变形模式"超越身体死亡"的意图》，硕士学位论文，华东师范大学，2007年。
③ 邱文龙、杨刚华：《变形母题的文学阐释》，《江西科技师范学院学报》2005年第1期。
④ 郭雪妮：《日本文学中的"变形小说"及其外来影响研究》，硕士学位论文，陕西师范大学，2009年。
⑤ 乐蘅军：《古典小说散论》，台北：纯文学出版社有限公司1976年版，第1—38页。

念中"神和兽都属于纯粹的自然",这种说法有待商榷。根据瑞士心理学家卡尔·荣格对未开化原始民族围绕自然界动物认识的心理调查结果,显示由高到低的等级序列排布顺序为"象、狮子、大蛇、人、下等动物"。因此,可以推断初民观念中"神与兽"都是在人之上的"超自然存在",而并非"属于纯粹的自然"。其次,乐蘅军对中国原始变形神话产生、发展的动机深入分析,提出原始宗教信仰中图腾信仰、泛灵信仰、泛生信仰共三大要素,以及与原始人认为宇宙万物生成是由变化而来的观念,共同构筑了原始变形神话的多重动机。最后,乐蘅军阐述了生死事件、解决生存境遇中的危机、困境是原始变形神话发生的基本条件。就总体而言,乐蘅军《中国原始变形神话试探》一文对国内变形神话形成的原因、过程、表现等论述是全面而深入的,它为后世变形文学的研究提供了基本思路,诸多学者以此生发开来,促使变形神话讨论不断细化、完善。

　　浦忠成《神话中之变形》认为神话里的"变形"因由有主动、被动之分,据此将变形类型划分为图腾之变形、遭遇危险之变形、解脱死亡性之变形等[①]。钟敬文《中国的天鹅处女型故事》提出变形是世界范围内神话、民间故事共同的要素之一,其形态复杂,可归纳为自动变形、被动变形两类[②]。林玮生《神话变形的式样及其发生的原理》将神话变形式样分为图腾、情感、想象、梦幻、进化五大类,从心理学等学科角度分析了神话变形的原理[③]。需强调的是,该文所阐述的"五式"变形发生原理,论证严谨,对文艺学理论调度充分,能有效激发阅读者关于变形的类型划分、生成动因等多方面的思考,但不足之处在于缺乏实例的说明,以致文本活力缺失,略显晦涩抽象。袭维英《上古变形神话的成因探索——兼论仙话的变形构想》分析了变形之所以能成为放之四海而皆准的法则,根本原因在于图腾主义的制约,故而变形构想始终能活跃于上古时期,并从神话延伸至仙话领域。同时,变形还是原始初民直观比拟或推想的结果,抑或为人们心灵的期望与寄托[④]。宋若云《变形神话探微》细致分析了神话中变形的诸多意味,提出变形神话是原始初民思想观念的诠释,初

---

　　① 浦忠成:《神话中之变形》,《花莲师范学院学报》1995年第5期。
　　② 钟敬文:《钟敬文民间文学论集》(下册),上海文艺出版社1985年版,第36—73页。
　　③ 林玮生:《神话变形的式样及其发生的原理》,《云南师范大学学报》(哲学社会科学版)2010年第6期。
　　④ 袭维英:《上古变形神话的成因探索——兼论仙话的变形构想》,《天府新论》1999年第2期。

民认为生命体的形成源于"变化"而并非生殖，遂通过变形表达善恶观念，把变形作为摆脱困境、解决危机的主要手段[①]。注重变形神话与原始初民生命意识关系解读者，另有万建中《原始初民生命意识的折光——中国上古神话的变形情节破译》，该文提出图腾变形是神话变形的根本动机，直言之，原始初民叙述"变形"其实是在不自觉地否定死亡、拒绝死亡，来宣泄一种强烈的生命不可毁灭意识，此文还清晰梳理出初民们生命意识的演变轨迹[②]。另外，万建中还在研究中延续了恩斯特·卡西尔美学符号论的研究路径，其《解读禁忌：中国神话、传说和故事中的禁忌主题》一书着重考察了人与自然的关系，并对二者的关系互动如何被嵌入变形故事模式的过程，详细阐释[③]。

研究日臻深入细化，田玮莉《〈山海经〉变形神话中死亡的意蕴》以《山海经》所见神话为讨论对象，阐述了变形神话中主体"死而复生"的意义，是原始人逃避死亡、消解死亡和超越生死限制的循环时间观[④]。与此相类的研究，有王燕《〈山海经〉中变形神话蕴含的生命观》，提出万物有灵、超时空观、拒绝死亡观是变形神话包孕的三种生命意识[⑤]。刘捷《〈山海经〉中的变形神话及其文化功能》运用詹姆斯·乔治·弗雷泽《金枝》中的交感巫术理论，分析《山海经》所存神话，叙述了变形神话的文化功能，分别体现在社会道德、群体权威、生命意识三个方面，该文材料翔实，论证逻辑严密[⑥]。当然，变形神话的研究有趋同倾向，也不乏质疑之声。钟宗宪《"图腾"理论的运用与神话诠释——以感生神话与变形神话为例》一文，就针对过往学者对图腾和变形神话的诠释提出反对意见，其否定了图腾观念在变形神话发挥的重要作用，明确将先秦神话的变形特征概括为两个方面，一方面是不幸的受害者或斗争失败者的变形；另一方面是以变形为途径来直接代替死亡[⑦]。

从变形神话自身的研究延展开来，变形神话对后世的影响也开始跃入

---

① 宋若云：《变形神话探微》，《晋阳学刊》1991年第1期。
② 万建中：《原始初民生命意识的折光——中国上古神话的变形情节破译》，《南昌大学学报》（社会科学版）1996年第2期。
③ 万建中：《解读禁忌：中国神话、传说和故事中的禁忌主题》，商务印书馆2001年版。
④ 田玮莉：《〈山海经〉变形神话中死亡的意蕴》，《安徽文学》2010年第3期。
⑤ 王燕：《〈山海经〉中变形神话蕴含的生命观》，《电影评介》2010年第15期。
⑥ 刘捷：《〈山海经〉中的变形神话及其文化功能》，《长江大学学报》（社会科学版）2010年第3期。
⑦ 钟宗宪编：《民间文化青年论坛第一届网络学术会议论文集》，2003年。

学者们的视野。东北师范大学2004届硕士田畦耘的学位论文《〈山海经〉中变形神话的文化内涵及其对后世文学的影响》最有代表性，一是依据神体本身的特点，对《山海经》的变形神话加以分类，认为神体有兽体神祇、人兽同体互生和人神同体三种表现形式；二是进一步总结人类对神体的认识、设想规律，是依次经历从动物到动物的复合体、动物到人的复合体，最终发展为人形的过程；三是分析变形神话的形成成因，在于原始初民的图腾崇拜、不死信仰等，先民相信人有灵魂存在，可以通过变化寻求永生；四是探讨《山海经》变形神话的文化表征，将其归结为中华民族的悲剧精神、伦理观念、保守与闭塞、山岳崇拜与天人合一；五是阐述变形神话对后世文学发展的大力影响，表现为生命意识的赞美、山水文学的滋养及史传文学的繁荣[1]。另外，张华娟《中国神话中的原始生命观对古代小说的影响》通过原始生命观三重特质的分析，认为生命的互渗效应、生命的磨难、经历磨难的考验所带来的正面影响共同构筑成原始生命观，对六朝志怪小说、唐传奇、宋元明清小说的创作产生直接影响[2]。东北师范大学2006届硕士李玥的学位论文《变形神话折射的生命观及对小说理念的影响》论述了变形神话自身的特点及其影响，该文立足于哲学角度来探究原始初民的生命观，提出原始心理、原始思维是变形神话产生的根本原因，而生命复活的思想、生命循环的意识，更是变形神话着力体现的生命观。除此之外，变形神话对小说理念的影响，乃通过生命互渗、时空观念和悲剧色彩得以体现[3]。

变形小说的研究也硕果累累，学者们不断推陈出新，甚至巧妙地借助比较文学、文艺学、民间文学等交叉视角加以审视，使变形文学的阐释层层深入并完善。如陕西师范大学2009届硕士刘俊霞的学位论文《唐前志怪小说变形母题探究》，以先唐时期创作、流行的志怪小说为中心，逐一讨论变形母题在唐前志怪小说中的文化功能、价值建构与心理渊源。该文留意到社会语境、文化背景等因素对变形母题的影响，认为由于社会历史条件差异，志怪小说中变形母题书写的意义也不尽相同，但人们希望以变

---

[1] 田畦耘：《〈山海经〉中变形神话的文化内涵及其对后世文学的影响》，硕士学位论文，东北师范大学，2004年。

[2] 张华娟：《中国神话中的原始生命观对古代小说的影响》，《山东社会科学》2001年第6期。

[3] 李玥：《变形神话折射的生命观及对小说理念的影响》，硕士学位论文，东北师范大学，2006年。

形为媒介，获得思想、心理、情感等慰藉，此终极目标始终不变①。

变形小说的阐释不断得以细化、延展，体现为变形小说的个案研究。以复旦大学 2010 届硕士金珍河的学位论文《〈搜神记〉变形故事研究》为代表，围绕《搜神记》所含变形传说的发展基础及其话语功能、思想背景、类型划分、时代意义四个部分分别讨论，强调魏晋南北朝时期清谈之风兴盛等特定时代背景，是支撑《搜神记》变形话语发展的前提，于是乎，此种特点鲜明的变形话语体系，开始透过知识层面的"变形论"与"奇异变形事件"，刺激人们的生存本能，激发人们对所谓"超越能力"的强烈渴望，使人与其他人、自然或"超越的存在"，可以建立起某种联系，这种良性而强烈的刺激，促使人们开始重新审视、思考、定位自我、他人、社会、自然四者本身及其相互关系。金珍河还认为《搜神记》变形故事产生的思想背景，深受先秦两汉变形论影响，其从《周易》等典籍提及的变化论入手，认为先秦时期的变化论仍处于自然法则的建立阶段，直至汉代阴阳五行学说、气化论等思想的影响，变化论才逐渐上升为一种知识系统。变化论涉及形体变化的认识相应增强，发展至魏晋南北朝，变化论已普遍表现为形态的改变，直接促使《搜神记》出现、流传。除上述问题，金珍河还根据《搜神记》的题材，将变形故事分为与神仙术、神灵感应、灾异说、气化说等关联的不同类型，并深入考察各类型的特质、模式及文化内涵，试图由点及面，系统揭示魏晋南北朝变形故事承载的文化功能②。

变形小说的分支研究。以单一变形类型为对象，就具体类型的变形方式、变形动因、变形条件与变形意味进行解读。如刘耘《中国古典小说"人仙妖鬼婚恋"母题的发生学研究》，运用原型批评理论分析了自汉代到清代古典小说中的"人仙妖鬼婚恋"母题，认为此文学母题的发生，渊源于世界原始文化共有的"人神恋"原型与"人神感生"原型③；金官布《唐志怪小说"狐精"故事中的变形母题研究》认为唐代佛教、道教斗争，为诋毁对方，大量敷衍狐狸幻化人形后作祟的故事，反倒丰富了志怪小说中的狐妖变形母题，且狐妖变形母题与"人犯禁忌"母题的结

---

① 刘俊霞：《唐前志怪小说变形母题探究》，硕士学位论文，陕西师范大学，2009 年。
② 金珍河：《〈搜神记〉变形故事研究》，硕士学位论文，复旦大学，2010 年。
③ 刘耘：《中国古典小说"人仙妖鬼婚恋"母题的发生学研究》，《北京教育学院学报》2000 年第 2 期。

合，是禁忌母题的体现①；南京师范大学 2005 届硕士胡梅的学位论文《魏晋南北朝志怪中的人妖恋小说》谈及人类与野兽、家畜、水族、飞禽等异类婚恋故事，认为此类故事存有相似的文化背景、情节单元与文化因素②；王立《古小说"人化异类"模式与本土变形观念的形成》叙述了"睡显真形"母题的发展流变及其生成原因③。付志红《中国古代早期人鸟相禅变形神话的意蕴》通过人鸟变形神话例证的分析，认为此类神话主旨在于表现人与自然的斗争、社会矛盾等，或寄托了人们的长生不老思想，或象征了夫妻间的恩爱之情④；余凤高《人兽变形题材的文化内涵》将人兽变形作为一个文学原型，认为它起源于远古时代原始人自然生活、社会生活的需要，并与原始初民的图腾崇拜、动物崇拜密切相关⑤。

综上所述，国内外学者对变形文学的探讨可谓充分，不仅学科视野宏阔多变，类型划分细致，且在成因挖掘、意蕴考察等方面也较深入。但是，在取得上述成就之余，亦存在诸多不足，具体表现在三个方面。一是黑格尔、爱德华·泰勒、詹姆斯·弗雷泽、恩斯特·卡西尔、克洛德·列维-斯特劳斯、列维-布留尔等学者，虽对变形文学的研究有不可替代的贡献，但诸家所言仅以片段式论述出现，未有专文、专书，未囊括较为全面的变形样式，而且缺乏一种系统性的阐说；二是国内变形文学的研究往往从单维角度出发，撷取一个片段，难以概全。具体到神话这一文体，所有成果几乎完全沿袭西方文化人类学、民俗学、神话学、文艺学的传统考察路线，侧重于揭示原始初民的思维规律；三是在运用叙事学剖析作品之际，学者们大都局限于小说，对其他叙事文体的关注相对较少，专门针对中国古代神话叙事文本的讨论更是凤毛麟角，对变形叙事的讨论更属缺失之态，相关研究尚存较大空间。

二 论题研究的可行性思考

通览中国古代神话文本，可知变形作为最炙手可热的表现主题与叙述

---

① 金官布：《唐志怪小说"狐精"故事中的变形母题研究》，《青海师范大学学报》（哲学社会科学版）2009 年第 1 期。
② 胡梅：《魏晋南北朝志怪中的人妖恋小说》，硕士学位论文，南京师范大学，2005 年。
③ 王立：《古小说"人化异类"模式与本土变形观念的形成》，《西南师范大学学报》（人文社会科学版）2002 年第 1 期。
④ 付志红：《中国古代早期人鸟相禅变形神话的意蕴》，《延边教育学院学报》2005 年第 1 期。
⑤ 余凤高：《人兽变形题材的文化内涵》，《社会科学辑刊》1991 年第 3 期。

内容，在中国神话主题学领域长期居于核心地位。同时，将目光投向中西方学者的现有研究成果，不难发现，域内、域外学人对变形问题的探讨皆是孜孜不倦，正如上文研究综述胪列，相关研究方法多样、成果丰硕。然而，一个不争的事实置于眼前，学者们对变形文学的讨论在一定程度上呈现"百家腾跃，终入环内"之势，除却部分成果能超越文化人类学、民俗学、神话学等学科开辟的经典研究路径，诸家所言大同小异，多以变形原因、条件、类型、意义为探讨方向。质言之，本书对先秦神话变形叙事的系统讨论，亦无法完全超脱既有研究的经典范式，但当在文学本位的神话观中另寻路径，主动尝试叙事学、图像学、文字学、主题学等更多学科视野的接榫，以寻得细微突破与创新。

本书既以确定先秦神话的变形主题为研究对象，便有必要对研究所依托的神话母体详加阐说，确定神话的内涵所指。就现有的神话内涵而言，在我国乃至世界范围内可谓言人人殊，难成定论，恰如日本神话学者大林太郎所言："有多少学者研究这个问题就有多少个神话的定义。不仅各个学者有不同的神话定义。而且，不同的民族、不同的文化中关于神话的概念也往往很不相同。"① 为便于本书的观点论证与阐释，兹先界说神话的概念，就本书而言，神话至少包罗着如下三层基本内涵。

（一）神话是一种叙事

"神话"（myth）一词，就中国而言，乃是标准意义的"舶来品"，是20世纪初由留学日本的学者蒋观云、梁启超等最早引入现代汉语的。纵览中国古代文献，始终未发现"神话"一词连缀使用的情况，然而，从字源学视域审视，古代先民对"神""话"二字分而述之、各自为用的状况，却是普遍存在的。

首先，从造字过程来看，"神"字，甲骨卜辞未存此字，金文作"示申"或"申"，简帛作"神"，篆文作"神"，简牍作"神"，诸种字体皆属左右结构，同含"示"部。《说文·示部》云："神，天神引出万物者也，从示申"②，解"神"从"申"部。"申"字，甲骨文为"申"，状如霹雳之形，似反映云与大地之间发生的雷电现象，或摹拟向

---

① ［日］大林太良：《神话学入门》，林相泰、贾福水译，中国民间文艺出版社1989年版，第31页。

② （汉）许慎：《说文解字》卷1上，中华书局1963年影印本，第8页上栏。

各个方向开裂的闪电,金文作"㫋"或"㫋",见于金文"神"之形体,《说文·申部》云:"申,神也"①,以"神"训"申","神"含"申"形,"申"似"电"形,故有"申"为"神""电"的本字之说。郭沫若先生释"申"为"像以一线联结二物之形,而古有重义"。杨向奎先生以此说为基础,而又进一步引申,言"一线联结二物"之"二物"即"天"与"人","一线"即"申",表一种中介、媒介或桥梁②。《尔雅·释诂》又云:"申、神……重也"③,可见天人之间的交流沟通,需得借助"申"的作用方能达成,据造字的取象、构形,便说明"神""申"二字紧密联系。

其次,从造字初谊考察,《说文》训"神"为:"天神引出万物者也,从示申。"④又训"祇"为:"地神也,提出万物者也。从示氏。"⑤"神""祇"义训,表明二者的并列对举关系,因此,"神""祇"二字,析言之,则前者表天神,后者表地神;合言之,则是神的概称。故《周易·说卦》云:"神也者,妙万物而为言者也。"⑥徐灏《说文解字注笺》曰:"天地生万物,物有主之者曰神。"《礼记·祭法》云:"山林、川谷、丘陵,能出云,为风雨,见怪物,皆曰神。"⑦如此等等,皆将"神"作为天地万物主宰的统称,"神"被作为一个普遍概念使用,且"神""祇"二字义项同一。至于"话",《说文·言部》云:"话,会合善言也,从言,昏声。传曰,告之话言。"⑧"话"有古今意义差异,早期中国文献所谓"话",表示善言,是指贤智之人、耆老一类所说的善语嘉言,具备箴谏劝导性质,一般劝诫后人或著之竹帛。另《尔雅·释诂》解"话"为"言也"⑨,表示说话、言语等,与现代汉语用法等同。可知"话"在中国古代用法大抵有二,既可作动词使用,表示说话、言说、劝说等动作的发

---

① (汉)许慎:《说文解字》卷14下,中华书局1963年影印本,第311页下栏。
② 杨向奎:《中国古代社会与古代思想研究》,上海人民出版社1962年版,第162页。
③ (晋)郭璞注,周远富、愚若点校:《尔雅》(卷上),中华书局2020年版,第12页。
④ (汉)许慎:《说文解字》卷1上,中华书局1963年影印本,第8页上栏。
⑤ (汉)许慎:《说文解字》卷1上,中华书局1963年影印本,第8页上栏。
⑥ (魏)王弼等注,(唐)孔颖达等正义:《周易正义》卷9,(清)阮元校刻《十三经注疏》,中华书局1980年影印本,第94页中栏。
⑦ (汉)郑元注,(唐)孔颖达等正义:《礼记正义》卷46,(清)阮元校刻《十三经注疏》,中华书局1980年影印本,第1588页上栏。
⑧ (汉)许慎:《说文解字》卷3上,中华书局1963年影印本,第53页上栏。
⑨ (晋)郭璞注,周远富、愚若点校:《尔雅》(卷上),中华书局2020年版,第18页。

出、实施,或两人、多人之间的自由交谈,又可作名词使用,表示话语、言语或口语等专称。

综上所言,均属中国域内"神""话"单独使用的情况,倘若将"神话"二字合成一体,则宜理解为关于"神"的"话",是关乎天地神祇等的言说,乃人们传述或记载的作为天地万物主宰者的神们的种种行为、事迹。

至于在域外,"神话"一词的生成、演变经历了漫长时光。从语源生成的角度观照,"神话"一词的英语为"myth",法语作"mythe",德语是"mythos",诸种语词都根源于古希腊语"mythos"或"muthos"。作为"神话"语源的"mythos"或"muthos"当有"以神或英雄为内容的故事"之意。英语"mythology",是希腊语"mythos"与"logos"二词的合成,而"logos"意为记述,实际上也可以表示关于神话的研究①。

从语义学角度审视,"神话"一词的古希腊语"mythos"或"muthos",其词汇的能指性表层意义为"语言""文字"或"故事",与印欧语系中的"meudh"一词互为印证,其词汇的所指性深层含义为"去反省""去思索"或"去考虑",连缀而言,即可表示蕴涵着深奥意义的语言、文字或故事,是值得反思的话语,大有蕴藉,值得品读及深思。基于此,印欧语"mythos"之深层能指意义即表示一种最具决定性、最彻底、最终极的意蕴的传达。故"mythologia"就表示讲述故事,这些故事在某种意义下具有真实性、权威性、是发人深省的并令人肃然起敬的②。名词"mythologia"后来演绎为英语"mythology",指"神话学",足见,西方语言中的希腊语"mythos"或"muthos""mythologia"的词根,以及英语"myth"和"mythology",法语"mythe",德语"mythos"等词都无一例外的表示一种庄严而权威性的事理的讲述或传达,西方语言学阐释的"神话"影响深远,其含义不断延扩、改变,18世纪意大利哲学家维科甚至将神话视为一种"真实的叙述"③。

在中国,通过字源学考索可知,"神话"即是关于"神"的"话",是叙述天神或地神主宰天地万物的种种事件。在西方,根据西方语源学溯源可得,"mythos"或"muthos","myth"或"mythology"等,都表讲述

---

① 王孝廉编译:《神话的定义问题》,《民俗曲艺》1983年第27期。
② 关永中:《神话与时间》,台湾书店1997年版,第9页。
③ [意]维柯:《新科学》,朱光潜译,人民文学出版社1997年版,第425页。

神圣的事件、故事。足见，古代的域内或域外世界，对"神话"的基本内容、性质的判断看法一致，且因"神话"的讲述者由耆老、智者、巫师等特定人群组成，有时作劝诫或知识讲授之用，中西方往往将神话作为一种神圣性叙事，以此为基点，域内外学者赓续旧说，继续生发。譬如中国现代神话学奠基者茅盾先生在《中国神话研究初探》中提出："神话是一种流行于上古时代的民间故事，所叙述的是超乎人类能力以上的神们的行事，虽然荒唐无稽，可是古代人民互相传述，却确信以为是真的。"① 美国现代著名民俗学家阿兰·邓迪斯《西方神话学读本·导言》开篇即言："神话是关于世界和人怎样产生并成为今天这个样子的神圣的叙事性解释。"② 中国台湾学者王孝廉深受 20 世纪美国宗教学家米尔恰·伊利亚德"圣俗理论"的影响，提出："神话是持有非开化心意的古代民众，以与他们有共生关系的超自然威灵的意志活动为基底，而对周围自然界及人文界的诸现象所做的叙述或说明所产生的圣性或俗性的故事。"③ 上述三种神话定义，虽各有侧重，却殊途同归，界定神话的叙事性之余，又触及神话的真实性、神圣性，一言以蔽之，神话可视为一种真实而神圣的叙事。

(二) 神话是一种变式

在世界各民族古老神话的研究道路上，中西学者从起步阶段的筚路蓝缕，到当下打破学科壁垒，展开中西对话与互促，多元化的研究方法，使神话研究成果宏富。就神话研究先驱而言，中外学者素来将马克思的论断奉为圭臬，马克思《政治经济学批判·导言》就神话的本质、特点、界限精辟论述道："任何神话都是用想象和借助想象以征服自然力，支配自然力，把自然力加以形象化；因而，随着这些自然力实际上被支配，神话也就消失了。"④ 表明神话的本质是原始初民自然、社会观念的综合形态展示，其特点为不可比拟的想象性。除上述两点外，马克思还明确指出神话产生、消失的因由及其时间界限，其在《摩尔根〈古代社会〉一书摘要》中肯定摩尔根的观点，认为"神话起源于人类野蛮阶段"，消失奔溃

---

① 茅盾：《中国神话研究初探》，上海古籍出版社 2005 年版，第 1 页。
② [美] 阿兰·邓迪斯编：《西方神话学读本》，朝戈金等译，广西师范大学出版社 2006 年版，第 1 页。
③ 王孝廉编译：《神话的定义问题》，《民俗曲艺》1983 年第 27 期。
④ 中共中央马克思恩格斯列宁斯大林著作编译局编译：《政治经济学批判·导言》，《马克思恩格斯选集》第 2 卷，人民出版社 2012 年版，第 711 页。

于"自然力"被支配的氏族社会晚期①。虽然,有关神话由产生到消弭的确切时间有待商榷,但马克思明确指出神话兴衰消逝的发展规律,具备前瞻性,神话本身的发展决定其不可能静止不变,而是伴随自然时间推移、社会的发展,神话势必要经历动态的演变过程。

神话的生成、发展既然是一个漫长的动态变化过程,就决定了对其探讨之际,必须秉持一种动态视野。在中国古代神话研究征程中,古史辨派领军人物顾颉刚先生便曾提出著名的"古史神话观",尽管此学派因提出"古史即神话"观念而长期备受争议,但顾颉刚所倡导的"古史传说层累增加"的定律,依旧存可取之处,顾颉刚在《古史辨·自序》中提出传说的时地愈大,其变形愈大,枝节愈丰富,故此愈不可靠②。此说无疑清晰洞察了传说、神话一类的文体,在产生、发展过程不可避免的流动性,时间越向后推移,原始面貌越难保留,但新的神话面相又随即生成,正所谓:"神话代有新变,但总成分中,新的时代总有前朝旧曲的演奏。神话发展的这种现象,古史辨的学者称之'层累',前代的旧神话尚在,新的神话叠加上去,神话便是显得更加丰富。"③ 神话发展历程的这种恒动性流变规律,促使探讨此问题之际,需对神话详细分类。

依据神话演变的时间顺序、阶段性特点,神话一般可分为原生态神话与次生态神话两类。原生态神话,即指最初生成的神话,它是神话的原初状态,产生于原始初民神话创造初期,蕴含着浓郁的原始意象、原始思维与宗教信仰,是原始初民童稚、野性、朴拙的想象创造,具有零散、片段、粗糙、图腾意味浓厚等特点。次生态神话,亦可谓为再生神话、阐释型神话或衍生型神话,是由原生态神话演变而来的,其脱胎于原生态神话母体,却又不可避免地发生诸多变异,二者之间亲如鱼水的依存关系,直接影响着神话研究的基本方法。

原生态神话无疑是次生态神话,乃至神话整体赖以发展的基础,其在口传时代便最早产生,在文字尚未发明或尚不发达的时期传播,逮书写时代来临,便与口传神话、图像神话、仪式神话共生于世,以只言片语形式,见诸甲骨卜辞、铜器铭文及先秦传世典籍,属"片段式""零散性"

---

① [德] 马克思:《摩尔根〈古代社会〉一书摘要》,中国科学院历史研究所翻译组译,人民出版社1978年版,第54—55页。
② 顾颉刚编著:《古史辨》第1册,上海古籍出版社1982年版,第52页。
③ 田兆元:《论主流神话与神话史的要素》,《文艺理论研究》1995年第5期。

"粗糙的"的叙事形态，是缺乏系统性、尚未定型定性的神话形态。历经后人的改编、置换等再创造，就能递嬗或更新、丕变为次生态神话。次生态神话不断吸纳人类对于自我、自然、社会的新兴认知，呈现崭新的思想内容、艺术风貌等，具体操作方法有二，一是对原生态神话进行系统化的定型定性；二是修正、补充、增加新的内容、主题。对比原生态神话，次生态神话通常体系完善、内容丰富，其人神同性，具有高度的审美性。在世界各古老民族神话流动、变化的系统内部，原生态神话大都已历经"二度创造"，演变为次生态神话，但"二度发育"而成的次生态神话，实难维系原生态神话的"本来样貌"。鲁迅《中国小说史略》便明确指出此问题，认为："惟神话虽生文章，而诗人则为神话之仇敌，盖当歌颂记叙之际，每不免有所粉饰，失其本来，是以神话虽托诗歌以光大，以存留，然亦因之而改易，而消歇也。如开天辟地之说，在中国所留遗者，已设想较高，而初民之本色不可见，即其例矣。"[①] 鲁迅先生敏锐地察觉出神话留存过程中递增、解构等现象，会使原生态神话消失。尽管如此，原生态神话会动态渐变为次生态神话，是世界各民族古老神话无法摆脱的宿命，但也是神话文本能始终存世，以及保持旺盛生命力的原因，是神话永远镶嵌于历史长空的动力，造就所谓"神人恒久远，神事永流传"的缘由，在研究神话之际，应注意动态、系统的观照，将神话视作一种变式。

（三）神话是一种文化—心理结构

神话是一种世界性的文化现象，它遍布于世界各古老民族，是一种原始的、无意识的集体记忆。神话是民族的梦，是原始初民迷惑于有意识与无意识、徘徊于梦幻与现实之间的产物。作为原始初民最早的生命体察、知识体系、心理愿望、美好幻想等方面的集中反映，神话常常试图解释宇宙、自然、人类的奥秘，虽不切实际，却充溢着神秘色彩，既与初民的认知水平、思维方式等相联系，又牵涉着神话产生的基本动因。

鲁迅先生作为中国神话研究的先驱，其对神话解说的眼光是异常独到的，他认为："昔者先民，见天地万物，变异不常，其诸现象，又出于人力所能之上，则自造众说以解释之，凡所解释，今谓之神话。"[②] 明确将神话的产生动因归结为"人"自身的需要，界定神话为先民内在心理需

---

① 鲁迅：《中国小说史略》，《鲁迅全集》第9卷，人民出版社2005年版，第17页。
② 鲁迅：《中国小说史略》，《鲁迅全集》第9卷，人民出版社2005年版，第19页。

要之产物,此说已不囿限于单纯的心理分析,而是显而易见地表现了唯物论思想。

瑞士精神分析学派的代表人物荣格,从心理学角度切入,探寻了神话产生的动因。他将原始质朴的神话作为"人类无意识",特别是"集体无意识"①(collective unconscious)的直接表现形式,认定"集体无意识"作为原始初民未被意识到的心理现象总和,力量异常强大,且直接作用于原始初民的意识,直接导致神话的生成,因此,荣格将神话视作人类启蒙时期的真实意识。具体言之,荣格认为:"原始人对显见事实的客观解释并不那么感兴趣,但他有迫切的需要,或者说他的无意识心理有一股不可抑制的渴望,要把外界感觉经验同化为内在的心理事件。对原始人来讲,只看到日出、日落是不够的,这种外界的观察必须同时也是一种心理活动,就是说太阳运行的过程应当代表一位神或英雄的命运,而且归根到底还必须存在于人的灵魂之中。"② 荣格亦将神话产生动因归结为原始初民内在心理需要的产物,是一种无意识的表象创造。

神话普遍存在于世界各地不同民族发展的起始阶段,是人类童稚时期内在心理需要的产物,反映着原始初民共有的心理状态,这决定了各民族神话存有某些相似之处,当然,各民族神话又具备独立特征,恰如马克思所言:"埃及神话决不能成为希腊艺术的土壤和母胎",指出神话生成的核心文化语境在本土,说明神话的差异性的根源是文化体系,文化系统的差异性,使不同地域、不同民族的神话各有特色,因此,研究神话之际,应注重将本国、本民族文化作为神话形成的母体,神话既受控于群体心理,又接受文化滋养,在自我建构中,神话凝结为一种民族文化—心理结构。

凡上所述,神话的内涵可谓丰富,撮其要旨,神话至少有三层质性,神话是一种叙事、一种变式、一种民族文化—心理结构。有基于此,本书即围绕神话展开,并就变形叙事主题充分讨论,研究时间范围是先秦时期,之所以选择此时间断限,主要依据中国古代神话的发展分期及其特点,同时,参照着中国文化发展、社会制度演变、王朝兴衰更迭等客观因素,并考虑神话自身发生、发展的规则,缘由有二。一则先秦时代作为中

---

① [瑞士]卡尔·古斯塔夫·荣格:《原型与集体无意识》,徐德林译,国际文化出版公司2011年版,第5页。
② [瑞士]卡尔·古斯塔夫·荣格:《原型与集体无意识》,徐德林译,国际文化出版公司2011年版,第5页。

国神话的发生、初创时期，可谓是辉煌与曲折并举，诸多神话都曾在历史车轮的高速运转中颠沛流离，先是产生于蒙昧时代原始初民的集体口头创作中，口口相传，广泛流传，继而经历着语言传播过程中"以讹传讹"的过程，直至文字产生，此类神话才陆续进入书写符号系统，成为传世神话文本。然而，此批被记载的神话，能够保存原始面貌的少之又少，大都湮没于理性光环笼罩下的历史、哲学之中，遭遇着消解、改编及异质化，只有极少部分汇入并保留于原生态神话。但无论如何，原生态神话毕竟在文字发明后就随之产生，其不仅留有蒙昧时代口头创造的神话影子，而且是孕育次生态神话的母体，所以成为中国早期先民艺术创造的经典形式，甚至可以将其视作一切文学艺术的渊薮，以此为研究基点，便于将各种"零散""片段"的变形主题神话，按历时性时间跨度，整合为各个流畅的线性体系，从而把握其流变规律。二则在历史文化坐标上，先秦神话研究是关涉着汉代之前，或佛教传入中国之前的"早期中国"研究[①]，作为中华民族的成长初期，中国文化经历了自文明起源到文化成型的过程，是研究整个中国神话最为宝贵的材料。

三　论题研究的方法论思考

苏珊·朗格在《情感与形式》一书中指出："艺术是人类情感符号形式的创造。"[②] 作为中国文学、艺术滥觞的先秦神话，从口头流传到文字符号、图像记录等形态，在质朴古拙的语言表达结构之下，必定饱含着原始初民的真挚情感，凝聚着整体性的民族文化—心理结构。本书将从符号、形式的互动出发，分析先秦神话变形叙事的类型、亚型及其式，提炼出相关的叙事模式，以总结先秦神话变形叙事的生成、发展规律。

（一）研究范围的确定

本书在系统讨论先秦神话变形叙事之际，选择《山海经》为研究中心，究其缘由，大抵有三点。

一是此书不仅保留着先秦时期数量最为宏富的神话，且包含着丰富、

---

① 美国学者本杰明·史华兹认为，早期中国大体上是指从有历史记载的开端到公元前最后一个末期（或西汉初期）的这一段历史。本书认为这一术语并非严格意义的时间划分，而是着眼于文化意义、文化特性的划分。参见［美］本杰明·史华兹《古代中国的思想世界》，程钢译，江苏人民出版社2008年版，第1页。

② ［美］苏珊·朗格：《情感与形式》，刘大基、傅志强等译，中国社会科学出版社1986年版，第51页。

典型的变形叙事类型。《山海经》具有"巫书"性质,《汉书·艺文志》将《山海经》归入数术略形法类,曰:"大举九州之势以立城郭室舍形,人及六畜骨法之度数、器物之形容以求其声气贵贱吉凶。"① 乃因于其内容未脱巫风。又鲁迅《神话与小说》一文中精辟指出"所载祠神之物多用糈,与巫术合,盖古之巫术也"②。另袁行霈曰:"《山经》是战国初、中期巫祝之流根据远古以来的传说,记录的一部巫觋之书,是他们行施巫术的参考。"③ 当然,《山海经》兼具"地理志""方物""图书"性质,为其富存神话创造了条件,为西晋郭璞《注山海经叙》谓之"世之览《山海经》者,皆以其闳诞迂夸,多奇怪俶傥之言,莫不疑焉"④。明代胡应麟谓其"古今语怪之祖"⑤,因侈言神怪,《四库全书总目》将其归入小说一类,言其"然道里山川,率难考据,案以耳目所及,百无一真,诸家立以为地理书之冠,亦为未允,核实其名,则小说之最古者尔"⑥。《山海经》是便于进行定性定量的变形神话叙事类型统计的。《山海经》以动态方式呈现的变形就有23例,以静态方式呈现的变形有293例,近乎囊括了先秦神话变形叙事的所有类型。当然,《山海经》作为袁珂先生所言的中国古代"神话之渊府"⑦,其间所见的变形叙事就有原生态神话的性质,以此为核心,就自然而然地牵涉出《汲冢琐语》《归藏》《伊尹说》《庄子》《荀子》《墨子》《吕氏春秋》《逸周书》《左传》《国语》《战国策》《楚辞》等先秦传世文本,乃至《史记》《淮南子》等汉代典籍,并旁涉先秦两汉时期所见的相关出土文献、文物,上述诸类文献、器物中的变形叙事,或是《山海经》原生态神话变形叙事类型动态发展演变而成的次生态神话形式,可作为其补充与延伸,或作为独立类型,如《庄子》《国语》《左传》所见的梦幻型变形。诸多类型之间相互联系,构筑成丰富的先秦神话变形叙事类型。

二是以《山海经》所见神话的变形叙事模式为观照对象,可顺势探

---

① (汉)班固:《汉书》卷30,中华书局1962年版,第1775页。
② 鲁迅:《中国小说史略》,《鲁迅全集》第9卷,人民出版社2005年版,第20—21页。
③ 袁行霈:《〈山海经〉初探》,《中华文史论丛》第3辑,上海古籍出版社1979年版,第20—21页。
④ 袁珂校注:《山海经校注》,巴蜀书社1993年版,第541页。
⑤ (明)胡应麟:《四部正讹下》,《少室山房笔丛》卷32丁部,中华书局1958年版,第412页。
⑥ (清)永瑢等撰:《四库全书总目·子部》(下册),中华书局1965年影印本,第1205页中栏。
⑦ 袁珂校注:《山海经校注·序》,巴蜀书社1993年版,第1页。

赜相关变形文本生成的规律，以系统展示先秦神话变形叙事的整体特征。事实上，从《山海经》的成书年代入手，可知其并非一时、一地、一人所作。有关《山海经》的成书年代，中外学者素来聚讼纷纭，莫衷一是，归纳而言，大抵可划分为商周说、西周至战国说、战国至秦汉说三种。首先是商周说，以日本学者小川琢治为代表，在江侠庵编译的《先秦经籍考·地理及传记类》收录《山海经考》一文，小川琢治引述拉克倍理《中国文明西源论》对《山海经》的论述，认为《五藏山经》是殷商时期的山岳记事，《海内经》《海外经》则据周代的地理图而作，刘向将它们附录于《山经》之后，刘歆校书，再加入《大荒经》《海内经》[①]。其次是西周至战国说，以蒙文通先生为代表，其依据《山海经》各经内容的虚实程度推断其年代，认为《大荒经》神怪最多，《海内经》次之，而《山经》雅正，显示着文化的进步。因而，其提出《山经》成书于战国中期，《海外经》《山经》是一个著作中的两个部分，产生时代自然相同，又认为《海内经》产生于西周中期以前[②]。再次是战国至秦汉说，为众多学者认同。袁珂先生提出《大荒经》与《海内经》一篇约略产生于战国初期或中期，《山经》《海外经》则大约为战国中期之后的作品，《海内经》四篇当成书于汉代初年[③]。袁行霈先生认为《山经》产生于战国初期或中期，《海经》产生于秦代或西汉初年[④]，本书亦从《山海经》成书时间自战国以降，逮于秦汉一说，从该书各部分来看，显然《五藏山经》成书年代较早，《海经》《荒经》相对较晚。故以《山海经》为讨论中心，可追溯至约略成书于战国初年的《汲冢琐语》，后延至战国末期流传开来的《归藏》《伊尹说》，并渗透到《庄子》《列子》等诸子之言，甚至延伸至西汉时期的《淮南子》等神话典籍，为观察、把握、总结先秦神话变形叙事模式提供了历时性向度叙事话语的场域，对叙事语法、叙事结构的归纳与演绎，叙事视角、叙事时间的转移和变化大有裨益，有利

[①] ［日］小川琢治：《山海经考》，江侠庵编译《先秦经籍考》（下册），国家图书馆出版社2010年版，第753页。

[②] 蒙文通：《略论〈山海经〉的写作年代及其产生地域》，《中华文史论丛》第1辑，上海古籍出版社1962年版，第43—70页。

[③] 袁珂：《〈山海经〉写作的时地及篇目考》，《中华文史论丛》第7辑，上海古籍出版社1978年版，第147—171页。

[④] 袁行霈：《〈山海经〉初探》，《中华文史论丛》第3辑，上海古籍出版社1979年版，第7—35页。

于各叙事要素演变规律的总结。

三是《山海经》主要辑录原始社会前期的神话，记叙着从母系氏族公社到父系氏族公社的原始初民直观比拟的幻想，以己夺物的天真想象，而《庄子》《列子》《墨子》等诸子文献包含的神话材料，更体现着封建社会中先秦哲人的思辨性。事实上，不同时代的神话，折射着原始社会、奴隶社会、封建社会的时代风貌，在史前时代至夏商周时期，至春秋、战国时期，人们的生命观念、宗教信仰、思维模式、文化心理等不断变迁，整体性的民族心理结构演变规律亦相伴相生，它们共同影响着先秦神话变形叙事规律。

（二）研究方法

1. 坚持定量定性研究

立足于文学主题学角度，从先秦神话中辨认、筛选出切合变形叙事主题的一类，进行比较、归类、统计，并尝试对各类型进行特点归纳。基于先秦神话自身的特点与规律，本书在选定文献材料时，以《山海经》作为研究中心，对其中的变形叙事类型进行定性定量的研究。在古代文学与文化研究领域，定性研究是拥有两千多年历史的传统研究方法，定量分析却略为薄弱，将二者结合起来，往往能获得经得起客观检验的新结论。就《山海经》而言，根据统计结果，以动态方式呈现的人与异物互变的显性变形就有 23 例，其中《山海经》原文中有 19 例，郭璞注中又补足 4 例；以静态方式呈现的人兽或兽兽共生型变形物共 293 例，约略占全书所叙异物（共 793 例）的 36.9%，这些神话可归纳为图腾、想象、情感、功能、梦幻、进化六种叙事类型。当然，变形叙事类型随着时间推移也日臻丰富，就《左传》而言，基于其梦预叙事先驱的地位，本书专列其中与梦有关的一类为研究对象，从 29 例叙梦之事中，挑选出 2 例作为典例论证。就《庄子》而言，基于其高度发达的梦叙事艺术，与梦关联的变形叙事大量保存，本书选取 3 个典例进行讨论。以《琐语》中的梦幻叙事为本事，《左传》《庄子》又加以继承并合为一体，可归纳出梦幻型变形叙事类型。在综合性诠释先秦神话变形叙事类型的过程中，定量分析的目的在于定性，研究先秦神话变形叙事类型，直接目的在于总结各类型的突出特点，揭示它们的本质属性及发展规律，最终完成各类型的定性。

2. 坚持动态变式研究

神话是一种变式，作为人类精神性文化面相映衬下产生的艺术样式，是不可能永恒保持固有原始形态的，而是伴随着历史洪流，起伏不定，涌动变化。德国文化哲学创始人卡西尔在《神话与宗教》中提出："我们不能把神话归结为某种静止不变的要素，而必须努力从它内在的生命力中去把握它，从它的运动性和多面性中去把握它，总之要从它的动力学原则中去把握它。"① 又如法国人类学家克洛德-列维-斯特劳斯在《神话是怎样消亡的》一文中提出："神话是会变动的，这些变动可以是同一神话从一种变体变为另一种变体，从一个神话变为另一个神话，也可以是同一神话或不同神话从一个社会到另一个社会的变化，这些变动时而涉及神话的构架，时而涉及神话里的代码，时而涉及神话的寓意，然而神话依然是神话。变动因而仍然遵守某种旨在保留神话素材的原则，根据这条原则，从任何一个神话里永远都可能衍生出另一个神话。"② 可见，神话本身就具有稳定的发展演变规律，原生态神话、次生态神话之间，存有种属逻辑关系，前者的变化、派生，会直接导致后者的产生，而后者再丰富复杂，也总有一鳞半爪与前者存有显性或隐性关联，二者之间是互相建构的亲密关系。因为此种关系，本书在分析每类变形神话叙事类型、亚型等涉及的例证之际，不仅着力于原生态神话的阐释，也会对次生态神话加以分析，力图将各个"零散性""片段式"的变形主题神话，能依据历时性时间发展连缀成拥有流畅线性发展逻辑的叙事单元，以便分析先秦神话变形叙事各类型的单一特点，乃至整体性流变规律。

3. 坚持中西互动研究

神话是一种古老的叙事体，先秦神话更可视作中国叙事文学的滥觞，基于神话"叙事"这一核心性质，本书尝试从文学叙事学的角度出发，试探性地引入西方经典叙事学中叙事模式的解读方法，以先秦神话变形叙事文本为对象，阐析文本的创作行为，考察文本的结构形式，总结二者的互动特点。具体而言，将从以下四个方面分类讨论，以期完成先秦神话变形叙事模式的检视。

一是变形叙事语法研究。叙事语法是破译变形故事的元逻辑，将变形故事符号化、程序化的过程。以格雷马斯的符号方阵为理论指导，将神话中人类、异类因某种原因，或依据某种途径相互转换的过程用符号抽离出

---

① ［德］恩斯特·卡西尔：《人论》，甘阳译，上海译文出版社2004年版，第105—106页。
② ［法］克洛德·列维-斯特劳斯：《结构人类学》，张祖建译，中国人民大学出版社2006年版，第301页。

来，同构为人类与异类变形的"六维"语法，将变形叙事类型逐一嵌入。变形叙事的"六维"语法可推而广之，它同样适用于秦汉变形仙话、魏晋六朝志怪小说、元明神魔变形小说等，是通用于整个中国变形文学叙事世界的核心语法符号。

二是变形叙事结构研究。结构是对变形叙事中变形故事组成形态的观照。一方面，充分突出叙事结构的中国特色解读，重视文本谋篇布局的内部构成。先揭示统摄叙事结构的思维方式，继而分析神话文本结构的叙事方式与叙事线索，归纳各个结构类型的基本特征，最后分析其文化特征与审美风貌。另一方面，运用西方叙事结构功能理论，具体考察变形故事中行为者（mover，人类、异类）与行动（move，变形）两大因素的互动情况，提炼"5W"结构句法，即 who（谁来变）—why（为甚变）—where（何地变）—how（怎么变）—what（变什么）。"5W"包含了变形功能的五要素，即我、它、因、地、事，它们共同构成"变形"功能句法。在此基础上，将涉及的人类、异类两种叙事角色作为常量嵌入，形成角色与功能要素齐全的叙事结构句法。

三是叙事视角研究。叙事视角是揭示叙事者的主体性对叙事文本构成的影响。具体研究变形叙事的作者（谁在说）、叙事者（谁在看）、叙事立场（站在怎样的立场）、叙事角度（运用了怎样的观察角度）以及聚焦（选择叙述了什么）等基本概念与问题。

四是叙事时间研究。叙事是叙事者对叙事时间的调控与把握。主要侧重于叙事文本内部的时间考察，围限于聚合轴上的时间探讨，具体考察叙事时间与故事时间互动之际产生时序、时长的关系特点。

为求得突破与创新，本书将着力于神话论例中通用法则的萃取，将丰富多彩的先秦变形主题神话文本，用归纳—演绎法转换为简明扼要的通用变形公式，以概括先秦神话变形叙事模式，把握相关叙述、故事功能框架的发展规律与特点。并力图使析解所得的公式"简约而不简单"，能普遍适用于整个中国变形文学体系，从而凸显本书的独特之处。

4. 坚持文图互动阐释

先秦神话变形叙事的主题表征，既有文本形态，又有图像形态，神话文本与图像之间具有"互文性"，在外显的物质形式上，文本、图像的叙事内容可以互相参证，在内蕴的思维方式上，二者可以相互转换。本书运用西方图像学理论、方法，图像研究肇始 20 世纪上半叶的西方艺术史，历经阿比·瓦尔堡、欧文·潘诺夫斯基、W. J. T. 米歇尔等学者的推进，从绘画图像扩张至其他视觉图像领域，是关于图像叙述、意指分析等的理论、方法。本书从图像辨别、图像比较、图像叙述、图像阐析四个层次展开，分析先秦神话变形叙事主题相关图像的表达，选取近 160 幅图像，以类相从，分为 31 组。与文本神话互动，即运用图像学方法在形式上分析神话图像的线条、色彩、神祇怪兽构成特色等，结合典籍、图像来阐释变形神话，通过图图对比、文图互动，力求更深入揭示先秦神话变形叙事主题的生成、丕变及内在意指等。

5. 坚持多学科综合研究

从学科分类上看，本书主要立足主题学、叙事学、考古学、图像学、民俗学、人类学、历史学、文化哲学、心理学、文献学等诸多角度。从具体研究的方法来看，有统计法、比较法、定义法、归纳—演绎法、结构分析法、心理分析法等。基于本书论题的全方位阐释的目标，论题研究就需要采用学科综合、多种研究方法交叉的方式，以达成先秦神话变形叙事在符号、形式、情感三个维度的深度解读。

第二节 先秦神话变形叙事的概念确认

为顺利探讨"先秦神话的变形叙事"这一论题，就必须为本书涉及的变形、变形叙事两个概念进行明确界定。

一 变形概念厘定

变形（metamorphosis），也称之为变化，来源于拉丁文"defematio"，意为歪曲，走样。从词源学上考察"变形"，其释义有二，一是源于广义层面，指形式、格式发生变化；二是囿限于狭义层面，指童话或神话故事中人变成某种动物形象或动物变成人的形状[①]。

变形的广义内涵，被广泛引入各个学科领域，或指物理学中物质在固态、液态、气态中的变形；或指生物学上动植物在个体发育过程中形体的老化；或指文学艺术研究中的创作手法，不一而足。在此层面上，变形可译为"transform"，由两个拉丁词汇"trans"与"form"合成，在拉丁语

[①] 中国社会科学院语言研究所词典编辑室编：《现代汉语词典》，商务印书馆 2005 年版，第 84 页。

中,"trans"有横跨、穿越、另一边等义项,其与"form"均出自词干"tra-","tra-"在德语、梵语、凯尔特语中均有同源词,"trans"多表示"从一个地方的人、物、状况发展到另一状况。""form"同于"forma",传达"形状、外形、形象、形式"等义,当"trans"+"form"之际,即表示一个外形或形象到另一个外形或形象的变化。

变形的狭义内涵,多指神话、传说、童话、小说等文学体裁叙述的主题、内容等,是关于人类或非人类因外在形状或性质改变,最终变为其他生命体的过程。在西方语言使用过程中,狭义的变形用英语"metamorphosis"或"metamorphose"表示,其词根"metaphor"具有隐喻、暗喻、暗含之意,表"change in form and change the nature of metamorphose",强调了形体变形,故奥地利著名作家卡夫卡创作的中篇小说《变形记》的英文译名为"Metamorphose",概括了主人公格里高尔由人变为甲虫的过程。在古代汉语里,"变"在甲骨卜辞中未见使用,小篆写作"𧰼",睡虎地秦简写作"𧰼",繁体字为"變",造字取象来自蚕变为蛾的过程,古代中国先民将悉心体察的蚕变过程融入"變(变)"字,表现出无比丰富的想象力。故而东汉学者许慎在《说文解字》训"变"为"更也"[①],强调着"变"之更改、变更之意。以"变"之训诂为中心,先民将蚕变、蛇解、蝶变、蝉蜕等活脱脱的生命现象加以巫术化,汇聚为神秘奇特的生命观,先民笃信宇宙万物的生成源于变化,而非生殖。可见,从词源学角度考察的"变形",在世界范围内的释义都具备共性,是野性十足的、质朴的原始神话思维之体现。

本书所探讨的变形,是狭义层面的变形或变化,是指人类、异类基于某种特殊原因或未知原因,产生同类物种或异类物种之间相互变化的情况,包含着"人类→变形→异类""异类→变形→人类""人类→变形→人类""异类→变形→异类""人类→变形→异类→变形→人类""异类→变形→人类→变形→异类"的"六维"变形模式。是人类或异物外在形态的变形、变化,即个体的种、类生物属性的本质改变,实体可见的形态亦随之改变,但深藏内里、不可触摸的精神意志却可能不变。此外,本书所探讨的变形,是包含着静态方式与动态方式的变形,静态变形一般指半兽人(hybrid)或者"四不像"的特异状态,是原始初民借助想象力

---

① (汉)许慎:《说文解字》卷3下,中华书局1963年影印本,第68页上栏。

完成的抽象变形方法；动态变形指从某种形体蜕变为另一种形象，包括人、动植物和无生物之间的相互变形。本书将静态变形包含于变形范畴之内。

二 变形叙事界说

变形叙事（narrative of metamorphosis），依据字面所解，即变形故事的讲述。它涵盖叙述、故事两个层面，叙述侧重于先秦神话变形言语表达方式的研究，关涉变形叙事的模式，故事则指向变形叙事的表达内容，以先秦神话中人类与异类之间相互变形的事件为核心。具体言之，内涵有二。

一是文学主题学范畴的指向，主题（motif）指"反复出现在作品中的突出的题目要素和特点，特指占支配地位的思想或中心题目"[①]。以此衍生出变形叙事，是将变形作为神话中经常性出现的人类与异物的基本行为和精神现象来讨论的。变形（metamorphosis）既作为上文所解之变化，则以其为主题的变形叙事当指人类、异物（动物、植物、无生物、自然现象）之间以转换为方式，达成外在形态变化而保持内在精神不变之态的事件研究。在本书中表现为图腾、想象、功能、情感、梦幻、进化六种变形叙事类型之划分与阐释。

二是叙事学领域的概念，叙事即"讲述故事"，故变形叙事包含两个层次。一方面，以神话文本中具象化符号提炼而来的六种变形叙事类型、亚型及其式为基础，以归纳—演绎之法精炼出抽象化结构的变形叙事模式，既包含着叙事主体在变形叙事的过程中自觉或不自觉的形成一种惯例或者一种叙事风格，体现叙事视角的转换、叙事时间的把握，又表现为叙事语法的创造，叙事结构的安排，是叙事主体"怎样进行叙事"的思路解析。另一方面，叙事主体在变形叙事类型构筑过程中秉持的文化立场、道德判断、艺术观念、心理活动机制、审美风格诉求等叙事意旨性因素，是"为什么如此叙事"的阐释评价。

需要指出的是，"变形叙事"不是"变形"与"叙事"两个概念的简单叠加，它是一个具有自足内涵的概念。首先，变形叙事偏重于将变形作为神话中经常性出现的人类与异物的基本行为、精神现象的主题加以讨

---

① 王同亿主编译：《英汉辞海》，国防工业出版社1988年版，第189页。

论，是依据主题学理论衍生的概念。与此同时，变形叙事又偏重于叙事学范畴，是试图进行先秦神话主题研究的一个新颖角度，立足于神话的叙事性质，又尝试"旧瓶装新酒"，运用西方经典叙事学的结构主义，将中国古老神话浓缩、简化为一个个如同公式般的单句，成为变形叙事的规律，此种方法，在根本意义上打破了"主题学"与"叙事学"截然分立的研究方法，属两大学科的交叉研究，"变形叙事"是在关注叙事主题的型与式之余，亦持续关注变形叙事整体演变规律的考察、析取与综合，是关于"叙述何时之事"（when）、"叙述什么事"（what）、"怎样进行叙事"（how）和"为什么如此叙事"（why）等叙事基本问题解答。

此外，变形叙事需放置于历史坐标中考察，以其所涉及的神话文本的外部表意特征，以及内部结构方式，在自然时间流动中呈现的阶段性特点为基础，进而提炼出整体性的变形叙事规律。既探讨变形叙事在整个先秦神话中的类型、模式的运用方式、发展特点，又总结其对后世变形主题文学产生的深远影响。细致而论，乃立足于两个时间发展维度，一则从共时性向度出发，剖解先秦神话变形叙事的横切面，探讨其变形叙事规律，立足于变形叙事的类型特征，梳理出各类型在先秦神话中依次出现的先后顺序、使用频率。与此同时，结合先秦神话变形叙事模式，展现叙事语法、叙事结构、叙事视角、叙事时间的各自使用及变化情况。二则从历时性角度出发，连缀出先秦神话变形叙事的纵贯线，以先秦神话为始基，探索各变形叙事类型与叙事模式渗透影响下产生的仙话、志怪、神魔小说等文学样式的发展概况。

第一章

先秦神话的图腾型变形叙事

先秦神话变形叙事,是指以神话作为叙事事体来表达的变形故事,它涵盖叙述、故事两个层面,叙述侧重于先秦神话变形言语表达方式的研究,关涉变形叙事的模式,故事则指向变形叙事的表达内容,以先秦神话中人类、异类之间相互变形的事件为核心。从文学主题学的角度看,变形叙事被强烈凸显为先秦时代神话叙事的主题学内核,包罗数量庞大的变形故事。丰富多彩的变形故事以人类、异类互变的行为方式或精神现象为基本情节,这些情节相互作用,缔结为情节单元,包含着独立的人类、异物变形事件,以及这些事件的组合方式,共同表现变形主题(motif of metamorphosis)。于此,引用故事学界的分类方法,将多个情节类似的故事群合称为类型(type),又将故事群中兼具典型性、相似性,与类型构成上下种属关系的小故事群,称为亚型或次型,当然,每一类型、亚型或次型,都是由各种变形情节单元,也就是变形主题构成故事。就先秦神话而言,将诸多相类的变形故事集结联合,又对各异其趣的变形故事严格区分之后,可以精炼出图腾、想象、功能、情感、梦幻、进化六种叙事类型,各种类型之下,又区分若干的亚型及其式,下文将逐一讨论。

图腾型变形,是指有关人类与图腾之间形态互变的叙述,为人类与动物图腾、植物图腾、无生物图腾、自然现象图腾等相互变形。"图腾"(totem)一词来源于北美印第安阿尔衮琴部落奥吉布瓦人(ojibwa,属印第安人)的方言"ototeman"(也作 dodaim 或 ototem),内涵丰富,表示"我的亲属"[①]"我的祖

[①] 国内学者一般将"totem"译为"他的亲属",基于图腾制度,本书认为译作"我的亲属"更准确。参见[美]C.恩伯、M.恩伯《文化的变异——现代文化人类学通论》,杜杉杉译,辽宁人民出版社1988年版,第340页。

先"①"我的保护神"②"我的标记"③。在我国，图腾大致产生于旧石器时代，既内隐着原始初民的图腾信仰（totemism）、图腾制度（totemic institution）与图腾崇拜（totemiccult），又外显地作为原始初民亲属、祖先或保护神的某种物象。"图腾"经历了早、中、晚三个发展阶段，并伴随原始社会的发展而完整呈现了产生、鼎盛、式微、消亡的过程。早期图腾崇拜的特点，正如俄国学者普列汉诺夫概述："相信人们的某一血缘联合体和动物的某一种类之间存在着血缘关系。"④ 表明早期原始初民最先将动物作为图腾，视为亲属。随着社会发展与思维进化，原始初民又开始不遗余力地寻找部落、氏族，甚至是自己的来源，于是早期的亲属观念又融入了祖先观念，与日常生活息息相关的动物、植物、无生物和自然现象，被视作图腾始祖。图腾崇拜晚期，图腾又变为原始初民的保护神。当然，图腾信仰的三个发展阶段，始终与各种物象紧密相连，物态化的物象，在初民眼中或与他们存在亲缘关系，乃本族最古老的祖先，或是个人或群体的保护神。图腾信仰在一以贯之的"血缘"观念驱动下，使原始初民坚信人的生命来自图腾，死后亦可回归图腾，世间万物均可投入图腾的怀抱，先民笃信"生育是由于图腾入居妇女体内，死亡是人返回于自己的氏族图腾"⑤。人类与图腾，也就是动物、植物、无生物、自然现象等相互转换，是基于此种"血缘"关系而缔结，所以人与图腾物之间的互换变形，便存在了合理而必然的逻辑。

图腾型变形的生成，最大限度地借助了原始初民图腾崇拜的力量，以

---

① 苏联民俗学家、宗教学家谢·亚·托卡列夫认为："图腾祖先观念不是个别的，而是群体统一的情感、群体起源的共同性及其传统的继承性在神话中的变ণ。'图腾祖先'——是宗教和神话中的形象。"基于此，本书认为"totem"有"我的祖先"之意。参见［苏］谢·亚·托卡列夫《世界各民族历史上的宗教》，魏庆征译，中国社会科学出版社1985年版，第64页。

② 弗雷泽列举了非洲、澳大利亚一些部落尊眼镜蛇、蝴蝶、鱼、狼、乌鸦等动物为氏族、胞族、部落或家庭个人的保护者，据此，本书认为"totem"有"我的保护神"之意。参见［英］詹·乔·弗雷泽《金枝》（下册），徐育新等译，中国民间文艺出版社1987年版，第684—721页。

③ 摩尔根认为图腾是一种自我标志或图徽，本书认同此说，即"totem"为"我的标记"。参见［美］路易斯·亨利·摩尔根《古代社会》（上册），杨东莼等译，商务印书馆2012年版，第162页。

④ ［俄］普列汉诺夫：《普列汉诺夫哲学著作选集》第3卷，汝信等译，生活·读书·新知三联书店1962年版，第383页。

⑤ ［苏］柯斯文：《原始文化史纲》，张锡彤译，生活·读书·新知三联书店1955年版，第171页。

神话为载体得以全面展现，依据人类、图腾之间相互变形的表现方式，图腾型变形可以划分为静态图腾型变形、动态图腾型变形两种亚型，各亚型之下，可再细分出多种式样。

第一节　静态图腾型变形

　　静态图腾型变形，是指参与变形的行动者以静态活动的方式出现，以异于常规物相的形式，出现于神话文本世界，是一种正在进行时态的变形。依据静态变形呈现物象的不同路径，可以将其划分为人兽共生型、兽兽共生型两种次型。须知，人兽共生型变形最大限度地在静止时空中表现了人兽互动的渊源关系，将动物崇拜与神灵信仰交融叠合，物态化为先秦神话中神祇神格的半兽人（hybrid）形态，是原始初民自我意识觉醒与心理成熟蜕变的直接反映。同时，兽兽共生型则反映了原始初民天马行空的想象力，创造了诸多拥有"四不象"特征的神兽、物怪，这些神兽虽形体怪诞、恫人心魄，但也不乏通达人情事理、机敏能言，又或是拥有奇效异能的怪兽。

一　人兽共生型

　　共生（mutualism），意谓两种或多种物种共存一体，彼此和谐的状态。作为《山海经》作者的史乘、巫觋、方士之属，往往将人类、动物的身体元件杂糅拼装，从而使天地神祇、物怪灵兽呈现半兽人（hybrid）的形象特征。

　　人兽共生型变形直接表现为图腾变形物象，通常此类图腾物象形态或是人首兽身，或是人身兽首，或是人身上有兽的一个部分。事实上，兽之本义为"毛虫总号"[1]，据《太平御览·饮食部》引《周礼·冬官·梓人》曰："天下之兽五，脂者、膏者、蠃者、羽者、鳞者"[2]，与《大戴礼记·易本命》所言"蠃鳞毛羽昆"五类相合。另《西游记》第五十八回亦有"蠃、鳞、毛、羽、昆五虫"[3]之说。又《尔雅·释鸟》有曰："四足而毛谓之兽"[4]，以及《说文》云："鱼，水虫也"[5]，据上可知，兽的古义为禽兽总称，

---

[1]　（清）邵晋涵撰，李嘉翼、祝鸿杰点校：《尔雅正义》卷22，中华书局2017年版，第1039页。
[2]　（宋）李昉等撰：《太平御览》卷864，中华书局1995年影印本，第3837页上栏。
[3]　（明）吴承恩著，李天飞校注：《西游记》，中华书局2014年版，第273页。
[4]　（清）邵晋涵撰，李嘉翼、祝鸿杰点校：《尔雅正义》卷19，中华书局2017年版，第997页。
[5]　（汉）许慎撰，陶生魁点校：《说文解字》卷11下，中华书局2020年版，第379页。

第一章 先秦神话的图腾型变形叙事

无论是长羽擅飞的鸟，四足擅走的哺乳动物兽，节肢一类的虫，或是属脊椎动物一纲的鱼，乃至软体动物，无不包举其内。

人兽共生型变形一般以静态方式默然呈现，据外显的视觉特征，便全然显露人兽互动后共生成形的渊源关系，似乎在人与动物融为一体的过程中，时光戛然而止，凝结为永恒的存在，将人与兽神秘的共生过程清晰化，呈现人向动物转变的外在形貌与变形内里的"现在进行时"特征，直言之，是一种正在进行的变形类型。

在先秦神话中，人兽共生型变形往往用于男性或女性神灵、始祖神、英雄神、造物神、职事神等神格的描述，以原始部族、本族祖先的专有图腾装饰其身，故而，这类神性之人的外貌形体一般人兽结合，但他们却具有人情神性，是神话中各司其职的大神。《山海经》中存有最多的人兽共生型变形形象，凡66例，多表现为山神、天神神格特征的描述，其中山神有23例（神相全同或重复的统一归为同1例），天神有37例，其他神祇6例。

《山海经》属于地理博物志，其叙事方式遵循着"依地而叙"的基本原则，按照中、南、西、北、东的空间方位逐一对山川地理博物加以叙述。从总体上看，各经中会间或出现的所司各职的神祇，最令人印象深刻的是但凡叙述山体的各经，经书末尾都会有山神的神格特征与祭祀方式的描述。从神格上看，这些天神、山神几近全属于人兽共生型变形物，它们的突出特征都是以人的某一部件为基体，又相继与蛇、狗、马、牛、羊、虎、鸟等动物形体的某一部分共生，于是半兽人（hybrid）随即产生，兹列表1诠说。

表1　　　　　　　　《山海经》人兽共生型变形神祇

方位	经书名称	山神、天神名称	人兽共生样式
中	《中次二经》	辉诸山至蔓渠山诸神	皆人面鸟身
	《中次三经》	神武罗	人面豹纹
	《中次三经》	吉神泰逢	人身虎尾
	《中次四经》	鹿蹄山至玄扈山诸神	皆人面兽身
	《中次七经》	休与山至大騩十六神	皆豕身人首
	《中次八经》	景山至琴鼓山二十三神	皆鸟身人面
	《中次十经》	首阳山至丙山九神	皆龙身人面
	《中次十一经》	翼望山至几山四十八神	皆彘身人首
南	《南次三经》	天吴山到南禺山诸神	皆龙身人面
	《海内南经》	延维	人首蛇身

续表

方位	经书名称	山神、天神名称	人兽共生样式
西	《西次二经》	十神	皆人面马身
	《西次二经》	七神	皆人面牛身、四足一臂
	《西次三经》	钟山山神之子鼓	人面龙身
	《西次三经》	崇吾山至翼望之山诸神	皆羊面人身
	《西次三经》	英招	马身人面、虎文鸟翼
	《西次三经》	陆吾	虎身九尾、人面虎爪
	《海外西经》	轩辕	人面蛇身尾交头上
北	《北山首经》	单狐之山至隄山诸神	皆人面蛇身
	《北山二经》	管涔之山至敦题之山诸神	皆蛇身人面
	《北山二经》	太行山至毋逢山廿神	皆马面人身
	《海外北经》	烛龙（烛阴）	人面蛇身赤发
	《大荒北经》	相柳（相繇）	九首人面蛇身、白环色青
	《海内北经》	贰负	人面蛇身
东	《东山首经》	竹山十二神	人面龙首
	《东山二经》	空桑山至硾山十七神山	兽身人面麋鹿角
	《东次三经》	尸胡山至无皋之山九神	人身羊角
	《海内东经》	雷神	龙身人头

　　人兽共生图式多见于《山海经·五藏山经》，《海经》《荒经》则以兽兽共生图式为主，文本、方位与共生动物之间存有共性，《山经》五卷，《南山经》诸神与龙关联；《西山经》各神和马、牛、羊、龙、虎有关；《北山经》众神与蛇、马相关；《东山经》诸神与龙、羊、鸟等兽类关联；《中山经》众神和龙、虎、鸟、猪、狗有关。《海经》八卷，《海外西经》《海外北经》《海内西经》《海内北经》众神与蛇关联；《海外南经》之神与兽关联，至于具体兽类，经文未言；《海内南经》与鱼有关；《海外东经》之神与鸟同体；《海内东经》之神与龙合一。《荒经》四卷，《大荒南经》《大荒西经》的神祇与鸟同体；《大荒北经》《大荒东经》的神怪与虎关联。《海内经》一卷，其神与蛇相关。人兽共生的神怪，以人面蛇身者最多，人面龙身者次之，人鸟共生者再次之，说明在《山海经》文本形成过程中，蛇、龙、鸟图腾地位最高，使用频繁，流行最广，究其缘由，当为蛇、龙、鸟三类图腾运用、传播最广泛的缘故。

　　上述表1展示的人兽共生型变形神祇，形态多样，是初民图腾信仰与自然神灵信仰双重作用的产物。原始初民擅用此种拟人化手法变形幻化出诸多奇诡怪诞的形体结构，形成人龙、人蛇、人狗、人鸟混合的诸多人兽共生体，缔造了一个光怪陆离的神话世界。而神奇的变形物又是兼具兽性、人体与神性三位一体的特殊形态，人的形体身上直接镶嵌着初民崇拜的图腾动物，而自然神灵信仰又融入其中，致使山神、天神的神格均具有共生变形特质。

人兽共生型神祇的静态变形，内隐着原始初民的质朴的世界观及虔诚的图腾信仰，动物能飞擅走、凶猛有力的特性为人类所欠缺，故初民将其视作伟大与崇高，于是大胆借用动物形体进行自我变形、美化、修饰，更将其创造为顶礼膜拜的神祇形象，故以蛇为尊者，崇拜人蛇共生体，《山海经》经文载录的烛阴、轩辕、相柳（相繇）、窫窳、贰负、延维、单狐山至隄山二十五神、管涔山至敦题山十六神等，属地位显赫的神祇，俱是人蛇共生的形象，此类形象在中国古代墓葬艺术、出土文物中竞相迭出，如作为中华创世始祖神的伏羲、女娲，在山东、河南、四川等地所出的汉画像石上常绘有二者形象（图1a、1b、1c）。

（a）山东嘉祥武梁祠左石室后壁小龛西侧伏羲女娲交尾图像①

（b）山东临沂吴白庄前室北壁立柱女娲执矩图像  　（c）山东临沂吴白庄前室北壁立柱伏羲执规图像②

图1　人蛇共生型图像

---

① 图1a录自中国画像石全集编辑委员会编《山东汉画像石》，《中国画像石全集》第1卷，山东美术出版社、河南美术出版社2000年版，第56页。

② 图1b、1c录自中国画像石全集编辑委员会编《山东汉画像石》，《中国画像石全集》第3卷，山东美术出版社、河南美术出版社2000年版，第20、16页。

另如《海外北经》所记赤色的人面蛇身共生的烛龙神，又名烛阴，在殷商青铜器中曾出现其形象，出土于河南安阳的青铜人面龙形盉，属殷商后期礼器，现藏美国弗利尔美术馆，是人兽一体的立体形象。相同的器物表征方式，见于殷商晚期出土文物妇好觥，此觥盖有翘耳虎头，器身为立体虎状，整体看来为前肢抱颈、后肢蹲踞的猛虎。至于青铜人面龙形盉，盉盖为柱形竖角人面像，器身为圆鼓腹，腹两侧装饰有龙纹，龙爪粗大，器身后存一条弯曲状的龙体，整个器身表立体龙身，分布有几何鳞状纹饰，属人龙共生形象（图2a、2b）①，日本学者林巳奈夫综合青铜盉盖的人面龙身神祇有猛禽锐目、角上装饰有囧纹等特点，认为此神似为《山海经》记载的烛阴②，此说在理，在中国古代神话中，龙、蛇形象几乎等同。况且，迄今所存的殷商文物，柱状而双角高翘的人面形象并非孤例，在2018年香港大唐国际春季拍卖会上，便有一件编号LOT78的商代晚期人面纹矛头③，矛身正面装饰有竖立兽角的人面图像，与安阳出土青铜盉上的钟山之神烛阴（烛龙）形象如出一辙（图3a、3b）。颇为有趣的是，兽形竖耳与人面结合的形象是深入人心的，在当代电影艺术中仍被继续沿用，由美国好莱坞导演安德鲁·亚当森、艾伦·华纳共同执导的动画电影《怪物史瑞克》，分别于2001年、2004年、2007年、2010年连续出品四部，广受世界动画爱好者喜爱，而电影中的史瑞克形象（图3c）④，与殷商晚期的青铜人面龙形盉图3d、人面纹矛头形象相似（图3a、3b）。当然，柱形竖耳的人面或兽面图像显然盛行于殷商时期，今藏上海博物馆的父乙觥，为殷商晚期盛酒器，造型与河南安阳的青铜人面龙形盉有类似之处，其觥盖顶端的兽首部分，左右竖角高翘，兽耳缀有小蛇，中脊有一条龙，器身由长尾逶迤的凤凰组成。

---

① 图2a正视图录自陈振裕主编《中国古代青铜器造型纹饰》，湖北美术出版社2001年版，第86页。图2b侧视图录自施劲松《长江流域青铜器研究》，文物出版社2003年版，第304页。

② ［日］林巳奈夫：《神与兽的纹样学：中国古代诸神》，常耀华等译，生活·读书·新知三联书店2009年版，第129—137页。

③ 图3a、3b录自《谈谈美国弗利尔美术馆收藏的人面盉》，澎湃新闻，http://baijiahao.baido.com/s?id=16022236370516307183&wfr=spider&for=pc，2018年6月3日。

④ 图3d录自吴山编著《新石器时代和商·西周·春秋卷》，《中国纹样全集》第1卷，山东美术出版社2009年版，第32页。

(a) 殷商河南安阳出土青铜　　　　(b) 殷商河南安阳出土青铜
　　人面龙形盉正视图　　　　　　　　人面龙形盉侧视图

图 2　人龙共生图像

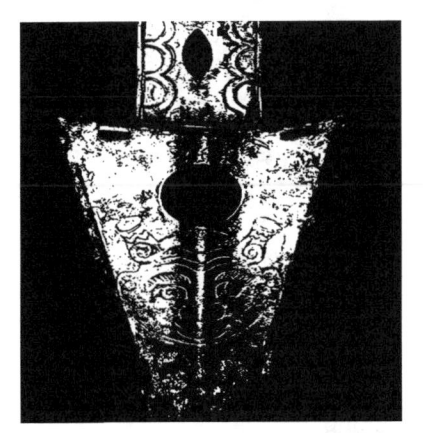

(a) 殷商兽角人面纹矛头正视图 　　(b) 殷商兽角人面纹矛头侧视图

(c) 电影《怪物史瑞克》的史瑞克头部形象 　　(d) 殷商晚期装饰青铜盉、
　　　　　　　　　　　　　　　　　　　　矛的竖形兽耳人面图

图 3　兽耳人面共生图像

除人与蛇、龙共生一体，《山海经》载录的人与鹿、鱼、虎、马、鸟、羊等动物共生的天地神祇形貌，亦能见诸商周、战国时代的考古遗产。如《东山二经》载录了人面、兽身、麋鹿角的空桑山至磕山十七神，与战国曾侯乙墓内棺西侧、西侧壁板上所见耳为麋鹿角状，长角曳须的神人形象相合（图4a）。《中次四经》中鹿蹄山至玄扈山人兽共生一体的九神，所记与曾侯乙墓内棺西侧、西侧壁板的尖角硕耳、鳞身兽爪，舒展双翅，长尾拖曳之神可照应（图4b）①。又《西次二经》中钤山至莱山之十

(a) 战国曾侯乙墓内棺西侧、西侧壁板神人图像

(b) 战国曾侯乙墓内棺西侧、西侧壁板神人图像

图4　人鹿共生图像

神，为人面马身共生，《西次三经》中神英招是马身人面、虎文鸟翼的变形形象，可见于江苏淮阴高庄战国墓出土铜匜形器的人面马身刻纹图像（图5a、5b）。另有《山经》载录的人羊共生变形形象，《西次三经》中崇吾山至翼望山二十二神皆羊面人身，见于殷商后期的青铜器双鸟鼍鼓，此鼓又名神人纹双鸟鼓，现藏日本泉屋博古馆，李学勤先生认为鼍鼓两侧的人形纹极富神话色彩，实际是一种神像②，的确，双鸟鼍鼓侧面有羊面

---

① 图4a、4b录自湖北省博物馆编《曾侯乙墓》（上册），文物出版社1989年版，第39页。
② 李学勤：《比较考古学随笔》，广西师范大学出版社1997年版，第191页。

第一章　先秦神话的图腾型变形叙事　　37

（a）战国铜匜腹内壁鸟兽刻纹图（1:0138）　　（b）战国铜匜形器刻纹图（1:0114-1）
　　　　人面马双身图像　　　　　　　　　　　　　　　人面马身图像

图 5　人马共生图像

人身图像，是高举双手的蹲踞式神人（图 6a）①。《东次三经》尸胡山至无皋山九神俱人身羊角，此种叙述可见于殷商时期江西新干墓地出土的 M：67 双面人面羊角头像，此神内空突目、宽鼻、大口露齿，人面羊角（图 6b）②。凡上种种，不一而足。

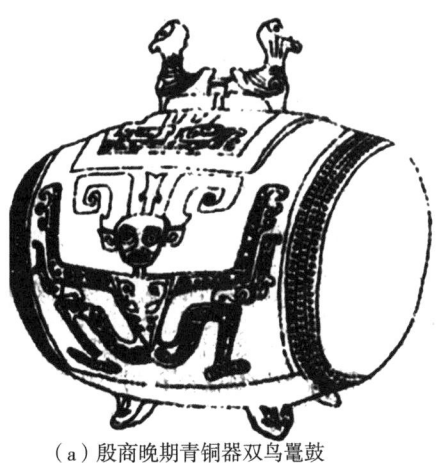

（a）殷商晚期青铜器双鸟鼍鼓　　　　（b）殷商时期江西新干墓地出土
　　　侧面羊面人身图像　　　　　　　　　　M：67 双面人面羊角头像

图 6　人羊共生图像

---

① 图 6a 录自黄懿陆《〈山海经〉考古：夏朝起源与先越文化研究》，民族出版社 2007 年版，第 78 页。
② 图 6b 录自陈振裕主编《中国古代青铜器造型纹饰》，湖北美术出版社 2001 年版，第 83 页。

在先秦神话中，创世始祖神及其麾下各司其职的神祇，均多拥有上述的人兽共生形体，如人首蛇身的伏羲、女娲、共工、相柳，人首龙身的烛龙、雷神，牛头人身的蚩尤等，俱为中华先民悉心打造，恰如明代胡应麟所言《山海经》"所记人物率禽兽其形，以骇庸俗"①，且是智慧与力量的象征物。当然，人兽共生型变形的最大意义还在于它充当了不同生命体转换的中间环节，是原始初民通过变形兽化自己的一种方式，初民总是不遗余力地通过人兽共生体，将肇祖的图腾物率真地表露于形体之上，使人一看便能无比明了，人类的生命与自然界的其他物种之间素来存有紧密关系，尤其是人与图腾物的亲缘关系。此说在四川广汉三星堆祭祀坑出土的人面鸟身遗物上体现得尤为突出（图7a、7b）②，见于1986年2号祭祀坑出土的人面鸟身的青铜器（图7c）③，另有2022年三星堆考古8号祭祀坑新出土的顶尊蛇身铜人像，与1986年在2号祭祀坑发掘的残损鸟脚人青铜像进行了跨坑缀合，成功合体的青铜器物名曰鸟足曲身顶尊神像（图7d）④，人头顶一尊，双手撑一罍，双脚踏鸟，身体最大限度地卷曲，说明了人与动物图腾的亲密互动。此外，今藏北京故宫博物院的一件龟鱼纹方盘外壁角上，也可见人面鸟身图像（图7e），该人面的嘴部具有鸟喙特征，身体为人形，背负鸟翼，双腿有漩涡状兽纹装饰。

在上述图像之外，人鸟共生一体的情况，以金翅鸟形象最深入人心，中西皆有，运用、传播范围最广。在中西方神话、宗教故事中，金翅鸟出现频率极高，古波斯神话称其为西莫格（simurgh），金翅鸟被视作雄鹰一般的猛禽。古伊朗民族史诗《列王纪》则将金翅鸟视作教化人类的圣鸟。金翅鸟在梵文中写作 garuda，是婆罗门教大神毗湿奴的坐骑，象征佛法，佛教典籍也称呼其为迦楼罗。中西各国所见的金翅鸟图像类型，有单鸟图像、双头鸟图像、人面鸟神图像三种。其中，柬埔寨的金翅鸟形象既有鸟头人身形象，亦有人身鸟首形象，如吴哥窟便存鸟头、双翅、人身的金翅

---

① （明）胡应麟：《三坟补逸下》，《少室山房笔丛》卷34戊部，中华书局1958年版，第451页。

② 图7a、7b、7e录自陈振裕主编《中国古代青铜器造型纹饰》，湖北美术出版社2001年版，第85、85、230页。

③ 图7c录自四川省文物考古研究所编《三星堆祭祀坑》，文物出版社1999年版，第172页。

④ 图7d录自新华社《三星堆鸟足曲身顶尊神像3000年后"合璧"》，新华网，2022年6月16日，鲁海子摄。

第一章　先秦神话的图腾型变形叙事　　39

（a）三星堆2号祭祀坑出土
人面鸟身青铜器正面图

（b）三星堆2号祭祀坑出土
人面鸟身青铜器侧面图

（c）1986年三星堆2号祭祀坑
出土人面鸟身青铜器

（d）2022年6月三星堆8号祭祀坑与2号
祭祀坑合体的鸟足曲身顶尊神像

（e）北京故宫博物馆藏龟鱼纹
方盘外壁角处的人面鸟身图像

（f）克孜尔石窟第171窟金翅鸟
属人面鸟身图像

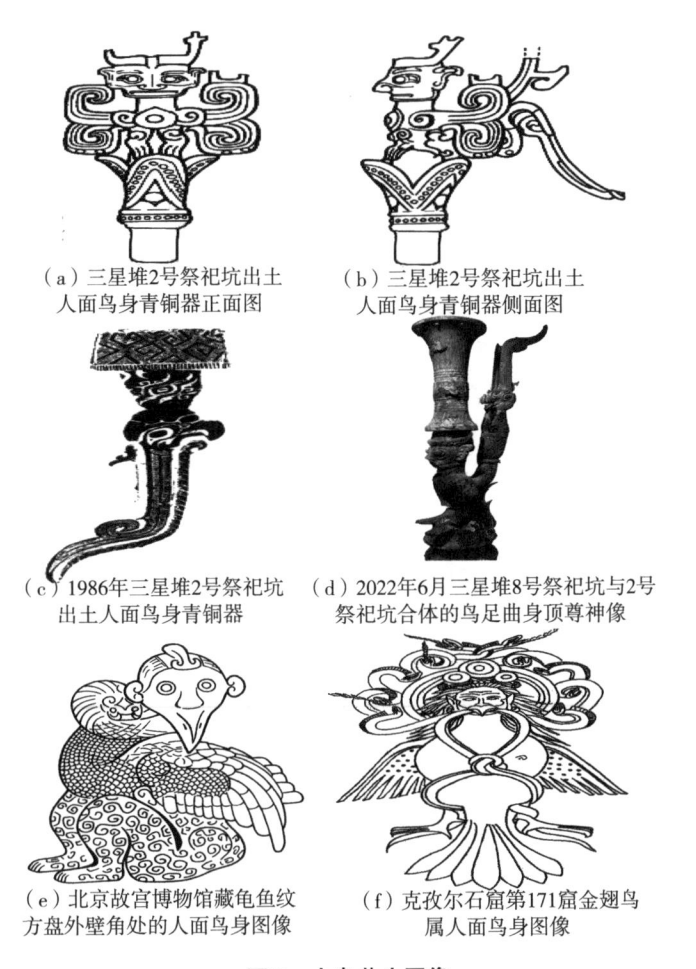

图7　人鸟共生图像

鸟肩负大神毗湿奴的雕像。在我国的佛教艺术中，人面鸟身的金翅鸟形象也常被使用，主要见于西藏、新疆、云南地区。以石窟艺术为例，我国新疆地区的库木吐喇石窟第58窟、森木塞姆石窟第48窟、克孜尔石窟第171窟（图7f)[①]都绘制有人面鸟身的金翅鸟图像。当然，在我国西南边陲，围绕人鸟共生的金翅鸟形成诸多神话，且以文物、绘画、文本、仪式等综合形态存在，例如云南大理崇圣寺主塔千寻塔塔顶、昆明地藏寺出土的梵文经幢上都保存着南诏大理国时期的金翅鸟形象，是图腾信仰、佛教文化、本土信仰结合的产物。

---

① 图7f录自王建林编绘《新疆石窟艺术线描集》，新疆青少年出版社2006年版，第40页。

总之，人兽共生型变形还反映了先秦神话叙事朴素自然的特征，折射出原始初民的审美观念，可谓"人与自然这两个因素的怪诞的混合"①。当然，这种仿人型并非出自自觉的艺术思维，而只是集体无意识的幼稚原始信仰，"只是形式的和表面的"②，"只以纯然一般的力量和自然活动（作用）为内容"③。具体而言，仿人型仅囿限于人的简单特性，如说话、思维及人的肢体动作与行为，并不包揽复杂的人情与人性。立足于此层面，可发现原始初民的幻想是直观比拟所见世界的朴素幻想，与后世彻底仿人化（人格化）的神魔鬼怪相比，先秦神话变形叙事的手段尚属笨拙与幼稚，然而却愈发彰显粗糙的原生态美。

二 兽兽共生型

兽兽共生型内隐的变形肌理与人兽共生型全然相似，只是不再有人的形体参与，而是由不同动物肢体的某个部分杂糅、拼接成新形体，其最突出的特点为以一种动物为主干，再附加另外的动物形体，兽兽共生型变形在先秦神话中包罗两种式样。一为神兽，多作为天帝、天神的臣下、侍从或坐骑，如黄帝的下臣应龙、白泽神兽，兵神蚩尤、饕餮、昆仑神兽视肉、火浣布等；二为图腾物，多为初民复合想象的产物，最典型的非龙、凤、九尾狐莫属，这些图腾也是氏族部落战争、力量博弈、吞并融合的文化活化石。当然，在有些情况下，神兽和图腾物是同时加诸一物之身的，诸如神龙应龙等，它们的存在使神话变形世界更加神秘莫测。

就神兽而言，《山海经》《楚辞》中包罗着数量庞大的神兽，这些神兽的神格均由兽兽的形体共生而成，在外貌呈现"四不象"特征，乃飞禽、走兽、游鱼的杂糅、整合，"四不象"神兽生成的心理动因，最早当发生于先民突破自身形体、能力与极限的心理作用下，初民对鹰击蓝天、鱼翔深海、猛兽擅走等寻常之人难于拥有的能力艳羡不已，视此等能力为崇高与伟大，虔诚膜拜，遂大胆借用动物形象装饰自身。当然，兽兽共生的神兽在质性上又显露出神性，能通达人情，具备超越人的能力之外，又兼具神性，形成人情、神性、兽体的一体化形态。譬如古籍所见帝尧的神兽夔，是形状如牛的单脚兽，此神兽精通音律，《尚书·尧典》载："帝

---

① ［德］黑格尔：《美学》第 2 卷，朱光潜译，商务印书馆 1979 年版，第 54 页。
② ［德］黑格尔：《美学》第 2 卷，朱光潜译，商务印书馆 1979 年版，第 54 页。
③ ［德］黑格尔：《美学》第 2 卷，朱光潜译，商务印书馆 1979 年版，第 54 页。

第一章　先秦神话的图腾型变形叙事

曰：'夔！命汝典乐，教胄子，直而温，宽而栗，刚而无虐，简而无傲。诗言志，歌永言，声依永，律和声。八音克谐，无相夺伦，神人以和。'夔曰：'於！予击石拊石，百兽率舞。'"① 记夔为"典乐"，为掌乐之官。《说苑·君道》同此说，亦载："当尧之时……夔为乐正。"② 另有颛顼的神兽鱓，鱓即为猪龙婆，其亦擅长音乐，故《吕氏春秋·古乐》篇曰："帝颛顼好其音，乃令飞龙作效八风之音……乃令鱓先为乐倡，鱓乃偃寝，以其尾鼓其腹，其音英英。"③ 又如黄帝的神兽饕餮，《山海经·北山经》曰："有兽焉，其状如羊身人面。其目在腋下，虎齿人爪，其音如婴儿，名曰狍鸮，是食人。"④ 再如昆仑山神兽视肉，《海外南经》曰："聚肉，形如牛肝，有两目也，食之无尽，寻复更生如故。"⑤ 形貌怪异之余，每每割肉能长。诸如此类，在先秦神话世界中屡见不鲜。

　　就图腾物而言，先秦神话世界中最形体多变、神性莫测的当属龙、凤、九尾狐等。有关龙形及其分类，学界众说纷纭，龙之形貌，有的描述为："马头、鬣尾、鹿角、鱼鳞和须、兽的四足、狗爪。"有的又描述为："成角似鹿，头、项似蛇，腹似蜃，鳞似鱼，掌似虎，耳似牛。"⑥ 关于龙形，学者引用最多的无外乎《说文》所记，言："龙，鳞虫之长。能幽能明，能细能巨，能短能长。春分而登天，秋分而潜渊。"⑦ 可在幽明、巨细、长短等相反状态中自由转换，强调了龙长于变形的特质。就龙的形貌而论，最全面细致的莫过于《尔雅翼·释鱼一·龙》所记，龙的形象特征有"三停九似"说，即："谓自首至膊，膊至腰，腰至尾，皆相停也。九似者，角似鹿，头似驼，眼似鬼，项似蛇，腹似蜃，鳞似鱼，爪似鹰，掌似虎，耳似牛。头上有物如博山，名尺木。龙无尺木，不能升天。"⑧ 龙为数种动物嵌合体。至于龙之分类，见于《广雅》所言："有鳞曰蛟龙，有翼曰应龙，有角曰虬龙，无角曰螭龙。"⑨ 《说文》解蛟：

---

①　（汉）孔安国传，（唐）孔颖达等正义：《尚书正义》卷3，（清）阮元校刻《十三经注疏》，中华书局1980年影印本，第131页中栏、下栏。
②　（汉）刘向撰，向宗鲁校证：《说苑校证》卷1，中华书局1987年版，第10页。
③　许维遹：《吕氏春秋集释》卷5，中华书局2009年版，第123—124页。
④　（清）郝懿行撰，栾保群点校：《山海经笺疏》卷3，中华书局2021年版，第75页。
⑤　（清）郝懿行撰，栾保群点校：《山海经笺疏》卷6，中华书局2021年版，第178页。
⑥　潜明兹：《中国神话学》，上海人民出版社2008年版，第325页。
⑦　（汉）许慎：《说文解字》卷11上，中华书局1963年影印本，第245页下栏。
⑧　（宋）罗愿撰，石云孙校点：《尔雅翼》卷28，黄山书社2013年版，第329页。
⑨　（清）钱大昭撰，黄建中、李发舜点校：《广雅疏义》卷20，中华书局2016年版，第874页。

"龙之属也。池鱼满三千六百，蛟来为之长，能率鱼飞。置笱水中，即蛟去。"①极具神话性质。作为"神话之渊府"的《山海经》虽未明言龙的形貌，但也有与龙相关的诸多记载。如《山海经·南次三经》云："东五百里，曰祷过之山……其中有虎蛟，其状鱼身而蛇尾。"②虽并无直接言其为龙，但根据东晋郭璞在《南次三经》《海内西经》中对"蛟"的注释，曰其"似蛇，四足，龙属""似蛇四脚，龙类也"③，可做出判断，《山海经》所言之"蛟"即表示龙，纵览整部《山海经》，涉及"蛟"的记载共7例，有关其形貌的描绘均大同小异。龙并非实有动物，它是兽兽共生变形物的典型，是原始初民天马行空之想象的物态化。

龙作为中华文化图腾，种类繁多，史前文化遗存中便表现为堆塑、刻绘形式。譬如辽宁查海遗址存八千年前石堆龙，龙躯残损，但鳞身曲尾可见（图8a）④。红山文化"C"形玉龙频出，最早见于内蒙古翁牛特旗三星他拉遗址（图8b），造型流利简洁，又出玉猪头龙，龙首造像似猪而名之，见于内蒙古赤峰巴林左旗（图8c）⑤。河南濮阳西水坡仰韶文化45号墓葬存六千年前蚌壳摆塑之龙（图8d）⑥。山西襄汾龙山文化陶寺遗址出土蟠龙彩陶盆内刻绘有蟠龙（图8e）⑦，龙口衔物，鳞身盘曲作环，该蟠龙的形象生成，显然是吸收蛇、鱼特征，再创作成"鱼龙"，与《山海经》虎蛟相类。夏商周三代的龙表现形式有摆塑、浮雕、镶嵌等，夏朝都城二里头遗址即存摆塑之龙，以2000余片细小的绿松石片，组构巨首蜷尾、细身鳞纹而成"S"形的龙形象（图8f）⑧。属夏家店下层文化的内蒙古敖汉旗大甸子出土磨光黑陶折腹盆绘有夔龙（图8g上）、黑陶鬲亦绘有一头二身龙（图8g下）⑨。河南妇好墓司母辛四足觥盖面为晚商蟠

---

① （汉）许慎：《说文解字》卷13上，中华书局1963年影印本，第281页下栏。
② 袁珂校注：《山海经校注》卷1，巴蜀书社1993年版，第18页。
③ （清）郝懿行撰，栾保群点校：《山海经笺疏》卷1、卷11，中华书局2021年版，第13、215页。
④ 图8a录自郭大顺《红山文化》，文物出版社2005年版，第131页。
⑤ 图8b、图8c录自孙守道《三星他拉红山文化玉龙考》，《文物》1984年第6期。
⑥ 图8d录自濮阳市文物管理委员会等《河南濮阳西水坡遗址发掘简报》，《文物》1988年第3期。
⑦ 图8e录自中国社会科学院考古研究所等编著《襄汾陶寺：1978～1985年考古发掘报告》，文物出版社2015年版，第616页。
⑧ 图8f录自何驽《二里头绿松石龙牌、铜牌与夏禹、万舞的关系》，《中原文化研究》2018年第4期。
⑨ 图8g录自孙守道《三星他拉红山文化玉龙考》，《文物》1984年第6期。

龙图像（图 8h）①。西周出现高浮雕龙，为陕西扶风巨浪海家村遗址出土，系青铜器鼎耳爬龙（图 8i）②。

(a) 石堆龙图像　　(b) 玉龙图像　　(c) 玉猪头龙图像

(d) 蚌壳龙图像　　(e) 彩陶盆蟠龙图像　　(f) 绿松石龙图像

(g) 黑陶折腹盆彩绘龙图像　　(h) 司母辛龙图像　　(i) 青铜器配件龙图像

图 8　龙图像

---

① 图 8h 录自陈振裕主编《中国古代青铜器造型纹饰》，湖北美术出版社 2001 年版，第 40 页。
② 图 8j 录自高西省《扶风出土的西周巨型青铜爬龙及研究》，《文博》1993 年第 6 期。

关于凤的形体共生，先秦神话记载宏富，《山海经·海内经》云："北海之内，有蛇山者，蛇水出焉，东入于海。有五采之鸟，飞蔽一乡，名曰翳鸟。"① 此处的翳鸟，郭璞注言："'凤属也，'《离骚》曰：'驷玉虬而乘翳'。"② 郝懿行注曰："《广雅》云：'翳鸟，鸾鸟，凤皇属也。'"③ 又《离骚》中作翳，王逸注"凤皇别名也。"④ 此种颜色艳丽的神鸟，属于多种禽类动物的形体拼接，也同样出自先民们的想象。凤的形象深受喜爱，广泛见诸墓葬空间、各类考古文物，可作为装饰器物的纹饰，诸如陕西长安张家坡出土青铜器盂簋上的长冠凤（图9a），又北京房山琉璃阁232号墓出土西周作宝尊圈足所见长凤鸟（图9b），另河南三门峡梁姬墓出土西周凤鸟盉（图9c）⑤，作为青铜酒器，其整体造型、装饰物都采用凤形象。

（a）陕西长安张家坡出土盂簋的长冠凤图像

（b）北京房山琉璃阁232号墓出土作宝尊圈足的长凤鸟图像

（c）河南三门峡梁姬墓出土西周凤鸟盉的凤鸟图像

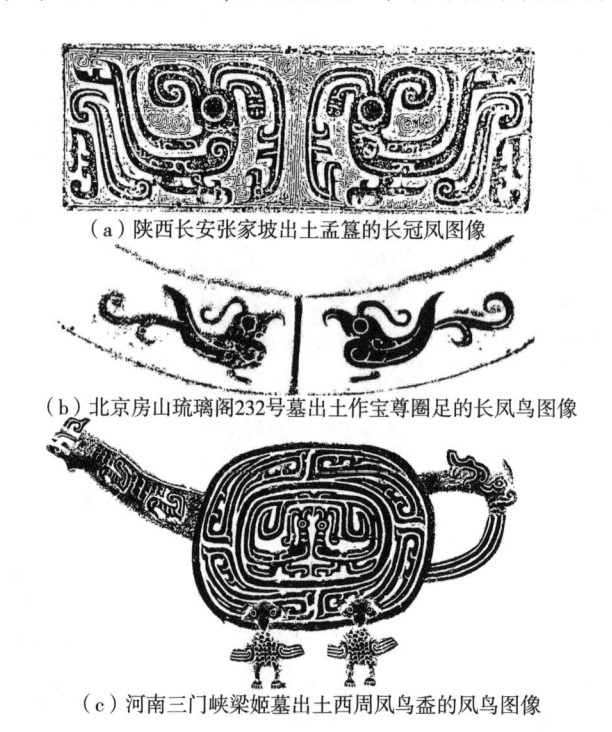

图9 凤图像

---

① （清）郝懿行撰，栾保群点校：《山海经笺疏》卷18，中华书局2021年版，第285页。
② 袁珂编著：《中国神话传说词典》，上海辞书出版社1985年版，第443页。
③ 袁珂校注：《山海经校注》，巴蜀书社1993年版，第524页。
④ 袁珂编著：《中国神话传说词典》，上海辞书出版社1985年版，第443页。
⑤ 图9a、9b、9c录自陈振裕主编《中国古代青铜器造型纹饰》，湖北美术出版社2001年版，第145、153、154页。

第一章　先秦神话的图腾型变形叙事

龙、凤两大兽兽共生变形图腾物，不仅形体显示标志性特征，更内隐着原始初民的图腾信仰与文化观念。早期的图腾信仰中，初民将动植物或它们融合变形的物象，直接作为氏族部落的标记，神秘的图腾族徽不仅隐含着氏族起源与历史发展进程，更被各氏族人尊奉为神灵，是被顶礼膜拜、享受祭祀的物象。龙、凤两大图腾，就详细地记录了这一过程。根据《说文》《尔雅翼》等传世典籍，以及出土文物、文献所见的龙、凤图像，龙是由现实生活中蛇、鳄鱼、猪、马、龙、蜥蜴、鳄鱼、牛、鹿等众多动物，结合龙卷风、云雾霓虹、风雨雷电等自然现象，变形合成的神兽，作为"一种图腾（Totem），并且是只存在于图腾中而不存在于生物界中的一种虚拟的生物，因为它是由许多不同的图腾糅合而成的综合体。因部落兼并而产生的混合的图腾"①。足见，龙是一种综合图腾，是早期炎黄氏族吞并其他氏族，图腾兼并、裂变又重组的产物。凤是由现实世界的孔雀、鸵鸟、雄鹰、鸿鸟、乌鹊、鹤鹳、燕子、大雉、雄鸡等诸多动物，与太阳、星辰、彩虹、云彩、大风等自然物融合变形而成的神物。凤亦是东夷氏族通过战争吞并其他部族，吸纳不同部族图腾而衍变生成的。伴随历史发展，龙、凤日趋发展为一对孪生图腾，正式作为华夏氏族专属图腾物，显示着图腾信仰的统一性。龙、凤在中国古代文明、文化、历史上地位显赫，从起源上看，龙、凤作为虚拟生物，是共生型"变形图腾"，"是图腾信仰所特有的一种符号"②。

除了龙、凤以外，先秦神话中的九尾狐颇值得讨论，九尾狐既具备显著的共生型形体变形特征，发展为辨识度极高的图腾物，更曾作为先秦东夷部族的图腾徽帜。《山海经》载录九尾狐共3处，《海外东经》曰："青丘国在其北。其狐四足九尾。一曰在朝阳北。"③《大荒东经》曰："有青丘之国，有狐，九尾。"④ 又《南山经》曰："东三百里，曰青丘之山……有兽焉，其状如狐而九尾，其音如婴儿，能食人。食者不蛊。"⑤ 不仅记录九尾狐形象，又言其神奇质性。事实上，巫祝、史乘书撰于《山海经》的九尾狐，不仅与造神思维、图腾制度相关联，亦见证着先秦东夷部族的历史变迁，是东夷部族在族内、族外斗争、兼并、融合

---

① 闻一多：《神话与诗》，湖南人民出版社2010年版，第26页。
② 王小盾：《原始信仰和中国古神》，上海古籍出版社1989年版，第88页。
③ 袁珂校注：《山海经校注》卷9，巴蜀书社1993年版，第304页。
④ 袁珂校注：《山海经校注》卷14，巴蜀书社1993年版，第401页。
⑤ 袁珂校注：《山海经校注》卷1，巴蜀书社1993年版，第18页。

过程中，逐渐生成的物态化图像。九尾狐以真实存在于自然界的动物狐为主体，再叠加九条狐尾，表示"九个氏族组成的狐图腾集团"[①]，反映着以太昊伏羲氏为祖先神的东夷各部族的历史演变，青丘属东夷故地，战国之前，部族争端迭起，相互吞并，各部族为求自保，缔结联盟，由此催生了九尾狐形象。《山海经》所记龙、九尾狐一类，不仅受控于兽兽共生的创神制怪方式，更与部族之间的力量博弈、交往交融息息相关，是记录先秦部族历史的活态化石。九尾狐图像在战国时已存，江苏淮阴高庄战国墓出土的铜匜（1∶0138），九尾狐尾部呈对称树叶排布（图10a）[②]。汉代多出九尾狐图像，山西左玉出土西汉胡傅温酒樽外壁装饰浮雕九尾狐，以一条尾巴为主干，其上呈梳齿状分出八条支尾（图10b）[③]，类似造型见于四川彭山东汉崖墓石棺（图10c）[④]与河南郑州出土空心模印砖（图10d）[⑤]，汉代墓葬中九尾狐通常与西王母、三青鸟、玉兔、蟾蜍、六博神人等同构一图，表达永生的观念与祥瑞思想，在中原地区广泛使用，见于东汉中期邹城市高庄乡金斗山出土画像石，为西王母与九尾狐、神兽组合图像（图10e）[⑥]。在古代西南边陲也存此系列的神兽组合，如云南昭通耕塘石棺画像（图10f）[⑦]。

  从总体上看，先秦神话的兽兽共生型变形，涉及的图腾物在组合上体现了主次分明原则，是若干图腾物在解构或递增中形成的动态融合关系，让人既熟悉又陌生。此外，这种图腾变形方式也诠释了部落间力量的博弈，强的兼并弱的，大的兼并小的，强大部落的图腾就得以保留，递嬗成新图腾的基本单位，而弱小部族仅可充当附加成分，乃至消亡，以龙、凤、九尾狐的图腾生成为典型，见证此过程。值得关注的是，初创时所谓"四不象"的兽兽共生型变形体，伴随国家起源，即中国古代文明起源，

[①] 李炳海：《部族文化与先秦文学》，高等教育出版社1995年版，第102页。
[②] 图10a录自王立仕《淮阴高庄战国墓》，《考古学报》1988年第2期。
[③] 图10b录自山西博物院展览陈设。
[④] 图10c录自中国画像石全集编辑委员会《四川汉画像石》，《中国画像石全集》第7卷，山东美术出版社、河南美术出版社2000年版，第116页。
[⑤] 图10d录自张道一《汉画故事》，重庆大学出版社2006年版，第176页。
[⑥] 图10e录自陆志红主编《西王母文化研究集成·图像资料卷》，广西师范大学出版社2009年版，第210页。
[⑦] 图10f录自李昆声主编《云南考古学通论》，云南大学出版社2019年版，第511页。

（a）铜匜腹内壁刻纹九尾狐图像 　　（b）青铜温酒樽外壁九尾狐图像

（c）崖墓石棺九尾狐图像 　　（d）画像砖九尾狐图像

（e）画像石九尾狐图像 　　（f）石棺外壁九尾狐图像

图 10　九尾狐图像

历经"古国—王国—帝国"[①] 的发展序列，日渐为人们普遍接受、使用、传播，便转变为文化内蕴丰富的中华经典象征性符号。九尾狐为吉祥瑞应的象征物，龙、凤的性质更不断演变，由史前以来的图腾变形物，或早期神话系统中地位尊高的神祇身份象征，到帝国时代历代帝王、后宫皇后、妃嫔等专属物，再发展为当下的中华民族共有共享的文化符号。

---

① 考古学家苏秉琦先生最早认为中国古代国家形成三部曲为"古国—方国—帝国"，夏商周断代工程首席专家李伯谦先生从此说，但将苏秉琦"方国"改为"王国"，本书从李伯谦之说。参见李伯谦《中国古代文明化历程的启示》，《决策探索》2015 年第 3 期。

第二节 动态图腾型变形

动态图腾型变形，又可以称之为力动型图腾，是指人类与图腾之间的互变具有明显的动作特征，是由一种形象转型、蜕变为另一种形象的过程，包含了动物图腾型、植物图腾型和自然物图腾型三种亚型。

一 动物图腾型

英国社会人类学家、功能学派的创始人马林诺夫斯基、奥地利心理学家弗洛伊德、德国心理学家威廉·冯特等不同学科领域的世界知名学者，均认为最早的图腾物是动物。先秦神话尤以反映人类、动物互变的动物图腾型变形类型最为常见，其涉及图腾，囊括陆地动物、水生动物、空中飞禽、两栖动物等。此类神话在《山海经》本经的经文中所见凡4例，包括禹父化仆累（蒲卢）神话、颛顼化鱼妇神话、犬戎先祖变形神话、精卫变鸟神话，又东晋郭璞注文中再添2例，1例记鲧变形为黄熊，另1例载鲧变形为黄龙。另《归藏》中有1例，是关于鲧死而身不腐、剖腹而生禹的神话。此外，《楚辞·天问》凡3例，依次是伯鲧腹禹、鲧化黄熊、褒国二君化龙的神话，下文将逐一讨论。

（一）鱼妇图腾

（1）有鱼偏枯，名曰鱼妇。颛顼死即复苏。风道北来，天乃大水泉，蛇乃化为鱼，是为鱼妇。颛顼死即复苏。

——《山海经·大荒西经》[①]

（2）汉水出鲋鱼之山，帝颛顼葬于阳，九嫔葬于阴，四蛇卫之。

——《山海经·海内东经》[②]

（3）东北海之外，大荒之中，河水之间，附禹之山，帝颛顼与九嫔葬焉。爰有鸱久、文贝、离俞、鸾鸟、皇鸟、大物、小物。有青鸟、琅鸟、玄鸟、黄鸟、虎、豹、熊、罴、黄蛇、视肉、璇瑰、瑶碧，皆出卫于山。丘方员三百里，丘南帝俊竹林在焉，大可为舟。竹

[①] 袁珂校注：《山海经校注》卷11，巴蜀书社1993年版，第476页。
[②] 袁珂校注：《山海经校注》卷8，巴蜀书社1993年版，第385页。

南有赤泽水，名曰封渊。有三桑无枝。丘西有沈渊，颛顼所浴。

——《山海经·大荒北经》①

上述文献是关于黑帝颛顼的死亡转生事件及死后葬所概况，文献（1）所述之事为颛顼莫名而死，死后在水中变形，凭借北风之力转生化蛇，又以蛇为中介变形为鱼，最终以鱼妇的形态得以再生，延续生命，成为水中自由自在的精灵。关于鱼妇的具体形貌，晋郭璞曾引《淮南子·地形训》加以注解，曰："后稷垄在建木西，其人死即复苏，其半鱼，在其间。"② 此处所言的半鱼在其间之人，是神树建木西边拥有死而复苏能力的异人，颛顼变形而成的鱼妇之外形特征与变形再生的能力都与其如出一辙，但这一注解仍未直接具体的对鱼妇的外在形态进行描摹，却提供了考察线索，可以联系到《山海经》中的另外两条文献。《山海经·海内西经》曰："后稷之葬，山水环之，在氐国西。"③ 又《山海经·海内南经》言："氐人国在建木西，其为人人面而鱼身，无足。"④ 足见，建木之西的异人即氐国之民，氐人特征为人面鱼身、无足，由此推断，颛顼所化之鱼妇，外形如氐人一般，应是人鱼结合的形象，一半为鱼，一半为人，从侧面反映了颛顼托体为鱼，变形再生的过程。

由《山海经》所出的鱼妇、氐人形象，可与仰韶文化时期甘肃出土文物互动阐释，见于马家窑类型石下岭文化的鲵鱼纹彩陶瓶身的人鱼图像。鲵鱼俗称大鲵，因声似婴儿啼哭而又名人鱼、娃娃鱼。双耳鲵鱼纹彩陶瓶绘有人面鲵鱼像（图11a、11b、11c、11d）⑤，人首鱼躯，圆眼阔嘴，额部有十字纹，尾巴修长后翘至脑后（图11a、11b），以及人面长须，腹部宽硕，舒展多足的变形人首鲵鱼图像（图11c、11d）。除史前彩陶器上有人面鱼形象，在长沙马王堆一号汉墓出土的"非衣"帛画最下端，也绘有两条交叉缠绕的怪面大鱼，托举着平台上的力士与一条巨蛇，蛇、鱼、神同构一图，似可与《大荒西经》的鱼妇神话互释。另外，汉画像

---

① 袁珂校注：《山海经校注》卷12，巴蜀书社1993年版，第478页。
② 刘文典撰，冯逸、乔华点校：《淮南鸿烈集解》卷4，中华书局2013年版，第150页。
③ 袁珂校注：《山海经校注》卷6，巴蜀书社1993年版，第341页。
④ 袁珂校注：《山海经校注》卷5，巴蜀书社1993年版，第330页。
⑤ 图11a、图11c录自［美］杨晓能《另一种古史：青铜器纹饰、图形文字与图像铭文的解读》，唐际根、孙亚冰译，生活·读书·新知三联书店2017年版，第83页。图11b、图11d录自刘瑶《石下岭文化"鲵鱼纹彩陶瓶"释读》，《自然与文化遗产研究》2019年第12期。

石人鱼形象频出，譬如山东济宁城南张汉墓画像石有三个并排而立的人鱼（图11e)①，又安徽萧县汉画像石亦出人鱼图像，俱属人首鱼身，头戴梁冠，以L型身姿出现的形象（图11f)。另如在云南江川李家山汉代墓葬群出土的T型仪仗器，一组两件，是头顶雌雄双鱼的男性形象，成对放置在戈、矛等长柄兵器、礼器中，其中一件铜杖头M51：295-1，杖头装饰由两部分组成，上部为鱼形象，下部为男性立人，似是鱼图腾与巫师形象组合物（图11g)②，但却与《山海经》鱼妇变形神话场景有重合感，是一种直观、朴拙的艺术表现形式。

（a)（b）甘肃甘谷西坪出土仰韶文化双耳彩陶瓶人面鲵鱼图像

（c)（d）甘肃武山傅家门出土仰韶文化双耳彩陶瓶人面鲵鱼图像

（e）山东济宁城南张汉墓画像石人鱼图像

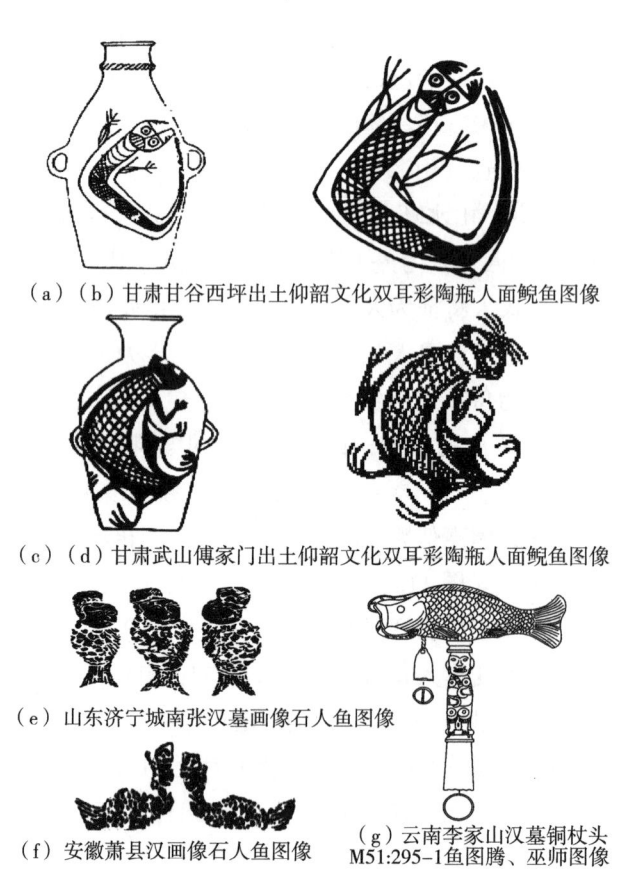

（f）安徽萧县汉画像石人鱼图像

（g）云南李家山汉墓铜杖头 M51:295-1鱼图腾、巫师图像

图11　人鱼图像

① 图11e、11f录自中国画像石全集编辑委员会编《山东汉画像石》，《中国画像石全集》第2卷，山东美术出版社、河南美术出版社2000年版，第2页。
② 图11g录自张增祺、王大道《云南江川李家山古墓群发掘报告》，《考古学报》1975年第2期。

当然，颛顼在变形为"人鱼"或"鱼人"体态之前，实际曾变形为蛇，只不过这一动态过程虽转瞬即逝，但动词"化"的出现，简陋而精准地对其进行了补充，体现着动态变化过程。从总体上看，文献（1）虽叙事简省，行文亦稍显紊乱，但变形故事的表达是无比清晰的，是颛顼一生经历的死亡、变形、再生三大事件，共经历过两次变形，先举风、水之力变形为蛇，后又化身人鱼或鱼人。当然，颛顼与鱼、水的亲密关系，在《山海经》的《海经》《荒经》也有体现，如文献（2）、（3），从字面意思来看，这仅是对颛顼墓地的记载，实则另有深意，暗示着颛顼与水、鱼之间的紧密联系。文献（2）提及的鲋鱼是鱼类的一种，黑帝颛顼所葬的鲋鱼之山，是汉水的源头，此山如文献（3）所言，又称附禺之山，附禺之山有卫丘，卫丘的西面是沈渊，可以想象颛顼所葬之山，乃鲋鱼的栖息之所，此鱼亦有飞鱼之称，想必兼有飞翔、潜游的双重能力，颛顼与此神鱼为伴，透露着二者之间的亲密关系。此外，鲋鱼之山又是汉水所出之地，颛顼又曾沐浴于沈渊之中，又显示着其与水的紧密联系。于此，水为颛顼创造了死而再生的自然条件，因不明原因而死亡的颛顼可以借助水世界变形为鱼，如禀赋异能的鲋鱼一般，无拘无束的生活。

黑帝颛顼变形为蛇或人鱼，是先秦神话中较早出现的神人变形为水族动物的情节单元，其所变形的蛇或鱼，也许是发祥于巴蜀之地的西南民族，以及古老的楚民族所共有的图腾物，颛顼作为夏族先祖，其变形为蛇、人鱼的行动，是人类与动物图腾互变的具体体现。

（二）熊图腾

（1）洪水滔天，鲧窃帝之息壤以堙洪水，不待帝命。帝令祝融杀鲧于羽郊。鲧复生禹。帝乃命禹卒布土以定九州。

——《山海经·海内经》[①]

（2）不任汩鸿，师何以尚之？佥曰何忧？何不课而行之？鸱龟曳衔，鲧何听焉？顺欲成功，帝何刑焉？永遏在羽山，夫何三年不施？伯禹愎鲧，夫何以变化？纂就前绪，遂成考功。何续初继业，而厥谋不同？洪泉极深，何以窴之？地方九则，何以坟之？河海应龙，

[①] 袁珂校注：《山海经校注》卷13，巴蜀书社1993年版，第536页。

何尽何历？鲧何所营？禹何所成？

——《楚辞·天问》①

（3）阻穷西征，岩何越焉？化为黄熊，巫何活焉？咸播秬黍，莆雚是营，何由并投，而鲧疾修盈？

——《楚辞·天问》②

（4）禹娶涂山，治鸿水，通轘辕山，化为熊。

——《绎史》卷十二引《随巢子》③

（5）禹治洪水，通轘辕山，化为熊。

——《楚辞·天问》洪兴祖注引《淮南子》④

文献（1）、（2）、（3）共叙了鲧死生禹、鲧变形为黄熊之事。伯鲧未经天帝授权，私自窃取帝之息壤作治水之用，触及帝之权威，以致遭到火神祝融的诛杀，死于羽山之郊，鲧死后又变形为黄熊重获新生，属于人变形为动物图腾。其中，文献（1）、（2）还记述了鲧生子禹的事件，这一事件内涵丰富，暗含了人变形为动物图腾及父体生子两种变形形式，涵盖鲧变黄熊、鲧腹生禹、禹化黄熊三个变形故事，值得深入讨论。

首先，文献（1）与文献（2）说明鲧、禹二人之间存在着血浓于水的父子关系，这一关系促使二人从事着同样的事业，共同接受天帝的遣派，作为治水之臣，帮助长期遭受水患灾害的黎民苍生摆脱险境。对于来势汹汹的洪水，鲧主要采用填埋策略，却始终不见起色，于迫切焦灼之中，鲧窃得帝之息壤，全因息壤具有"长息无限"的特性，能使治水事业事半功倍，于是铤而走险，以致被天帝重罚，非命而亡。禹则吸取了父亲的经验，开山凿地，对汹涌的洪水加以疏导，还得到天帝的支持，调派神龙应龙从旁协助，故吴任臣《山海经广注》有逸文云："禹治水，有应龙以尾画地，即水泉流通。禹因而治之。"⑤《楚辞·天问》云："河海应龙，何尽何历？"⑥ 王逸注曰："有鳞曰蛟龙，有翼曰应龙。历，过也。言河海所出至远，应龙过历游之，而无所不穷也。或曰：禹治洪水时，有神

---

① 游国恩主编：《天问纂义》，中华书局1982年版，第80—108页。
② 游国恩主编：《天问纂义》，中华书局1982年版，第227—234页。
③ 袁珂、周明编：《中国神话资料萃编》，四川省社会科学院出版社1985年版，第275页。
④ （宋）洪兴祖补注：《楚辞补注》，凤凰出版社2007年版，第88页。
⑤ （清）吴任臣撰，栾保群点校：《山海经广注》，中华书局2020年版，第36页。
⑥ 游国恩主编：《天问纂义》，中华书局1982年版，第104页。

龙以尾画地，导水所注当决者，因而治之也。一云：应龙何画，河海何历"①。观察此注，乃东汉王逸作注之时，即有文本作"应龙何画，河海何历"，最早记载了有翼的应龙以尾画地，助禹导水。自东汉王逸以来，历代注家中洪兴祖、柳宗元、朱熹皆引此说②，闻一多《楚辞校补》亦从，都叙述神龙以尾画地，协助大禹治水，诚然，应龙作为与生俱来就拥有自由施展巫术能力的神兽，用尾巴画地导水，乃借助超自然神秘力量进行方术活动的体现，通过巫术型变形帮助大禹治水。当然，基于父子关系，禹在父死之后，便毅然决然地秉承父亲的治水遗志，故如文献（4）、（5）所载，禹又如火如荼地投身于治水行动，大抵由于父亲能变形为熊，禹也继承并具备了此种能力，在轩辕山治水之际化为黄熊，以致将前往探视的妻子涂山氏吓得落荒而逃，化石生启。

其次，文献（1）、（2）有关"鲧复生禹""伯禹复鲧"的故事本身也属于变形事件，是鲧作为行动者实施变形行动而新生出禹的过程，符合变形叙事原则中新形态代替旧形态，人类或异类由原初形象蜕变为新形象，以使生命得以延续的规律。就鲧禹治水之事而言，纵览先秦神话，当属文献（2）所载最为全面，将鲧禹治水、鲧变黄熊、鲧复生禹、应龙画地引水全部收纳其中，而"伯禹复鲧"的记述，尤令人印象深刻，闻一多先生的《楚辞校补》专设"伯禹复鲧"一条，其案曰："'禹''鲧'二字当互易，复当从一本作腹。"指出"复"为"腹"的借字，"伯禹复鲧"应是"伯鲧腹禹"，意即鲧通过"腹"孕育出了禹③。"复"的通假字为"腹"，典型例证如《睡虎地秦墓竹简·治狱程序》曰："甲到室即病复痛"，"复"即"腹"，表示肚子。足见，闻一多之说精辟得当，在形象解释了鲧禹二人的父子关系之余，也强调了鲧以己体变形而使禹体新生的因果关系。当然，此处须得强调，"鲧复生禹""伯禹复鲧"所含的"复"，本字可作为副词使用，表示重复或者继续，相当于"再"，自然也具有再一次、又一次之意，强调一种动作方式的顺接，依据本字所指，可以认为鲧死又变形出了禹，属于人类→变形→人类的模式。

再次，文献（1）、（2）的深层内涵还不止于此，它还客观记录并保留了原始社会古老的男性生子民俗，"鲧复（腹）生禹""伯鲧腹禹"是

---

① （宋）洪兴祖撰，白化文等点校：《楚辞补注》卷3，中华书局1983年版，第91页。
② 金开诚等校注：《屈原集校注》，中华书局1996年版，第309页。
③ 闻一多：《楚辞校补》，岳麓书社2013年版，第38—39页。

父系氏族社会时代，男性乔装女性生子风俗孑遗、置换。根据文化人类学家的考察，在父权制度最初形成时期，少数氏族内部流行着"库瓦达"①风俗，每每氏族中有新生儿降生，婴孩之父便会代替妻子躺在床上，伪装出其生育婴儿的假象，以确保在家庭中的绝对权力与地位。此种风俗又可谓为产翁制，是一种流行于我国南方、西南地区的古老生育风俗。《太平广记》卷483引《南楚新闻》曰："南方有獠妇，生子便起。其夫卧床褥，饮食皆如乳妇，稍不卫护，其孕妇疾皆生焉。其妻亦无所苦，炊爨樵苏自若。又云，越俗，其妻或诞子，经三日，便澡身于溪河。返，具糜以饷婿，婿拥衾抱雏，坐于寝榻，称为产翁。其颠倒有如此。"②据文可知，"獠""越"地区，即我国仡佬族、壮族的先民居住地，便流行产翁坐褥风俗。西方人类学家在探讨初民社会之际，也将此种民俗或文化现象称为产翁制，如美国学者科恩《文化人类学基础》指出：产翁风俗是"在生小孩的时候，小孩的父亲受到产妇般的待遇，好像是他生小孩一样。有时，他甚至还模仿生产小孩的过程。通常是男人休息，避免艰苦的或危险的劳动，他的小孩出生后，还要给他精美的食物，周到地照顾他"③。故而，"鲧复生禹"中"复"即通"腹"，代表伯鲧生下儿子大禹，此则神话完全可视作父权制度中"库瓦达"风俗的移植、再造，它显然源于民俗，又高于民俗，通过"鲧复（腹）生禹""伯鲧腹禹"达成子承父业，子秉父志，传递出一种伦理文化精神，感人肺腑，同时亦突出神话之质性，荒诞的外衣之下包裹着理性精神。

从图腾制度角度分析，鲧、禹二人先后变形为熊，这不仅强调了神话中二人父子相续的血缘关系，更是以相同的生命轨迹，回归共同的氏族图腾物，即熊图腾。

（三）鱼图腾

（1）昔者鲧违帝命，殛之于羽山，化为黄熊，以入于羽渊。

——《国语·晋语八》④

---

① 袁珂：《中国神话史》，上海文艺出版社1988年版，第29页。
② （宋）李昉等编：《太平广记》卷483，中华书局1961年版，第3981页。
③ ［美］尤金·N. 科恩、爱德华·埃姆斯：《文化人类学基础》，李富强编译，上海民间文艺出版社1987年版，第97页。
④ 徐元诰撰，王树民、沈长云点校：《国语集解》，中华书局2002年版，第419页。

第一章　先秦神话的图腾型变形叙事　　55

（2）尧命夏鲧治水，九载无绩，鲧自沉于羽渊，化为玄鱼。时扬须振鳞，横修波之上，见者谓为"河精"。

——《拾遗记》①

（3）尧使鲧治洪水，不胜其任，遂诛鲧于羽山，化为黄能，入于羽泉。

——《述异记》卷上②

上述文献是关涉鲧的又一变形神话，文献（1）记述了鲧被天帝殛杀之后变形为"黄熊"的事件。此处所言的"黄熊"，指的是一种动物，但此种动物与前文言及的鲧所变形的归属兽类的黄熊，相去甚远，并非代表一般情况下的陆地大型哺乳动物熊，而表示一种水生动物，此处的"熊"当为"能"。陆德明《经典释文·尔雅音义下》曰："熊，音雄"③。《尔雅·释鱼》曰："鳖三足，能。"④ 张守节《正义》云："鲧之羽山，化为黄熊，入于羽渊。熊，音乃来反，下三点为三足也。束皙《发蒙记》云：'鳖'，三足曰熊。"⑤ 可见，《国语·晋语八》所述的变形事件是鲧变三足鳖之事，且《尔雅·释鱼》又将此种"能"，即三足鳖归入鱼部，足见古人观念中鳖又多指鱼类，因而可以认为《国语》记叙了伯鲧变形为鱼的事件。文献（2）出自东晋王嘉的神话志怪小说集《拾遗记》卷2"夏禹"一条，文中直接叙述鲧因有负尧所托，治水无功，遂自溺于羽渊，变形为玄鱼。《拾遗记》注引《释文》曰："熊，音雄，兽名。亦作能，如字；一音奴来反，三足鳖也。解者云：'兽非入水之物，故是鳖也。'"⑥ 文献（3）出自南梁任昉《述异记》，其所述鲧所变之"黄能"更被演化为"陆居曰熊，水居曰能"的水陆两栖物神鱼。

先秦神话中关于鲧变形为"能"或"熊"的记述，见于《国语》《左传》等文献，如前所述，《国语》记鲧实是化为能，即变化为鱼，是

---

① （晋）王嘉撰，（梁）萧绮录，齐治平校注：《拾遗记校注》卷2，中华书局1981年版，第33页。
② 李剑国辑释：《唐前志怪小说辑释》，上海古籍出版社2011年版，第30页。
③ （唐）陆德明：《经典释文》卷30，上海古籍出版社2013年版，第1707页。
④ （晋）郭璞注，周远富、愚若点校：《尔雅》（卷下），中华书局2020年版，第209页。
⑤ （汉）司马迁：《史记》卷2，中华书局1982年版，第49页。
⑥ （晋）王嘉撰，（梁）萧绮录，齐治平校注：《拾遗记校注》卷2，中华书局1981年版，第34页。

水族动物。《左传》则记伯鲧变形为熊，《左传·昭公七年》文曰："郑子产聘于晋。晋侯疾，韩宣子逆客，私焉，曰：'寡君寝疾，于今三月矣，并走群望，有加而无瘳。今梦黄熊入于寝门，其何厉鬼也？'对曰：'以君之明，子为大政，其何厉之有？昔尧殛鲧于羽山，其神化为黄熊，以入于羽渊。实为夏郊，三代祀之。晋为盟主，其或者未之祀也乎？'韩子祀夏郊。晋侯有间，赐子产莒之二方鼎。"① 文中提及鲧的变形物，亦可理解为陆地杂食性质的动物黄熊。《汲冢琐语》亦载有春秋时期博物君子子产为晋平公解梦的事件，然文中所涉的变形神话，则为颛顼变形为熊之事，文曰："晋平公梦见赤熊窥屏，恶之而有疾。使问子产。子产曰：'昔共工之卿曰浮游，既败于颛顼，自没沉淮之渊，其色赤，其言善笑，其形善顾，其状如熊，常为天王祟，见之堂上则止天下者死，见堂下则邦人骇，见门近臣忧，见庭则无伤。窥君之屏，病而无伤，祭颛顼共工则瘳。'公如其言而疾间。"② 该文变形主体并非鲧，但所变之物与《左传》同为哺乳动物熊。而《左传》《国语》《琐语》诸书所出的变形神话，唐宋学者依旧关注，唐代史学家刘知几《史通·外篇·杂说上》曰："寻《汲冢琐语》，则乘之流邪？其《晋春秋》篇云：'平公疾，梦朱罴窥屏。'左氏亦载斯事，而云'梦黄熊入门。'"③ 南宋姚宽《西溪丛语》卷下曰："《汲冢琐语·〈晋春秋〉篇》载平公梦朱罴窥屏，《左氏》《国语》并云黄能。"④ 综上，历代的"能"与"熊"是各自为用的情况。《说文》有云："能，熊属，足似鹿。然则能既熊属，又为鳖类。东海人祭禹庙，不用熊肉及鳖为膳，斯岂鲧化为二物乎？"⑤ 先民对禹的祭祀供奉，一般将熊肉、鳖肉排除在外，皆起因于禹父鲧曾变形为熊、鳖。

由上可见，鱼曾作为鲧的氏族图腾，鲧死后变形为鱼，是一种氏族图腾的回归。当然，鲧的氏族图腾为鱼的讯息，并不仅源于上述文献记载，

---

① （晋）杜预注，（唐）孔颖达等正义：《春秋左传正义》卷44，（清）阮元校刻《十三经注疏》，中华书局1980年影印本，第2049页中栏、下栏。

② 此神话同载于《太平御览》及《路史》卷11《后纪·共工氏传》注、《左传·昭公七年》孔颖达疏引《琐语》。引文参见（宋）李昉等撰《太平御览》卷908，中华书局1995年影印本，第4024页下栏—4025页上栏。

③ （唐）刘知几著，（清）浦起龙通释：《史通通释》卷16，上海古籍出版社2009年版，第426页。

④ （宋）姚宽撰，孔凡礼点校：《西溪丛语》，《西溪丛语　家世旧闻》中华书局1993年版，第101页。

⑤ （宋）洪兴祖撰，白化文等校点：《楚辞补注》，中华书局2001年版，第101页。

鲧的称名就暗含了这一讯息。《说文》云："'鲧',鱼也。段玉裁注：'此未详为何鱼。'"① 尽管未判定具体鱼种，但可确知"鲧"的本义为鱼。"鲧"在古书中常见异体字有"鮌"或"鯀"，从玄者，想必王嘉《拾遗记》记有鲧化玄鱼，当与此关联。图腾崇信时代，诸民族的姓氏与图腾物联系紧密，"古人都以为自己出自图腾。图腾群体也就是后来的姓族，姓族的'姓'也就是图腾"②。此原理又从侧面印证了鲧变形为鱼，实则等同于变形为图腾物。

（四）仆累图腾

（1）又东十里曰青要之山，实维帝之密都，北望河曲，是多驾鸟。南望埄渚，禹父之所化，是多仆累、蒲卢。

——《山海经·中山经》③

关于禹父鲧的变形，此处又见新说，禹父鲧变形为"仆累""蒲卢"，郭璞注云："仆累，蜗牛也。"郝懿行认为"蒲卢"为蜃盒之属，"仆累""蒲卢"是同类之物，并生于水泽下湿之地④。可见，所变物象"仆累""蒲卢"可理解为同一动物的不同叫法，指形体如蜗牛且生活于水中的甲壳类动物。"仆累""蒲卢"作为禹父鲧的变形物，与鱼图腾的崇拜机制相似，共同显示了夏族惯用水生动物作为图腾信仰物象的习惯，夏族后裔认为人死之后，可以变形为水中动物重获新生，如同他们的祖先鲧、禹一般，此种祭祀习俗，在《诗经》中也有所反映，据《周南·关雎》《召南·采蘩》等诗，可知周人祭祀祖先神，一般需要采集荇菜、水生白蒿等天生天养之物，作为奉祭用品，传说周人为夏族后裔，之所以选用水产之物祭祀，是为给死后归于水泽深处的祖先神们营造安居处所。

（2）颛顼产伯鲧，是维若阳，居天穆之阳。

——《山海经·大荒西经》注引《竹书》⑤

---

① （汉）许慎撰，（清）段玉裁注：《说文解字注》，上海古籍出版社1981年版，第1131页。
② 何星亮：《图腾文化与人类诸文化的起源》，中国文联出版社1991年版，第354页。
③ （清）郝懿行撰，栾保群点校：《山海经笺疏》卷5，中华书局2021年版，第115页。
④ （清）郝懿行撰，栾保群点校：《山海经笺疏》卷5，中华书局2021年版，第115—116页。
⑤ （清）郝懿行撰，栾保群点校：《山海经笺疏》卷16，中华书局2021年版，第265页。

(3) 若昔者伯鲧，帝之元子。

——《墨子·尚贤中》①

(4) 颛顼生鲧，鲧生高密，是为禹。

——《世本·张澍稡集补注本·帝系篇》②

(5) 禹父鲧者，帝颛顼之后。

——《吴越春秋·越王无余外传》第六③

(6) 禹之父曰鲧，鲧之父曰颛顼。

——《史记·夏本纪》④

(7) 有鱼偏枯，名曰鱼妇。颛顼死即复苏。

——《山海经·大荒西经》⑤

(8) 昔者鲧违帝命，殛之于羽山，化为黄能，以入于羽渊。

——《国语·晋语八》⑥

(9) 禹偏枯。

——《庄子·盗跖》⑦

(10) 大禹不以一身自利，一体偏枯。

——《列子·杨朱》⑧

(11) 阻穷西征，岩何越焉？化为黄熊，巫何活焉？咸播秬黍，莆雚是营，何由并投，而鲧疾修盈？

——《楚辞·天问》⑨

(12) 禹治洪水，通轩辕山，化为熊。

——《楚辞·天问》洪兴祖注引《淮南子》⑩

---

① （清）孙诒让撰，孙启治点校：《墨子闲诂》卷2，中华书局2001年版，第61页。
② （汉）宋衷注，（清）秦嘉谟等辑：《世本》卷4，《世本八种》，中华书局2008年版，第90页。
③ （东汉）赵晔撰，周生春辑校汇考：《吴越春秋辑校汇考》，中华书局2019年版，第95页。
④ （汉）司马迁：《史记》卷2，中华书局1982年版，第49页。
⑤ （清）郝懿行撰，栾保群点校：《山海经笺疏》卷16，中华书局2021年版，第266页。
⑥ 徐元诰撰，王树民、沈长云点校：《国语集解》，中华书局2002年版，第437页。
⑦ （清）郭庆藩撰，王孝鱼点校：《庄子集释》，中华书局2012年版，第990页。
⑧ 杨伯峻：《列子集释》卷7，中华书局1979年版，第230页。
⑨ 游国恩主编：《天问纂义》，中华书局1982年版，第227—234页。
⑩ （宋）洪兴祖补注：《楚辞补注》，凤凰出版社2007年版，第88页。

上述文献近乎囊括了先秦神话中以颛顼、鲧、禹三人为中心的系列变形事件，这些事件内隐着三人之间的关系。文献（2）、（3）、（4）、（5）、（6）显示，颛顼—鲧—禹三人归属同一神话谱系，如文献（7）所载，黑帝颛顼最先变形为鱼妇，这种人鱼形态使颛顼彻底逆转了死亡厄运，以崭新的生命之姿继续存活于世。颛顼变形为鱼的能力，直接被鲧、禹二人继承，故文献（8）中，伯鲧变形为黄能，亦隶属于鱼类，禹则更为明显的继承着祖先的特点，将文献（7）与文献（9）、（10）联系起来可发现，颛顼、禹都具有"偏枯"的特点，这使禹与颛顼之间，在神话谱系上血脉相连的关系更趋明朗，"禹偏枯"与大禹"一体偏枯"的记载，与颛顼死亡、再生过程中所变形的"有鱼偏枯，名曰鱼妇"的状态相互印证。由此可知，夏族的图腾物多以水族动物为主，有鱼、蜗牛等。

作为夏族氏族始祖的颛顼、鲧、禹三人与水之间关系真是微妙复杂。颛顼无因而死，后借水变形转生，而水神共工作为颛顼臣下，从侧面说明颛顼神格本存善水之性。作为颛顼后人的鲧、禹，面对洪水泛滥，生灵涂炭，又世代治水，前赴后继，甚至不惜以伯鲧死亡成就大禹新生，以成功治理水患。颛顼—鲧—禹三人的行动，完全符合西方创世神话的基本结构。西方创世神话的结构通常包含三个环节：一是神话乐园的建立（原始的宇宙秩序）；二是乐园破坏（宇宙洪水等历劫的过程等）；三是乐园重建（恢复宇宙秩序）[1]。颛顼、鲧、禹已协同完成神话元逻辑中宇宙世界经历"创造—破坏—新生"的次序。当然，原始氏族部落的图腾并非恒定不变的，它们往往伴随着社会的演变，氏族的发展而不断变化，夏族的图腾也不例外，具有多元化的特点，故除水族动物外，恰如文献（11）、（12）鲧、禹所展示的变形为熊的行动，说明夏亦曾以熊等陆地动物为图腾。

（五）龙图腾

(1) 鲧死，三岁不腐，剖之以吴刀，化为黄龙也。
　　　　——《山海经·海内经》郭璞注引《归藏·开筮》[2]

---

[1] 王孝廉：《中国的神话世界》，作家出版社1991年版，第102页。
[2] （清）严可均辑：《全上古三代文》卷15，《全上古三代秦汉三国六朝文》，中华书局1958年影印本，第105页上栏。

(2) 鲧殛死，三岁不腐，副之以吴刀，是用出禹。

——《全上古秦汉三国六朝文·全上古三代文·古逸》卷15辑《归藏·启筮》①

(3) 禹乃以息土填洪水，以为名山。

——《淮南子·地形篇》②

(4) 禹治水，有应龙以尾画地，即水泉流通。禹因而治之。

——《山海经·广注》辑《山海经·佚文》③

(5) 河海应龙，何尽何历？

——《楚辞·天问》④

上述5条文献是先秦神话中以鲧、禹作为变形行动者参与的另一事件，是父子二人与龙图腾的动态互变。对读同载《归藏》的文献（1）、（2），可发现伯鲧的儿子大禹，简直与龙是等同关系，黄龙即等于禹，二者是互变关系。联系前文《山海经·海内经》的"鲧复生禹"，以及《楚辞·天问》的"伯禹复鲧"，禹变形为黄龙，目的仍在于秉承父志，赓续治水大业，对应郭璞注云："鲧绩用不成，故复命禹终其功。"⑤ 于此，变形行动意义得以升华，不仅是单纯的生命延续，更是一种精神的继承、发扬。

先秦神话围绕鲧以自己的死亡来换取禹的新生的叙述，不绝于耳。但无论何种叙述，始终饱含悲壮与伤感，让人肃然起敬、伤怀动容。然诸种异文无论如何敷成，始终突出禹不负使命、成功治水。禹改变鲧的治水策略，如文献（3）所述改用疏导之法，凿山导河，尽管困难重重，但他坚持治水，最终换回了世界的安宁祥和。大禹治水并非举一人之力而成，他不仅倚仗父亲伯鲧的积累，且在治水过程中还曾获黄帝臣工应龙的鼎力协助，如文献（4）、（5）所述。从表面上看，文献（4）、（5）叙述了禹治水之际曾得到应龙帮助，以龙尾画地成河，疏导大水。文中禹、应龙作为两个独立个体，并不与图腾型变形神话存有任何关系。但闻一多先生却慧

---

① （清）严可均辑：《全上古三代文》卷15，《全上古三代秦汉三国六朝文》，中华书局1958年影印本，第105页上栏。
② 刘文典撰，冯逸、乔华点校：《淮南鸿烈集解》卷4，中华书局2013年版，第133页。
③ （清）吴任臣撰，栾保群点校：《山海经广注》，中华书局2020年版，第35页。
④ 游国恩主编：《天问纂义》，中华书局1982年版，第104页。
⑤ （清）郝懿行撰，栾保群点校：《山海经笺疏》卷18，中华书局2021年版，第115页。

眼如炬，认为："画地成河的龙实即禹自己，能画地成河就是禹疏凿江河。图腾的龙禹，与始祖的人禹并存而矛盾了，于是派龙为禹的老师，说禹治水的方法是从龙学来的。"① 此说可从，它既巧妙地区分了作为图腾的龙，与作为始祖的龙出现在同一神话中的情况，调和了二者身份之间的矛盾，又打破既往研究解说鲧禹治水的凝重氛围，更彰显神话人物的非凡之能，禹的超凡身份、能力，也因应龙画地成河的巫术型变形，得以强化。回归到文献（4）、（5）中，结合闻一多《神话与诗》之说，禹即应龙，说明了这一事件仍属人类与虚拟动物龙图腾之间的互变。具体言之，禹治水时可以变形为应龙，拥有摆尾触地、画河导水的异能，治水结束，应龙又变形为具有人类形貌特征的大禹。此神话固然言简意赅，但理明事备，它巧妙设置作为图腾的龙、始祖的龙共两种形象，使他们共同指向一个人物，并借助第三方登场，化解了二者身份同一的矛盾，更生动地展示出"人类→变形→图腾→变形→人类"的完整过程。

联系神话谱系与图腾物自身特点来看，鲧、禹、龙的变形事件，似乎与黄帝的关系更为密切，甚至可当作黄帝后裔实施的变形行动。这与前文已分析过的鲧、禹属黑帝颛顼后人的说法并不矛盾，先秦神话谱系普遍存有神人关系交叉、重合的特点，在《山海经》《墨子》等文本中，鲧、禹被记作颛顼后裔，《世本》《山海经》则记鲧、禹是黄帝子孙，二书意谓黄帝生昌意，昌意生骆明，骆明生白马，白马是为鲧②，即神谱系统关系为"黄帝—昌意—骆明—鲧—禹"，这种亲缘关系对变形行动影响甚大。神话中载有黄帝的变形事件，叙述其与黄龙的互变关系。《开元占经·龙鱼虫蛇占》篇引《春秋合诚图》有云："黄帝将亡，则黄龙坠。"③ 直截了当地表明黄帝的氏族图腾为龙，黄帝作为氏族始祖，与龙图腾之间是等同关系。直言之，这也是神话对原始图腾繁殖仪式的诠释，原始初民笃信"图腾生下一个兽崽，群体内也就会有一个婴儿诞生；如死去一个图腾动物，群体内也会有一人死亡。反之亦然"。"图腾群体中的所有成员都是图腾祖先投胎转世的，每个人都是图腾祖先的化身。"④ 在原始初民观念系统内部，早已对人类、图腾的相互变形习以为常。

---

① 闻一多：《神话与诗》，湖南人民出版社2010年版，第25页。
② 李剑国辑释：《唐前志怪小说辑释》，上海古籍出版社2011年版，第28页。
③ 袁珂、周明编：《中国神话资料萃编》，四川省社会科学院出版社1985年版，第65页。
④ 何星亮：《图腾文化与人类诸文化的起源》，中国文联出版社1991年版，第406页。

就鲧而言，作为黄帝曾孙，先秦神话又将鲧名记为白马，借姓名所传递的信息，可发现鲧与龙图腾的紧密联系。《周礼·地官司徒·牛人》有云："马八尺以上为龙。七尺以上为騋，六尺以上为马。"① 《论衡·龙虚》篇云："世俗画龙之象，马头蛇尾。"② 《吕氏春秋·本味》篇曰："马之美者，青龙之匹。"③ 据此类典籍所言，"龙马相类""马大为龙"两说出现时间较早，且被广泛认可，故身为鲧子的禹，自然可以变形为龙，这也是氏族图腾回归的表现。龙虽是想象中的动物，但上古时期龙图腾的使用却最为广泛，尤以轩辕部族的黄帝最为典型。

（六）二龙图腾

(1)《训语》有之曰："夏之衰也，褒人之神化为二龙，以同于王庭，而言曰：'余，褒之二君也。'夏后卜杀之，与去之，与止之，莫吉。卜请其漦而藏之，吉。乃布币焉，而策告之。龙亡而漦在，椟而藏之，传郊之。"及殷、周，莫之发也。及厉王之末，发而观之，漦流于庭，不可除也。王使妇人不帏而噪之，化为玄鼋。以入于王府。府之童妾未既龀而遭之，既笄而孕，当宣王而生。不夫而育，故惧而弃之。为弧服者方戮在路，夫妇哀其夜号也，而取之以逸，逃于褒。褒人褒姁有狱，而以为入于王，王遂置之，而嬖是女也，使至于为后而生伯服。

——《国语·郑语》④

关于人、龙的动态图腾型变形，在先秦神话中还有较为典型的 1 例，即如文献 (1) 所述，是褒国二君变形为龙的事件，此番变形行动，将祖先崇拜、巫术信仰、图腾崇拜融于一体。三国时期吴国史学家韦昭注《郑语》，释褒国"二君"作"二先君"，先君为先祖先妣等，属祖先神，言下之意，变形为龙的褒人应是褒族的先祖，"二先君"即夫妇二人，及此，可以认定"同于王庭"的二龙自是雌雄二龙。夏朝面临衰亡解体，身为褒人

---

① （清）孙诒让撰，王文锦、陈玉霞点校：《周礼正义》，中华书局 2013 年版，第 923 页。
② 黄晖：《论衡校释》卷 6，中华书局 1990 年版，第 285 页。
③ 许维遹：《吕氏春秋集释》卷 14，中华书局 2009 年版，第 320 页。
④ （三国吴）韦昭注：《宋本国语》第 3 册，国家图书馆出版社 2017 年版，第 100—102 页。

先君的夫妇二人是褒国的领导者，自然拥有与本族图腾相互变形的能力，于是便有雌雄二龙同于王庭的情况，二龙被杀，褒人后裔暗地里私藏龙漦，龙漦最后变形为玄鼋再生。《说文》训鼋为"大鳖也"，早期神话多存玄鼋生神龟之说，龟作为动物中的极寿者，玄鼋亦同样有长寿的特性，显而易见，褒国二君通过体解，仅存唾液便幻化成新生命体，恒久存在。

为探清人与二龙图腾、鼋图腾之间的关系，需结合考古图像讨论。上古三代及以前的考古遗产中，便有双龙双体缠绕、交叉的图像，目前尚未引起学界广泛关注，但其本质乃图腾中"我的亲属"含义的物质化体现，与祖妣关联，属于男女始祖神崇拜。前文已验证过蛇图腾、龙图腾的等同关系，在史前图像遗产中，单体造型的蛇较为常见，双体蛇则较罕见，但在陕西神木石峁遗址的 8 号石雕上，双蛇图像清晰可见（图 12a）[①]，石峁文化以神木石峁古城为中心，主要分布在陕西省西北部的丘陵地带，存多处礼制性建筑遗迹，归属史前文化转型时期。另见河南偃师二里头遗址，在出土的一件残损陶器外壁上，刻绘一头二身、蛇身鳞纹、双目趾爪的龙图像（图 12b）[②]，是夏商两代流行的神祇标志。此外，河南安阳殷墟亦存一首二身合体的龙图像，见于妇好墓出土青铜方壶腹部装饰（图 12c 上图）[③]，该地遗址另出土一件双体交尾蛇木雕（图 12c 下图）。除上述例证，在山西太原晋国赵卿墓也存雌雄二龙交尾图像（图 12d），见于春秋时期铜高柄方壶盖上。而在殷商时期，雌雄二龙图像似乎出现频率更高，例如河南安阳殷墟出土双面龙纹骨匕（图 12e），另如在安阳侯家庄也有类似骨匕 M1001 存二龙图像（12f）[④]。当然，在战国早期湖北随州地区曾侯乙墓出土的 E.11 漆琴背面亦存双蛇交尾图像（图 12g）[⑤]。

至于《国语·郑语》所记的第二次变形行动，龙漦变形为玄鼋，实际上又是一种巫术型变形，变形实施者是雌雄二龙，此种变形是以原有生命形体的局部代替整体，又变形生成新的生命形体的过程，折射了先民的

[①] 图 12a 录自严文明《中国史前艺术》，文物出版社 2022 年版，第 148 页。

[②] 图 12b 录自孙守道《三星他拉红山文化玉龙考》，《文物》1984 年第 6 期。

[③] 图 12c 上图、12d 录自陈振裕主编《中国古代青铜器造型纹饰》，湖北美术出版社 2001 年版，第 41、226 页。

[④] 图 12c 下图、12e、12f 录自王仁湘《创世纪众神蛇身共享主题图考》，《器晤》公众号 2019 年 8 月 17 日、31 日。

[⑤] 图 12g 为局部图，录自湖北省博物馆编《曾侯乙墓：战国早期的礼乐文明》，文物出版社 2007 年版，第 76 页。

（a）陕西神木石峁遗址出土 8 号石雕上的二蛇图像

（b）河南偃师二里头文化出土陶片一头二身龙图像

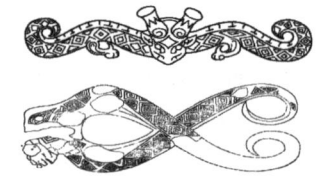

（c）河南安阳殷墟
上图：妇好墓一头二身龙图像
下图：木雕上的二蛇交尾图像

（d）山西太原出土春秋方壶盖二龙交尾图像

（e）河南安阳殷墟出土骨匕正面、反面二龙图像

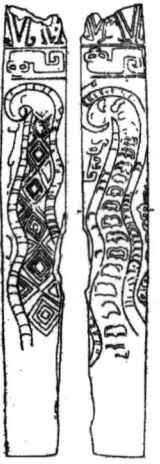

（f）河南安阳侯家出土骨匕 M1001 正面、反面二龙图像

（g）湖北随州战国曾侯乙墓出土漆琴的双蛇交尾图像

（h）江苏、安徽、浙江汉画像石上伏羲、女娲图像

图 12　二龙及相关图像

巫术信仰。褒国二君的变形，包含两次变形过程，而其所变的双龙、玄鼋，均为图腾崇拜的对象，与本族男性、女性始祖神或祖先神是等同关系，故《郑语》所见神话褒人化二龙、夏后藏龙漦变玄鼋仍归属人、图腾的互变，可进一步论证。

以鼋为图腾符号，在《国语》中并非孤例，春秋时期居于齐地的姜人，便以天鼋为图腾，见于《周语》所载周景王与乐官州鸠的君臣问答。

第一章　先秦神话的图腾型变形叙事　　65

《国语·周语下》曰："昔武王伐殷，岁在鹑火，月在天驷，日在析木之津，辰在斗柄，星在天鼋。星与日、辰之位，皆在北维，颛顼之所建也，帝喾受之。我姬氏出自天鼋，及析木者，有建星及牵牛焉，则我皇妣大姜之侄，伯陵之后，逢公之所凭神也。岁之所在，则我有周之分野也。月之所在，辰马，农祥也，我太祖后稷之所经纬也。"① 此段自述说明了周武王姬发讨伐殷商之际的天象，对话中的天鼋指星次，天鼋星次受到颛顼、帝喾、伯陵等东方民族崇拜。但此处提及的星次天鼋，并非其最早用法，天鼋最早见于商周时期的青铜器铭文，铭文写作"&#xFFFD;"，郭沫若先生辨认其为"天鼋"②。容庚先生也讨论其用法，其据五十余种青铜彝器，包括酒器《天鼋卣》与《天鼋父癸卣》，及《天鼋父戊方鼎》镌刻铭文，认定"天鼋"有族名、族徽等不同用法③。《国语·郑语》载录的玄鼋，或是《国语·周语下》记载的天鼋，无不有力证明，鼋最早曾为图腾物，后来发展为齐姜氏族崇拜的天鼋星次。

当然，尚需关注到《郑语》中褒国二君的变形，显然与伏羲、女娲二神关联，"褒"同"包"，伏羲又有包羲、庖牺之名，而雌雄二龙交尾于庭的场景，无疑可与伏羲、女娲二神的生殖创世神话及交尾图像（图12h）④ 相互参证。汉代以降，山东、河南、安徽、江苏、浙江、四川等地区画像石、画像砖上大量出土此类图像，另外，新疆吐鲁番阿斯塔那古墓亦出土百余幅伏羲女娲交尾图像，见于壁画、帛画等载体，然此类图像的原型版本，当与史前考古遗迹、上古三代考古遗物所出二蛇、二龙同体、交尾的神话图像直接关联，与文本神话共存互释。

（七）鸟图腾

(1) 又北二百里曰发鸠之山，其上多柘木。有鸟焉，其状如乌，文首白喙赤足，名曰精卫，其鸣自詨。是炎帝之少女，名曰女娃。女娃游于东海，溺而不返，故为精卫，常衔西山之木石，以堙于东海。

---

① （三国吴）韦昭注：《宋本国语》第 1 册，国家图书馆出版社 2017 年版，第 124—127 页。
② 郭沫若：《殷周青铜器铭文研究》，科学出版社 1961 年版，第 12—17 页。
③ 容庚、张维持：《殷周青铜器通论》，文物出版社 1984 年版，第 85 页。
④ 图 12h 录自中国画像石全集编辑委员会编《江苏、安徽、浙江汉画像石》，《中国画像石全集》第 4 卷，山东美术出版社、河南美术出版社 2000 年版，第 75 页。

漳水出焉，东流注于河。

——《山海经·北次三经》①

（2）有鸟如乌，文首，白喙，赤足，曰精卫。故精卫常取西山之木石，以填东海。

——《博物志·异鸟》②

（3）昔炎帝女，溺死东海中，化为精卫，其名自呼。每衔西山木石，以填东海，怨溺死故也。海畔俗说，精卫无雄，偶海燕而生子。生雌状如精卫，生雄如海燕。今东海畔，精卫誓水处犹存。曾溺于此川，誓不饮其水。一名誓鸟，一名冤禽，又名志鸟，俗呼为帝女雀。

——《述异记》卷上③

文献（1）、（2）、（3）载录的女娃，又名精卫，是炎帝之女，其行至东海，溺水而亡，遂不得返家，变形成精卫鸟，因存有遗憾，精卫常口衔木石，妄图以一己之力，填平东海。女娃是炎帝幼女，《白虎通义·五行》篇云："炎帝者，太阳也。"④先秦神话一般也将炎帝记作赤帝，以表明其与火、太阳之间的亲密关系。炎帝一族最初以火为原生态图腾，通过祭祀火的仪典，表达太阳崇拜，至于炎帝女变形为鸟，内有乾坤。

自史前以来，初民便通过类比思维，认定太阳、火、鸟三者之间具有等同关系，太阳与火，同样代表光亮、热度，持续不断地给予初民热能资源，与日常生活、农作物稼俭等密切关联。至于太阳与鸟，神话中素存阳鸟负日之说，见于《山海经》《淮南子》等，或者人们认为太阳是发光的火鸟。太阳、鸟、火焰更广泛见诸考古发现。例如在黄河流域，便于残损陶盆 H165：402 上发现太阳、阳鸟图像（图13a），见于华县泉护村一期文化出土陶盆，于鸟背之上，绘有圆形的太阳图案，该地出土陶钵残体 H163：02 上亦出类似太阳与鸟互动图像（图13b）。另如长江流域，曾出现于长江下游东南地区的余姚市河姆渡文化，便存有太阳、鸟、火焰的组合图像，可见于象牙蝶（鸟）形器 T226（3B）：79 上，该蝶形器正中的圆心、圆圈象征太阳，太阳外部环绕着熊熊燃烧

---

① （清）郝懿行撰，栾保群点校：《山海经笺疏》卷3，中华书局2021年版，第85—86页。
② （晋）张华撰，范宁校证：《博物志校证》卷3，中华书局2014年版，第37页。
③ 李剑国辑释：《唐前志怪小说辑释》，上海古籍出版社2011年版，第8页。
④ （清）陈立撰，吴则虞点校：《白虎通疏证》，中华书局1994年版，第645页。

第一章　先秦神话的图腾型变形叙事　　67

(a) 华县泉护村一期文化Ⅰ段残损陶盆
H165∶402 的阳鸟负日图像

(b) 华县泉护村残损陶钵
H163∶02 的阳鸟负日图像①

(c) 余姚河姆渡文化第二期
象牙蝶（鸟）形器 T226（3B）∶
79 的太阳、火焰、神鸟图像

(d) 余姚河姆渡文化第一期骨匕形器
T21（4）∶18 的太阳、火焰、神鸟图像②

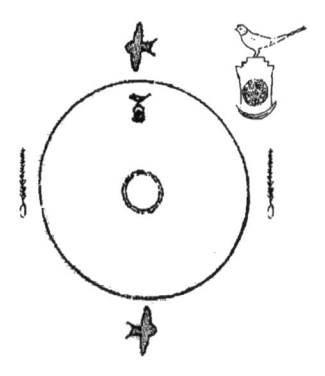

(e) 美国弗利尔美术馆的
三鸟纹玉璧图像

(f) 美国弗利尔美术馆的 1 号璧鸟立
高台上的太阳、火焰图像③

图 13　太阳、火焰、神鸟图像

---

①　图 13a、13b 录自北京大学考古系《华县泉护村：黄河水库考古报告之六》，科学出版社 2003 年版，第 35、67 页。

②　图 13c、13d 录自浙江省文物考古研究所《河姆渡——新石器时代遗址考古发掘报告》（上册），文物出版社 2003 年版，第 285、116 页。

③　图 13e、13f 录自［美］巫鸿《礼仪中的美术：巫鸿中国古代美术史文编》（上册），郑岩等译，生活·读书·新知三联书店 2005 年版，第 19 页。

的火焰，左右是对称相望的两只神鸟（图13c）。日本学者林巳奈夫提出该图最中心位置的圆圈与火焰代表了太阳之德，在典籍中谓之为"戴"，两侧圆目勾喙、曲颈对望的鸟就是文献中被称作"火鸟"或"火精"的凤鸟①。另有骨匕形器T21（4）：18，二鸟为背对背状态，共负太阳、火焰（图13d）。此外，属于河姆渡文化区后续文化的良渚文化，亦存此类图像，见于现藏美国弗利尔美术馆的三鸟纹玉璧（图13e），是太阳神鸟飞翔的情景。其中，玉璧上缘的立鸟刻符，神鸟立于高台之上，高台上绘制有中间及逆时针方向排布的共7个螺旋纹图像，是太阳与火焰交融的情状（图13f）。太阳、火焰、神鸟三者之间的等同关系，被合理嵌入精卫填海神话，鸟作为炎帝一族的次生态图腾，基于祖先、图腾的同一性，炎帝氏族的族徽常为飞鸟，以鸟为本族图腾，作为鸟族后裔的少女精卫，溺水而死，再变形为飞鸟以获重生，本质上仍是以动物形体完成对氏族图腾的一种回归。除此之外，神话中关乎鸟图腾变形的事件，多与感生神话关系密切，记述始祖的出生、来源等。

(4) 天命玄鸟，降而生商，宅殷土芒芒。

——《诗经·商颂·玄鸟》②

(5) 有娀氏有二佚女，为之九成之台，饮食必以鼓。帝令燕往视之，鸣若谥隘。二女爱而争搏之，覆以玉筐。少选，发而视之，燕遗二卵，北飞，遂不反。

——《吕氏春秋·音初》③

(6) 殷契，母曰简狄，有娀氏之女，为帝喾次妃。三人行浴，见玄鸟坠其卵，简狄取吞之，因孕生契。

——《史记·殷本纪》④

(7) 秦之先，帝颛顼之苗裔孙曰女脩。女脩织，玄鸟陨卵，女脩吞之，生子大业。

——《史记·秦本纪》⑤

---

① [日]林巳奈夫，《中国古代の太陽紋の德の図像》，《泉屋博古館》2004年第20期。
② (汉)毛亨传，郑玄笺，(唐)孔颖达等正义：《毛诗正义》卷20-3，(清)阮元校刻《十三经注疏》，中华书局1980年影印本，第622页下栏。
③ 许维遹：《吕氏春秋集释》卷6，中华书局2009年版，第141—142页。
④ (汉)司马迁：《史记》卷3，中华书局1982年版，第91页。
⑤ (汉)司马迁：《史记》卷5，中华书局1982年版，第173页。

上述4条文献是动态图腾型变形中较为特殊的一类，是人、鸟图腾相互变形的派生或延展，可据内容谓其为吞鸟卵生子型。文献（4）意谓天帝派遣燕子飞临下土，得以孕育而生的商民族，从此生生不息，拥有广袤的土地，这是有关"玄鸟生商"的最早神话记录。文献（5）在文献（4）的基础上，记载更为具体，较隐晦叙说商族起源。有娀氏女简狄作为商族的女性始祖，因玄鸟降临，感孕生子，玄鸟不论是凤凰或燕子，作为天帝化身，乃商族男性始祖的变形物，神话记载的商族属帝少昊氏后裔，以玄鸟为图腾。文献（6）、（7）亦记述了简狄、女脩吞鸟卵生子，同为殷、秦民族始祖的降生神话。此类变形神话的吞卵生子、感生而孕情节，内含两层故事逻辑结构，一是表层故事，为母体吞卵生子，鸟卵作为与男性祖先等同或其化生的图腾变形物出现；二是深层故事，鸟腹、鸟卵实际上是等同关系，母体生子等于玄鸟生子，本质是感生神话。

上述鸟卵生子神话主要流传、衍生于与殷商民族具有族源关系的各民族，主要分布于东夷、淮夷等民族。在《论衡》《魏书》等典籍中，此种鸟卵生子神话，亦见于北夷、高句丽的始祖降生。《论衡·吉验》云："北夷橐离国王侍婢有娠，王欲杀之。婢对曰：'有气大如鸡子，从天而下，我故有娠'。后产子。"①《魏书·高句丽传》云："高句丽者，出于夫馀。自言先祖朱蒙。朱蒙母河伯女，为夫馀王闭于室中，为日所照，引身避之，日影又逐。既而有孕，生一卵，大如五升……其母以物裹之，置于暖处，有一男破壳而出。及其长也，字之曰朱蒙。"② 与简狄、女脩吞鸟卵生子表明的鸟图腾讯息对比，《论衡》中的北夷、《魏书》中的高句丽新增了太阳崇拜成分。傅斯年先生《夷夏东西说》提出殷商始祖神话与北夷、高句丽的始祖神话为一个故事，每因同源异流之故，化为几个不同的面目，认为上述卵生神话有同源关系。其后又整理《朱蒙天女玄鸟诸神话》一文，提出"神话之比较研究，乃近代治民族分合问题者一大利器"，所谓的"天命玄鸟，降而生商"，"有娀方将，帝立子生商"，与《论衡》《魏书》的朱蒙天女等传说比较，其为一个神话，更无可疑，为文化之深切接触与融合③。此说在理，简狄、女脩吞鸟卵生子神话生成时间较早，稍后晚出的北夷橐离国王侍婢、高句丽的朱蒙母在保留人、卵、

---

① 黄晖：《论衡校释》卷2，中华书局1990年版，第88页。
② （北齐）魏收：《魏书》卷100，中华书局1974年版，第2213页。
③ 傅斯年：《东北史纲》，《傅斯年文集》第2卷，中华书局2017年版，第405—415页。

始祖要素的基础上，融入太阳神话的情节单元，但无论作何衍生，依旧保留卵生巫术的情节内核。

吞卵感生神话，与高禖祭祀关联，又称郊祀，是原始卵生巫术习尚孑遗。《诗经·大雅·生民》曰："生民如何？克禋克祀，以弗无子。"毛亨传曰："弗，去也，去无子，求有子，古者必立郊禖焉。玄鸟至之日，以太牢祠于郊禖，天子亲往，后妃率九嫔御。乃礼天子所御，带以弓韣，授以弓矢，于郊禖之前。"郑玄笺曰："乃禋祀上帝於郊禖，以祓除其无子之疾而得其福也。"① 郊禖即高禖，为郊庙祭祀求子仪式。又《礼记·月令》云："是月也，玄鸟至，至之日，以太牢祠于高禖。"② 此种祈子大典"可能有吞玄鸟之卵以拂无子的象征性、咒术性活动"③，以至于为感生神话保留、吸纳。另外，除却卵生巫术祭祀活动外，此类神话还直接与高禖神相关。高禖"指导致生命产生和孕育的身体媒介"，"亦即胚胎之神"④。丁山先生《中国古代宗教与神话考》认为："'高禖'定是'高妣''高母'的语讹"⑤，貌言高祖母，也就是甲骨卜辞常见的高妣。闻一多先生《高唐神女传说之分析》认为："古代各民族所记的高禖全是该民族的先妣"，且"夏、殷、周三民族都以其先妣为高禖"⑥。吞卵生子属于感生神话的形式之一，另有吞果实、履大人迹等求子形式，皆与原始巫术的接触律相关，此类图腾变形神话所载的简狄、女脩作为生育女神，为本族子孙族人尊为始祖神供奉、祭祀，认为其主司生育，有促进生殖的能力。

（八）蛙图腾

（1）娲，古之神圣女，化万物者也。

——《说文》⑦

---

① （汉）毛亨传，郑玄笺，（唐）孔颖达等正义：《毛诗正义》卷17-1，（清）阮元校刻《十三经注疏》，中华书局1980年影印本，第528页上栏。
② （汉）郑玄注，（唐）孔颖达等正义：《礼记正义》卷14，（清）阮元校刻《十三经注疏》，中华书局1980年影印本，第1355页下栏。
③ 吴继文：《玄鸟降临——殷民族始祖传说研究》，《神与神话》，台北：联经出版事业公司1988年版，第379页。
④ 王小盾：《中国早期思想与符号研究——关于四神的起源及其体系形成》（下册），上海人民出版社2008年版，第728页。
⑤ 丁山：《中国古代宗教与神话考》，上海书店出版社2021年版，第13页。
⑥ 闻一多：《高唐神女传说之分析》，《神话与诗》，湖南人民出版社2010年版，第86页。
⑦ （汉）许慎：《说文解字》卷12下，中华书局1963年影印本，第260页。

（2）俗说开天辟地，未有人民。女娲抟黄土作人，剧务，力不暇供，乃引绳于絙泥中，举以为人。

——《太平御览》卷78引《风俗通》①

（3）往古之时，四极废，九州裂，天不兼覆，地不周载，火爁炎而不灭，水浩洋而不息，猛兽食颛民，鸷鸟攫老弱。于是女娲炼五色石以补苍天，断鳌足以立四极，杀黑龙以济冀州，积芦灰以止淫水。

——《淮南子·览冥篇》②

依据字面直解，上述文献是关于中华始祖、大地母神女娲化物、造人、补天的三大创世功绩的叙述，与图腾并无关联，但实则另有深意。如文献（1）所载，女娲作为创世者，在先秦神话中始终是以人类始祖母的身份出现的，而就始祖母自身的起源而言，尽览先秦时期的神话文献，也未能明确。然而，依据图腾信仰规则，便可以顺藤摸瓜，寻得创世祖母的来源。从女娲的姓名来看，这一名称疑似为一个图腾名称，原因在于"娲"本同"蛙"，女娲"可能是蛙图腾氏族的女氏族长"③。在文字层面上，女、雌均表示女性，故女娲应该等同于雌蛙。由此可以大胆推断，女娲便是雌蛙图腾神，后来其名才演变为女娲，以雌类动物为图腾的民族诸多，如彝族的母虎图腾。文献（2）、（3）述说了女娲最突出的两大功绩，抟黄土造人与炼石补天，功绩如同澳大利亚神话中的图腾"奔吉尔"④，"奔吉尔"往往创造人类与万物。所以，将"女娲"看作"雌蛙"的异写也合情合理，先秦神话中的女娲神，是由雌蛙图腾变形而来的。

从文字学的角度考察文献（1），可使蛙、娲的渊源关系更为明朗，蛙即娲，蛙、鼋、娲、娃四字互通。蛙，古字即鼋，另作䵷，圭表音，黾表意，黾的异体字为䵷，即䵷（鼋）是蛙的本字，唐兰先生《从河南郑州出土的商代前期青铜器谈起》一文在介说龙山文化晚期的一件青铜

---

① （宋）李昉等撰：《太平御览》卷78，中华书局1995年影印本，第365页上栏。
② 刘文典撰，冯逸、乔华点校：《淮南鸿烈集解》卷6，中华书局2013年版，第206—208页。
③ 杨堃：《女娲考——论中国古代的母性崇拜与图腾》，《民间文学论坛》1986年第6期。
④ "奔吉尔"这一名词意指"契尾鹰"，表示维多利亚南部一些氏族的胞族图腾，多指创作主、造物主和文化英雄。参见何星亮《图腾文化与人类诸文化的起源》，中国文联出版社1991年版，第257页。

鼍时，提及该青铜罍颈部铭刻的图画象形字（黾）龟，铭文的黾（黾）形文字（图 14a）①，与史前艺术所见蛙神图像（图 14b、14c、14d）并无二致。《广雅·释诂》注引《方言》训"鼋、律，始也"，"鼋、

(a) 龙山文化晚期青铜罍铭刻黾（龟）字拓片

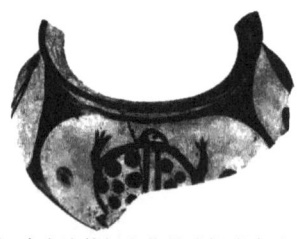

(b) 庙底沟仰韶文化的残损彩陶片 H52∶48蛙神图像

(c) 陕西临潼姜寨出土深腹陶盆的蛙神图像

(d) 何家湾遗址出土平底陶盆 H242∶5蛙神图像

(e) 河南南阳麒麟岗高禖神图像（伏羲、蛙神、女娲及其他神兽组合图像）

(f) 河南南阳麒麟岗高禖神图像（伏羲、蛙神、女娲及其他神兽组合图像）

图 14　蛙神、女娲图像

---

① 唐兰：《从河南郑州出土的商代前期青铜器谈起》，《文物》1973 年第 7 期。

菫，是'菫'为始出也"。① 许慎《说文解字》训"蛙"为"始，女之初也"②。该书又解说"娲"是"古之神圣女，化万物者也"③。据上述辞书的训释，即娲＝黽＝绳＝娃，此种等同关系为张自修、傅道彬、潜明兹等学者推崇④。傅道彬《中国生殖崇拜文化论》认为："在于人者为蛙为娲，在于物者为蛙为黽。青蛙是女性生殖器的象征图腾，女娲是图腾的拟人之象"，并进一步提出："蛙在古文字中也作绳，主部表声，黾部表意，所表之意为蛙的本意。娲表示有孕，女表示女人，也就是人娃合体即可作为人类之母。"⑤ 古代辞书中"娲"与"始"互训为通例，将二者联系起来，《说文》训"始"为"女之初也"，足见始的本义由女性而来，直言之，体现着先民有关女性生育的观念，娲意表人祖，那么由蛙变形来的娲，也就成为先民的始祖母，正如张自修《骊山女娲风俗及其渊源》所言："女娲之'娲'可理解为'神圣女'的古用专有名词。'化万物也'，这里简直赋予了她'世界万物之祖'的意义。"⑥ 女娲作为大地母神被崇拜，也是由蛙图腾等生殖崇拜开始的。

除文字考据外，考古史、美术史视域下的高禖祭祀图像，也清晰显示女娲与蛙图腾的密切关系，从生物学角度观察，蛙作为大自然中的两栖纲无尾目动物，发育过程为蛙卵、蝌蚪、幼蛙、成蛙四个阶段，蛙属于变态发育，成长、发育过程较快，生殖、繁育能力较强，因此，较早便作为生殖神被先民崇拜，见诸史前艺术遗产，譬如位于河南省三峡市的庙底沟仰韶文化，在残损彩色陶片H52：48上便见蛙神（图14b)⑦。又如陕西临潼姜寨遗址出土的深腹陶盆上，分别绘制两两相对的比目鱼、蛙神形象（图14c)⑧。另如陕西汉中市西乡县的何家湾遗址，在半坡类型晚期的平底陶盆H242：5上也有类似蛙神图（图14d)⑨。其后渐次发展为主司生

---

① （清）钱大昭撰，黄建中、李发舜点校：《广雅疏义》卷2，中华书局2016年版，第112页。
② （汉）许慎撰，陶生魁点校：《说文解字》卷12下，中华书局2020年版，第407页。
③ （汉）许慎撰，陶生魁点校：《说文解字》卷12下，中华书局2020年版，第406页。
④ 潜明兹：《中国神话学》，上海人民出版社2008年版，第355页。
⑤ 傅道彬：《中国生殖崇拜文化论》，湖北人民出版社1990年版，第148—149页。
⑥ 张自修：《骊山女娲风俗及其渊源》，《陕西民俗学研究资料》第1集，中国民间文艺研究会陕西分会1982年版，第85页。
⑦ 图14b录自中国社会科学院考古研究所编著《庙底沟与三里桥》，文物出版社2011年版，第289页。
⑧ 图14c录自严文明《中国史前艺术》，文物出版社2022年版，第49页。
⑨ 图14d录自陕西省考古研究所、陕西省安康水电站库区考古队：《陕南考古报告集》，三秦出版社1994年版，第49页。

殖、繁衍的高禖神，在汉画像石上，可以看到蛙神、女娲共存一图，是蛙与女娲亲密关系的有力证明，与此二者协同出现者，通常有伏羲、人兽或兽兽共生的诸多神兽，以河南南阳麒麟岗所出高禖神图像为典型（图14e①、图14f②），两幅汉画像石中心位置皆为蛙神，右侧俱刻有女娲神，与伏羲神左右对称，黄雅峰《南阳麒麟岗汉画像石墓》指出："伏羲女娲与高禖在同一画面，则暗示高禖促使伏羲女娲交合，表达了墓主人希望生命得以延续和再生的愿望。"③ 此说当从，无论是训诂所示蛙、娲二字意思相同，或是神话图像将蛙神与始祖神女娲、伏羲同构一图，图像所见的蛙神、女娲，无不是生命繁衍观念的表征。

（九）蟾蜍图腾

（1）昔常娥以西王母不死之药服之，遂奔为月精。
——《文选·王僧达〈祭颜光禄文〉》注引《归藏》④

（2）羿请不死之药于西王母，姮娥窃之以奔月，将往，枚筮之于有黄。有黄占之曰："吉，翩翩归妹，独将西行，逢天晦芒，毋惊毋恐，后且大昌。"嫦娥遂托身于月，是为蟾蜍。
——《全上古三代秦汉三国六朝文·全后汉文》
卷55辑张衡《灵宪》⑤

蟾蜍图腾，与嫦娥息息相关，实则是蛙图腾的变体，与女性神祇及其生殖崇拜关系紧密，蛙又作蟾蜍，有负子蟾等类别，在不断引申、发展中形成女性生殖崇拜线索，傅道彬先生将其概括为："女阴崇拜—女阴的象征物蛙神崇拜—蛙神的拟人化女娲的崇拜—月亮之神（蟾蜍）—嫦娥神话"⑥。发轫于先秦时代的诸多图腾型变形神话中，嫦娥奔月是最为人津

---

① 图14e录自中国画像石全集编辑委员会编《河南汉画像石》，《中国画像石全集》第6卷，山东美术出版社、河南美术出版社2000年版，第104页。
② 图14f录自黄雅峰、陈长山编著《南阳麒麟岗汉画像石墓》，三秦出版社2008年版，第232页。
③ 黄雅峰、陈长山编著：《南阳麒麟岗汉画像石墓》，三秦出版社2008年版，第65页。
④ （清）严可均辑：《全上古三代文》卷15，《全上古三代秦汉三国六朝文》，中华书局1958年影印本，第104页上栏。
⑤ （清）严可均辑：《全后汉文》卷55，《全上古三代秦汉三国六朝文》，中华书局1958年影印本，第777页上栏。
⑥ 傅道彬：《中国生殖崇拜文化论》，湖北人民出版社1990年版，第152页。

津乐道的，后人在原生态神话基础上，通过情节递增，来敷陈诸多浪漫感人的月亮神话，然考索此神话本相，在早期文献中相关记载皆较简陋，剔除诸书中大同小异的叙述，该神话的本事见文献（1）、（2）所载，除却文本神话，图像神话亦见嫦娥之事，以嫦娥奔月为典型，见于河南南阳英庄的一座平顶砖石混合墓，该墓分为前后两室，在前室墓顶上，有4块画像石，其中最北面的顶盖石绘制有嫦娥奔月图像（图15a）[①]。

嫦娥，最早在文献作"常娥"或"姮娥"，关于嫦娥一族的图腾归属问题，诸家都热衷于讨论，如闻一多、严文明、萧兵、孙作云等，前文已证，与大地始祖母神女娲关系密切的蛙图腾，是原始部族常见的诸多动物图腾之一，蛙又被称为蟾蜍，故蟾蜍图腾实则是蛙图腾的延伸结果。涂元济、涂石《论嫦娥奔月神话》认为嫦娥氏族是以蟾蜍和月亮为联合图腾的[②]。在河南南阳西关出土的画像石中，刻绘有嫦娥、蟾蜍、月亮同构一图的情景（图15b）[③]，与《归藏》《灵宪》所载"常娥"或"姮娥"奔月、变形为蟾蜍的事件相互印证，该画像石左边刻绘有一轮月亮，月亮内有蟾蜍，以手抚月的女子人首蛇尾，梳有高高的发髻，衣袖宽大，身姿婀娜蹁跹，似乎为升腾状态，漫步于九星之间。吴曾德、张道一等学者皆认为此幅图像反映了嫦娥求药、窃药到奔月的过程[④]。当然，此幅图像也证明了嫦娥与月亮、蟾蜍图腾的紧密关系。萧兵先生提出："月中蟾蜍、兔是初民对于月亮阴影的观察、想象与神话模写，又是氏族社会蛙图腾、兔图腾的产物。"[⑤]闻一多先生对诸多古文献资料进行了考证，发现与嫦娥有关的图腾物排序是"以蟾蜍为最先，蟾与兔次之，兔又次之"[⑥]。萧兵则认为："蟾蜍图腾与兔图腾同时出现，无分先后。"[⑦]蟾蜍、兔两种动物图腾，在考古图像遗产中同构一图的情况，亦属寻常，例如河南南阳市东关地区出土东汉时期日月合璧图便属此类，该图左上部分刻绘阳乌，阳乌

[①] 图15a录自陈长山、魏仁华《河南南阳英庄汉画像石墓》，《中原文物》1983年第3期。
[②] 涂元济、涂石：《论嫦娥奔月神话》，《中国神话》第1集，中国民间文艺出版社1987年版，第168—190页。
[③] 图15b录自中国画像石全集编辑委员会编《河南汉画像石》，《中国画像石全集》第6卷，山东美术出版社、河南美术出版社2000年版，第168—169页。
[④] 参见吴曾德《汉代画像石》，台北：丹青图书有限公司1987年版，第67—68页。另参见张道一《汉画故事》，重庆大学出版社2006年版，第195—196页。
[⑤] 萧兵：《马王堆〈帛画〉与〈楚辞〉二则》，《江苏师院学报》1980年第1期。
[⑥] 闻一多：《闻一多全集》第2册，湖北人民出版社1993年版，第328页。
[⑦] 萧兵：《楚辞与神话》，江苏古籍出版社1987年版，第124—125页。

上负有蟾蜍，蟾蜍外有一轮月亮，该图左下部分刻绘有二十八星宿之一的毕宿，毕宿内部有玉兔（图15c）[①]。另有河南南阳市蒲山店出土东汉时期苍龙星宿图，在苍龙星宿上部，七宿星辰左侧，月亮图像内部同时出现蟾

（a）河南南阳英庄汉代石墓前室顶盖北面画像石嫦娥奔月图像

（b）河南南阳西关汉画像石嫦娥、蟾蜍、月亮组合图像

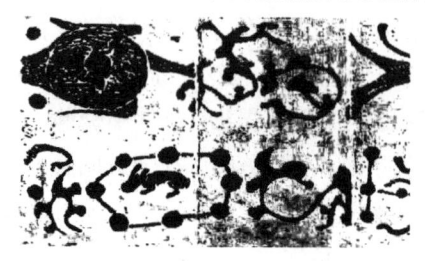

（c）河南南阳市东关出土东汉日月合璧图的蟾蜍、兔子图像

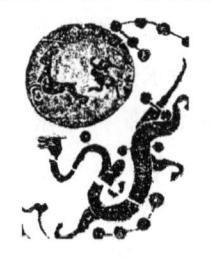

（d）河南南阳市蒲山店出土东汉苍龙星宿图的蟾蜍、兔子图像（左：全图；右：局部图）

（e）安徽淮北市博物馆藏蟾蜍、玉兔捣药图像

（f）安徽淮北市孟大园出土日月图的蟾蜍、玉兔捣药图像（左：日；右：月）

图15 蟾蜍、嫦娥、玉兔及相关图像

[①] 图15c 录自王建中、闪修山《南阳两汉画像石》，文物出版社1990年版，图版275。

第一章　先秦神话的图腾型变形叙事

蛛、兔的图像（图15d）[①]。伴随着人们对生命永生观念的渴望，图腾不断递嬗，出现了蟾蜍、玉兔捣药共处一图的情形，普遍出现在安徽淮北地区，既见于安徽淮北市博物馆藏月亮图，在一轮明月的左边刻有蟾蜍，右边刻有正在捣药的玉兔（图15e）。又见于淮北市孟大园出土的日月图像（图15f）[②]，该画像石左边日轮内部有阳鸟，右边月轮内部有玉兔捣药、蟾蜍的组合。有关嫦娥的氏族图腾类别，学界历来观点迭出，姑且将上述动物图腾孰先孰后出现的问题存而不论，嫦娥变形为蟾蜍，是回归本氏族原生态图腾，是确凿无疑的。另外，依据图腾制度，越往后出现的图腾，越是可能为增加的部分，就与嫦娥关联的图腾物来看，蟾蜍的出现时间当是早于兔图腾的，太阳与阳鸟（即阳鸟）搭档，月亮与蟾蜍匹配，应是原初组合形式。当然，需铭记一点，作为嫦娥氏族图腾的蟾蜍，其水陆两栖、形体多变的特性，完全符合图腾型变形追求生命永恒的精神旨归。

概而言之，先秦神话所见的动物图腾型变形亚型，叙事内容富赡，所涉动物种类繁多，飞禽走兽、水族动物、水陆两栖动物无所不有，通过人类与熊、鸟、鱼、鳖、蟾蜍、蛙、蜗牛等图腾物的互换变形，图腾所包罗的"我的亲属""我的祖先""我的保护神"等深层内涵方得表征，更充分诠释了原始初民多元、质拙且虔诚的宗教信仰。

二　植物图腾型

植物图腾型是指人类与花、草、树、木等植物充当的图腾物之间的互换变形。具体而言，是指先秦神话中，参与变形活动的草木被加以拟人化，具备了人情人性，有喜怒哀乐的情绪特征，会孕育并繁殖后代等，据此产生了诸多人与奇草异木之间相互转换的变形事件。先秦神话中此类故事数目较少，就《山海经》而言，也仅存有1例，究其根源，大抵与图腾崇拜时代植物图腾本身出现的时间较晚息息相关，是在万物有灵观念（animism）产生之后方才出现，且相较于动物图腾的使用频繁，植物图腾的使用也相对较少，除此之外，被尊为图腾的植物都具有实用性，一般都可直接食用或使用，根据人类与植物相互变形的特点，可将其细化为灵木孕婴型、个体标记型两种次型。

[①] 图15d录自王建中、闪修山《南阳两汉画像石》，文物出版社1990年版，图版270。
[②] 图15e、15f录自高书林编著《淮北汉画像石》，天津人民美术出版社2002年版，第178页。

（一）灵木孕婴型

灵木孕婴型实际就是植物生人的神话，即此类神话中植物或作为母体所变，可直接生出婴儿，或植物被视为父系始祖所变，母体因食用植物或接触感应植物而有孕，属于感生神话一类，通常氏族或部落始祖出生多属此类，变形、感孕生子的母亲，与夏、商、周、秦民族的涂山氏、简狄、姜嫄、女脩一样，为各民族先妣，兼具本族始祖母神、高禖神性质。此种变形神话次型，天命意蕴浓郁，出生的婴孩为非凡之人，以汤相伊尹、禹二者的出生最为典型。

1. 桑树

（1）水滨之木，得彼小子。

——《楚辞·天问》①

（2）有侁氏女子采桑，得婴儿于空桑之中，献之其君。其君令烰人养之，察其所以然。曰："其母居伊水之上，孕，梦有神告之曰：'臼出水而东走，毋顾。'明日，视臼出水，告其邻，东走十里而顾，其邑尽为水。身因化为空桑。故命之曰伊尹。"此伊尹生空桑之故也。

——《吕氏春秋·本味》②

上述文献是关于殷商时代贤相伊尹产于空桑事件，此神话在《孟子·万章上》《庄子·庚桑楚》《墨子·尚贤下》《文子·自然》《楚辞·九章·惜往日》《韩非子·难言》《吕氏春秋·本味》《战国策·赵策四》中都有记载，以文献（2）的记载最详细。侁氏女采桑，于中空树干中拾得婴孩，并献予君上，君上命庖厨了解婴孩出生，庖厨依次讲述婴孩母亲梦获神谕、触犯禁忌、感孕生子、变形为桑树等事件。伊尹之母居于伊水畔而感孕，怀孕之际做梦，梦里其获得神明指示，见到臼里出水便立即向东行走，切莫回头观望。但伊尹之母并未听从天神告诫，其见臼里有水，不仅告知邻居细节，且在躲避洪水之际，回望自己所居之处，此时村落已被洪水吞噬，伊尹之母也变形为中空的桑树，伊尹降生，为侁氏女寻得。

---

① 游国恩主编：《天问纂义》，中华书局1982年版，第104页。
② 许维遹：《吕氏春秋集释》卷14，中华书局2009年版，第310页。

《本味》篇所见伊尹出空桑神话，实则由五个基本情节单元组合而成，即梦中预言、触发禁忌、洪水灾难、变为植物、感孕生子，通过君臣问答，以倒叙形式娓娓道来。其中关涉变形的事件，从本质上看，是以植物为母体直接生出婴儿。在此神话中，伊尹之母由人形变形为桑树产子，包含了人变异物、树木生子的离奇情节，充分体现了植物图腾型变形特征，变形目的在于获取重生或新生，只不过需完全摒弃旧有形体。从变形法则来看，伊尹之母变形为桑树生子，是替换旧的形体，更新生命体的过程，桑树是孕育崭新生命的中介，此种以旧换新的变形方式，与"鲧复（腹）生禹"神话的变形原理并无二致。

《吕氏春秋·本味》篇记载的植物图腾型变形神话，其文化意涵丰富，主要体现在两个方面。一方面，作为变形物的桑树，实际上与高禖祭祀仪式关联，可见于先秦典籍、出土文物中。桑树既可供蚕食用，是先民养蚕缫丝、以供衣服，乃至织绸刺绣的前提，又能结生桑葚，供人食用，属实用性极强的植物。故而，桑树在早期中国文化中象征生殖崇拜，桑树意象也多与适婚女子、婚姻关系等联系密切，譬如《诗经·卫风·氓》便属此类用法。至于桑林、桑台、桑中、桑间所指皆同，最早为社神的祭祀场所，是商汤祈雨之处。《吕氏春秋·顺民》曰："汤乃以身祷于桑林。"高诱注云："桑林，桑山之林，能兴云作雨也。"[①]《吕氏春秋·慎大览》曰："立成汤之后于宋，以奉桑林。"高诱注云："桑山之林，汤所祈也，故使奉之。"[②] 桑树之林最早为社祭仪典举行的专用场所。因春社时有年轻男女聚集，桑林又与高禖活动关联。《墨子·明鬼下》直言道："燕之有祖，当齐之社稷，宋之有桑林，楚之有云梦也，此男女之所属而观也。"[③]

在战国青铜器上，便大量留存了桑林祭祀的场景。例如河南辉县琉璃阁76号墓出土狩猎壶的壶盖上，即存女子采桑，男子辅助女子以钩子取竹筐，男子递送桑叶给女子的动态采桑图像（图16a）[④]。在日本东京国立

[①] 许维遹：《吕氏春秋集释》卷9，中华书局2009年版，第200页。
[②] 许维遹：《吕氏春秋集释》卷15，中华书局2009年版，第357页。
[③] 吴毓江撰，孙启治点校：《墨子校注》卷8，中华书局2006年版，第338页。
[④] 图像16a、16c、16d、16g为文物局部图，录自李飞编《中国古代青铜器纹饰图典》，浙江古籍出版社2008年版，第176、175、176、161页。

博物馆藏采桑狩猎壶盖上，也存有男女协同采桑的情景（图16b）①。另如河南辉县琉璃阁75号墓出土高柄铜钫，铜钫下腹部清晰可见二人跪于桑树下，另有四名舞者翩翩起舞的情景，是举行祭祀仪典的场景（图

（a）河南辉县琉璃阁76号墓出土狩猎铜壶上的采桑图像

（b）日本东京国立博物馆藏战国铜壶上的浅浮雕采桑图像

（c）河南辉县琉璃阁75号墓出土高柄铜钫下腹部、柄部的祭林乐舞图像

（d）河南辉县琉璃阁铜豆柄跗部的二人对立桑树图像

（e）成都百花潭中学十号墓出土战国宴乐水陆攻占嵌错铜壶颈部采桑（高禖）图像

（f）陕西绥德出土汉画像砖的桑树与男子举弓图像

（g）河南辉县琉璃阁出土战国宴享渔猎攻占铜壶颈部采桑（高禖）图像

图16 桑树及相关图像

---

① 图像16b录自李夏廷、李劭轩编著《晋国青铜器艺术图鉴》，文物出版社2009年版，第325页。

16c），此铜钫柄部则表现二人立于桑树之下的情景。同一墓地出土的铜豆柄跗部也用类似图像，用桑树下二人对立情景作为装饰（图16d）。当然，在战国时期出土的众多采桑图像中，叙事最为生动，且叙事场景最为宏阔的，非图16e、16g莫属。前者于1965年出土于四川成都百花潭中学十号墓，在此件战国宴乐水陆攻战纹嵌错铜壶颈部，《礼记》《汉书》等传世典籍记载的"桑间濮上"的图景，得以淋漓尽致地展现。采桑图像的左端似为选取弓材的男性，右端有两株枝繁叶茂的桑树，是女子携筐采桑、绕桑乐舞的场景（图16e）①。今藏北京故宫博物院，出土于河南辉县的战国宴享渔猎攻战铜壶上亦有类似场景，见于铜壶颈部，依旧是在生机勃勃的两株桑树下，有屈体立于树身的采桑者，树下有肩挑双筐运送桑叶者，有歌舞者，有持弓射击者，该图景与成都百花潭铜壶颈部图像都反映了高禖祭祀仪礼（图16g）。采桑的系列图像在汉代画像石、砖上依旧有所体现，但所绘图像皆与战国时期已有的采桑、运桑女子、歌舞乐者等形象相似，如陕西绥德汉代王德元墓室门立柱便存桑树与持弓男子的组合形象（图16f）②，《礼记·月令》载古人祭祀高禖时，有授予九嫔弓矢的仪式环节，画像石柱的内容无疑与传世文本契合。

但随着社会发展，桑林的神圣性宗教功能式微，渐渐转变为世俗性的适婚男女约会场所。屈原《天问》曰："禹之力献功，降省下土四方。焉得彼涂山女，而通之于台桑？"③ 闻一多《天问疏证》认为治水的大禹"道娶涂山氏之女，而通夫妇之道于台桑之地"。"台桑者"为"桑即桑中之类，男女私会之所也"④。另《汉书·地理志下》释"桑间"为"卫地有桑间濮上之阻，男女亦亟聚会，声色生焉"⑤，无不是台桑、桑林功能转变的体现。《诗经·国风》的诗篇亦可证明，《鄘风·桑中》由三章构成，每章反复吟诵："期我乎桑中，要我乎上宫，送我乎淇之上矣！"⑥ 桑林为男女约会的美好场地。《豳风·七月》第二章云："春日载阳，有鸣

---

① 图像16e为文物局部图，录自《成都百花潭中学十号墓发掘记》，《文物》1976年第3期。
② 图像16f为文物局部图，录自中国画像石全集编辑委员会编《陕西、山西汉画像石》，《中国画像石全集》第5卷，山东美术出版社、河南美术出版社2000年版，第58页。
③ 金开诚等校注：《屈原集校注》，中华书局1996年版，第338页。
④ 闻一多：《天问疏证》，上海古籍出版社1986年版，第46—47页。
⑤ （汉）班固：《汉书》卷28下，中华书局1962年版，第2770页。
⑥ （汉）毛亨传，郑玄笺，（唐）孔颖达等正义：《毛诗正义》卷3-1，（清）阮元校刻《十三经注疏》，中华书局1980年影印本，第389页下栏。

仓庚。女执懿筐，遵彼微行，爰求柔桑。春日迟迟，采蘩祁祁。女心伤悲，殆及公子同归。"①写春日少女携筐采桑喂蚕。又有《魏风·十亩之间》存两章，云："十亩之间兮，桑者闲闲兮。行与子还兮。十亩之外兮，桑者泄泄兮。行与子逝兮。"②清代方玉润《诗经原始》更直解作"夫妇偕隐"说，桑之隐喻内蕴，不言而喻。因此，伊尹之母变形为桑树，其又感孕得子，与图腾制度中图腾生人的逻辑相合。

另一方面，文献（2）又提供新线索，作为新生儿的伊尹，由侁氏女发现，侁氏又作莘氏，根据《世本·王谟辑本·氏姓篇》曰："莘，姒姓，夏禹之后"③，证明莘氏为夏族后裔，夏族曾以植物为图腾，以"莘"作姓氏，便保留了这一信息，《集韵》训"莘"为"音辛。细莘，药草。"《正字通》云："莘草，生山泽，如蒲黄，叶如芥。"何况夏民族以植物为图腾是常见的，例如薏苡。汤相伊尹作为超凡之人，其神秘的出生，与植物图腾变形生子、高禖祭祀中的先妣神生殖崇信关联。

2. 薏苡

  （1）鲧娶于有莘氏之女，名曰女嬉。年壮未孳，嬉于砥山，得薏苡而吞之，意若为人所感，因而妊孕，剖胁而产高密。
  ——《吴越春秋·越王无余外传》④

女嬉吞薏苡而感孕生禹，是典型的母体感植物而孕的神话，母亲吞食灵木果实，接触到神奇图腾物，因感生孕育子嗣。薏苡本是一种草本科植物，果实为白色，呈椭圆形，属夏族的氏族图腾物之一，夏族具有尊奉植物图腾的传统。《世本·帝系》篇另有所述，载大禹之母吞珠生子的神话，文曰："禹母修己。吞神珠如薏苡。胸拆生禹。"⑤将植物薏苡与神珠

---

① （汉）毛亨传，郑玄笺，（唐）孔颖达等正义：《毛诗正义》卷8-1，（清）阮元校刻《十三经注疏》，中华书局1980年影印本，第314页下栏—315页上栏。
② （汉）毛亨传，郑玄笺，（唐）孔颖达等正义：《毛诗正义》卷5-3，（清）阮元校刻《十三经注疏》，中华书局1980年影印本，第358页中栏、下栏。
③ （汉）宋衷注，（清）秦嘉谟等辑：《世本》卷1，《世本八种》，中华书局2008年版，第24页。
④ （东汉）赵晔撰，周生春辑校汇考：《吴越春秋辑校汇考》卷6，中华书局2019年版，第95页。
⑤ （汉）宋衷注，（清）秦嘉谟等辑：《世本》卷4，《世本八种》，中华书局2008年版，第91页。

类比。两个文本实际都隶属感生神话中的吞物感生，与前文阐析过的吞卵生子逻辑一致，为图腾感生，反映了原始神话思维的"前因果观念"[1]。鸟卵、果实、谷粒的表现方式多样，既可以代表男性祖先生殖器，又可以表示将要出生的超凡之人的"胚胎"状态，还是女性始妣的受孕媒介，皆可作为高禖仪礼的道具。另外，植物薏苡、鸟卵在直观视觉特征上为多子集聚状态，人们以类从事，用类比、联想思维创作神话，以体现"蛋或卵象征繁殖与生命的基本功能"[2]，寄托先民多子多福的美好希望。

（二）个体标记型

随着原始初民图腾信仰的迁移渐变，图腾内涵也在不断变化，由最初的"我的亲属""我的祖先"又相继衍生出"我的标记""我的保护神"两种含义，有基于此，与植物图腾相关的个体标记型随之产生。综观先秦神话，有关个体标记型的变形，主要涉及人类变形为植物、动物的单向行动，所变物象具有独特性、标识性，甚至直接象征变体主体，所变之物也是专属变形行动元的个人保护神，是个人图腾。此类神话数量较少，《山海经》所见帝女与䔄草，《左传》载录的郑穆公与兰草是个体标记型变形神话的典型。

1. 䔄草

（1）又东二百里，曰姑媱之山。帝女死焉，其名曰女尸，化为䔄草。其叶胥成，其华黄，其实如菟丘，服之媚于人。

——《山海经·中次七经》[3]

（2）右詹山，帝女化为詹草。其叶郁茂，其萼黄，实如豆，服者媚于人。

——《博物志·异草木》[4]

（3）舌埵山，帝之女死，化为怪草，其叶郁茂，其华黄色，其实如菟丝。故服怪草者，恒媚于人焉。

——《搜神记》卷14[5]

---

[1] 王泉根：《论图腾感生与古姓起源》，《民间文学论坛》1996年第4期。
[2] 宋兆麟：《中国生育信仰》，上海文艺出版社1999年版，第98页。
[3] （清）郝懿行撰，栾保群点校：《山海经笺疏》卷5，中华书局2021年版，第132—133页。
[4] （晋）张华撰，范宁校证：《博物志校证》，中华书局1980年版，第39页。
[5] （晋）干宝撰，汪绍楹校注：《搜神记》卷20，中华书局1979年版，第174页。

据文献（1）所载，帝女女尸年少早夭，变形为䔰草，《玉篇》曰："䔰，蒲叶也"①，䔰草似为叶扁分枝，根茎发达的草本植物，类似于菖蒲一类。《山海经》言帝女死亡，变形为䔰草，䔰草长势极好，不仅枝叶繁茂，且还结出黄色果实，被人服用后，有魅惑于人的神奇效能。作为天帝之女，䔰草属于植物图腾，为图腾内涵"我的标记"的体现，是标识性较强的个体图腾，个人图腾乃共有图腾的一种演变，其发生于共有图腾之后。文献（2）、（3）为衍生型神话文本，记帝女变形为詹草、怪草，始终保留变形物象吸引人、迷惑人的性能，具备原始巫术性质。

2. 兰草

(1) 初，郑文公有贱妾曰燕姞，梦天使与己兰。曰："余为伯鯈、余，而祖也，以是为而子。以兰有国香，人服媚之如是。"既而文公见之，与之兰而御之，辞曰："妾不才，幸而有子，将不信，敢征兰乎？"公曰："诺。"生穆公，名之曰兰。

——《左传·宣公三年》②

(2) 公逐群公子，公子兰奔晋，从晋文公伐郑。石癸曰："吾闻姬、姞耦，其子孙必蕃。姞，吉人也，后稷之元妃也。今公子兰，姞甥也。天或启之，必将为君，其后必蕃，先纳之可以亢宠。"与孔将鉏、侯宣多纳之，盟于大宫而立之。以与晋平。穆公有疾，曰："兰死，吾其死乎！吾所以生也。"刈兰而卒。

——《左传·宣公三年》③

据文献（1）、（2）的记载，春秋时期的郑穆公一生自出生、成长到死亡，甚至其个人身体健康状况，前途命运等，无不与兰息息相关。由郑穆公母燕姞梦遇祖先神，佩兰应梦，承宠生子，到郑穆公与群公子出奔，在晋国拥立下登位，最后割除兰草，郑穆公死亡，兰始终伴其一生。此处贯穿文本内部的兰，并非普通意义上的植物，而显然已被赋予天命意味，

---

① （梁）顾野王撰，吕浩校点：《大广益会玉篇》卷13，中华书局2019年版，第453页。

② （晋）杜预注，（唐）孔颖达等正义：《春秋左传正义》卷21，（清）阮元校刻《十三经注疏》，中华书局1980年影印本，第1868页下栏。

③ （晋）杜预注，（唐）孔颖达等正义：《春秋左传正义》卷21，（清）阮元校刻《十三经注疏》，中华书局1980年影印本，第1869页上栏。

体现在如下三个时间节点。

一是郑穆公的出生。为祖先神入梦受命，以至于穆公母燕姞佩戴的兰草，有超凡性能，即："以兰有国香，人服媚之如是"，若上文帝女变形的"服之媚于人"的䔲草，能达到魅惑他人、人见人爱的神奇效果，为郑穆公的顺利出生创造了条件。

二是郑穆公的即位。在国外流亡的郑穆公，因晋国石癸对穆公先祖系统的分析而获救。石癸认为"姞，吉人也，后稷之元妃也。今公子兰，姞甥也"，姓氏通常包含先祖信息，《国语·晋语四》曰："凡黄帝之子，二十五宗，其得姓者十四人为十二姓。姬、酉、祁、己、滕、箴、任、荀、僖、姞、儇、依是也。"① 黄帝族裔子孙有二十五宗十二姓，姞为其中一姓，又直接与后稷关联，言下之意，郑穆公出生不凡。关于此点，晋国石癸与郑国叔詹颇像，目光如炬。从穆公的父系亲缘关系看，郑国、晋国本同出于姬姓，此点在《左传·僖公二十三年》便已明确，当年晋公子重耳流亡至郑国，穆公之父郑文公目光短浅，怠慢重耳，当时叔詹便向文公直谏："晋郑同侪，其过子弟，固将礼焉，况天之所启乎？"② 叔詹、石癸二人都非常清楚，晋、郑两国乃同根同源，同出姬姓，但叔詹的劝谏未被文公采纳，石癸的进言则有效实施，穆公兰获得了晋国庇护，被拥立为郑国新君登位。不止于此，石癸的陈述还包含着图腾社会文化遗留的规定，郑穆公的母亲燕姞的祖先是伯儵，伯儵是南燕祖，姞这一姓氏的先祖，而郑穆公的父亲郑文公，祖上都姓姬，穆公加姓命名，不跟随父亲一脉的姬姓，反而跟随母亲姞姓先祖伯儵，是母系社会图腾文化遗存的体现。我国古代的姓氏，最早是女子称姓，男子称氏，姓最初为女性所有，是母系社会的风尚，男子称氏，是父系社会的遗风，姓氏的使用规律为："史前时母系的图腾社会恰是后来宗法社会的相反，姓氏皆由女子所传。"③ "自战国秦汉以来，姓与氏逐渐融合，都称为姓，一直延续至今。"④ 中国的古姓源自图腾，正如《论衡·诘术》所云："古者因生以

---

① 徐元诰撰，王树民、沈长云点校：《国语集解》，中华书局2002年版，第334页。
② （晋）杜预注，（唐）孔颖达等正义：《春秋左传正义》卷15，（清）阮元校刻《十三经注疏》，中华书局1980年影印本，第1815页下栏。
③ 李宗侗：《中国古代社会新研 历史的剖面》，中华书局2010年版，第119、124页。
④ 骆光华：《先秦姓氏制度初探》，《中国古代史论丛》第8辑，福建人民出版社1983年版，第217页。

赐姓，因其所生赐之姓也"①，姓氏始终保留着图腾信息。

三是郑穆公的死亡。其自道"兰死，吾其死乎！吾所以生也"，与上文"与之兰而御之"互相照应，生命的起点与终点都有兰相伴，体现出圆形的生命轨迹，因植物图腾变形降生，再因植物图腾死亡而同步回归，正如李玄伯先生《中国古代社会新研》认为："个人图腾即古人所谓名"，"穆公与兰合而为一，兰即他的个人图腾"②，此说在理。《说文》训"名"为"自命也"，《淮南子·缪称训》同此说，名在古汉语中同铭，《周礼·小祝》言："故书作铭，今书或作名"，先民有将个人图腾制作成图像文献的传统，绘制于器物之上，此类图像即个人图腾，与其本人的姓名是等同关系。《左传》所载的兰，自然是与郑穆公命运捆绑一体的个人标记，此点可参照南太平洋地区新几内亚人的早期图腾制度予以验证。

何星亮先生《图腾文化与人类诸文化的起源》曾论及新几内亚人的个人图腾，此类图腾一般被称作"塔曼纽"或"阿泰"，意即某种暗地里与他者联系着的物体，包括动物、植物、石头等，而"一个人的命运与他的'塔曼纽'或'阿泰'的命运是密切联系着的，如果这是动物，那么这种动物一死，这个人也会死去"，且"某些人以动物或植物作为个人的名字，并相信自己死后灵魂将化身为这种植物或动物"③。郑穆公符合此种情况，兰是郑穆公的名字，是其"塔曼纽"，其生死存亡始终与兰图腾紧密联系。文化人类学研究表明，世界各古老民族的图腾制度具有极大的相似性，新几内亚人的个人图腾，就如同《左传》记载的郑穆公与兰图腾，二者之间的契约关系已牢固缔结，一旦郑穆公面临生死存亡的关键时刻，属于其个人专有的兰图腾"塔曼纽"或"阿泰"便随即出现，推动郑穆公个体命运的发展，郑穆公本人也始终坚信自己与兰图腾生死相契。

比较植物图腾型囊括的两种次型，无论是灵木孕婴型，或是个体标记型，无不强调变形主体的殊异性，体现出图腾含义的演变，由祖先、亲属转换为个体自身的标记、保护神，且此种图腾变形机制，需发生在

---

① 黄晖：《论衡校释》卷25，中华书局1990年版，第1033页。
② 李宗侗：《中国古代社会新研 历史的剖面》，中华书局2010年版，第119、124页。
③ 何星亮：《图腾文化与人类诸文化的起源》，中国文联出版社1991年版，第133—134页。

特定情境下，一般是超凡的神性之人，需直面危机、死亡等人生际遇的转折点。

三 自然物图腾型

自然物包括无生物、自然现象两种，关涉人类、自然物的互变故事，是图腾型变形中最晚出现的。在先秦神话中能作为图腾变形的自然物，可以有无生物，诸如石头、水、火、太阳、星星、白云、大海等；也可以有自然现象，诸如打雷、闪电、彩虹、雾气等，诙诡怪异，无所不有。此种变形次型，与各古老民族的创世神话关联。创世神话（creation myths）通常是叙说"天地开辟、人类起源、民族诞生、文化发端及宇宙万物肇始的神话"[1]，又称推源神话[2]，创世神话分为"至高创世祖、世界父母、宇宙蛋、陆地潜水者、尸体化生"五类。而自然物图腾型神话明显以反映"世界父母"为内容，属于始祖、始妣生殖创世，主要叙述作为始祖母的女性，因接触某种与男性神灵相关的无生物、自然现象图腾而感孕生子，发生原理为《金枝》提及巫术的接触定律，男性神一般为天帝或自然神化身，可概括为履足迹生子、感天象生子两种式样。

（一）履足迹生子型

（1）厥初生民，时维姜嫄。生民如何，克禋克祀，以弗无子，履帝武敏歆，攸介攸止，载震载夙，载生载育，时维后稷。

——《诗经·大雅·生民》[3]

（2）姜原为帝喾元妃。姜原出野，见巨人迹，心忻然说，欲践之。践之而身动，如孕者。

——《史记·周本纪》[4]

（3）大迹出雷泽，华胥履之，生伏牺。

——《太平御览》卷78引《诗含神雾》[5]

（4）瓠河又左径雷泽北。其泽薮在大成阳县故城西北十余里，

---

[1] 陶阳、牟钟秀：《中国创世神话》，上海人民出版社2006年版，第2页。
[2] 潜明兹：《中国神话学》，上海人民出版社2008年版，第260页。
[3] （汉）毛亨传，郑玄笺，（唐）孔颖达等正义：《毛诗正义》卷17-1，（清）阮元校刻《十三经注疏》，中华书局1980年影印本，第528页上栏。
[4] （汉）司马迁：《史记》卷4，中华书局1982年版，第111页。
[5] （宋）李昉等撰：《太平御览》卷78，中华书局1995年影印本，第364页上栏。

昔华胥履大迹处也。

——《水经注·瓠子河》[①]

文献（1）、（2）叙说了周族始祖母姜嫄因履天帝帝喾足迹，感孕生后稷。《竹书纪年·周纪一·周武王》记载与文献（1）一致，曰："初，高辛氏之世妃曰姜嫄，助祭郊禖，见大人迹履之，当时歆如有人道感己，遂有身而生男。以为不祥，弃之陋巷，羊牛避而不践；又送之山林之中，会伐林者又取而置寒冰上，大鸟以一翼藉覆之。姜嫄以为异，乃收养焉，名之曰弃。"[②] 弃即后稷，为周代始祖。文献（3）、（4）所载感生产子事件相类，为女神华胥踩到雷神脚印而生下伏羲，关于伏羲出生，另有接触动物图腾蛇感生的异文，即《路史·后纪一》罗苹注引《宝椟记》："帝女游于华胥之渊，感蛇而孕，十三年生庖牺。"[③] 依旧属于触物感孕神话。当然，在《宋书·符瑞志》《孝经·钩命决》等后世文本中又记太昊母华胥履大人迹而生太昊。太昊、庖牺、伏羲为同神异名。上述神话与原始交感巫术关联，由"大人""巨人"等神祇遗留的足印、足迹，来源于神祇谱系中的至上神天帝或自然神的变形物，亦是各民族祖妣神感孕的接触物，该类神话生成，依托于丰富的文化资源。

考察先秦神话所见古帝王，因母亲履至上神足迹感孕而降生者，以伏羲、后稷为典型，探究此种神话的发生机理，仍可溯源至图腾崇拜时代的观念。李炳海先生在《动植物及天体图腾意象》中指出："图腾崇拜总认为本氏族与某种自然物有亲缘关系，它所产生的生育观念是用图腾物入居或感应母体来解说本族的产生和繁衍，由此产生了大量异物感应的始祖诞生神话。"[④] 的确如是，伏羲、后稷因母亲感孕出生，实际是周民族、东夷族的始祖诞生神话，隶属解释民族起源的推原神话范畴[⑤]，当然，此类神话还旨在强调本族始祖的天赋异禀、卓尔不凡，并将天命神授观念汇入其中，造就图腾物与莫名神秘力量合力作用而成的变形体，以保障始祖神

[①] （北魏）郦道元著，陈桥驿校证：《水经注校证》卷24，中华书局2007年版，第573页。

[②] （清）郝懿行著，李念孔点校：《竹书纪年校证》卷9，《郝懿行集》，齐鲁书社2010年版，第3876页。

[③] 袁珂、周明：《中国神话资料萃编》，四川省社会科学院出版社1985年版，第16页。

[④] 李炳海：《部族文化与先秦文学》，高等教育出版社1995年版，第101页。

[⑤] 袁珂：《古神话选释》，人民文学出版社1979年版，第32、158页。

伏羲、后稷在本民族内部的绝对权威性。

履足迹生子型神话，在先秦神话中有固定的言说方式，即履或见"大人迹""巨人迹"，不仅在于记录始祖神以生育创世，繁衍子孙，且其形成的文化资源，可以追溯至史前时代，见诸史前崖画中神祇手印、脚印或者动物蹄印的主题图像表达。与原始巫教祭祀仪式、生殖崇拜关联，相关脚印崖画的刻绘，似最早供女性祈子生育之际，践踏使用，或是原始生育舞蹈提供交感的对象。具体而言，根据现代民族学研究，履巨人迹神话是母系氏族社会"戴天头"式的婚姻制度遗存，女子及笄之际，指婚于天，可自由与男性交往，故女子生子而无父[1]，中西方都能见到此系列的考古遗迹。

在世界范围内，脚印崖画最早出现在旧石器时代晚期，因动物崇拜是图腾崇拜中最早产生的，因此动物蹄印崖画的出现，显然也早于人类手印、足印出现的时间，但人类手脚印图像在新石器晚期便渐次消失了。就我国考古遗迹而言，目前保存的所谓"大人迹""巨人迹"图像，主要见于云南、福建、西藏、宁夏等地。根据最新考古成果，今日所见最早的"大人迹"图像，为西藏拉萨市堆龙德庆区邱桑温泉发现的古人类手脚印，距今七千年前至距今22万年前不等[2]，由当地居民向国内的章林教授提供线索而被发现，被美国《考古》杂志评选为2021年度"世界考古十大发现之一"。该遗迹在石灰岩表面保留了5个手印、5个脚印，测年结果为距今22.6万年至16.9万年之间，为章林先生撰文称作世界上"最早的洞壁艺术"，洞壁即岩画，其间有成对的脚印（图17a左）[3]。除西藏邱桑手足遗迹外，云南临沧采花坝崖壁上亦存"大人迹"图像，被当地人谓之"仙人脚印"（图17b）[4]，属新石器时代遗迹，该图像地处海拔约1620米的崖壁之上，崖壁上存留人类脚印共78个，多数为排列有序的右脚印，俱无足弓，脚尖一律向外。在我国境内图像遗产中，位于宁夏银川贺兰山中部金山乡金山村的贺兰口崖画，也可寻得"大人迹""巨人迹"

---

[1] 陈兆复：《中国崖画发现史》，上海人民出版社2009年版，第304页。
[2] 汤惠生等：《西藏邱桑手脚印遗迹及相关问题》，《河北师范大学学报》（哲学社会科学版）2022年第5期。
[3] 图17a录自冉文娟《西藏邱桑村：当村庄被神秘"古人类手脚印"带火》，中国新闻网2022年1月24日，中新社记者贡嘎来松摄制照片。
[4] 图17b录自汤惠生《脚印崖画与"大人迹"》，《民族艺术》2004年第4期。

图像（图17c）①，该图左边男女二者清晰可见，图画中间为一对醒目的巨人足印，足印周围分布四种动物，与先秦神话记载的男女始祖神、履大人足迹等文本内容、文化隐喻可谓高度匹配。贺兰口被当地人称作"豁了口"，当地至今流传的口述神话依旧将地貌风物与巨人足印、生殖崇拜结合起来，供女性祈子时触摸，显然是先秦履足迹感孕神话遗留物。

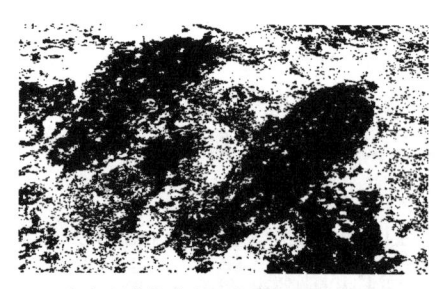

（a）西藏拉萨市堆龙德庆区邱桑温泉的中更新世古人类手脚印（左）、手印（右）图像

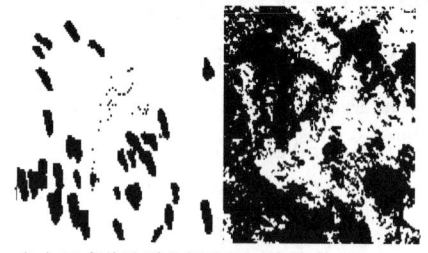

（b）云南临沧采花坝的新石器时代晚期"仙人脚印"图像

（c）宁夏银川贺兰山金山村贺兰口崖画的"大人迹"图像

图17 "大人迹"图像

事实上，关于脚踩神祇脚印、足迹能感孕生子之事，不仅被先秦神话文本载录，更在图像遗产、仪式传承、口述神话三种艺术样态中都有反映。先秦史传、诸子典籍便载录镌刻脚印、行迹于崖画等载体上的传统，《穆天子传》曰："世民之子，唯天之望。天子遂驱升于弇山。乃纪丌迹于弇山之石。"② 据清代陈逢衡注释，"丌"为衍字，"纪迹"即"铭记"，写周穆王拜访西王母所在地，登上了太阳落山之地崦嵫山，在弇山的崖石上，留下图像或文字记录。另《韩非子·外储上》曰："赵主父令工施钩

---

① 图17c录自陈兆复、邢琏《崖画卷》上卷，《中华图像文化史》，中国摄影出版社2019年版，第300页。
② （晋）郭璞注，王贻樑、陈建敏校释：《穆天子传汇校集释》卷3，中华书局2019年版，第143—144页。

梯而缘播吾，刻疎人迹其上，广三尺，长五尺，而勒之曰：'主父常游于此。'"卢文弨曰："'疎'即'疋'之异文，'疋'，足也"①，今本《韩非子》多直接将"疎人迹"记为"疏人迹"，亦可，疋的字义为脚，疏为其异体字。此处言赵武灵王向工匠下令，安装钩梯以登上播吾山，在上面刻绘脚印，宽三尺，长五尺，再镌刻文字，注明赵武灵王到此一游。据上可知，在石壁、崖壁上凿刻脚印、行迹，或刻石勒铭，在先秦时代已然流行。

此外，"履大人迹"的感生神话，自周公旦制礼作乐，还与郊祀仪式关联。《孝经·圣治章》篇曰："天地之性人为贵，人之行莫大于孝，孝莫大于严父，严父莫大于配天，则周公其人也。昔者周公郊祀后稷以配天，宗祀文王于明堂以配上帝，是以四海之内各以其职来助祭。"② 郑玄注曰："郊者，祭天之名，在国之南郊，故谓之郊。后稷者，是尧臣，周公之始祖。自外至者，无主不止，故推始祖配天而食之。"③ 郑玄认为肇端于周公旦的郊祀仪典，是在都城南郊举行祭祀天帝仪式时，以始祖后稷来配享感生帝灵威仰。后稷作为周民族先公，为其母亲践至尊神天帝足印，感孕产子，后稷为天帝之子，往生之后亦可俟于天帝，是天人交接的体现。

要之，履足迹生子型神话的生成形态、文化资源都具有多样化特征。史前"仙人迹"等文化遗留图像为感生神话文本形成提供基础，随后，"大人迹""巨人迹"神话被书写，又有"疎人迹"的行为方式，以及西周以来的郊祭仪礼，践神足感孕神话以图像、书写、仪式形态存在，在口传神话中亦经久不衰，且为世界范围内常见的神话书写主题。

(二) 感天象生子型

感天象生子型的发生原理，与履足迹生子型相同，区别在于感生帝降身于世，是源于母体接触到天象而受孕。天象为早期中国巫卜祝宗、史官等专门执掌观星、占卜的人员重视，细言之，包括观察日升月潜、月相盈亏、氤氲霮䨴、电闪雷鸣、彗孛飞流、阑风伏雨、电光石火、抱珥虹蜺等，以占吉凶休咎，是对日月星辰等天体运行规律、自然界所发生的各类

---

① （清）王先慎撰，钟哲点校：《韩非子集解》卷11，中华书局1998年版，第276页。
② （清）皮锡瑞撰，吴仰湘点校：《孝经郑注疏》卷下，中华书局2016年版，第69—70页。
③ （清）皮锡瑞撰，吴仰湘点校：《孝经郑注疏》卷下，中华书局2016年版，第72页。

自然现象的概称。感天象生子型的变形主体依旧隐藏起来,以自然现象的形式出现,一旦始妣与其接触,感生帝便随后出生。

1. 虹、云

(1) 帝舜有虞氏。母曰握登,见大虹意感,而生舜于姚墟。
——《竹书纪年·五帝纪·帝舜有虞氏》①

(2) 春皇者,庖牺之别号。所都之国,有华胥之洲。神母游其上,有青虹绕神母,久而方灭。即觉有娠。历十二年而生庖牺。长头修目,龟齿龙唇,眉有白毫,须垂委地。
——《拾遗记》卷1②

(3) 帝尧陶唐氏。母曰庆都,生于斗维之野,常有黄云覆其上。
——《竹书纪年·五帝纪·帝尧陶唐氏》③

文献(1)载祖妣握登感彩虹而生虞舜。文献(2)所感孕的天象也为虹,记载华胥因接触青虹,感孕后生伏羲,是关于伏羲出生神话的异文,《尔雅·释天·风雨》邢昺疏引郭氏音义云:"虹双出,色鲜盛者为雄,雄曰虹。闇者为雌,雌曰霓。"④ 清代马瑞辰《毛诗传笺通释·墉风·蝃蝀》释云:"蔡邕月令章句、尔雅释文引郭音义并曰:'雄曰虹'。"⑤ 可见,虹有雌雄之分,其色彩有别,青虹属于雄虹,由男性变形而成,实是天帝化身。与此相类的神话,还有虞舜的出生,《帝王世纪》曰:"瞍之妻握登。见大虹意感。"⑥ 文献(3)记载了帝尧出生,源于其母庆都感孕于黄色的云。此外,《三坟》云:"伏羲氏燧人子也,因风而生,故曰风姓。"⑦ 言伏羲由于母亲接触到风,怀孕产子。相较于虞舜、帝尧为母亲感自然物虹、云而生,伏羲因母感风而生的信息,还被保留于姓氏中。《说文解字》训"姓"为"人所生也","古之神圣人,母感天

---

① (清)郝懿行著,李念孔点校:《竹书纪年校证》卷1,《郝懿行集》,齐鲁书社2010年版,第3826页。
② (晋)王嘉撰,(梁)萧绮录,齐治平校注:《拾遗记校注》卷1,中华书局1981年版,第1页。
③ (清)郝懿行著,李念孔点校:《竹书纪年校证》卷1,《郝懿行集》,齐鲁书社2010年版,第3821页。
④ (清)郝懿行著,吴庆峰等点校:《尔雅义疏》,《郝懿行集》,齐鲁书社2010年版,第3314页。
⑤ (清)马瑞辰撰,陈金生点校:《毛诗传笺通释》卷5,中华书局1989年版,第186页。
⑥ 徐宗元辑:《帝王世纪辑存》卷1,中华书局1964年版,第14页。
⑦ 袁珂编著:《中国神话传说词典》,上海辞书出版社1985年版,第163页。

而生子，故称天子"，"因生以为姓"。姓氏由人所自出，实即为有图腾印记。不仅如此，虹、云、风等自然物象，因图腾崇信始终盛行，也常作为后世神话图像的题材，譬如江苏省徐州出土画像石上，可见风、虹、雷等神祇形象（图18a）[①]，图像顶端左右吹风者为风伯，正中双头虹在施云布雨，虹下操鼓者为雷神。

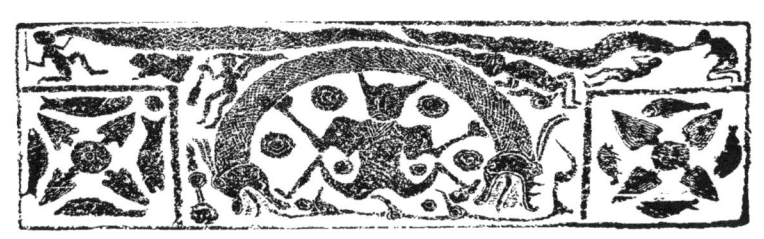

(a) 江苏徐州画像石的风、虹、雷诸神图像

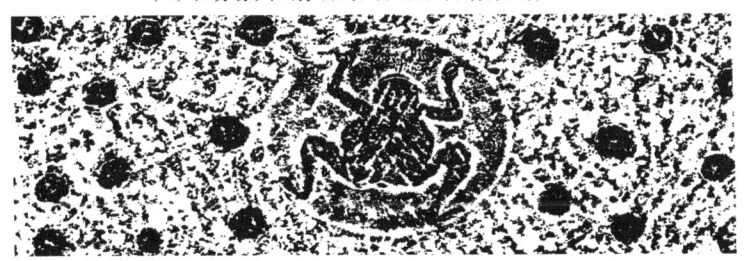

(b) 河南省唐河针织厂出土画像石的月亮、北斗星图像

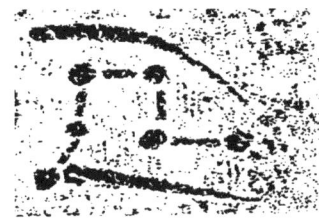

(c) 河南安阳石桥镇王寨村出土汉代画像石的流星雨图像

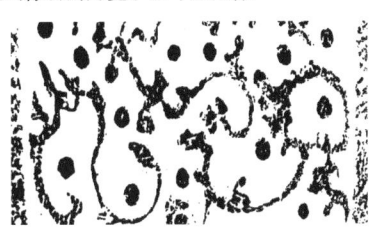

(d) 河南南阳高庙出土汉代画像石的星云图像

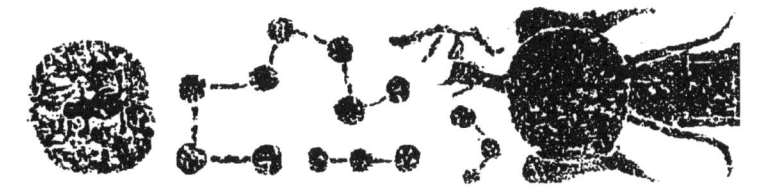

(e) 河南南阳出土汉代画像石的日月星辰图像

图18 天象图像

[①] 图18a录自杨絮飞《中国汉画造型艺术图典》，大象出版社2014年版，第181页。

2. 北斗星、月晕

（1）母曰附宝，见大电绕北斗枢星，光照郊野，感而孕。二十五月而生帝于寿丘。

——《竹书纪年·五帝纪·黄帝轩辕氏》①

（2）母曰女枢，见瑶光之星，贯月如虹，感己于幽房之宫，生颛顼于若水。

——《竹书纪年·五帝纪·帝颛顼高阳氏》②

文献（1）述轩辕帝的母亲附宝，因在郊外遇到电绕枢光现象，感孕而得子。《竹书纪年》郝懿行案云："《太平御览》一百三十五卷引《河图》曰：'黄帝母曰地神之子，名附宝。'"③ 纬书《汉学堂丛书》辑《河图稽命徵》亦见此感生神话，所记几乎与《竹书纪年》全同。另有《帝王世纪·自皇古至五帝》叙事更为详尽，文曰："黄帝有熊氏。少典之子。姬姓也。母曰附宝。其先即炎帝。母家有蟜氏之女。附宝见大电光绕北斗枢星。照于郊野。感附宝。孕二十四月而生黄帝于寿丘。长于姬水。"④ 关于附宝所接触的"大电绕北斗枢星"具体所指的天文现象，存有异说，一说认为是自然现象极光，极光在先秦神话中以烛龙（烛阴）神形象被记载，见于《山海经》《楚辞》等典籍；另一说则指星象北斗七星之首，认为"枢星"即"天枢星"，言下之意，此星为天的中枢。此说应是，据《晋书·天文志》载："枢为天，璇为地，玑为人，权为时，衡为音，开阳为律，摇光为星。"⑤ 黄帝之母附宝接受了北斗七星起首的天枢星光芒照耀，怀孕生子，表达了对天、北斗七星的崇信，属图腾崇拜中的天体崇拜。

文献（2）记女枢因瑶光之星、贯月如虹的天象出现，感孕生下颛顼

---

① （清）郝懿行著，李念孔点校：《竹书纪年校证》卷1，《郝懿行集》，齐鲁书社2010年版，第3817页。
② （清）郝懿行著，李念孔点校：《竹书纪年校证》卷1，《郝懿行集》，齐鲁书社2010年版，第3820页。
③ （清）郝懿行著，李念孔点校：《竹书纪年校证》卷1，《郝懿行集》，齐鲁书社2010年版，第3817页。
④ 徐宗元辑：《帝王世纪辑存》卷1，中华书局1964年版，第14页。
⑤ （唐）房玄龄等撰：《晋书》卷11，中华书局1974年版，第290页。

帝,《宋书·符瑞志》与《竹书纪年》叙述无差。此神话衍生型文本竟出,主要载于唐代类书,细节甚详。《太平御览》卷79引《河图》曰:"瑶光之星如蜺,贯月正白,感女枢幽房之宫,生黑帝颛顼。"[1] 另《初学记》卷9引《帝王部·总叙帝王》曰:"颛顼,黄帝之孙,昌意之子,姬姓也。母曰景仆,蜀山氏女,为昌意正妃,谓之女枢。金天氏之末,瑶光之星,贯月如虹,感女枢幽房之宫,生颛顼于若水,首戴干戈,有圣德。生十年而佐少昊,十二而冠,二十登帝位。"[2] 该神话是早期中国天文学知识与星辰崇拜共同作用的产物,表现有二。

一是关于瑶光之星,《晋书·天文志》又记其为摇光,其是北斗七星中第七星之名。《淮南子·本经训》云:"瑶光者,资粮万物者也。"高诱注曰:"瑶光,谓北斗杓第七星也,居中而运,历指十二辰,摘起阴阳,以杀生万物也。一说:瑶光,和气之见者也。"[3] 可见,瑶光象征祥瑞。东汉张衡《西京赋》云:"上飞闼而仰眺,正睹瑶光与玉绳。"李善注曰:"《春秋运斗枢》曰:北斗七星,第七曰瑶光。"[4]

二是贯月如虹,历代注家未对其训释,但与白虹贯日对读,可推断贯月如虹所指为天文现象。白虹贯日在历代典籍中出现较多,一般被视作异象,象征灾异的。《史记·鲁仲连邹阳列传》曰:"昔者荆轲慕燕丹之义,白虹贯日,太子畏之。"司马贞《索隐》曰:"王充云:'夫言白虹贯日,太白食昴,实也。言荆轲之谋,卫先生之策,感动皇天而贯日食昴,是虚也。'"[5] 认为白虹贯日类于太白食昴。太白星又被称为金星或长庚星,昴星属二十八星宿,古人认为太白食昴出现预示祸事到达。然而,现代天文知识表明,白虹贯日并非指白色的长虹从日中穿过,而是大气光学现象的一种,由大气中悬浮的冰晶折射或反射了太阳光而形成的现象,是光圈环绕于太阳周围。据此可推断,所谓"贯月如虹",应该对应的是月晕,此种光学现象发生原理与日晕相同,是由于月亮的光线穿透了云层,因冰晶折射,产生了光圈,月晕在夜晚出现。

由上可知,女枢感孕的时间,为夜幕降临时,此时北斗星第七星瑶光

---

[1] (宋)李昉等撰:《太平御览》卷79,中华书局1995年影印本,第371页上栏。
[2] (唐)徐坚等著:《初学记》卷9,中华书局2004年版,第197页。
[3] 刘文典撰,冯逸、乔华点校:《淮南鸿烈集解》卷8,中华书局2013年版,第253页。
[4] 高步瀛著,曹道衡、沈玉成点校:《文选李注义疏》卷2,中华书局1985年版,第320页。
[5] (汉)司马迁:《史记》卷83,中华书局1982年版,第2470页。

闪耀着光芒，天幕中又出现了月晕，两种天象同时出现，女枢感孕而生颛顼，此种瑶光闪烁、月晕乍现为祥瑞景象，预示着感生帝颛顼出生。天体崇拜在先秦两汉时期非常流行，作为女枢感孕时瑶光、月晕场景的延伸，在河南省唐河针织厂出土画像石上，有北斗星、月亮同构一图的场景，该图像正中的蟾蜍与圆形体象征月亮，周围环绕着北斗星系（图18b）[1]。

3. 流星雨

（1）帝挚少昊氏，母曰女节，见星如虹，下流华渚，既而梦接意感，生少昊。

——《竹书纪年》[2]

（2）黄帝时，大星如虹，下流华渚，女节梦接，意感而生白帝朱宣。

——《玉函山房辑佚书》辑《春秋纬元命苞》卷上[3]

神话文本（1）同样载录感生帝降世，女节感孕的时机，为有流星雨的夜晚，其感孕而生白帝少昊，其中又有梦遇天帝的情节，流星雨作为变形物，随着女节梦中交通天帝，君权神授观念羼入。文献（1）、（2）言说方式相同，所记感孕的祖妣、所生神祇皆相同，母体所接触天象为流星雨，少昊氏即朱宣。在河南安阳石桥镇王寨村出土的一块汉代画像石上绘有圆形星辰，星辰拖曳着长尾，是流星雨图像（图18c），与女节感生时见"大星如虹"的景象相合。

总之，履足迹生子型、感天象生子型都属于隐性的变形神话，变形行动元为生祖，感孕者为祖妣，祖妣所生对象为先秦各个民族的始祖、贤相、能人、首领等卓尔不凡者。所谓的生祖，与始祖是存在差异的，生祖专指"图腾演变的祖，他与图腾仍旧是一个，他是始祖的父，所以亦称曰祖；他是图腾（生祖）的演变"[4]。也就是说，生祖是始祖的父亲，与始妣为夫妻。始妣因接触生祖变形的物象、天象而感孕产子，生祖在神祇

---

[1] 图18b、18c、18d、18e录自张道一《画像石鉴赏：看得见的汉代生活图志》，文化艺术出版社2019年版，第359、359、361、360页。

[2] （清）郝懿行著，李念孔点校：《竹书纪年校证》卷1，《郝懿行集》，齐鲁书社2010年版，第3820页。

[3] 袁珂编著：《中国神话传说词典》，上海辞书出版社1985年版，第42页。

[4] 李宗侗：《中国古代社会新研 历史的剖面》，中华书局2010年版，第117页。

系统中地位尊高，一般为至上神天帝，而天帝之子，亦是各部族始祖、诸帝。最早出现的感生帝，因神道设教需要，以及天帝观念形成，感生帝与上帝因始妣感孕，建立起父子关系，此类感生帝为尊位始祖，因此，在王国时代，感生帝开始代天牧民，其被普通民众称作"天子""元子"，随着战国五行观念生成，感生帝多限于五帝，譬如《楚辞》中《惜颂》《远游》等篇目屡屡言及五帝，王逸注曰："五帝谓五方神也。东方为太皞，南方为炎帝，西方为少昊，北方为颛顼，中央为黄帝。"[①] 其后，因五德相代之说盛行，感生帝便仅限于五帝。作为感孕媒介，也就是生祖变形体，有虹、云、风、星辰、日月、流星雨、月晕等自然物或天象，既是生祖、始祖图腾，又是部族图腾，而图腾物变形体入居导致母体受孕生子，据本质而言，无疑是图腾型变形神话的延伸。此类神话对后世史传、方志叙事影响深远，圣人贤者、始祖英雄等以此种变形方式出生的比比皆是，又结合天命观念，有扶都见白气贯月以生汤，河伯女感日影而生朱蒙，索离国侍儿感气生东明等。当然，作为感生媒介的星云、日月星辰，还存有图像样态（图18d、18e），不仅传达天体崇拜意象，还发展为宇宙时空观念的表达符号。

综上所述，动态型图腾亦可称之为力动型图腾，常常直接或间接叙述人类与图腾充当的异物之间的互变，是"人→图腾→人→图腾"的动态循环过程，多以借助图腾再生、图腾生人为内容，这种循环往复的运动规律，用现代物理学中的"物质不灭定律"诠释是无比妥帖的。它形象说明了在图腾参与的大轮回中，个体的生息起灭，已全然托付于变形，借助变形，倏然而逝的时间被凝固于圆形的循环圈，在圆形时间作用下，前一生命相态是后一生命相态的诱发因子，后一生命相态又是前一生命相态的蜕变与延展。身处图腾型变形流程中的动物、植物及无生物，乐此不疲，显示出永恒的生命力。于是乎治水失败的鲧可以回归自己的图腾，变形成熊、能、黄龙等生命体，弥补忽然被杀、生命终结的遗憾。而女娃虽失足东海，横溺而亡，但依旧可以变形为愤怒的小鸟，衔石堙海，恒久不倦。似此等例，举不胜举。但质言之，图腾型变形神话，已使变形主体彻底摆脱了纯粹的、真实意义上的死亡。

"人→图腾→人→图腾"的动态循环运动模式是"生命一体性"

---

① 王泗原：《楚辞校释》，中华书局2014年版，第153页。

(solidarity of life) 的体现，是神话思维作用的结果，与科学思维有天壤之别，恩斯特·卡西尔在《社会与宗教》一文中就精辟论述了两者的区别："当科学思维想要描述和说明实在时，它一定要使用它的一般方法——分类和系统化的方法。生命被划分为各个独立的领域，它们彼此是清楚地相区别的。在植物、动物、人的领域之间的界限，在种、科、属之间的区别，都是十分重要不能消除的。但是原始人却对这一切都置之不顾。他们的生命观是综合的，不是分析的。生命没有被划分为类和亚类；它被看成是一个不中断的连续整体，容不得任何泾渭分明的区别。"① 图腾型变形将人与动物、植物、无生物视为整个圆形生命链条上不同生命的显性形态，于是就产生了人鸟相禅、人兽相禅、人与人相禅的神话，而延续生命的第一要义或最优途径就是变形。是用新兴的生命形式，替换陈旧的生命形式，这种替代时而由变形主体主动为之，时而又被动进行，但其本质特征确是同质异形，即使形体千变万化，内在的自我意识、精神等始终存在。

值得注意的是，从整体性变形过程来看，图腾型变形中存有一种特例，为个体标记型，它仅是"人→图腾"的单向变形流程，此种单项运动是无可逆转的。个体标记型作为图腾型变形的一种次型，建立在"人＝图腾"的观念上，认定图腾物在人即在，图腾物亡人即亡，一旦图腾物消失或灭亡，变形契约关系便随即终结，变形主体得直面死亡，此种契约关系在春秋时期"秦穆公＝兰"的例证中体现得最准确。

"人→图腾→人→图腾"的圆形循环型也好，"人→图腾"的单向流动型也罢，无不彰显原始初民的天真、朴拙与睿智。先民以变形为手段，将不可抗拒的、沉重的死亡事实，转化为永不凋零的生生希望，将有限的生扩展到生的无限，是先秦神话对生命不中断的意识延展与信念折光，乃强悍的生命永恒观念的体现。

先秦神话中的图腾型变形叙事类型，包括静态、动态两种亚型。静态图腾型变形需借助静止的时空，以展现变形物象，划分人兽共生型、兽兽共生型，充分体现"民神物与"的特点。动态图腾型变形接受着力动原则的支配，是人类与图腾物充当的异类之间的互动变形，涉及动物、植物、无生物、天文现象诸类，又分别具化为五种式样，即以死返回氏族图

---

① ［德］恩斯特·卡西尔：《人论》，甘阳译，上海译文出版社2004年版，第113页。

腾及借氏族图腾再生，或吞卵生子、灵木孕婴、履足迹生子、感天象生子。各亚型及其式，不仅真切反映着图腾所具有的"我的亲属""我的祖先""我的标记""我的保护神"四层内涵，更凭借超常想象力打造了一个无与伦比的神话变形世界。

第二章

先秦神话的想象型变形叙事

想象（imagine），可作名词使用，心理学上指以知觉材料为基础，经过新的配合而创造出来的心理过程。可作动词使用，指对于不在眼前的事物想出它的具体形象①。原始初民常常以想象作为构筑神话的一种思维方式和手段，由此催生了想象型变形。具体言之，想象型变形是指尚处童年时期的人类在非理性思维的驱动下，将客观物象剪裁、整合成主观物象，与此同时，将恣肆幻想的主观物象混同于客观物象，促使变形倏然而生的过程。

想象型变形具有自觉性特征，它需要倚仗一定的关联域，如施莱格尔所言："古代神话里到处是青春想象初放的花朵，古代神话与感性世界中最直接、最生动的事物联系在一起，依照它们来塑造形象。"② 此处的"青春想象""塑造形象"，无一不强调着想象型变形在构筑主观物象之际，所表现出的自觉性。想象型变形作为一种夸张化的手法，极大程度拉伸了客观物象的形状特点，使所涉形象新奇怪异，展现出迷幻绚烂的光环。基于如上特点，想象型变形可分为夸饰想象型、类比想象型两种亚型。

第一节　夸饰想象型变形

原始初民长期身处旷野之中，对世界的认识多处于具象思维的统摄之下，而抽象思维的建构，一般还需要依附关联域，在他们表达事物或反映事物发展程度时，习见的变形之法就是夸张的使用，将某个事物进行扩大

---

① 中国社会科学院语言研究所词典编辑室编：《现代汉语词典》，商务印书馆2005年版，第1489页。

② 刘小枫主编：《人类困境中的审美精神——哲人、诗人论美文选》，魏育青等译，东方出版中心1996年版，第93页。

或缩小，使之成为异形，从而拥有吸引人眼球的形貌，显得既真又幻，虚实相交，由此形成夸饰想象型变形，此种变形亚型，广泛见诸先秦神话，读来可谓妙趣横生。

一 扩大型与缩小型

夸饰的两种基本表现形式为扩大、缩小，先秦神话中大人、小人变形形象的创构，是最典型的例证。事实上，古代中西方皆出大人、小人神话，无不穷极浪漫，是由想象、类比的神话思维统摄，扩大或缩小人类的身形，形成既熟悉又陌生、虚实相伴的新奇形象，达到陌生化的艺术效果。

一方面，《山海经》所载之大人，调度夸张中的扩大方法，围绕大人、大人之市、大人之堂、大人之国叙述，凡记有四。大人之事始见于《海外北经》，文曰："大人国在其北，为人大，坐而削船。一曰在𨚗丘北。"[1]《大荒东经》曰："东海之外，大荒之中，有山明名曰大言，日月所出。有波谷山者，有大人之国。有大人之市，名曰大人之堂。有一大人踆其上，张其两耳。"[2] 又《海内北经》曰："蓬莱山在海中，大人之市在海中。"[3] 可见，大人国位处东方或北方的外海，是四屹环水的岛国，与蓬莱山相依，屹立于东海之中。大人国民因身形颀长、健硕得名，国人姓"釐"，被记作黄帝轩辕氏或黑帝颛顼氏的后裔，大人国民食用黄米，有农耕之国特点，又有造船技能，建有市易场所，显示该国地处海洋周围。

另一方面，《山海经》书写者又采取夸张之缩小法，创造小人体貌，经文记小人国在昆仑山东面，毗邻三目国，位列东海与南海之外，全书见小人事者总四处。《海外南经》曰："周饶国在其（三首国）东，其为人短小，冠带。一曰焦侥国在三首东。"[4]《大荒南经》曰："有小人，名曰菌人。"[5] 此经另曰："有小人，名曰焦侥之国，几姓，嘉谷是食。"[6] 又

---

[1] 袁珂校注：《山海经校注》卷9，巴蜀书社1993年版，第299页。
[2] 袁珂校注：《山海经校注》卷14，巴蜀书社1993年版，第392—393页。
[3] 袁珂校注：《山海经校注》卷12，巴蜀书社1993年版，第378页。
[4] 袁珂校注：《山海经校注》卷6，巴蜀书社1993年版，第243页。
[5] 袁珂校注：《山海经校注》卷15，巴蜀书社1993年版，第441页。
[6] 袁珂校注：《山海经校注》卷15，巴蜀书社1993年版，第432页。

《大荒东经》曰："有小人国，名靖人。"① 小人国应是衣冠上国、礼仪之邦，国人"冠带"，象征文饰，《礼记·冠义》篇云："冠者，礼之始也。"② 冠标志着文明礼仪，证明小人国民应仪表堂堂，为礼制之邦。联系上文，小人国民以穴为居，擅长耕种，食用嘉谷、能为机巧，应属农耕国。《山海经》实是开创中国古代神话书写的大人、小人主题的，保存于汉晋、唐宋时期史传、杂记、志怪小说中的长腿族、修股民、防风氏、大秦人，或僬侥、靖人、龙伯国人、焦侥国等类云云，多以《山海经》的大人、小人为原型创作而成。

《山海经》大人、小人的生活、生产活动、经济发展水平、社会文明建构显然与正常人类无异，最大的区别在身高，为正常人类放大或缩小数倍。当然，《山海经》出现的大人、小人，不仅以身形为国别特征，且服从于全书空间叙事的统筹，经夸饰后，二者的身高取大小两极，形塑最高、最矮的两种形象。《山海经》由《山经》《海经》《荒经》构成，实际是陆地在正中，四周环海的空间格局，大人、小人的形象形成，属于《山经》五卷所建构的空间外，地处四海八荒空间的远国异人，内隐着"中央—四方"的地理观念，是战国时代中原人对四方之民的想象。另外，先秦神话的大人、小人形象，不仅是夸大型、缩小型变形物，二者在先秦时代更显示出进化型变形特征，为史传小说、诗赋等记载，本书第六章第二节将继续分析。

二 过度型与缺失型

夸饰的两种基本表现形式为扩大或缩小，此种变形奇幻浪漫，有时又令人毛骨悚然，可谓揽尽奇诡，诸多远古异民、异物虽在体态上具有畸形特征，却常常禀赋异能。《山经》《荒经》有之，《海经》最甚。

一方面，过度者以《山海经》载录的多首神人为典例，《中山经》记苦山、少室、太室"其神状皆人面而三首"，《海外南经》言三首国人"为人一身三首"；《海内西经》载"服常树，其上有三头人"③。上述视觉形象既可与远古崖画互动，见于内蒙古中部磴口县额勒斯太沟畔的阴山

---

① 袁珂校注：《山海经校注》卷14，巴蜀书社1993年版，第395页。
② 李学勤主编：《礼记正义》卷61，《十三经注疏（标点本）》，北京大学出版社1999年版，第1615页。
③ 袁珂校注：《山海经校注》卷11，巴蜀书社1993年版，第353页。

崖画（图 19a）①，亦可与战国长沙子弹库楚帛书参照（图 19b）②，史前崖画、战国帛书与《山海经》图像高度契合，说明"三头人或神为古来的传说"③。《中山经》言平逢山骄虫之神"其状如人而二首"④，与新疆呼图壁县康家石门子的新石器时代岩画对应（图 19c）⑤。缺失者以无首神怪为代表。刑天、夏耕尸为无头神祇，二者头部缺失，然依旧以乳为目、以脐为口，操武器战斗，在云南沧源崖画第七地点 3 区（图 20a）、5 区（图 20b）⑥ 有无头神形象，战国淮阴高庄古墓出土铜匜表现了断首神人肩扛八齿物的状态（图 20c）⑦。又戎宣王尸为无头马。另有"为人长而无肠"的无肠国民，"一目中其面而居"的一目国人，"为人一手一足，反膝，曲足居上"的柔利国民，身形缺失，不一而足。

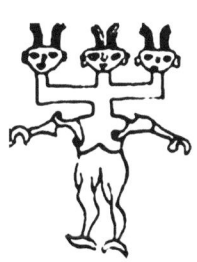

（a）三首神人崖画　　（b）三首神人帛书　　（c）双头神人崖画

图 19　多首神人图像

（a）无首神人崖画　　（b）无首神人崖画　　（c）断首神人铜匜

图 20　无（断）首神人图像

---

① 图 19a 录自盖山林《阴山崖画与〈山海经〉》，《内蒙古社会科学》1981 年第 3 期。
② 图 19b 录自安志敏、陈公柔《长沙战国缯书及其有关问题》，《文物》1963 年第 9 期。
③ 安志敏、陈公柔：《长沙战国缯书及其有关问题》，《文物》1963 年第 9 期。
④ 袁珂校注：《山海经校注》卷 5，巴蜀书社 1993 年版，第 164 页。
⑤ 图 19c 录自古丽娅《新疆呼图壁康家石门子岩雕画的初步研究》，《美术研究》1990 年第 3 期。
⑥ 图 20a、20b 录自汪宁生《云南沧源崖画的发现与研究》，文物出版社 1985 年版，第 59、46 页。
⑦ 图 20c 录自王立仕《淮阴高庄战国墓》，《考古学报》1988 年第 2 期。

（a）凤鸟长尾怪兽　　（b）鸟头鱼身怪兽　　（c）铜斧神兽

图 21　异兽图像

另一方面，又有禀赋异能神功的异物，《山海经》所见的异兽、异禽、异鱼、异虫，属于过度或缺失的异形物，往往具有物占特性或医疗效用。有"状如马而白首，其文如虎而赤尾"[1]的异兽鹿蜀，佩之宜于子孙；有"状如狸而白首"[2]的天狗，可以御凶。再有一首两身的肥遗，见之则大旱[3]，肥遗即《管子》所见之蝎，《管子·水地》篇曰："涸川之精者生于蝎。蝎者，一头而两身，其形若蛇，其长八尺。以其名呼之，可以取鱼鳖。此涸川水之精也。"[4]《北山经》郝懿行案云："说文'蝎'即'逶'字之或体，'逶迤'即'委蛇'也，与'肥遗'声相近。"[5]可知蝎、逶迤、委蛇、肥遗四者异名同物，属一头两身的物怪，在二里头陶片、商代青铜器上都有肥遗装饰。又存一翼一目的蛮蛮，见之则天下大水[6]。另有飞鱼[7]、豪鱼[8]等，是能治愈疾病的异鱼。还有兽首蛇身的琴虫[9]；其状若熊的黑虫猎猎[10]。既展现出博物之盛，又令人大开眼界，应

---

[1] （清）郝懿行撰，栾保群点校：《山海经笺疏》卷1，中华书局2021年版，第3页。
[2] （清）郝懿行撰，栾保群点校：《山海经笺疏》卷2，中华书局2021年版，第49页。
[3] 《北山经》曰："有蛇一首两身，名曰肥遗，见则其国大旱。"参见（清）郝懿行撰，栾保群点校《山海经笺疏》卷3，中华书局2021年版，第72页。
[4] 黎翔凤：《管子校注》卷14，中华书局2004年版，第827—828页。
[5] （清）郝懿行撰，栾保群点校：《山海经笺疏》卷3，中华书局2021年版，第72页。
[6] 《西山经》曰："有鸟焉，其状如凫，而一翼一目，相得乃飞，名曰蛮蛮，见则天下大水。"参见（清）郝懿行撰，栾保群点校《山海经笺疏》卷2，中华书局2021年版，第36页。
[7] 《山海经·图赞一卷·中山经》云："飞鱼如豚，赤文无羽。食之辟兵，不畏雷鼓。"参见（清）郝懿行撰，栾保群点校《山海经笺疏》，中华书局2021年版，第310页。
[8] 《中山经》曰："其中是多豪鱼，状如鲔，赤喙尾，赤羽，可以已白癣。"参见（清）郝懿行撰，栾保群点校《山海经笺疏》卷5，中华书局2021年版，第108页。
[9] 《大荒北经》曰："有虫，兽首蛇身，名曰琴虫。"参见（清）郝懿行撰，栾保群点校《山海经笺疏》卷17，中华书局2021年版，第268页。
[10] 《大荒北经》云："有黑虫，如熊状，名曰猎猎。"参见（清）郝懿行撰，栾保群点校《山海经笺疏》卷17，中华书局2021年版，第269页。

第二章　先秦神话的想象型变形叙事　　105

接不暇，在考古遗迹中常能寻见此类形象。《山海经》记载的动物形体共生形象，将猛兽、禽鸟、爬行动物等信手拈来，比如见于云南晋宁石寨山古墓出土铜剑 M13：233，其剑身双面阴刻有凤鸟长尾怪兽（图21a），另如青铜壶 M17：24，此壶壶身阴刻鸟头鱼身形象，在视觉观感上属凤鸟鱼尾怪兽（图21b）。再如云南江川李家山古墓出土铜斧 I 型24：27 的斧身后段刻有神兽，兽属无首而似蛇、蛙、兽尾的异形（图21c）[①]。

从总体上看，归属过度、缺失变形式样的神怪，在《山海经》中数量最多，凡293例，在巫卜术士书写的静态神话中，约略占据神祇总数的三分之二，异民凡44例，异兽9例，异禽共56例，异鱼凡31例。巫师、术士之属在《山海经》中广泛运用的扩大、缩小、过度、缺失的变形，对汉代博物志的生成产生重大影响，西晋张华的《博物志》便见承续。

第二节　类比想象型变形

类比想象型变形，是指原始初民在由此及彼的联想思维方式统摄下，将自然物象赋予人类特质，主观裁定人类与动物、植物、无生物、自然现象具有相同的生命历程。在三种认知世界的方式驱动下，一是"图腾型想象+以己同物"；二是"夸饰想象型+以己度物"；三是"夸饰想象型+以己同物"，分别创构出尸生万物、元件成活、坼剖生子三种变形次型。

一　尸生万物型

尸生万物型，又可谓为尸体化生型或形体化生型，如俄国学者普列汉诺夫所言，是一种"荒诞的自然的人化现象"。它是原始初民"夸饰型想象+以己度物"认知方式的产物，"尸"指向的是各民族始祖之"尸"，也就是创世大神的身体，所涉神话多为开天辟地神话，展示了人变形成为异类的过程。

　　（1）元气濛鸿，萌芽兹始，遂分天地，肇立乾坤。启阴感阳，分布元气，乃孕中和，是为人也。首生盘古，垂死化身，气成风云，

[①]　图21a、21b 为局部图，录自云南省博物馆编《云南晋宁石寨山古墓群发掘报告》，文物出版社1959年版，第43、66页。图21c 录自张增祺、王大道《云南江川李家山古墓群发掘报告》，《考古学报》1975年第2期。

声为雷霆，左眼为日，右眼为月，四肢五体为四极五岳，血液为江河，筋脉为地里（理），肌肉为田土，发髭为星辰，皮毛为草木，齿骨为金石，精髓为珠玉，汗流为雨泽，身为诸虫，因风感化，化为黎甿。

——《绎史》卷1引《五运历年纪》①

（2）盘古之君，龙首蛇身，嘘为风雨，吹为雷电，开目为昼，闭目为夜。死后骨节为山林，体为江海，血为淮渎，毛发为草木。

——《广博物志》卷9引《五运历年纪》②

关于盘古神话的产生时间，学界素来争议不断，饶宗颐先生《盘古图考》认为盘古在东汉便已出现，是学界目前关于盘古出现时间认定的最早说法。据文献（1）的记载，盘古神话提及的濛鸿、阴阳等词语，说明其与先秦时代流行的阴阳说、混沌说关系紧密。同时，对比我国各少数民族神话，几乎都有类似盘古的开辟说，即大神以其身体变形来创造世界，说明盘古神话可能最早兴起、发达于民间，口口相传，只是较晚进入书写系统，由三国徐整《三五历记》最早记载。当然，吕思勉、顾颉刚先生都认为《山海经》所记的烛龙（烛阴）神话是盘古神话的原型。袁珂先生则认为此神话与盘瓠神话关联。诸说竞起，究其根本，应与盘古神话在典籍中出现较晚，却反而成为三皇五帝前就创生天地万物的大神有关。

另外，在宋代画录、类书中，还有关于东汉便出现盘古图像的记载。北宋黄休复《益州名画录》曰："《益州学馆记》云：'献帝兴平元年，陈留高朕为益州太守，更葺成都玉堂石室，东别创一石室，自为周公礼殿。其壁上图画上古盘古、李老等神，及历代帝王之像；梁上又画仲尼七十二弟子、三皇以来名臣。耆旧云：西晋太康中，益州刺史张收笔。古有《益州学堂图》。'今已别重妆，无旧迹矣。"③ 南宋王应麟《玉海·文翁学堂图》亦曰："《益州记》：成都学有周公礼殿。旧记云：'汉献帝时立，高朕、文翁石室在焉。'益州刺史张收画盘古、三皇、五帝、三代君臣与仲尼七十弟子于壁间。"④ 据图录所言，东汉末盘古图像已流传。

---

① （清）马骕撰，王利器整理：《绎史》卷1，中华书局2002年版，第2页。
② 袁珂、周明编：《中国神话资料萃编》，四川省社会科学院出版社1985年版，第7页。
③ （宋）黄休复撰：《益州名画录》，四川人民出版社1982年版，第115—116页。
④ （宋）王应麟撰，武秀成、赵庶洋校证：《玉海艺文校证》卷23，凤凰出版社2013年版，第1096页。

盘古形象似最早出现在东汉，但此神话显然是世代累积型的，其形成时期始于先秦，从历代盘古神话叙事内容来看，战国以来流行的混沌、阴阳观念及相关神话，为其直接吸纳。自《道德经》曰："有物混成，先天地生"，混沌状态便得明确。《庄子·应帝王》又载有混沌开七窍神话，为三国、秦汉以来诸多反映盘古的神话嫁接。《道德经》还曰："万物负阴而抱阳"，《庄子》又曰："一清一浊，阴阳调和"，此种阴阳观念也为盘古系列神话移植，是其作为始祖神变形出万物的内在逻辑。

文献（1）中马骕《绎史》卷1所引内容，延续盘古创世神话古说，盘古开辟、创生世界的方式，不仅是对大神盘古变形过程的生动描绘，且准确诠释了化育、化生的过程。文献（2）董斯张《广博物志》所引，当是《五运历年纪》的别本，此神话内容与文献（1）大同小异，亦详细描述了盘古死后，其头发、眼睛、声音等变形为江河、山川、日月、星辰等自然物。有关盘古尸生万物的记载，还见于南梁任昉《述异记》，所述内容与文献（1）、（2）相类，兹不复引，但需注意到，《述异记》注云："盘古氏，天地万物之祖也，然则生物始于盘古。"[1] 开始充分肯定盘古创世神的功绩。

始于盘古的尸生万物型变形，已然成为一种经典的创世神话叙事模式。观察我国各少数民族的创世始祖，较多与盘古类似，都以自己的尸解，生发万物，以开辟族裔子孙的生活乐土。譬如彝族史诗中便有猛虎以尸解而生天地的记载。彝族同胞认为其创世始祖为母虎，母虎以变形创世，以虎骨支撑天地，左膀右臂变形为日月，眼睛变作星辰，肠胃化为江河，皮毛幻化为草木。另如普米族同胞亦认为其始祖为鹿神，鹿神以自己的身体化生出万物，头变作天空，双眼化为日月，牙齿变作星星，血液幻化为大海，毛皮变形为大地、草木，心肺变形为山、湖，大肠是江河，小肠为道路。诸如此种，迥然相异的物象纵横一体，都可以由始祖神尸解变形而来，先民们执拗地将物种之别，全然剔除。

二　元件成活型

原始初民对于生命的体察，总秉持着无比神圣的态度，但由于认知力有限，这种人类童稚期的生命观念，始终弥漫着天真烂漫，得益于想象力

---

[1]　袁珂、周明编：《中国神话资料萃编》，四川省社会科学院出版社1985年版，第7页。

的驰骋，如同西班牙作家塞万提斯笔下的堂吉诃德，洋溢着"愚蠢的疯狂"。于是，"夸饰式想象+以己度物"的思维路径，驱使初民坚信，人可以凭借某一身体元件化育新生命，人亦可以在生命终结后，借助某一身体元件取得再生，继续开启崭新的生命历程。

（一）女娲之肠

（1）有神十人，名曰女娲之肠。化为神，处栗广之野，横道而处。

——《山海经·大荒西经》[1]

郭璞注文献（1）为："女娲，古神女而帝者，人面蛇身，一日中七十变。其腹化为神。"[2] 此处的"肠"指"腹"，腹即肚子，意指女娲从自己的肚子中变形出十个神祇。人是一个整体，由头部、颈部、腹部、四肢等身体元件装配而成，女娲肠（腹）化十神之事，就是神话元件成活型之实例，后世《西游记》中孙悟空的吹毛成形，皆属此类。况且，从原始先民认识客观世界的思维方式看，元件成活型变形神话的产生，是因为先民运用了属性类别的想象，女性的生殖器官在腹部，母体有孕后便可以生育，肠子是腹部的一部分，先民通过身体器官属性的类别，便认为始祖母神女娲能化育神灵，因此，郭璞注将肠解说为腹部，是有道理的，先民以部分代整体。但有关《大荒西经》中女娲之肠变形神话，另有深意，刘敦愿、王增永、萧兵、叶舒宪、涂元济等先生都有精彩论断，兹博采诸家之言，进一步讨论。

刘敦愿先生是最早关注到女娲肠化十神与动物肠道信仰之间关系的，极有见地，其据歧从文先生长期从事贵州台江苗绣、剪纸得到的经验，认为苗绣、剪纸中丰富的动物图像，实际是神圣化的动物，不少图像需体现出肠道，且从口腔通到肛门，是因为内脏代表着动物精灵，之所以需要具体把肠子绘制出来，与贵州苗族祭祀鬼神的仪式有关。贵州台江巫师祀鬼神时，会专门在杀猪、宰鸭之后，特地将生猪肠、鸭肠从猪、鸭的颈部之后，分两侧向尾部环绕一圈，此种举动源于动物信仰，贵州台江地区的苗

---

[1] （清）郝懿行撰，栾保群点校：《山海经笺疏》卷16，中华书局2021年版，第255—256页。

[2] （清）郝懿行撰，栾保群点校：《山海经笺疏》卷16，中华书局2021年版，第255页。

族认为内脏最早在动物体内，蕴含动物灵气，因此祭祀鬼神便特别留意肠子[①]。这种祭祀习俗作为活形态文化遗留物，见于苗绣、剪纸等非物质文化遗产。此说为女娲之肠变形为十神的神话生成，无疑提供了可贵的民族学视野。另外，在我国古人观念中，肠子、内脏之所以受到尊崇，甚至被神圣化，与人们的知识体系、心理需要相关。《白虎通·性情》篇论及"五藏六府"曰："小肠大肠，心肺之府也。主礼义，礼义者，有分理，肠亦大小相承受也。肠为心肺主，心为支体主，故为两府也。"[②]古人认为肠在内脏器官中地位很高，大肠、小肠的重要性仅次于心，且与心脏相连，成语中有古道热肠、回肠荡气、锦心绣肠表示真挚、热情、聪慧等，用愁肠寸断表达忧愁到极致，足见，肠在古人观念中的重要性，所以将肠视作神圣符号，也是一种群体文化心理体现。

刘敦愿先生还将云南地区考古图像与《山海经》的女娲神话文本结合起来，极具开创性，为女娲肠化十神的神话文图互动，提供有效路径。结合我国西南、西北地区的原始宗教信仰、祭神仪礼、考古发现来看，女娲之肠变形为十神，依旧与动物崇拜、生殖崇拜紧密相关。体现在如下两个方面。

首先，结合原始巫教崇拜与民间习俗来看，专门选择动物肠子、内脏等祭祀鬼神，主要目的在于表达动物崇信、祈求子嗣。在云南、贵州等少数民族聚居地区，人们认为肠道作为人体、动物的消化、排泄器官，极其重要，也是精气、灵气集聚者，所以会以肠道为牺牲，祭祀天地神鬼。涂元济先生曾撰文讨论了贵州苗族的"吃牯脏"习俗，是在祭祀祖先的仪典中，通过吃猪、牛等内脏的表演仪式，祈求瓜瓞绵绵，子孙昌盛，肠道被视作生殖的象征[③]。翁家烈先生提出"吃牯脏"的最早举行以宗支为单位，同一祖公的子孙共同祭祀，后来发展为以祖鼓为单位祭祀。该仪典分为"黑牯脏""白牯脏"，前者礼仪繁复，定期举行，以水牯牛为主要祭祀物，后者礼仪简单，祭祀时间随机，以猪、牛为祭祀物。[④]吴晓东先生曾亲赴贵州榕江县调研，他认为所谓"吃牯脏"，是苗族祭祀祖先的活

[①] 刘敦愿：《神圣性的肠道——从台江苗绣谈到大波那铜棺图象》，《民间文学论坛》1989年第2期。
[②] （清）陈立撰，吴则虞点校：《白虎通疏证》，中华书局1994年版，第388页。
[③] 涂元济：《中国神话戏曲论集》，上海财经大学出版社2019年版，第29—30页。
[④] 翁家烈：《剑河苗族及祭祖盛典——吃牯脏》，《贵州文史丛刊》2000年第2期。

动，当地人称仪式举行间隔时间为3—5年，实际更长至53年，目的是保佑子孙绵延、五谷丰登，且是招魂仪式①。由上可知，"吃牯脏"是黔贵地区苗族血缘家族群体最为隆重的祭祀先祖仪式，有招引祖先魂灵、祈子求福等愿望。此种民族文化心理、古老遗俗可能为女娲之肠神话在一定程度上吸纳。

其次，结合我国西北、西南地区的考古图像与非物质文化遗产，可进一步解释肠变神话的生成动因。女娲之肠能变形为十神，还与生殖巫术崇拜、类比的神话思维方式关联密切。王增永先生提出："肠是人的内脏之一，受到尊崇乃至神圣化是符合古人心理的"，"'女娲之肠'的肠，既是消化系统的肠，也是生殖系统的肠，是花肠，是生殖器官"②。确凿无疑，此说可通过女娲、肠子的文化意涵及相关图像遗产考察，得以确定。前文已分析过女娲作为大地母神被崇拜，与蛙图腾的直接关系，而"女娲之肠"及肠道信仰，是蛙纹、蛙肠、蝉纹、动物肠道等类比而来的，象征生殖崇拜。在史前彩陶中普遍存在蛙纹、蛙肠图像。如青海乐都柳湾墓地出土马家窑文化马厂类型彩瓮M214：19就绘有以双圈表示蛙头，侈唇、大口、短颈、鼓腹、腹下垂帐纹的蛙神图像（图22 a）③，同一地区出土彩陶壶M555：6也绘有侈唇、束颈、广肩、腹部隆起并有垂帐纹的蛙神图像（图22b），两个彩陶器都用回字纹装饰。又有甘肃临洮出土辛店文化彩陶壶，绘有类似绶带的双钩纹图像（图22c）④。另有宁夏贺兰山崖画的女神图像（图22d），李仰松、萧兵、叶舒宪先生都认为构成女神身体的垂线，是初民心中"产道"的神圣形象，是一种原始性民俗神话学意象⑤。对比四幅图像，可发现共同点，图中神祇腹部都绘制了一条"肠子"。倘若将图像22a、22b直接命名为"蛙神之肠"，则其与"女娲之肠"的等同关系，不言自明。况且，再联系图像22c、22d，依据类比思维推导，存在"陶器（陶罐、陶瓮等）＝腹部＝肠子"的关系，强调孕

---

① 吴晓东：《神秘的祭典——贵州榕江县乌略寨吃牯脏纪实》，《民族遗产》2008年第1辑。

② 王增永：《神话学概论》，中国社会科学院出版社2007年版，第160页。

③ 图22a、22b录自中国社会科学院考古研究所等编著《青海柳湾彩陶选粹》，上海古籍出版社2014年版，第61、111页。

④ 图22c录自回顾《中国图案史》，人民美术出版社2007年版，第54页。

⑤ 参见李仰松《宁夏贺兰山生殖巫术画新证》，《中国文物报》1992年1月26日。另参见萧兵、叶舒宪《老子的文化解读——性与神话学之研究》，湖北人民出版社1994年版，第740—742页。

第二章 先秦神话的想象型变形叙事　　111

育、蕃庶，那么四幅图中"肠"所具备的生殖巫术意味，更加明确。

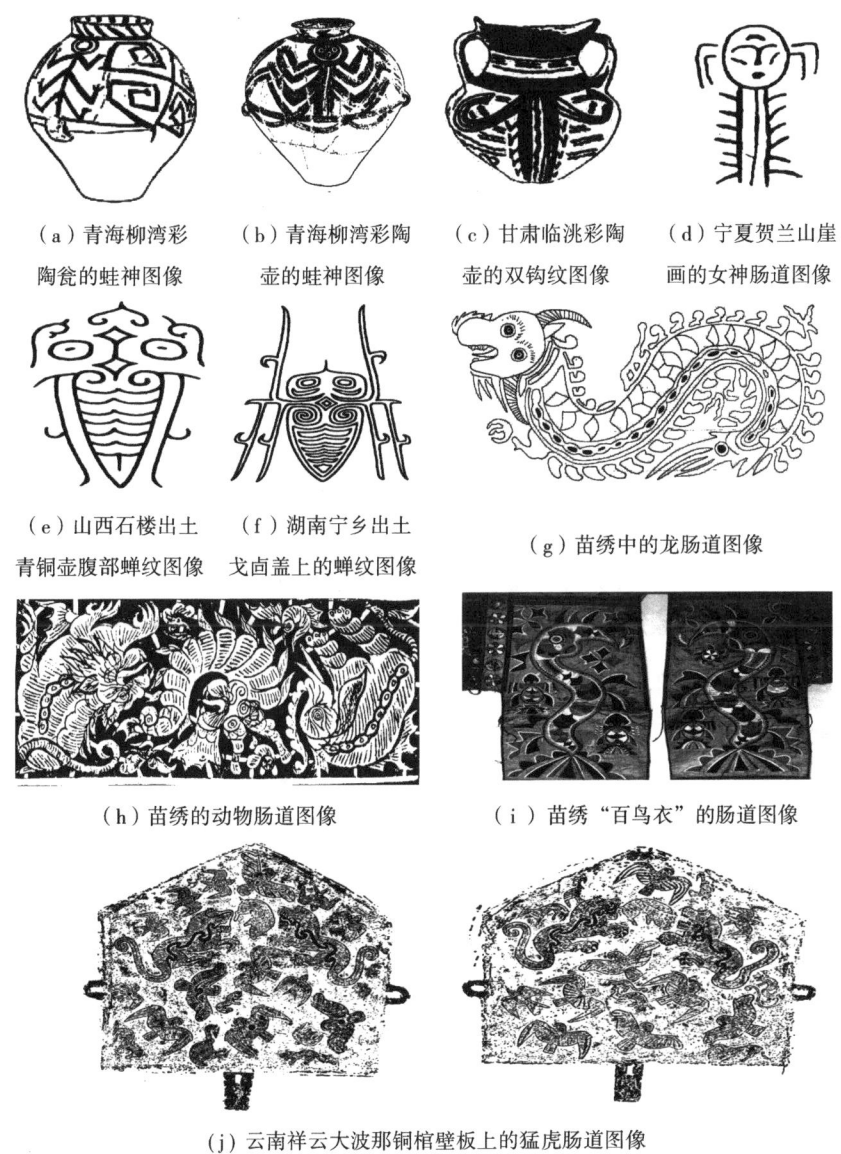

（a）青海柳湾彩　（b）青海柳湾彩陶　（c）甘肃临洮彩陶　（d）宁夏贺兰山崖
陶瓮的蛙神图像　　壶的蛙神图像　　　壶的双钩纹图像　　画的女神肠道图像

（e）山西石楼出土　（f）湖南宁乡出土
青铜壶腹部蝉纹图像　戈卣盖上的蝉纹图像　　（g）苗绣中的龙肠道图像

（h）苗绣的动物肠道图像　　（i）苗绣"百鸟衣"的肠道图像

（j）云南祥云大波那铜棺壁板上的猛虎肠道图像

图 22　女娲之肠的相关图像

在我国丰富的共享文化符号系统中，类似于上述的肠道图像是常见的。例如装饰殷商青铜礼器蝉纹，从视觉艺术来看，是叠肠形状，有山西石楼桃花庄出土青铜壶腹部的蝉纹图像（图 22e），在旧金山亚洲艺术博物馆藏青铜壶腹部也有相同蝉纹。又有湖南宁乡黄材出土戈卣盖侧檐角上的蝉纹图像（图22f）①，蛙、蝉都象征旺盛的生命力。叠肠形状还见于刺绣艺术。苗绣作为非物质文化遗产，属于今日云贵高原的活态艺术。心灵手巧的手工业者，在表现龙、凤、鸟等动物腹部或身体时，主要采用叠肠图像表征（图22g、22h、22i）②。当然，直接表达动物肠道崇拜的图像，出自云南大理祥云大波那铜棺，该铜棺重达257公斤，整体造型为干栏式结构，由7块铜板组构空间，在铜棺两端壁板上，镌刻猛虎、雄鹰、猪、马、鹿等动物图案，两块铜壁板以双虎为主体，从猛虎之口延续至其尾部的肠道图像（图22j），非常醒目，猛虎显然是神圣化动物，其用于铜棺装饰，似乎具有以动物肠道的灵性招魂的目的。

女娲作为华夏大地母神，在先秦神话中功绩燊然，与伏羲创世，又有抟土、引绳造人、补天等功绩，女娲肠化十神的神话，是其始祖母神至尊地位的再次体现。此神话是先民模拟客观肠道物象，以类比的神话思维方式，将消化系统之肠，巧妙置换为生殖功能之"肠（腹）"的结果。先民又将生殖巫术、动物及其肠道、内脏崇拜融摄其间，还结合生活体验与集体记忆，神话文本只寥寥几字，却在荒诞的言辞之间，尽显理性精神。

(二) 刑天断首

(1) 形天与帝至此争神，帝断其首，葬之常羊之山。乃以乳为目，以脐为口，操干戚以舞。

——《山海经·海外西经》③

(2) 形夭，争神不胜，为帝所戮。遂厌形夭，脐口乳目，仍挥干戚，虽化不服。

——郭璞《山海经·图赞一卷·刑天赞》④

---

① 图22e、图22f录自陈振裕主编《中国古代青铜器造型纹饰》，湖北美术出版社2001年版，第63页。

② 图22g、22h录自《苗绣与青铜艺术中的神圣性肠道》，《民间文学论坛》1989年第2期。图22i为局部图，录自丁文涛《苗族鸡毛服饰与祖灵崇拜》，《贵州大学学报》（艺术版）2006年第2期。

③ （清）郝懿行撰，栾保群点校：《山海经笺疏》卷7，中华书局2021年版，第182页。

④ （清）郝懿行撰，栾保群点校：《山海经笺疏·图赞一卷》，中华书局2021年版，第317页。

（3）西方有形残之尸。

——《淮南子·地形篇》①

上述文本均系刑天断首神话，后世诸书引《山海经》中"刑天"之名及其事迹，往往存有差异，就其名称引情况，归纳而言，主要有"形天""形夭""刑天""刑夭"四种。《说文》刀部曰："刑，刭也。"②"刭"指用刀割脖子。"天"，甲骨文作"![]"或"![]"，金文作"![]"，甲骨文上部的"口"与金文"![]"都类似于人首。《说文》曰："天，颠也。"③"颠"指头顶，故"刑天""形夭"可互通。"形"是形体之意，"夭"可写作"妖"，具有摧残、摧折之意。文献（2）中的"形残"正如"形夭"，意指形体摧残或摧折。袁珂先生《山海经校注》认为"形天""刑夭"不可通。然而无论如何，相关神话文本都旨在传达刑天已死，但其依旧凭借身体元件，再次复活，延续生命。况且，刑天的变形行为极其悲壮，在失去头颅之后，仍然"以乳为目""以脐为口"，纵使形体残缺，也要在身体部件变形后，坚持挥舞斧头、盾牌，将对抗天帝的行动进行到底。稽考刑天变形神话的生成过程，发现与史前人牲风俗，及上古三代的祭神仪式息息相关。

一方面，刑天断首似为原始初民断头、猎头、祭祀风俗遗存。依据文化人类学家们的调查，世界上诸多原始部落都有断头、猎头风俗，例如美洲印第安人、西非潘格威人、印缅边界的那伽族等，我国也有台湾高山族、云南佤族有此风俗遗存，因人牲残忍，此习俗后被废止。断首、猎首的目的各有不同，大抵为三：一是以断首、猎首为祭品，敬献本族神祇，以求佑护，禳除灾祸，农业丰收；二是先民因自己触犯禁忌而心生恐惧，希望通过献祭其他民族的人首，抵消神灵对自己的责罚；三是向祖先神祈祷，死后能魂归安乐的彼岸世界。云南临沧地区的西盟佤族一般通过"杀鸡占卜—外出猎头—接头回寨—各家迎祭—送木鼓房—剽牛供头—全寨送头"④流程，完成断头、猎头血祭活动，断头被佤族巫师首领"摩

---

① 刘文典撰，冯逸、乔华点校：《淮南鸿烈集解》卷4，中华书局2013年版，第141页。
② （汉）许慎撰，陶生魁点校：《说文解字》卷4下，中华书局2020年版，第141页。
③ （汉）许慎撰，陶生魁点校：《说文解字》卷1上，中华书局2020年版，第1页。
④ 吴宝兰：《西盟佤族猎头文化与猎头舞蹈》，《云南民族舞蹈论集》，云南人民出版社1990年版，第123页。

巴"送往村外的人头木桩或木鼓之上，全寨人在"摩巴"主持的仪式上，虔心向被猎取的断头祈祷，以达成佑护村寨村民平安、年谷丰稔的心愿。或因人牺凶残，佤族又以断牛头代替。当然，此种断头、猎头、剽牛、杀猪、击鼓、绕头舞蹈的习俗，在史前考古遗迹也被完整记录，位于云南临沧沧源的崖画，即存此种猎头舞图像。如位于沧源崖画第一地点3区图像（图23a）①，该图需与甘肃秦安大地湾仰韶文化遗址411号房屋内所存地画比较，方能解其真意（图23b）②，大地湾所存图像出于新石器时代，图像功能有巫师驱逐鬼怪、超度亡魂等说法，此图右下端处于方框内的两人，似为亡者或精怪。沧源崖画（图23a）也见方框，且方框内是断首人，方框外有两人，体型壮硕，右上端为巫师，右下端为手操断头者，应是断首祭祀仪式正在进行的画面。对释图23a、23b，关于方框的功能，似乎并不代表棺木，而应该表示禁忌范围。断头舞图像还见于沧源崖画第一地点5区图像（图23c），画中有六人并排前进，画的两端是六人中身高最高者，分别是两个成年男子，画面右端男子手臂下有一个孩童，图像中倒立者表示被杀者，断头在图像中部，由图像中部二人提在手中。在同一地点，还有与巨大手印同处一个空间的两名断头者画面（图23d），更准确而言，此图像中手印、无首人象征天神与无头神，前文第一章第三节的感足迹生子部分，已对天神手印、足印详细论证，兹不赘言。另有沧源崖画第六地点6区图像（图23e），左侧为无首人，其余为舞者。

　　另一方面，刑天断首舞干戚神话还与上古三代的万舞关系密切。万舞见诸《诗经》《逸周书》《墨子》《春秋三传》等典籍，是用于祭祀祖先神、高禖神，贵族宴享、祈雨止雨的舞蹈。《国风·邶风·简兮》曰："简兮简兮，方将万舞。"毛亨传曰："以干羽为万舞，用之宗庙山川。"郑玄笺云："万，舞名也。"③《简兮》又曰："公庭万舞。"孔颖达疏云："以万者舞之总名，干戚与羽籥皆是，故云以干羽为万舞。"④陈奂《诗毛氏传疏》曰："干舞有干与戚，羽舞有羽与旄，曰干曰羽者，举一器以立

---

① 图23a、23c、23d、23e、23g上图录自汪宁生《云南沧源崖画的发现与研究》，文物出版社1985年版，第25、29、16、94、105页。
② 图23b录自李仰松《秦安大地湾遗址仰韶晚期地画研究》，《考古》1986年第11期。
③ （汉）毛亨传，郑玄笺，（唐）孔颖达等正义：《毛诗正义》卷2-3，（清）阮元校刻《十三经注疏》，中华书局1980年影印本，第308页上栏。
④ （汉）毛亨传，郑玄笺，（唐）孔颖达等正义：《毛诗正义》卷16-3，（清）阮元校刻《十三经注疏》，中华书局1980年影印本，第308页中栏。

第二章　先秦神话的想象型变形叙事　　115

（a）云南临沧崖画第一地点3区的猎头祭祀舞蹈图像
（b）甘肃秦安大地湾仰韶文化遗址411号房屋地画 
（c）云南临沧崖画第一地点5区的猎头祭祀舞蹈图像 
（d）临沧崖画第一地点5区天神手印、断首神图像 
（e）云南临沧崖画第六地点6区的猎头祭祀舞蹈图像
（f）奥地利国立民族博物馆藏开化鼓的操戈、执盾的舞者图像 
（g）上图：沧源崖画第七地点2区、5区舞者；下图：云南铜鼓操戈、执盾的舞者 
（h）昆明晋宁石寨山M14：1铜鼓鼓身的持斧、持盾羽人舞者图像 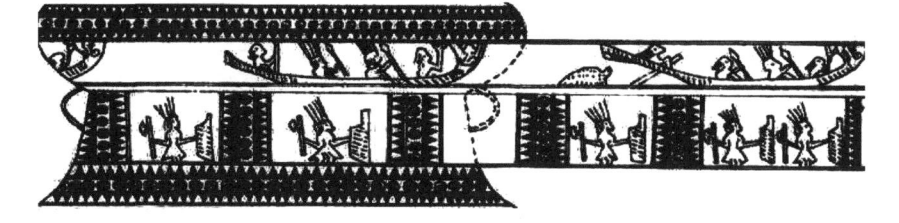

图23　断首舞、万舞图像

言也。干舞，武舞；羽舞，文舞。曰《万》者又兼二舞以为名也。"① 根

---

① （清）陈奂：《诗毛氏传疏》卷3，凤凰出版社2018年版，第124页。

据舞者跳万舞所执舞具差异，万舞分作羽籥文舞、干戚武舞两类。干戚武舞在殷墟甲骨卜辞中便见镌刻，作为佩戴干、戈两种武器的祭舞，舞蹈风貌威武雄壮，舞者携长矛、盾牌起舞，张弛有力，收放自如，体现阳刚之美。此种舞蹈场景，无疑与刑天断首舞干戚神话高度契合。在云南、广西，以及越南等地区的古铜鼓上，万舞图像迭出。现藏奥地利国立民族博物馆的开化鼓，在鼓面装饰有中央十二芒太阳纹、日晕纹外，又有四人一组的操戈、执盾的舞者（图23f）[①]。事实上，古代铜鼓鼓面的舞者还与史前崖画所见舞者有共同点，观察图23g上图，是云南临沧沧源崖画第七地点2区、5区的舞者，对比图23g下图所见铜鼓舞者，可发现不同时代的舞者，无论是舞蹈动作，还是所持矛、戈、斧、盾等武器，都有相似性。另外，在昆明晋宁石寨山M14：1铜鼓鼓身第5晕上，也装饰有一手持斧，另一手持盾的羽人舞者形象（图23h）[②]。足见，万舞不仅为先秦传世典籍记载，更在古代西南少数民族地区，甚至越南等周边国家广泛传播。

东晋陶渊明《读山海经》云："刑天舞干戚，猛志固常在。"刑天变形神话及其抗争精神，乃历代文人热衷的文学主题，歌咏之声，不绝于耳。

三　坼剖生子型

原始初民常年身处山林海泽，大自然会不遗余力地向他们馈赠光、热、食物等丰富资源，让他们欣喜若狂，崇敬万分；大自然也会突如其来地向他们发难，狂风暴雨、水患火灾、地震等灾害，会让先民手足无措、畏惧万分。在与大自然亲密接触过程中，初民们悉心观察周遭的一切，也用自己的认知方式诠释一切，他们发现植物的种子多是母体坼裂、破壁发芽的，遂大胆类比。

　　（1）初，高辛氏之世妃曰简狄，以春分玄鸟至之日，从帝祀郊禖，与其妹浴于玄丘之水。有玄鸟衔卵而坠之，五色甚好，二人竞

[①] 图23f录自文山壮族苗族自治州文化局编著《文山铜鼓》，云南人民出版社2004年版，第73页。

[②] 图23h录自李昆声《云南艺术史》，云南教育出版社2001年版，第121页。

取，覆以二筐。简狄先得而吞之，遂孕。胸剖而生契。

———《竹书纪年·商纪一·殷商成汤》①

（2）禹母修己，吞神珠如薏苡，胸拆生禹。

———《世本八种·张澍稡集补注本·帝系篇》②

（3）陆终娶于鬼方氏之妹，谓之女隤，是生六子。孕三年，启其左胁，三人出焉；破其右胁，三人出焉其一曰樊，是为昆吾……二曰惠连，是为参胡……三曰籛铿，是为彭祖……四曰求言，是为郐人……其五曰安，是为曹姓……六曰季连，是为芈姓。

———《世本八种·秦嘉谟集补注本·帝系篇》③

文献（1）是关于殷商民族始妣简狄感孕神话的异文，出自《竹书纪年》，作为晋武帝时出土的战国古书，《竹书纪年》对简狄生殷商始祖神契的记载，显然晚出于《诗经》中《玄鸟》《长发》两篇，所以感孕生子情节增加，由高禖郊祀、吞卵感孕、胸剖生契三个情节单元组成。文献（2）情节相较于文献（1）叙述简洁，但也保留吞卵受孕、胸剖生禹两个情节单元。薏苡为果实，但在神话类比思维中，薏苡＝鸟卵，二者都属于吞卵生子。作为大禹母亲的异说，修己胸拆而生禹，古汉语中"拆"意表拆开、分开，"折"即折断，与"坼"同义，"坼"表示分裂、裂开，三字意思相通，可见，修己胸腹部断裂，大禹降生。该神话情节不断演化，清代张邦伸《锦里新编》云："相传鲧纳有莘氏，胸臆折而生禹，石上皆有血浅（溅）之迹，土人云取石湔水，可治难产。"④为后世文人所撰禹母坼剖生子的衍生类神话，新增产妇石的情节单元，文本"浅"通"溅"，表抛洒。"湔"通"煎"，表用火烹煮。叙禹母胸坼生子时，鲜血曾泼洒到石头上，人们取此石煮水，可解除孕妇难产的痛苦。此神话有原始巫术意味，所以莘氏之血与石头接触后，石头当即生斑，用其煎药，则有缓解疼痛的奇效。据文献（3）所言，黑帝颛顼的后裔陆终，迎娶女隤

---

① （清）郝懿行著，李念孔点校：《竹书纪年校证》卷5，齐鲁书社2010年版，第3851页。
② （汉）宋衷注，（清）秦嘉谟等辑：《世本》卷4，《世本八种》，中华书局2008年版，第91页。
③ （汉）宋衷注，（清）秦嘉谟等辑：《世本》卷1，《世本八种》，中华书局2008年版，第13—14页。
④ 袁珂、周明编：《中国神话资料萃编》，四川省社会科学院出版社1985年版，第244页。

为妻子,其妻怀孕三年后产六子,六子出生奇异,因女隤肋骨断裂生产。

上述三则神话都属于次生态神话,所以既有植物图腾崇拜,又杂糅巫术医疗知识等,但其也属于类比思维创造的神话,古代先民认定自己祖先的出生与植物类似,可以从种子中破壁而出、生根发芽,在"夸饰式想象+以己同物"的认知方式作用下,坼剖生子型变形产生。

第三章

先秦神话的功能型变形叙事

功能（function），是指具备某种特殊作用，或是通过这项功能的实施，可以达到或实现某种目的。所谓功能型变形，是指变形主体在主动或被动情境中，将变形作为一种行动展开的手段，以达到行使巫术、实施惩罚、逃离险境、完成职事行为的目的。变形主体有时是主动自愿的，其可以来去自如，全然掌控变形过程；变形主体有时又是非自愿或受压迫的，是被动接受惩罚或躲避灾难之际，不得不选择的应急措施。当然，这种功能与神话人物形影相随，而并非是神话叙述者赋予文本的特定内涵。

第一节 巫术型变形

巫术，是人类童年时期在与自然互动的过程中，日臻感觉自身力量薄弱，于是产生幻想，认定伟大自然背后，一定巍然伫立着某类无所不能的神祇，此种天神、地神规约着自然的一切行动，人类只需虔诚屈身于他们，就能获其怜悯、庇护，再加上人类自身的才智、努力等，即可拥有超常能力，去驱使、控制自然。

所谓巫术型变形，是指原始初民认为身边具有一定身份、地位的非凡之人或神人，类似天神、地神、职能神等，与生俱来就是拥有某种自由召唤、使用巫术能力的主体，可以随心所欲地凌驾于自然之上，并在危机等极端情况下，通过变形达到死而复生、躲避灾难、解决问题的目的。根据巫术生成的基本原理，可细分为接触型变形、相似型变形、接触相似型变形三种亚型。

一 接触型变形

接触型变形，是指非凡之人，含天神、地神等的接触物，在其死亡之后，可以变形为异物，继续崭新的生命历程，所变异物通常以植物居多，亦可视为人死之后通过寄居他物的方式，谋求个体新生。带有浓厚的巫术色彩，其发生原理见于弗雷泽《金枝》，即"物体一经互相接触，在中断实体接触后还会继续着远距离的相互作用"①。在这种所谓"接触律""触感律"，也被称作"接触巫术"的法则驱动下，先秦神话中的夸父手杖可化为桃树林，欣欣向荣；蚩尤之血可化为枫叶林，生生不息。又有应龙能以尾画地，疏导江河；神龙氏凭杖画地，瞬时生涧。或者因相柳血水腥臭，所到之地，五谷难生。

（一）夸父手杖

（1）炎帝之妻，赤水之子听訞生炎居，炎居生节并，节并生戏器，戏器生祝融。祝融降处于江水，生共工，共工生术器，术器首方颠，是复土穰，以处江水。共工生后土，后土生噎鸣，噎鸣生岁十有二。

——《山海经·海内经》②

（2）后土生信，信生夸父。

——《山海经·大荒北经》③

（3）共工氏之伯九有也，其子曰后土，能平九土，故祀以为社。

——《国语·鲁语上》④

（4）共工氏有子曰句龙，为后土……后土为社。

——《左传·昭公二十九年》⑤

（5）共工氏以水纪，故为水师而水名。

——《左传·昭公十七年》⑥

---

① ［英］詹·乔·弗雷泽：《金枝》（下册），徐育新等译，中国民间文艺出版社1987年版，第440页。
② （清）郝懿行撰，栾保群点校：《山海经笺疏》卷18，中华书局2021年版，第289页。
③ （清）郝懿行撰，栾保群点校：《山海经笺疏》卷17，中华书局2021年版，第271页。
④ 徐元诰撰，王树民、沈长云点校：《国语集解》，中华书局2002年版，第155页。
⑤ （晋）杜预注，（唐）孔颖达等正义：《春秋左传正义》卷53，（清）阮元校刻《十三经注疏》，中华书局1980年影印版，第2124页中栏。
⑥ （晋）杜预注，（唐）孔颖达等正义：《春秋左传正义》卷48，（清）阮元校刻《十三经注疏》，中华书局1980年影印版，第2083页上栏。

(6) 共工之王，水处什之七，陆处什之三，乘天势以隘制天下。

——《管子·揆度》①

(7) 舜之时，共工振滔洪水，以薄空桑。

——《淮南子·本经训》②

上述文献明确了夸父在神话谱系中的身份，是炎帝七世孙，其嫡系祖先有赫赫有名的火神祝融、水神共工、幽都王后土。共工为后土之父，神职显赫，后土是早期神话中著名的幽都之王，《楚辞》又谓之土伯，实同神异名，可见《招魂》所述："魂兮归来，君无下此幽都兮，土伯九约。"③《山海经·大荒北经》曾指明夸父驻居地是"成都载天"，此地为海中耸立的大山，是早期神话中支撑天界、幽都之间的天柱。夸父与太阳竞走，并追逐太阳到禺谷，禺谷是日落的地方，又称虞渊。在夸父忘我的追逐太阳过程中，其口渴难耐，所以豪饮大泽，夸父还到达委羽山的雁门，此处是神话世界的极地，气温极寒，属终年缺乏日照的幽都范围。联系文献（5）、（6）、（7）记载共工治水诸事，作为水神后人的夸父，想必继承了共工的非凡才能。夸父的出生显赫、天赋异禀，为其日后实施变形行动奠定了基础。

(8) 夸父与日逐走，入日。渴欲得饮，饮于河渭，河渭不足，北饮大泽，未至，道渴而死。弃其杖，化为邓林。

——《山海经·海外北经》④

(9) 大荒之中有山，名曰成都载天，有人珥两黄蛇，把两黄蛇，名曰夸父。后土生信，信生夸父。夸父不量力，欲追日景，逮之于禺谷。将饮河而不足也，将走大泽。未至，死于此。

——《山海经·大荒北经》⑤

(10) 又西九十里曰夸父之山……其北有林焉，名曰桃林，是广

---

① 黎翔凤：《管子校注》卷23，中华书局2004年版，第1371页。
② 刘文典撰，冯逸、乔华点校：《淮南鸿烈集解》卷8，中华书局2013年版，第255页。
③ （宋）洪兴祖撰，白化文等点校：《楚辞补注》卷9，中华书局1983年版，第90页。
④ （清）郝懿行撰，栾保群点校：《山海经笺疏》卷8，中华书局2021年版，第189页。
⑤ （清）郝懿行撰，栾保群点校：《山海经笺疏》卷17，中华书局2021年版，第271页。

员三百里，其中多马。

——《山海经·中次六经》①

（11）博父国，在聂耳东，其为人大，右手操青蛇，左手操黄蛇。邓林在其东，二树木。

——《山海经·海外北经》②

（12）神哉夸父，难以理寻。倾河逐日，遁形邓林。

——郭璞《山海经图赞》③

（13）夸父不量力，欲追日影，逐之于隅谷之际。渴欲得饮，赴饮河渭。河渭不足，将走北饮大泽。未至，道渴而死。弃其杖，尸膏肉所浸，生邓林，邓林弥广数千里焉。

——《列子·汤问》④

（14）海水西，夸父与日相逐走，渴，饮水河渭，不足，北饮大泽，未至，渴而死。弃其策杖，化为邓林。

——《博物志·异闻》卷7⑤

夸父是神话中著名的巨人，此特点从其姓名考察，亦可获知。《广雅·释诂》云："夸，大也。"⑥父，是古代对男性的尊称，故夸父可理解为大人，是身材高挑、健硕的巨人。如文献（8）、（9）、（12）、（13）、（14）所述，身高优势激发了夸父的"逐日""追日"行动，逐、追二字都有追赶、追逐、竞争之意，这种挑战极限的行动，使夸父道渴而死，极具悲剧色彩。然而，令人欣慰的是夸父的手杖化为邓林，开启全新的生命历程。郭璞将文献（8）中夸父"化为邓林"的结局注释为"寄邓林而遁形"⑦，遁，具有逃避、回避、隐去之意，可理解为夸父悄然隐去，逃离到某个地方。毕沅另注："邓林即桃林也，邓、桃音相近。"⑧故文献（10）在客观描绘夸父之山时，提及三百里的桃林，显而易见，郭璞、毕

---

① （清）郝懿行撰，栾保群点校：《山海经笺疏》卷5，中华书局2021年版，第130页。
② （清）郝懿行撰，栾保群点校：《山海经笺疏》卷8，中华书局2021年版，第190页。
③ （清）郝懿行撰，栾保群点校：《山海经笺疏·图赞一卷》，中华书局2021年版，第319页。
④ 杨伯峻：《列子集释》，中华书局1979年版，第162页。
⑤ （晋）张华撰，范宁校证：《博物志校证》卷7，中华书局2014年版，第85页。
⑥ （清）王念孙著，张其昀点校：《广雅疏证（点校本）》卷1，中华书局2019年版，第94页。
⑦ （清）郝懿行撰，栾保群点校：《山海经笺疏》卷8，中华书局2021年版，第189页。
⑧ 郭世谦：《山海经考释》，天津古籍出版社2011年版，第184页。

沉认为夸父死亡，其手杖变形成桃树林。与文献（8）、（9）、（12）、（13）、（14）叙事内容相合。当然，有关夸父逐日、吞河饮渭、道渴而死，所弃手杖化为桃树的细节，尤以文献（8）、（9）、（13）记载最详细。文献（11）是对博父国的描述，夸父与博父国人都属于巨人族。《广雅疏证·释诂》云："博，亦广也"①，又《广雅疏义·释诂》曰："博，广也。"②另《广韵》入声铎韵曰："博，广也，大也，通也。"博父国人"为人大"、双手"操蛇"的神貌特征，与夸父"珥两黄蛇、把两黄蛇"的形象特征一致。文中提及"邓林在其东，二树木"，郝懿行注曰："二树木，盖谓邓林二树而成林，言其大也。"③巨人族显然与巨型大树相匹配，为夸父死后变形之物。

将上述神话文本连缀起来，即可获知，夸父因逐日道渴而死，与其形影相伴、日夜触碰的手杖，变形成为桃树林，延续着夸父生命，夸父、手杖实际上是一个整体，在夸父死后，手杖由于"尸膏肉所浸"，在原始巫术接触定律影响下，变形为桃林，暗示着夸父重生，弥补了夸父因挑战自然，却失败而死的遗憾，是先民借神话传达改造、征服自然的愿望。

（二）应龙画地

（1）禹治水，有应龙以尾画地，即水泉流通。禹因而治之。
——《山海经广注》辑《山海经逸文》④
（2）河海应龙，何尽何历？
——《楚辞·天问》⑤

文献（1）、（2）同述应龙画地导水。应龙，较早为《山海经》载录，是黄帝麾下臣工，乃一神龙，其功绩在于协助黄帝灭蚩尤、杀夸父，应龙神职主要是司水，在《大荒北经》《大荒东经》中共有3处记载其

---

① （清）王念孙著，张其昀点校：《广雅疏证（点校本）》卷2，中华书局2019年版，第109页。
② （清）钱大昭撰，黄建中、李发舜点校：《广雅疏义》卷8，中华书局2016年版，第345页。
③ （晋）郭璞传，（清）郝懿行笺疏：《山海经笺疏》卷8，《郝懿行集》，齐鲁书社2010年版，第4910页。
④ （清）吴任臣撰，栾保群点校：《山海经广注》，中华书局2020年版，第35页。
⑤ 游国恩主编：《天问纂义》，中华书局1982年版，第104页。

事，应龙神貌见于郭璞注，为"龙有翼者。"① 应龙也是禹的功臣，如文献（1）、（2）所述，应龙以尾画地，疏导水患，在禹治水过程中，发挥重要作用。本书第一章图腾型变形部分，已对应龙与禹的关系详加辨析，兹不复述。此处只强调应龙以尾画地的行动，所谓"画"，可作两解，一是书写、绘画之意，二是通"划"，可表筹划、策划、计划，因此，所谓"应龙画地"，既可以理解为应龙为协助大禹治水，为其绘制治水河图。也可以解释作应龙为大禹治水出谋划策，制订疏导洪水的方案。依据是应龙以尾画地具备神话的巫术、法术色彩，神兽应龙摆尾以启动巫术或实施法术，辅助大禹治水成功。

先秦时期的接触型变形神话，在明代陈仁锡辑录《潜确类书》卷31中也有相似例证，文曰："神龙涧在卫辉府温县。神龙采药至此，以杖画地，遂成涧。"② 载神龙氏挥杖成涧，是地方风物与变形神话结合的体现。温县的神龙涧的由来，与炎帝神农氏的巫术变形行为有关，神龙氏入深山采药，用自己的手杖画地，使两山之间形成沟壑，与夸父手杖化邓林书写方式相同。当然，应龙摆尾、手杖成涧的变形过程，都只存于一个动词，所谓的"画"转瞬即逝，直接受控于变形主体的主观意志、奇术超能，河图、山涧等变形物便跃然于前。

二 相似型变形

相似型变形，是指人或异类经历变形之后，仍与原物保持着亲密的血肉联系，或隐或显地表现着原物特征，此种变形原理，被英国人类学家、民俗学家詹姆斯·弗雷泽《金枝》称作"顺势巫术"，是原始巫术中的一种类型，也称为"模拟巫术"，是"同类相生或果必有因"③ 的巫术。《山海经》载有相似型变形神话，以赤石生栾木神话最具代表性。

（1）大荒之中，有山名朽涂之山，青水穷焉。有云雨之山，有木名曰栾。禹攻云雨，有赤石焉生栾，黄本，赤枝，青叶。群帝焉

---

① （晋）郭璞传，（清）郝懿行笺疏：《山海经笺疏》卷14，《郝懿行集》，齐鲁书社2010年版，第4980页。

② 袁珂编著：《中国神话传说词典》，上海辞书出版社1985年版，第251页。

③ ［英］詹·乔·弗雷泽：《金枝》（下册），徐育新等译，中国民间文艺出版社1987年版，第440页。

取药。

——《山海经·大荒南经》①

文中提及"赤石焉生栾",郭璞认为是山中精灵变形为栾木,再以赤石为载体延续生命,这是人变形为异物,再以所变异物为寄居体的情况。据文可知,栾木是黄色枝干、赤色树枝、青色叶片的神树,与被附居的赤石,同属一个色系,都为暖色,这种显性联系使二者具备相似型变形的条件。赤石、栾木相伴相生,已然构成一个共同的生命体。此种变形发生原理,与战国时期庄子万物一体的观念相合。《庄子·杂篇·寓言》曰:"万物皆种也,以不同形相禅,始卒若环。"② 西晋郭象注云:"虽变化相代,原其气则一。"③ "于今为始者,于昨日复为卒也,"④ 唐代成玄英疏云:"禅,代也。夫物云云,禀之造化,受气一种而形质不同,运运迁流而更相代谢。"⑤ 又云:"物之迁贸,譬彼循环,死去生来,终而复始。此出禅代之状也。"⑥ 大抵如斯,是先秦时代普通流行的生命一体化观念作用于神话的具体实践。

三　接触相似型变形

所谓接触相似型变形,仍然以原始巫术为发生原理,但其变形过程是复合型的,变形流程是上述例举的接触型、相似型两种变形亚型的组合,以蚩尤刑械化枫林,及湘妃竹、相柳血三则神话为典型,试阐释如下。

---

① （清）郝懿行撰,栾保群点校:《山海经笺疏》卷15,中华书局2021年版,第251—252页。
② （晋）郭象注,（唐）成玄英疏:《南华真经注疏》卷9,中华书局1998年版,第540页。
③ （晋）郭象注,（唐）成玄英疏:《南华真经注疏》卷9,中华书局1998年版,第540页。
④ （晋）郭象注,（唐）成玄英疏:《南华真经注疏》卷9,中华书局1998年版,第541页。
⑤ （晋）郭象注,（唐）成玄英疏:《南华真经注疏》卷9,中华书局1998年版,第540页。
⑥ （晋）郭象注,（唐）成玄英疏:《南华真经注疏》卷9,中华书局1998年版,第541页。

（一）蚩尤刑械化枫林

（1）人曰："蚩尤作兵。"蚩尤非作兵也，利其械矣。未有蚩尤之时，民固剥林木以战矣。胜者为长。

——《吕氏春秋·荡兵》[①]

（2）蚩尤以金作兵器。

——《世本·秦嘉谟辑补本·作篇》[②]

（3）蚩尤姜姓，炎帝之裔也。

——《路史·后纪四》[③]

（4）蚩尤作五兵：戈、矛、戟、酋矛、夷矛，黄帝诛之涿鹿之野。

——《路史·后纪四》罗苹注引《世本》[④]

（5）（蚩尤）乃驱罔两，兴云雾，祈风雨，以肆志于诸侯。

——《路史·后纪四》[⑤]

据文献（1）、（2）、（3）交代，蚩尤是炎帝神农氏后裔，乃古代中国神话世界中赫赫有名的战神、兵神，相当于古希腊神话的战神阿瑞斯，古罗马战神玛尔斯。蚩尤在黄帝、炎帝的部族大战中，是炎帝麾下的猛将，文献（4）言蚩尤与黄帝在涿鹿大战中交锋，蚩尤终为黄帝诛杀，但"蚩尤作五兵"的记载，说明其具备发明、制造、改进兵器的非凡才能。所谓"五兵"，据文献（4）可知，指戈、矛、戟等兵器，蚩尤五兵的形象，深入人心，为汉代人镌刻于画像石上，在山东沂南县北寨村汉墓前室北壁中柱上，便存蚩尤五兵图像，该立柱由上至下看，分别是凤、蚩尤、龙三个形象（图24a），蚩尤居中，足见其地位尊高，图像中蚩尤为兽兽共生形象，头上装饰有弓箭，两手持戈、矛、戟，双足携剑，身覆盔甲，

[①] 许维遹：《吕氏春秋集释》卷7，中华书局2009年版，第158页。

[②] （汉）宋衷注，（清）秦嘉谟等辑：《世本》卷1，《世本八种》，中华书局2008年版，第14页。

[③] 袁珂、周明编：《中国神话资料萃编》，四川省社会科学院出版社1985年版，第51页。

[④] 袁珂、周明编：《中国神话资料萃编》，四川省社会科学院出版社1985年版，第54页。

[⑤] 袁珂、周明编：《中国神话资料萃编》，四川省社会科学院出版社1985年版，第52页。

第三章　先秦神话的功能型变形叙事　　127

盾牌挡于双腿前，与蚩尤兵神、战神地位相称（图24b）①。另外，在山东嘉祥县武氏祠画像石上，也可以看到蚩尤与其他神人、神兽对抗的场

（a）山东沂南县北寨村汉墓前室北壁中柱的龙凤、蚩尤五兵图像

（b）山东沂南县北寨村汉墓前室北壁中柱的蚩尤五兵图像

（c）山东嘉祥县武氏祠画像石的蚩尤五兵、作战图像

图 24　蚩尤五兵图像

景，蚩尤依旧头顶弓箭，手脚并用，持武器作战（图24c）②。此点多为汉代、唐代的纬书、类书记载，如《黄氏逸书考》辑《遁甲开山图》曰："蚩尤者，炎帝之后，与少昊治西方之金。"③ 又《汉学堂丛书》辑《龙

---

① 图24a、24b录自中国画像石全集编辑委员会编《山东汉画像石》，《中国画像石全集》，山东美术出版社、河南美术出版社2000年版，第1卷，第143页。
② 图24c录自张道一《汉画故事》，重庆大学出版社2006年版，第27页。
③ 袁珂、周明编：《中国神话资料萃编》，四川省社会科学院出版社1985年版，第51页。

鱼河图》曰:"黄帝之初,有蚩尤兄弟七十二人,铜头铁额,食沙石,制五兵之气,变化云雾。"① 另《太平御览》卷833引《尸子》:"造冶者,蚩尤也。"② 当然蚩尤不仅是铜头铁额、长于发明兵器的战神,文献(5)还记载其能自由调度法术,有操控云雾风雨的异能。除却蚩尤的形貌、才能,其神迹也多见于《山海经》等典籍。

(6) 大荒东北隅中,有山名曰凶犁土丘。应龙处南极,杀蚩尤与夸父,不得复上。故下数旱,旱而为应龙之状,乃得大雨。

——《山海经·大荒东经》③

(7) 应龙已杀蚩尤,又杀夸父,乃去南方处之,故南方多雨。

——《山海经·大荒北经》④

(8) 黄帝仁义,不能禁止蚩尤,遂不敌,乃仰天而叹。天遣玄女下授黄帝兵信神符,制伏蚩尤,以制八方。

——《太平御览》卷79引《龙鱼河图》⑤

(9) 蚩尤作乱,不用帝命。于是黄帝乃征师诸侯,与蚩尤战于涿鹿之野,遂禽杀蚩尤,而诸侯咸尊轩辕为天子,代神农氏,是为黄帝。

——《史记·五帝本纪》⑥

蚩尤在神话中虽作为叛乱之神,最终被杀,但典籍记载其死法却有异说。在黄帝擒蚩尤的战争中,较之快速、轻松地缴杀夸父、共工等叛神,黄帝可谓竭心尽力,其屡陷苦战,或如上述文献(6)、(7)所言,黄帝使应龙杀蚩尤于冀州之野;或如文献(8)的衍生类神话,黄帝获得玄女相助得到兵符,才制服蚩尤;或如文献(9)的次生态神话所言,黄帝曾亲自参与诛杀蚩尤的行动中。先秦神话中蚩尤最终失败而亡,但虽败犹

---

① 袁珂、周明编:《中国神话资料萃编》,四川省社会科学院出版社1985年版,第52页。
② (宋)李昉等撰:《太平御览》卷833,中华书局1995年影印本,第3717页上栏。
③ (晋)郭璞传,(清)郝懿行笺疏:《山海经笺疏》卷14,《郝懿行集》,齐鲁书社2010年版,第4980页。
④ (晋)郭璞传,(清)郝懿行笺疏:《山海经笺疏》卷17,《郝懿行集》,齐鲁书社2010年版,第5012页。
⑤ (宋)李昉等撰:《太平御览》卷79,中华书局1995年影印本,第368页上栏。
⑥ (汉)司马迁:《史记》卷1,中华书局1982年版,第3页。

第三章　先秦神话的功能型变形叙事　　　　　　　　　　129

荣，其奋起反抗的精神可歌可泣，为古代神话不断记载，例如：

（10）有宋山者，有赤蛇，名曰育蛇。有木生山上，名曰枫木，枫木，蚩尤所弃其桎梏，是为枫木。

——《山海经·大荒南经》①

（11）（黄帝）杀蚩尤于黎山之丘，掷械于大荒之中宋山之上，其械后化为枫木之林。

——《云笈七签·轩辕本纪》②

（12）（枫）树老有瘿瘤，忽遇暴雷骤雨，瘿上茸出一枝，一夜暗出三五尺，形如人鬼，口眼备，南中谓之枫人，亦谓之灵枫，越人以计取为神事之。

——《尔雅翼》卷11③

（13）南中有枫子鬼。枫木之老者，为人形，亦呼之灵枫。

——《述异记》卷下④

文献（10）的枫木指枫香树，桎梏是古代拘束犯人双脚所用的刑具，郭璞注云："蚩尤为黄帝所得，械而杀之，已摘弃其械，化而为树也。"⑤郝懿行认为郭璞注中"摘"当为"擿"，此说可从，原因在于"擿"可通"掷"，表"投掷"之意，恰如其分地梳理了神话原意，即蚩尤战败沦为黄帝的阶下囚时，曾将身上背负的刑具投掷于远方，刑具于是变形成枫树。根据郭璞注及上文分析，文中并未直接言明蚩尤最终是死亡状态，但联系前文所述蚩尤战死的结局，可以想象到，蚩尤死前身上鲜血淋漓，并悄然染红了其所负桎梏，在赴死的前一刻，他曾用力甩开刑械，刑械被投掷于远方，而在蚩尤死后，鲜血渗透过的桎梏又变形为枫树，色泽鲜红浓郁，似乎在诉说蚩尤之死的惨烈与悲壮。于此，蚩尤的刑械与夸父的手杖一样，完全符合巫术的接触律，但鲜红的枫树

---

① （晋）郭璞传，（清）郝懿行笺疏：《山海经笺疏》卷15，《郝懿行集》，齐鲁书社2010年版，第4986—4987页。
② （宋）张君房编，李永晟点校：《云笈七签》卷100，中华书局2003年版，第2173页。
③ （宋）罗愿撰，石云孙校点：《尔雅翼》卷11，黄山书社2013年版，第141页。
④ 袁珂、周明编：《中国神话资料萃编》，四川省社会科学院出版社1985年版，第56页。
⑤ （晋）郭璞传，（清）郝懿行笺疏：《山海经笺疏》卷15，《郝懿行集》，齐鲁书社2010年版，第4986—4987页。

自然使人联想到蚩尤的鲜血，符合相似律，两个变形环节接榫，完成了接触相似型变形。

《史记·封禅书》曾载录所谓"八神"，文曰："一曰天主，祠天齐。天齐渊水，居临菑南郊山下者。二曰地主，祠泰山梁父。盖天好阴，祠之必于高山之下，小山之上，命曰'畤'；地贵阳，祭之必于泽中圜丘云。三曰兵主，祠蚩尤。蚩尤在东平陆监乡，齐之西境也。"① 此外，另存"阴主""阳主""月主""日主""四时主"共五神，考察"八神"执掌之事，近乎已囊括先秦时代民众神祇信仰系统中地位显赫的至上神、自然神与职能神，其中，蚩尤被尊奉作地位仅次于天地二主的兵主，足见其在先秦神话系统中煊赫的神职与地位。除此之外，无论是先民征服自然的斗争，或是部落群族的自我保护，乃至势力扩张，均离不开战争和武器，因此即使蚩尤已无法逃脱死亡的命运，但凭借先民的想象与良善的愿望驱动，兵神蚩尤依然可以通过巫术变形附着于枫树之上，护佑手握兵器的将士。若文献（12）、（13）所载，以灵枫、枫子鬼等形式长存不灭。

（二）湘妃泪化斑竹

（1）帝曰："我其试哉！女于时，观厥刑于二女。"釐降二女于妫汭，嫔于虞。帝曰："钦哉！"

——《尚书·尧典》②

（2）舜妻登比氏生宵明、烛光，处河大泽。二女之灵能照此所方百里，一曰登北氏。

——《山海经·海内北经》③

（3）有虞二妃者，帝尧之二女也。长娥皇，次女英。

——《列女传·母仪传·有虞二妃》④

（4）又东南一百二十里曰洞庭之山……帝之二女居之，是常游于江渊。澧沅之风，交潇湘之渊，是在九江之间，出入必以飘风暴

---

① （汉）司马迁：《史记》卷28，中华书局1982年版，第1367页。
② （清）孙星衍撰，陈抗、盛冬铃点校：《尚书今古文注疏》卷1，中华书局2004年版，第31页。
③ （清）郝懿行撰，栾保群点校：《山海经笺疏》卷12，中华书局2021年版，第221页。
④ （清）王照圆撰，虞思徵点校：《列女传补注》卷1，华东师范大学出版社2012年版，第1页。

雨。是多怪神，状如人而载蛇，左右手操蛇，多怪鸟。

——《山海经·中次十二经》①

（5）言大舜之陟方也，二妃从征，溺于湘江，神游洞庭之渊，出入潇湘之浦。

——《水经注·湘水》②

（6）帝子降兮北渚，目眇眇兮愁予；嫋嫋兮秋风，洞庭波兮木叶下。

——《楚辞·九歌·湘夫人》③

上述文献均记虞舜与二妃之事，二妃诸事在《孟子·万章》《楚辞·天问》《史记·五帝本纪》中皆有所载。然二妃之名独见于3处，文献（2）《山海经》指明二妃即登比氏、登北氏，文献（3）《列女传》又称二妃之名为娥皇、女英，《金楼子》所载之名同上。二妃之名虽各异，却皆被记作尧二女，舜二妻。文献（4）叙述了帝之二女居于洞庭山时相携出游的场景，二神人时常御风驾云，快乐遨游于江渊，每每二女出游之际，洞庭一带便携风带雨，湖面出现头顶戴蛇、左右两手操蛇的水怪，同时还有许多怪鸟现身，在风中吱吱鸣叫。此处的"二女"，郭璞注曰："天帝之二女，而处江为神"④，言下之意是二人还未"溺于湘江"，自然与后来二人"神游洞庭之渊"是不同的情况，可见，这是二女出嫁前游于洞庭之景象。虞舜与二妻虽由尧指婚，但长年相处，夫妻睦和，虞舜曾在二妃帮助下，成功逃离继母与弟弟象的谋害，舜与二妃也曾携手远游，如文献（5）所载，二妃虽不幸罹难于湘江，但两人精魂依旧常在洞庭山出入。文献（6）内容同于文献（5），屈原将溺亡湘水的二妃尊称为湘夫人，并谱写出哀婉动人的《九歌》。另西汉刘向《列女传·母仪传·有虞二妃》云："二妃死于江湘之间，俗谓为湘君。"⑤ 上述神话皆表明舜与二

---

① （晋）郭璞传，（清）郝懿行笺疏：《山海经笺疏》卷5，《郝懿行集》，齐鲁书社2010年版，第4880—4882页。

② （北魏）郦道元著，陈桥驿校证：《水经注校证》卷38，中华书局2007年版，第896页。

③ （宋）洪兴祖补注：《楚辞补注》，凤凰出版社2007年版，第57页。

④ （晋）郭璞传，（清）郝懿行笺疏：《山海经笺疏》卷5，《郝懿行集》，齐鲁书社2010年版，第4879页。

⑤ （清）王照圆撰，虞思徵点校：《列女传补注》卷1，华东师范大学出版社2012年版，第2页。

妃感情深厚，故舜死后，二妃在殉情之前，一度悲怆不已，痛难自控。在后世地理博物志书、志怪小说中，此情节单元不断增加。

（7）尧之二女，舜之二妃，曰湘夫人，舜崩，二妃啼，以涕挥竹，竹尽斑。

——《博物志·史补》①

（8）斑竹即吴地称湘妃竹者，其斑如泪痕。世传二妃将沉湘水，望苍梧而泣，洒泪成斑。

——《群芳谱·竹谱》②

（9）舜南巡，葬于苍梧，尧二女娥皇、女英泪下沾竹，文悉为之斑，一名湘妃竹。

——《述异记》卷上③

（10）泪竹生全湘九疑山中。

——《竹谱详录》④

如上文献所记，都是舜死后二妃痛心疾首，泪珠涟涟，洒于翠竹之上，于是竹上斑点尽生，此乃眼泪变形为斑点，可联想到二妃的血泪与竹接触，附生其上，血泪色泽暗红，颜色与斑点相类，所以湘妃泪化斑竹神话依旧属于接触相似型变形。

（三）相柳之血化水

（1）共工之臣曰相柳氏，九首，以食于九山。相柳之所抵，厥为泽溪。禹杀相柳，其血腥，不可以树五谷种。禹厥之，三仞三沮。乃以为众帝之台，在昆仑之北，柔利之东。相柳者九首人面，蛇身而青，不敢北射，畏共工之台。台在其东。台四方，隅有一蛇，虎色，首冲南方。

——《山海经·海外北经》⑤

---

① （晋）张华撰，范宁校证：《博物志校证》卷8，中华书局2014年版，第93页。
② 袁珂选译：《神话选译百题》，上海古籍出版社1980年版，第143页。
③ 袁珂编著：《中国神话传说词典》，上海辞书出版社1985年版，第394页。
④ 袁珂编著：《中国神话传说词典》，上海辞书出版社1985年版，第394页。
⑤ （晋）郭璞传，（清）郝懿行笺疏：《山海经笺疏》卷8，《郝懿行集》，齐鲁书社2010年版，第4908—4909页。

（2）帝尧台、帝喾台、帝丹朱台、帝舜台，各二台，台四方，在昆仑东北。

——《山海经·海外北经》①

（3）共工之臣名曰相繇，九首蛇身，自环，食于九山。其所歍所尼，即为源泽，不辛乃苦，百兽莫能处。禹堙洪水，杀相繇。其血腥臭，不可生谷。其地多水，不可居也。禹湮之，三仞三沮。乃以为池，群帝因是以为台，在昆仑北。

——《山海经·大荒北经》②

（4）雄虺九首，往来儵忽，吞人以益其心也。

——《楚辞·招魂》③

（5）雄虺九首，儵忽焉在？

——《楚辞·天问》④

（6）相繇既戮，厥土维腥，三堙斯沮，寻竹乃生，物尤世远，略状传名。

——《竹谱》⑤

文献（1）、（3）所记乃同神同事，相柳氏即相繇，是水神共工之臣，文献（1）言其"畏共工之台"，亦表明二神之间是主仆关系。黄炎二帝的争战，直至共工与禹的时代仍持续演绎，禹治水之际与司水的共工之臣相柳也不可避免地展开厮杀，最终相柳为禹所杀。

相柳从神貌上看是人面蛇身的共生型神祇，有九首食于九山，按郭璞注"头各自食一山之物"⑥，可见其贪婪暴戾之本性。文献（1）、（3）同述相柳死后，其血渗地，五谷不生，积水严重的情况。究其原因，大抵有

---

① （晋）郭璞传，（清）郝懿行笺疏：《山海经笺疏》卷12，《郝懿行集》，齐鲁书社2010年版，第4944—4945页。
② （晋）郭璞传，（清）郝懿行笺疏：《山海经笺疏》卷17，《郝懿行集》，齐鲁书社2010年版，第5012页。
③ （宋）洪兴祖补注：《楚辞补注》，凤凰出版社2007年版，第177页。
④ 游国恩主编：《天问纂义》，中华书局1982年版，第148页。
⑤ 袁珂、周明编：《中国神话资料萃编》，四川省社会科学院出版社1985年版，第258页。
⑥ （晋）郭璞传，（清）郝懿行笺疏：《山海经笺疏》卷8，《郝懿行集》，齐鲁书社2010年版，第4907页。

二。一是相柳"血腥臭";二是"膏血滂流,成渊水也"①。故禹或"厥"之,或"湮"之,且"三仞三沮"。"厥"通"掘",即挖掘、疏导之意;"湮"即淤塞、堵塞之意;"三仞三沮"之"三"当为虚指,指屡次,"沮"即破坏。连缀而看,即禹整治的相柳血染之地,血化为水,积水为池,虽多方努力,仍以失败告终,故"唯可积土以为台观"②,是借助众帝权威,镇压相柳之意,这点文献(2)对文献(1)补述之余,文献(3)结尾处的"群帝因是以为台"也可说明。需强调的是,当相柳之血接触地面之际,地染腥气,这是血液本身物理性质的体现,但更意在指出,相柳性情不佳,如上文所提的贪婪之性,故五谷不生。相柳非自愿而死,其血洒大地,地又蓄水,屡治不善,继续与禹对抗。显然血、水、相柳是三位一体,我中有你,你中有我的关系,当属接触相似型变形。文献(4)、(5)是《楚辞》提及的相柳之事,突出其行恶本质。文献(6)所记乃《山海经》本事之延续,在保持接触相似型变形事件的基础上,又敷陈其寄生于竹,继续不止的生命历程。

第二节 惩罚型变形

法国心理学家古斯塔夫·勒庞在《乌合之众》中直言:"只要有一些生物聚集在一起,不管是动物还是人,都会本能地让自己处于一个头领的统治之下。"③ 例如蛮荒时代的部落酋长、原始社会的氏族首领、封建社会的帝王将相等,古往今来,概莫能外。就先秦神话构筑的与现实世界相对应的神圣世界而言,随处可见的天帝作为权力、威严等化身,对神圣世界中一切事物施行着绝对控制,天帝通常掌握着宇宙、四时秩序的流转,尽享尊荣而地位又至高无上,神权显然不可侵犯。凡一切冒犯众帝神的权力或权威的人或事件,皆不可避免地被判定为触碰到禁忌,势必会遭受惩罚。但反叛是普通神人与生俱来的本性,神话中勇于挑战至上神天帝神权威者前仆后继,有战神蚩尤、水神共工,甚至是黑帝颛顼、炎帝等,当

---

① (晋)郭璞传,(清)郝懿行笺疏:《山海经笺疏》卷17,《郝懿行集》,齐鲁书社2010年版,第5012页。
② (晋)郭璞传,(清)郝懿行笺疏:《山海经笺疏》卷8,《郝懿行集》,齐鲁书社2010年版,第4908页。
③ [法]古斯塔夫·勒庞:《乌合之众》,冯克利译,中央编译出版社2005年版,第96页。

然，叛乱之神往往难有善终，甚至在神话中将被动经历由人变形为异类的过程，可将此类神话称作惩罚型变形。

（一）鼓与钦䴆

（1）又西北四百二十里曰钟山，其子曰鼓，其状如人面而龙身。是与钦䴆杀葆江于昆仑之阳，帝乃戮之钟山之东，曰瑶崖。钦䴆化为大鹗，其状如雕而黑文，白首、赤喙而虎爪，其音如晨鹄。见则有大兵。鼓亦化为鵕鸟，其状如鸱，赤足而直喙，黄文而白首。其音如鹄，见即其邑大旱。

——《山海经·西次三经》①

（2）瞰瑶溪之赤岸，吊祖江之见刘。

——《文选·张衡〈思玄赋〉》②

（3）堪坏得之，以袭昆仑。

——《庄子·大宗师》③

文献（1）是鼓与钦䴆变形为大鹗、鵕鸟的本事，文献（2）、（3）记鼓与钦䴆杀黄帝之臣祖江之事，祖江，也称葆江，因"'钦''堪''坏''负'并声类之字"④，故文献（2）之祖江、文献（3）之堪坏，《淮南子》之钦负，均指被鼓和钦䴆所杀的祖江。

鼓，是钟山神烛龙的儿子，烛龙即烛阴，其睁眼为白昼，闭眼为黑夜，且能不吃不喝，其呼出的气息为风。烛龙的神貌特征为人面蛇身赤色⑤，鼓显然继承了父亲的神格，是人面龙身共生型神祇。与此同时，鼓作为炎帝之孙伯陵子的嫡孙，秉承祖上反叛精神，与钦䴆合力，杀黄帝之臣祖江于昆仑山南面。这种挑衅使黄帝震怒，将二人斩杀，作为惩

---

① （晋）郭璞传，（清）郝懿行笺疏：《山海经笺疏》卷2，《郝懿行集》，齐鲁书社2010年版，第4719页。
② （清）郝懿行撰，栾保群点校：《山海经笺疏》卷2，中华书局2021年版，第39页。
③ （清）郭庆藩撰，王孝鱼点校：《庄子集释》卷3上，中华书局2012年版，第224页。
④ （清）郝懿行撰，栾保群点校：《山海经笺疏》卷2，中华书局2021年版，第39页。
⑤ 《山海经·海外北经》曰："钟山之神，名曰烛阴，视为昼，瞑为夜；吹为冬，呼为夏。不饮、不食、不息，息为风。身长千里。在无䏿之东。其为物人面蛇身，赤色，居钟山下。"参见（清）郝懿行撰，栾保群点校《山海经笺疏》卷8，中华书局2021年版，第187页。

罚，鼓被变形为䳜鸟，钦䲹变形为大鹗。《说文》云："鹄，鸿鹄也"①，二者变形为大鸟仍不失霸气，但却背负着悲剧色彩，成为灾异的象征，见"䳜鸟"则地有大旱，见"大鹗"则兵祸降临。这种惩罚型变形之后果是极端苛刻的，变形主角的身份在变形前后呈现巨大的反差，鼓的形貌显示其曾位列神圣世界的顶端，因为钟山是权威执掌者黄帝时常活动的圣地之一，而变形之后的"䳜鸟"与普通的"人面鸮""鸣蛇""镎于毋逢之山的大蛇"均显示出"见则如大旱"的物占灾异效果，惩罚促使鼓从形貌到能力，都发生了本质性颠覆，从地位较高的神祇退化为普通动物，是从神圣世界被迫跌落到大自然中，甚至堕落为先民深恶痛绝的祸害，足见惩罚型变形带来的严重后果。文献（3）所述事件，可视作文献（1）萃取的变形事件的前奏或铺垫。此外，从神话生成逻辑来看，鼓、钦䲹杀祖江的变形神话，实际是远古时代部族之间相互征战、夺权的遗存物，鼓为炎帝后裔，其属臣工钦䲹自然归属炎帝阵营，而祖江作为黄帝麾下臣工，自然代表着黄帝，故诸神混战，本质是黄帝、炎帝之战。

（二）危与贰负

（1）贰负之臣曰危。危与贰负杀窫窳，帝乃梏之疏属之山，桎其右足，反缚两手与发，系之山上木，在开题西北。

——《山海经·海外西经》②

（2）贰负之尸在大行伯东。

——《山海经·海内北经》③

（3）鬼国在贰负之尸北，为物人面而一目。一曰贰负神在其东，为物人面蛇身。

——《山海经·海内北经》④

---

① （汉）许慎撰，陶生魁点校：《说文解字》卷4上，中华书局2020年版，第123页。
② （晋）郭璞传，（清）郝懿行笺疏：《山海经笺疏》卷11，《郝懿行集》，齐鲁书社2010年版，第4932—4933页。
③ （晋）郭璞传，（清）郝懿行笺疏：《山海经笺疏》卷12，《郝懿行集》，齐鲁书社2010年版，第4943页。
④ （晋）郭璞传，（清）郝懿行笺疏：《山海经笺疏》卷12，《郝懿行集》，齐鲁书社2010年版，第4944页。

(4) 北海之内，有反缚盗械，带戈常倍之佐，名曰相顾之尸。

——《山海经·海内经》①

(5) 孝宣帝时，击磻石于上郡，陷得石室，其中有反缚盗械人。时臣秀父向为谏议大夫，言："此贰负之臣也。"诏问何以知之，亦以《山海经》对。其文曰："贰负杀窫窳，帝乃梏之疏属之山，桎其右足，反缚两手。"上大惊，朝士由是多奇《山海经》者，文学大儒皆读学以为奇，可以考祯祥变怪之物，见远国异人之谣俗。

——《上〈山海经〉表》②

(6) 汉宣帝时，有人于疏属山石盖下得二人，俱被桎梏，将至长安，乃变为石。宣帝集群臣问之，无一知者。刘向对曰："此是黄帝时窫窳国负贰之臣，犯罪大逆，黄帝不忍诛，流之疏属山。若有明君，当得出外。"帝不信，谓其妖言，收何系狱。其子歆自出应募以救其父，曰："须七岁女子以乳之，即复变。"帝使女子乳，于是复为人，便能言语应对，如刘向之言。帝大悦，拜向大中大夫，歆为宗正卿。诏曰："何以知之？"歆曰："出《山海经》。"

——《独异志》卷上③

《山海经》中与桎梏有关的文本共有 2 处，一处与蚩尤有关，另一处与危、贰负有关。贰负是古神话的天神，形貌如文献（3）所述，为人蛇共生型神祇，危是贰负之臣，如文献（1）所述，二人联手谋杀了黄帝之臣窫窳。贰负与危神话与后文将提及的鼓与钦䲹神话情节极为相似，均是主臣联合行凶受到了黄帝的惩罚，帝之惩罚方式的不同，导致两个神话归属不同的变形类型，此节主要讨论贰负与危的变形。

贰负与危神话，最早见于《山海经·海外西经》，如文献（1）所述主要涉及黄帝、贰负、危、窫窳四个人物。神话情节脉络为贰负、危二人因犯上作乱，在黄帝经常活动的疏属之山，杀害了黄帝臣下窫窳，作为权威执掌者的黄帝难以姑息叛乱之臣，遂对二人实施了严厉惩罚。关于黄帝对危的惩罚，所涉文献始终含糊其辞，未能明确，但依据文献（2）、

---

① （晋）郭璞传，（清）郝懿行笺疏：《山海经笺疏》卷 18，《郝懿行集》，齐鲁书社 2010 年版，第 5029 页。

② （晋）郭璞传，（清）郝懿行笺疏：《山海经笺疏》附录，《郝懿行集》，齐鲁书社 2010 年版，第 5141 页。

③ 袁珂、周明编：《中国神话资料萃编》，四川省社会科学院出版社 1985 年版，第 78 页。

（3）、（4），依然能有所判断。

　　文献（2）、（3）提及的"贰负之尸"四字承载了巨大的信息量，纵览《山海经》全文，但凡尸者，均是遭戮之后或非自愿而卒的惨淡景象，如"奢比之尸""夏耕之尸""帝女之尸"等，由此推测，帝可能已对叛神贰负处以死刑。主犯或已死，从犯死罪可免，活罪难逃，黄帝对危的惩罚，文献（1）直言不讳，言危遭到囚禁，桎梏加身，《说文》六上木部云："桎，足械也。"①"梏，手械也。"② 械，指刑具，描摹了危被刑具锁住右脚，双手反向被缚之态。郭璞注文献（1）时曰："汉宣帝使人上郡发磐石，石室中得一人，跣踝被发，反缚，械一足，以问群臣，莫能知，刘子政按此言对之，宣帝大惊，于是时人争学《山海经》矣。"③ 从郭璞对文献（1）的注解可以判断，其所持观点为被束缚于山上和后人从石室中寻得者只有危一人，故其《山海经图赞》径云："汉击磻石，其中则危。"④ 这种观点有待商榷，要联系《山海经》的相关文本方能得出结论。

　　吴任臣注文献（4）"反缚盗械"时曰："又《汉纪》云：'当盗械者皆颂系。'注云：'凡以罪着械，皆得称盗械。'"⑤ 郭璞遂据此意解下文"相顾之尸"为"亦贰负臣危之类"⑥，言下之意即此处的"反缚盗械"是泛指而非确指，与文献（1）之间并未存有直接关系。袁珂则认为文献（1）、（2）关系密切，当是贰负与危神话之异文。后者的观点可从，证据有三。其一，文献（4）中"反缚盗械"说明了主体双手反向被缚的特征，与危受刑时状貌相符；其二，"带戈常倍之佐"符合二人合力反叛之事；其三，"相顾之尸"四字，意味深长，"相顾"为郭璞解作"并贰负亦俱械也"，可看出郭璞实际上也承认了两条文献之间关系。此外，"相顾之尸"还存有其他可能性状况，因"相"有辅佐、帮助之意，"顾"有关心、照顾之意，乃委婉传达了贰负、危二叛神并肩作战过程中，主臣二人生死与共、守望相助的情态。3条论据均指向文献（1）、（4）存有的紧密联系，"相顾之尸"指贰负与危二人。无论如何，由文献（1）到

---

① （汉）许慎：《说文解字》卷6上，中华书局1963年影印本，第125页下栏。
② （汉）许慎：《说文解字》卷6上，中华书局1963年影印本，第125页下栏。
③ （晋）郭璞传，（清）郝懿行笺疏：《山海经笺疏》卷11，《郝懿行集》，齐鲁书社2010年版，第4932—4933页。
④ 袁珂编著：《中国神话传说词典》，上海辞书出版社1985年版，第158页。
⑤ （清）吴任臣撰，栾保群点校：《山海经广注》卷18，中华书局2020年版，第531页。
⑥ 周明辑撰：《山海经集释》卷18，巴蜀书社2019年版，第548页。

（4），可以判断《山海经》已言明了贰负、危被黄帝惩罚的结局，也隐晦表明贰负或死或被囚禁的命运，而危则遭受了刑罚。

关于贰负受刑之事，并未因此落下帷幕，他还一直存活到汉宣帝时期，见于文献（5）的汉刘秀（即刘歆）所言其父刘向的经历，汉代石室中曾发现"反缚盗械"之人，刘向认为此人的身份为危，众人惊讶发问，刘向便讲述《山海经》的相关记载，可看作是《山海经》贰负、危变形神话的再次敷衍，乃博物君子侈谈神怪的体现。

然而文献（4）提及的"相顾之尸"总予人无比想象空间，为次生态神话不断演绎，唐代李冗《独异志》续写贰负、危仅被桎梏加身、禁足石室，后被人于疏属山中发现，带回了长安，二人途中再次变形为石，而"七岁女子以乳之"后，又再变形为人。相关变形情节的增加，可视作文献（5）刘秀《上〈山海经〉表》的演化。颇值一提的是，文中已明确提及"黄帝时窫窳国负贰之臣"，且言及"二人"，符合文献（4）所指，足见后世的敷衍是契合《山海经》本事的。而后世的诸多民间流传异文，亦都以为贰负、危曾受刑于石室，后经历数次变形又重生。

无论如何，出自《山海经》的文献（1）、（2）、（3）、（4）就贰负与危事件的原始叙述，只言及惩罚之始，未提及变形之末，然根据神话本事的发展演变，仍可根据结果将其纳入惩罚式变形。

第三节　牵连型变形

牵连型变形的涉事主人公，通常都处于被动情境中，其已全然丧失对自我生命历程的掌控，往往无辜受到牵连，罹陷险境或争端，非愿而死，亦非愿变形而再生，《山海经》中的窫窳变形为龙首就属此类，详悉如下。

(1) 贰负之臣曰危。危与贰负杀窫窳，帝乃梏之疏属之山，桎其右足，反缚两手与发，系之山上木，在开题西北。
——《山海经·海外西经》[1]

(2) 开明东有巫彭、巫抵、巫阳、巫履、巫凡、巫相，夹窫窳

---

[1] （清）郝懿行撰，栾保群点校：《山海经笺疏》卷11，中华书局2021年版，第208—209页。

之尸，皆操不死之药以距之。窫窳者，蛇身人面，贰负臣所杀也。

———《山海经·海内西经》①

（3）有木，其状如牛，引之有皮，若缨黄蛇。其叶如罗，其实如栾，其木若蓲，其名曰建木。在窫窳西弱水上。

———《山海经·海内南经》②

（4）又北二百里曰少咸之山，无草木，多青碧。有兽焉，其状如牛而赤身，人面马足，名曰窫窳，其音如婴儿，是食人。

———《山海经·北山经》③

（5）有窫窳，龙首，是食人。

———《山海经·海内经》④

（6）窫窳，龙首，居弱水中，在狌狌知人名之西。其状如龙首，食人。

———《山海经·海内南经》⑤

文献（1）、（2）叙述了窫窳被贰负、危二神无辜杀害之事。根据文献（2）、（3）所指，窫窳本是"蛇身人面"的共生型神祇，其神职所辖地域，靠近建木、若水，据其司职的地域范围，足见其与帝神关系密切。建木是神话世界中的神树，生长于神话中心地域，是沟通天地空间的物质媒介。据《淮南子·地形训》所言："建木在都广，众帝所自上下，日中无景，呼而无响，盖天地之中也。"⑥可见，建木本是作为神话世界内连接天地的天梯，提供给诸位帝神交通上下之用。同时，弱水则蜿蜒于昆仑山下，因"鸿毛不能起"⑦之奇性而得名，弱水除不胜鸿毛之外，亦深不见底，不易前往，见于《史记·大宛传》索隐引《舆地图》云："昆仑弱水，非乘龙不至。"⑧又《艺文类聚》八卷引郭氏赞云："弱出昆山，鸿

---

① （清）郝懿行撰，栾保群点校：《山海经笺疏》卷11，中华书局2021年版，第214页。
② （清）郝懿行撰，栾保群点校：《山海经笺疏》卷10，中华书局2021年版，第205—206页。
③ （清）郝懿行撰，栾保群点校：《山海经笺疏》卷3，中华书局2021年版，第70页。
④ （清）郝懿行撰，栾保群点校：《山海经笺疏》卷18，中华书局2021年版，第282页。
⑤ （清）郝懿行撰，栾保群点校：《山海经笺疏》卷10，中华书局2021年版，第205页。
⑥ 刘文典撰，冯逸、乔华点校：《淮南鸿烈集解》卷4，中华书局2013年版，第136页。
⑦ 颜师古注《汉书·西域传》引《玄中记》云："昆仑之弱水，鸿毛不能起也。"参见王先谦补注《汉书补注》，商务印书馆1959年版，第5471页。
⑧ （汉）司马迁：《史记》卷123，中华书局1982年版，第3164页。

毛是沈。北沦流沙，南映火林，惟水之奇，莫测其深。"① 而昆仑山不仅是众帝神的固定居所，也是神话世界之"脐"，在地域空间上处于核心位置，窫窳所辖地区系出于建木、若水附近，则指其神位尊贵，在窫窳变形之前，当是直接听命于帝神的臣工，且备受帝神重用，故其直接管辖帝神居所。

文献（4）、（5）、（6）中，窫窳均以变形后的怪兽形象出现，具有食人的恶性，且与《尔雅·释兽》记载的高大魁梧的神兽猰㺄特征相同，"魋颓"条释文曰："猰㺄，类貙，虎爪，食人，迅走。"② 况且，窫、猰二字，以及窳、㺄、貐、貐四字兼属同声音转，故《文选》注中作猰㺄，《淮南子·本经训》中作猰㺄，俱与《山海经》的窫窳为同物异名。

6条文献记载了窫窳完整的变形过程，即神祇—被杀—死亡—变形—再生，最终变形为作恶的龙首，极具悲剧色彩。前文惩罚型变形中已论述贰负、危主臣二人谋反之事，这场主上及其臣工的叛乱之战，无端牵连了司职于疏属之山的黄帝臣工窫窳，致其受死变形。事件伊始，贰负、危的谋反行动点燃了导火索，一众神巫亲身辅助了变形过程，黄帝作为变形事件的主导者，对窫窳的非愿变形起着推波助澜的作用，文献（3）中，窫窳无辜惨死之际，黄帝曾命巫彭、巫抵、巫阳、巫履、巫凡、巫相六位神巫"操不死药"对其竭力抢救，望其复生。神巫的职责有沟通天地、宣布神旨、传达民情等，这在《山海经·大荒南经》中得以明确，文曰"有灵山，巫咸、巫即、巫盼、巫彭、巫姑、巫真、巫礼、巫抵、巫谢、巫罗十巫，从此而降，百药爰之。"③《说文》一部上云："灵，巫也，以玉事神。"④ 如此，灵山即巫山，既是群巫聚居往来之地，又是百药种植园，文献（5）提及的"不死药"应产自此地。毫无疑问，在早期中国，神巫的职责还涉及行医救人、制药炼丹等，因为巫医本就一体，以致在窫窳变形事件中，一众神巫亲力亲为，对窫窳施行采药疗死的拯救行动，且在医治窫窳过程中，更随意调用天帝专属的"不死药"，显然是黄帝直接授权，以全力挽救因帝神牵连而无辜遭杀的臣下。

---

① （晋）郭璞传，（清）郝懿行笺疏：《山海经笺疏》卷16，《郝懿行集》，齐鲁书社2010年版，第5000页。
② （晋）郭璞注，周远富、愚若点校：《尔雅》（卷下），中华书局2020年版，第233页。
③ （清）郝懿行撰，栾保群点校：《山海经笺疏》卷16，中华书局2021年版，第257—258页。
④ （汉）许慎：《说文解字》卷1上，中华书局1963年影印本，第13页。

贰负、危是叛神之神，二人合力挑衅黄帝权威，以斩杀窫窳来警示黄帝，黄帝终于勃然大怒，惩戒二人，又极力挽救自己的臣下。然而，世间万物也并非会全然臣服于黄帝的权威，并始终受其控制，虽经群巫合力救治，窫窳依旧变形为毛骨悚然、贻害生灵的怪兽，究其原因，似乎源于窫窳无辜受到牵连，无法接受自己由神人堕落为"四不象"的事实，死有不甘，心有所怨，以致变形后堕落为食人恶兽，报复并反抗着命运的不公。

第四节　避险型变形

避险型变形的主人公，通常身上都熠熠闪耀着真、善、美的人性光辉，生活波澜、命途多舛。但当其身涉险境或遭受恶人陷害之际，常能得到神祇的庇佑，神祇或直接出手相助，或赠予其宝物，在千钧一发、扣人心弦之际，主人公能凭借宝物变形为异类，成功躲避恶人的伤害，在脱离险境或危机彻底解除之际，主人公又能迅速恢复血肉之躯，继续日常生活。兹分析如下。

（1）有虞二妃者，帝尧之二女也，长娥皇，次女英。
　　　　　　　　　　　　　　　　——《列女传·有虞二妃》①
（2）舜服厥弟，终然为害；何肆犬体，而厥身不危败？
　　　　　　　　　　　　　　　　——《楚辞·天问》②
（3）瞽叟与象谋杀舜，使涂廪，舜告二女。二女曰："时唯其戕汝，时唯其焚汝，鹊如汝裳衣，鸟工往。"舜既治廪，戕旋阶，瞽叟焚廪，舜往飞。复使浚井。舜告二女。二女曰："时亦唯其戕汝，时其掩汝，汝去裳衣，龙工往。"舜往浚井，格其入出，从掩，舜潜出。
　　　　　　　　——《楚辞·天问》洪兴祖补注引古本《列女传》③

---

① （清）王照圆撰，虞思徵点校：《列女传补注》卷1，华东师范大学出版社2012年版，第1页。
② 游国恩主编：《天问纂义》，中华书局1982年版，第284页。
③ （宋）洪兴祖补注：《楚辞补注》，凤凰出版社2007年版，第91—92页。

第三章　先秦神话的功能型变形叙事

舜，亦称虞舜，旧说虞是舜的封地，因以为舜之称号，《说文》云："虞舜居姚虚，因以为姓"①，可见，姚是舜的姓氏。如文献（1）所述，舜有二妻，是帝尧之女娥皇与女英，《尚书·尧典》《孟子》等书中亦记载尧嫁二女于舜之事。尧与二妃神话除前文已述的湘妃泪化斑竹外，就是二女助舜战胜其弟恶象之事，见于文献（2）、（3）。闻一多先生《天问疏证》案曰："舜弟曰象，即长鼻兽之象"②，可见尧弟象通过人格化变形，由舜的继母携带入家，居心叵测的象，为谋夺舜美丽的二妻与财产，与继父瞽叟合谋，无所不用其极，积极策划并主导了一系列针对舜的迫害行动。文献（2）所言，天性纯良、孝顺的舜"终然为害"。所幸舜有聪慧的二妻为其出谋划策，如文献（3）所述，舜在二妻的提点下，变形避难。在第一次迫害行动中，瞽叟与象乘舜维修谷仓之际，抽取梯子，纵火焚仓，幸而舜听从二妻嘱咐，乃"鹊如汝裳衣，鸟工往"，此处"鹊"通"去"，"衣"为名词活用为动词，表穿，"鸟工"则指鸟形彩纹的衣服，即舜脱掉自己的旧衣服，穿上鸟形彩纹的服饰，一瞬间变形为大鸟展翅高飞，成功从险境中逃脱。在紧随其后的第二次迫害行动中，舜父瞽叟与弟象借其"浚井"的时机，为祸之心再起，欲将舜活埋于井底，还好二妻未雨绸缪，令其"衣龙工往"，祸从天降之际，舜即刻穿上龙形彩纹的衣服，于石块泥沙的掉落中，舜一刹那变形成为金光闪闪的龙，从井底潜遁而出。舜曾变形为鸟振翅欲飞，变形为龙遁地飞天，目的只在于躲避灾祸，求得平安，保全性命，当属避险型变形，有关舜弟象，是有待深入讨论的，《山海经》中与象有关的记载共有5处，即：

（4）东五百里曰祷过之山。其上多金、玉，其下多犀、兕，多象。

——《山海经·南次三经》③

（5）赤水之东，有苍梧之野，舜与叔均之所葬也。爰有文贝、离俞、鸱久、鹰、贾、委维、熊、罴、象、虎、豹、狼、视肉。

——《山海经·大荒南经》④

---

① （汉）许慎撰，陶生魁点校：《说文解字》卷12下，中华书局2020年版，第404页。
② 闻一多：《闻一多全集》第5卷，湖北人民出版社1993年版，第592页。
③ （清）郝懿行撰，栾保群点校：《山海经笺疏》卷1，中华书局2021年版，第13页。
④ （清）郝懿行撰，栾保群点校：《山海经笺疏》卷15，中华书局2021年版，第247—248页。

(6) 舜葬苍梧，象为之耕。

——《论衡·偶会篇》①

文献（4）中，象作为名词，是以野生动物的形象出现的，然郭璞为其作注时，却仿佛别有深意，曰："象，兽之最大者，长鼻，大者牙长一丈，性妒，不蓄淫子。"② 注释前半句是对动物象形貌和特性的描述，而后半句却是对人情人性的评判，"妒"，表妒忌之意；"蓄"，具有积聚、储存、拥有之意；"淫"，表过分、无节制；"子"，是古代对男子的尊称，即是述说作为普通人的象性格中潜伏着善于妒忌的不安成分，但据总体而论，仍属于有节制、有分寸之人。而观察神话提及的"象"，则是拟人化的动物变形体，见于前文《楚辞·天问》虞舜及其弟弟象的相关记载。文献（5）是《山海经》中唯一一处同时出现舜、象二名的文献，然文献只提及舜与叔均葬于苍梧野地之事，并未述及舜、象两兄弟的交往。文献（6）所述内容同于文献（5），唯添加了舜死后，时常有野象替其祀田之事，两条文献似乎在隐晦透露出舜、象二者的微妙关系，与晋郭璞的注释弥合，舜的弟弟象的名字由来，应是据长鼻子大耳朵的野生动物象想象而来，此说可从下述文献中寻得答案。即：

(7) 舜封象于有鼻。

——《汉书·武五子传·昌邑哀王髆》③

(8) 象敖终受有鼻之封。

——《后汉书·袁绍刘表列传·袁谭》④

(9) 鼻亭神在营道县北六十里。故老传云，舜葬九疑，象来至此，后人立祠，名为鼻亭神。

——《史记·五帝本纪》正义引《括地志》⑤

(10) 始兴有鼻天子冢，鼻天子城，昔人不明为何人，乃象冢也。

——《路史·辩帝舜冢》⑥

---

① 黄晖：《论衡校释》卷3，中华书局1990年版，第103页。
② （晋）郭璞传，（清）郝懿行笺疏：《山海经笺疏》卷1，《郝懿行集》，齐鲁书社2010年版，第4686页。
③ （汉）班固：《汉书》卷63，中华书局1962年版，第2770页。
④ （南朝宋）范晔：《后汉书》卷74下，中华书局1965年版，第2413页。
⑤ （汉）司马迁：《史记》卷1，中华书局1982年版，第45页。
⑥ 袁珂选译：《神话选译百题》，上海古籍出版社1980年版，第146页。

上述四条文献是有关舜弟象封地、葬所与神祠的记载，所有文献都见"鼻"，"鼻"作为野生动物大象最具标示性的器官，辨识度极高，以"鼻"作为拟人化后的象之封地、葬所，乃至神祠封号，无疑都很合适。联系前文《山海经》郭璞注对象秉性的界定，以及《楚辞·天问》中舜、象斗争之事，可大胆推导出结论，舜、象斗争的原始形态，似乎始于虞舜驯服野象之事。

当然，从文字学的角度观照，舜、虞二字都具有猎人之意。《周易·屯卦》六三曰："即鹿无虞，惟入于林中。"[1] 意为狩鹿之际，倘若没有猎人为向导，就会迷失于森林之中。此处的"虞"有猎人之意，与前文所提"虞"表舜的封地，存巨大差异，按此说法，"舜"之称呼"虞舜"实际已表明舜的猎人身份。至于"象"，本身即是长鼻子动物象的称名，故舜、象斗争神话的隐喻含义当指猎人与动物间的斗争。再联系尧许二女予舜的神话情节单元，即勇敢善良、正直孝顺的猎人舜感动了帝尧，故帝尧放勋将聪慧的二女许配给猎人，猎人在二女帮助下，终将狡黠凶悍的野生动物象擒获并驯服，使其协同劳作。此为从文字学角度探索到的该神话生成线索，触及舜、象斗争神话的隐喻含义，该神话的本事与隐喻含义互为表里，使各神话情节单元逻辑自洽。

舜、象斗争神话在后世不断被敷陈，神话情节不断递嬗，人物不断增加，《史记·五帝本纪》就叙述以尧、瞽叟、瞽叟后妻、舜、象、二妃、舜九子为主体的系列家庭故事，该文本保留了舜父瞽叟、继母苛待舜，以及尧许二女于舜的两大情节单元，文曰："舜父瞽叟盲，而舜母死，瞽叟更娶妻而生象，象傲。瞽叟爱后妻子，常欲杀舜，舜避逃；及有小过，则受罪。"[2] 另云："尧乃赐舜絺衣，与琴，为筑仓廪，予牛羊。瞽叟尚复欲杀之，使舜上涂廪，瞽叟从下纵火焚廪。舜乃以两笠自扞而下，去，得不死。后瞽叟又使舜穿井，舜穿井为匿空旁出。舜既入深，瞽叟与象共下土实井，舜从匿空出，去。瞽叟、象喜，以舜为已死。"[3] 在此基础上，又敷衍"难题考验""难题试婚"等情节，重点增加了舜克服困难，接受尧考验的成长成才史，言舜因孝名在外、友爱兄弟而得到尧的赏识，便许配

---

[1]（魏）王弼等注，（唐）孔颖达等正义：《周易正义》卷1，（清）阮元校刻《十三经注疏》，中华书局1980年影印本，第20页上栏。

[2]（汉）司马迁：《史记》卷1，中华书局1982年版，第32页。

[3]（汉）司马迁：《史记》卷1，中华书局1982年版，第34页。

二女给舜为妻，让尧之九子与舜为友，在生活及其他方面给予舜帮助，舜果然不负众望，通过自己的努力，使其居住地欣欣向荣，文言："一年而所居成聚，二年成邑，三年成都。"① 舜终于成就了粲然功业。虽然，《史记·五帝本纪》也叙述了瞽叟及其妻、其幼子象屡次迫害舜，妄想霸占二女、房屋什物等，但此类情节单元，纵使也对原生态神话的情节、人物有因袭，但却在很大程度已摆脱原始神话的质朴思想，融入家庭伦理观念，强调父慈子孝、兄友弟恭等，更缺失了舜变形为"鸟工""龙工"的神异情节，当属史官笔法作用下的神话历史化体现。

---

① （汉）司马迁：《史记》卷1，中华书局1982年版，第34页。

第四章

先秦神话的情感型变形叙事

情感（emotion），是指人针对外界刺激产生的肯定或否定的心理反应，常表现为喜欢、愤怒、悲伤、恐惧、爱慕、厌恶、害羞、羞耻、惊吓等情绪特征。所谓情感型变形，是指神话中变形行动者在某种突如其来的危难情境中，受到各种强烈情感因素的作用或刺激之后，深陷主观情感的深渊中难以自拔、自愈，由此滋生出失望、愤懑、仇恨、敌对、惭愧等种种复杂的情绪，于是为实现某种未达成的愿望而进行的自愿或非自愿的变形，此种受情感驱动的变形，往往表现出强烈的个性化色彩或是反抗情绪。依据先秦神话中情感变形表达的叙事内容及其生成方式，可将其划分为复仇型变形、忧懑型变形、惭惧型变形、弥补型变形四种亚型。

第一节　复仇型变形

仇恨，是人类因遭受迫害而滋生的一种负面情绪，在此种强烈的、甚至是破坏性的主观情感驱动下，情感主体往往会因强烈不满或受尽伤害而采取行动，通过复仇来保护、捍卫自身权益，以此寻求心灵的平衡与慰藉。复仇型变形依据上述的情感规律生成，变形行动者往往身处弱势，在无辜受害后，饱含愤懑情绪，其死后通过变形复仇，悲壮惨烈之余，令人满怀遗憾，唏嘘不已，《山海经》《博物志》等记载的精卫填海神话即属此类。

（1）又北二百里曰发鸠之山，其上多柘木。有鸟焉，其状如乌，文首白喙赤足，名曰精卫，其鸣自詨。是炎帝之少女，名曰女娃。女娃游于东海，溺而不返，故为精卫，常衔西山之木石，以堙于东海。

漳水出焉，东流注于河。

——《山海经·北次三经》①

（2）有鸟如乌，文首，白喙，赤足，曰精卫。故精卫常取西山之木石，以填东海。

——《博物志·异鸟》②

（3）昔炎帝女，溺死东海中，化为精卫，其名自呼。每衔西山木石，以填东海，怨溺死故也。海畔俗说，精卫无雄，偶海燕而生子。生雌状如精卫，生雄如海燕。今东海畔，精卫誓水处犹存。曾溺于此川，誓不饮其水。一名誓鸟，一名冤禽，又名志鸟，俗呼为帝女雀。

——《述异记》卷上③

文献（1）所载精卫填海神话，情节简单，叙述却相当完备，如前所述，可将其看作炎帝之女死后回归氏族鸟图腾，当属于图腾型变形。但是如克洛德·列维-斯特劳斯《结构人类学》所言："一部神话绝不应只在一个层面上诠释。最佳的解释是没有的，因为任何神话在本质上都是在数个解释层面之间结成的关系。"④ 无法否认，先民在饱含冤屈死亡的帝女精卫身上，凝结着沉重情感，故此处将其纳入情感型变形，再次进行讨论。

文献（2）是西晋张华依据先秦精卫原始神话阐释而成的，属于次生态神话，对小鸟精卫的形貌、生活习性做出了具体深入的描述，将小鸟精卫口衔木石的填海行动与凝重的复仇情绪相联系，谱写了感人至深的变形神话。可以想象，灵动活泼的女娃兴致勃勃地到东海游泳，尽情享受快乐之际，却意外溺亡，娇小可人的帝女最终消失在大海深处，女娃的怨愤之情可想而知，于是精魂不死，变形为愤怒的小鸟，从西山口衔木石填海，以表达不满。

恩斯特·卡西尔《符号·神话·文化》提出："神话不仅是人类文化中的一种过渡性因素，而且还是永恒性因素。人并不是完全理性的动物，

---

① （清）郝懿行撰，栾保群点校：《山海经笺疏》卷3，中华书局2021年版，第85—86页。
② （晋）张华撰，范宁校证：《博物志校证》卷3，中华书局2014年版，第37页。
③ 李剑国辑释：《唐前志怪小说辑释》，上海古籍出版社2011年版，第8页。
④ ［法］克洛德·列维-斯特劳斯：《结构人类学》，张祖建译，中国人民大学出版社2006年版，第83页。

他现在是而且将来仍会是一种神话的动物,神话是人类本性的组成部分。"① 孱弱的小鸟充满愤怒之情,试图口衔木枝,以填大海,这种行动虽然自不量力,却借精卫的行动,表达了原始初民试图征服自然的决心。须知,在榛莽之境中,生产力水平极端低下,人类改造自然的能力比较薄弱,在大自然突如其来的灾难面前,初民开始深感自身力量渺小,既会深感茫然无助,又会产生对大自然的反抗情绪,及此,初民将诸多复杂情绪寄托在神话中,愤怒的小鸟实际上是力量薄弱的原始初民的化身,小鸟精卫的无力感、愤怒、反抗、坚持等,实际是原始初民情感本性、思维特征的表露。此种心理在人类历史发展进程中,始终如一,古今皆同,无论是蛮荒的远古时代,或是在现代社会,人类本能的情感,在思维或外界环境等因素的综合作用下,常会冲破理性的樊篱,似汹涌的洪水,轰然而出,无法停滞,因此,此种感性、直观的情绪,在类比思维作用下,被投射到自然神话中。当然,这种浓烈的复仇情绪和坚持不懈也显现了人类坚毅的品质,如同《列子·汤问》的愚公精神,矢志不渝,即使显得自不量力,也要勇敢尝试,是人类自尊自信与自强不息奋斗精神的体现。

　　南梁任昉《述异记》将帝女精卫命名为"帝女雀",如文献(3)所述,是对《山海经》《博物志》内容的扩充,保留了帝女在东汉溺亡的情节,又新增汉代以来神话、志怪小说创作的伉俪化倾向,帝女不再未行而卒,而是拥有了配偶海燕与孩子,不再形单影只,而是与家人协作,将复仇事业进行到底。文献(3)作为《山海经》精卫填海的衍生型神话,更突出了神话的现实意义,也凸显了神话发展的趋势。恰如李炳海所言:"中国古代神话由原生态向次生态演变的过程中,出现集中值得注意的趋势……许多原生态神话中的独身精灵,有了自己的配偶。神话演变过程中出现了伉俪化倾向,有的一目了然,非常明显,有的比较隐晦,处于潜藏状态。"②《述异记》中精卫配偶海燕的登场,便是神话发展过程中伉俪化倾向的具体体现。

　　精卫填海的复仇型变形神话,为古代文学复仇主题书写提供了原型,当然,诸多作品所表达的复仇情绪,多出现于女性、老者、孩童等弱势群体身上,从漫长的奴隶社会、封建社会乃至今日,与老弱病残等弱势群体

---

　　① [德]恩斯特·卡西尔:《符号·神话·文化》,李小兵译,东方出版社1988年版,第194页。
　　② 李炳海:《从神坛灵域走向人间世俗——再论中国古代神话演变的基本趋势》,《社会科学战线》2003年第4期。

相伴相生的，往往是艰难与苦痛，在压抑的情绪下，古老神话反映了弱势群体的竭力反抗，使他们成为复仇型变形的行动元，前仆后继，体现着人类自强不息的精神力量。

第二节 忧懑型变形

忧懑，依据字面所释，是忧伤、愤懑等情感的叠加。忧懑型变形的主人公，常常因为满腹愁肠难以疏解，郁郁寡欢，在遭遇横祸或因人牵连后，忽然死亡，但含恨而终的神话主人公，却不似复仇型变形的行动者那般，有激烈反抗情绪，在死后迅速变为异类，用复仇行动对抗个体毁灭的冤屈，而是选择安静的变形方式，让自己身体的某个部分显现出异常特征，可看作人死后的局部变形。与此同时，主人公的怨恨、郁结情绪一望而知，此种绝望，更能激起世人同情，举例如下：

(1) 苌弘死于蜀，藏其血三年而化为碧。

——《庄子·外物》[1]

(2) 周灵王时，苌宏见杀。蜀人因藏其血，三年乃化而为碧。

——《搜神记》卷11[2]

(3) 苌弘忠而流，故其血不朽而化为碧也。

——《太平御览》卷809引司马彪注[3]

(4) 是时苌弘以方事周灵王，诸侯莫朝周，周力少，苌弘乃明鬼神事，设射狸首。狸首者，诸侯之不来者，依物怪欲以致诸侯，诸侯不从，而晋人执杀苌弘。

——《史记·封禅书》[4]

文献(1)、(2)、(3)、(4)共同叙述了周灵王时忠臣苌宏（也作苌弘），其因事所累，后忧怨而死，蜀国民众藏其血三年，苌宏血液不仅不腐，颜色也由血红色渐变为青绿色，属于人因意外死亡后，身体某个部位

---

[1] 陈鼓应注译：《庄子今注今译》，中华书局2007年版，第702页。
[2] （晋）干宝撰，汪绍楹校注：《搜神记》，中华书局1979年版，第131页。
[3] （宋）李昉等撰：《太平御览》卷809，中华书局1995年影印本，第3594页下栏。
[4] （汉）司马迁：《史记》卷28，中华书局1982年版，第1364页。

的局部变形。其中，文献（1）应是"苌弘（宏）化碧"的本事，"碧"原指青白色的玉石，后来引申为浅蓝色或青绿色。忠臣之心，日月可鉴，忠臣之血，亦如碧海青天一般，清明敞亮。文献（1）、（2）同述苌宏死后，蜀人藏血之事，可自然而然联想到前文所述的褒国二君变形的神话情节，二君变形为雌雄二龙后死亡，褒人藏龙漦，二龙的涎沫再变形为玄鼋重生。两则神话的变形逻辑相似，只不过前者纳入忧懑型变形，后者归属图腾型变形，但却共同指向死后再生的美好寄托。当然，苌弘（宏）化碧、龙漦化玄鼋两个变形神话又兼具巫术型变形性质，符合詹姆斯·弗雷泽《金枝》所言的相似律，这种相似律存在于变形行动者与其所变之物，后者延续着前者的品性特征。文献（3）强调了苌弘的"忠"死之况。文献（4）叙说了苌弘死因，二者可看作后世神话对文献（1）的进一步敷衍。

除却上述文献提及，汉晋典籍就苌弘其人、其事多有提及，但各书所记苌弘之事常相互抵牾，有着重记其职事内容者，譬如《淮南子·氾论训》曰："昔者苌弘，周室之执数者也，天地之气，日月之行，风雨之变，律历之数，无所不通，然而不能自知，车裂而死。"[1] 注云："苌弘，周宣王之大夫。"叙苌弘执掌天文、历法、数术之学，属史官职事范畴。又《史记·封禅书》云："周人之言方怪者自苌弘。"[2] 表明苌弘其人好言殊方异类。然更甚者，乃多载录苌弘（宏）化碧的变形事件，但情节则各有不同，晋王嘉的《拾遗记·周灵王》曾进一步演绎变形情节，但所言内容大异其趣，文曰："故周人以苌弘幸媚而杀之，流血成石，或言成碧，不见其尸矣。"[3] 此情节单元与《庄子》《搜神记》等诸书所录的忠臣形象差异极大，但仍可以将其归属到情感变形行列。

第三节　惭惧型变形

惭惧，是惭愧、畏惧两种心理的叠加化合。伴随着社会不断进步，原始初民日渐从懵懂无知的黑暗岁月中成长，自我意识觉醒也初露端倪，表达害羞、愧疚、害怕等情感，标志着人类正逐步脱离天真幼稚的童年时

---

[1] 刘文典撰，冯逸、乔华点校：《淮南鸿烈集解》卷13，中华书局2013年版，第445页。
[2] （汉）司马迁：《史记》卷28，中华书局1982年版，第1364页。
[3] （晋）王嘉撰，（梁）萧绮录，齐治平校注：《拾遗记校注》卷3，中华书局1981年版，第74页。

代，大步迈向文明。此类情感表征也渐次渗入神话，使惭惧型变形神话生成。具体言之，所谓惭惧型变形，是指参与人变形为异类过程的主人公，在变形行为发生之前，是缺乏心理准备的，当其忽然需要面对出乎意外的情况，往往无所适从，难以接受眼前之事，此时，害怕、恐惧、羞愧等情绪会迅速升腾，导致其当前形体发生变形。此类变形的动机，或为逃避现实，是启动自我心理保护机制的体现，以大禹妻涂山氏为典型代表，相关文献罗列如下：

(1) 禹之力献功，降省下土四方，焉得彼嵞山女，而通之于台桑？闵妃匹合，厥身是继，胡维嗜不同味，而快鼌饱？

——《楚辞·天问》①

(2) 禹行功，见涂山之女，禹未之遇而巡省南土。涂山氏之女乃令其妾待禹于涂山之阳，女乃作歌，歌曰："候人兮猗"，实始作为南音。

——《吕氏春秋·音初》②

(3) 禹纳涂山氏女，曰娇，是为攸女。

——《世本·张澍稡集补注本·帝系篇》③

(4) 禹娶涂山氏女，不以私害公，自辛壬至甲四日，复往治水。

——《尚书·皋陶谟》注引《吕氏春秋》④

(5) 予（禹）创若时，娶于涂山。辛壬癸甲，启呱呱而泣，予弗子，惟荒度土功。

——《尚书·益稷》⑤

(6) 禹娶涂山氏之子，谓之女娲，是生启。

——《世本·雷学淇校辑本·帝系篇》⑥

---

① 游国恩主编：《天问纂义》，中华书局1982年版，第117—183页。
② 陈奇猷校注：《吕氏春秋新校释》卷6，上海古籍出版社2002年版，第338页。
③ （汉）宋衷注，（清）秦嘉谟等辑：《世本》卷4，《世本八种》，中华书局2008年版，第91页。
④ （清）孙星衍撰，陈抗、盛冬铃点校：《尚书今古文注疏》卷2，中华书局2004年版，第114页。
⑤ （汉）孔安国传，（唐）孔颖达等正义：《尚书正义》卷5，（清）阮元校刻《十三经注疏》，中华书局1980年影印本，第143页中栏。
⑥ （汉）宋衷注，（清）秦嘉谟等辑：《世本》卷4，《世本八种》，中华书局2008年版，第89页。

关于涂山氏变形为石头的神话，与禹、涂山氏二者合而终离的神话息息相关，故此处将二人"相遇—婚娶—相守—相离"的婚恋发展四部曲，按时间推移顺序，依次梳理，以明晰涂山氏化石之因由。

禹与涂山氏的相遇，始见于文献（2），《候人歌》作为杜文澜、闻一多、郭沫若等古今学者公认的中国古代第一首情歌，将涂山氏女娇盼禹、候禹的心情表露无遗，是中国古代爱情诗的滥觞，对"乐而不淫，哀而不伤"的《诗经》创作产生重要影响。禹与涂山氏的婚娶，如文献（3）所述，当然，这一过程在汉代赵晔《吴越春秋·越王无余外传》叙述得最为详细，前文图腾型变形的九尾狐论例中已引用，为避引文重复，此不复引。文中提及一个事实，即"禹三十未娶，行到涂山，恐时之暮，失其度制，乃辞云'吾娶也，必有应矣'"[①]。此处指出了一个事实，禹到了三十岁还尚未娶妻，他似乎怯于违背"古礼男子三十而娶"的制度，于是匆忙之中决定与涂山氏成婚。这种草率的婚姻动机为日后二人决裂埋下了伏笔。禹与涂山氏相守之际，时日短暂，文献（4）述说了禹与涂山氏新婚，然不出四日，禹即远行，继续关系天下苍生的治水大业。文献（5）、（6）简述了涂山氏生启之事。

上述神话不仅有文本记载，相关场景还在汉代被制作为图像，可见于山东莒县东莞汉墓出土1号画像石上，该图像（图25a）共有七层叙事组合空间，自上而下观察，在第五层空间中可以看到六个人物，每个人物左上角都附有榜题，左起第一个榜题名为"禹妻"，绘有母子二人，是涂山氏面对右方而坐，怀抱婴儿启的情景。左起第二个榜题名"夏禹"，是大禹面对右方站立，头戴斗笠，仿佛疾行的场景。此图像可谓是汉代画工为大禹、涂山氏、启三人绘制的"全家福"（图25b）[②]，该图像叙事完整，图中涂山氏怀抱幼子启，似在仰首眺望大禹的背影，大禹因忙于治水，正疾步前行，与《尚书》《吕氏春秋》等神话所载内容相合。此图像另有三个人物，左起第三人、第四人的榜题名为"汤王""汤妃"，夫妻二人面对面站立，第五人有榜无题，不能确知身份。相较于"汤王""汤妃"互相对望的画面，涂山氏一家三口的"全家福"略显悲凉，但此图像表现

[①]（东汉）赵晔撰，周生春辑校汇考：《吴越春秋辑校汇考》卷6，中华书局2019年版，第97—98页。

[②] 图25a为整体图、25b为局部图，录自刘云涛《山东莒县东莞出土汉画像石》，《文物》2005年第3期。

的三人离别场景，与传世文献记载是统一的。当然，山东莒县东莞汉墓1号画像石关于涂山氏一家的离别场景并非孤例，在徐州汉画像石馆藏有一幅东汉时期的《大禹治水图》，全画由三组人物构成，每组三人，图25c[①]展示了其中两组人物，画面左起第三人是掩面哭泣状，左起第五人怀抱婴儿，该图虽以大禹治水为题，但实则较多反映其家庭生活，联系相关神话图像、文本，此图像中哭泣或怀抱婴孩之人，应是不同状态下的涂山氏。

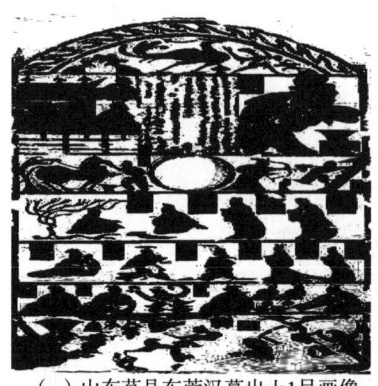

(a) 山东莒县东莞汉墓出土1号画像石的涂山氏、启、禹图像（整体图）

(b) 山东莒县东莞汉墓出土1号画像石的涂山氏、启、禹图像（局部图）

(c) 徐州汉画像石馆藏"大禹治水图"的涂山氏与启图像

(d) 河南登封汉画像石的大禹变形为熊图像

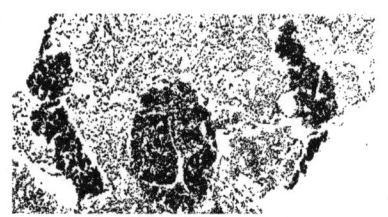

(e) 河南登封汉画像石的涂山氏变形为石生子图像

图25　涂山氏变形及其相关图像

---

① 图25c 为局部图，录自杨孝军《徐州新发现一批汉代画像石考释》，《四川文物》2005年第6期。

文献（4）、（5）、（6）俱指向一个事实，禹是优秀的氏族首领，肩负治水使命，但长久以来，只能舍小家而顾大家，大禹是疏于照顾妻儿的，启尚在襁褓之中，嗷嗷待哺，然大禹却因治水而缺位，无法照顾家庭，禹妻只能等待丈夫归来，望眼欲穿，并默默承受生活的艰辛，其无助之感，可想而知。出于对涂山氏的同情，《水经注》还撰写了其嫁给大禹为妻后，思念故国的情节，见《涑水》篇云："安邑，禹都也。禹娶涂山氏女，思恋本国，筑台以望之。今城南门，台基犹存。"①

大禹、女娇自"相遇—婚娶—相守"三个阶段，都体现着女方的婚姻不幸。一路走来，涂山氏的孤独凄苦显而易见，究其缘由，或与大禹身负治水大任，惟取大义而灭小情有关联，但参考闻一多先生考证，或另有隐情，可备一说。闻一多在《高唐神女传说之分析》一文中，谈及屈原《楚辞·天问》的"厥身是继，胡维嗜不同味，而快鼌饴？"认为此诘问的末句，"而快鼌饴"之"饴"应作"饱"理解，如此才能与前文中的"厥身是继"押韵，且"鼌""朝"为古今字，"鼌饴"即"朝食"②。言下之意，大禹与涂山氏女娇的婚姻，可能最初并非因爱结合，而只因男女及时，需生儿育女而婚娶，此种"嗜不同味"的婚姻，最终导致大禹、涂山氏分道扬镳。另有文云：

（7）禹娶涂山，治鸿水，通轩辕山，化为熊，涂山氏见之，惭而去，至嵩高山下化为石。禹曰："归我子！"石破北方而生启。
———《绎史》卷12注引《随巢子》③

（8）禹治鸿水，通轩辕山，化为熊，谓涂山氏曰："欲饷，闻鼓声乃来。"禹跳石，误中鼓。涂山氏往，见禹方作熊，惭而去，至嵩高山下化为石，方生启。禹曰："归我子！"石破北方而启生。
———《汉书·武帝本纪》颜师古注引《淮南子》④

文献（7）、（8）已清晰表述，随着大禹化熊、启母化石生子两次变形，禹与涂山氏终于走向决裂。这两次变形行动，也有神话图像与其呼

---

① （北魏）郦道元著，陈桥驿校证：《水经注校证》卷6，中华书局2007年版，第169页。
② 闻一多：《高唐神女传说之分析》，《闻一多全集》第9卷，湖北人民出版社1993年版，第837页。
③ （清）马骕撰，王利器整理：《绎史》卷12，中华书局2002年版，第158页。
④ （汉）班固：《汉书》卷6，中华书局1962年版，第190页。

应，大禹变形为熊的图像，见于河南登封启母阙东汉熹平年间的画像石，画像石中部是正在变形的禹，似人又似熊，大禹的身体用正旋转的弧形绘制，仿佛是正在变形过程中，画面最左端应为涂山氏，图像最右端的人物可能为幼儿启（图 25d）①。涂山氏变形为石头生启，亦见于河南登封残损的汉画像石上，该图中部有一块圆形石头，其上有四肢正欲张开的婴儿形象，画面左右各有一人，因图像损毁，只能大致推断，右边之人可能为启，似乎正对石头喊话，画面表现了变形为石的启母，正在产子的过程（图 25e）②。

　　文献（7）属于夏禹受禅的情节，行文简略，但却清晰地叙述了两个变形过程，关于禹变形为熊的神话情节，前文已做过分析，此处不再复述。本节只重点讨论涂山氏化石的神话情节。文献（8）的内容与文献（7）一致，但其叙述更为具体，文本中"跳石中鼓"的情节补充了涂山氏忽见大禹的情状。据《荀子·非相》言："禹跳，汤偏。"③ 高亨注云："跳、偏为足跛也"④。禹因治水而病足跛，其为熊也，犹作此态⑤。试推想，涂山氏作为禹的妻子，对丈夫患有腿疾之事或许是了解的，故当其送饭时见到禹，变形为熊的禹跛足的肢体动作，让涂山氏瞬间确定了其丈夫身份，但一瞬间，她又难以接受，惊惧之下，唯"惭而去"，此种心理，可参照袁珂先生之说，便觉合理了。袁珂认为："这个'惭'字就说明了问题，是'惭'而不是'惧'。按照普通的情况应该是一见就'惧'才对，但她却'惭'。那就是说，她早知道禹为了治水，不惜变化作各种奇形怪状的动物模样，以凿山通路，疏江导河的，这对于作为一个'王者'的禹来说，是太失身份了，故而她'惧'，终于她惭。并且可能还惭之已屡，因此在禹化熊通轩辕山的这一遭上不顾一切，拔腿就跑。"⑥ 这种解释是妥帖的。

　　结合上文诸说，可推断涂山氏因无意间看到自己的夫君变形为熊，一瞬间定是难以接受的，种种复杂的情绪涌上心头，有惊讶、惧怕、羞愧

---

　　① 图 25d 录自中国画像石全集编辑委员会编《河南汉画像石》，《中国画像石全集》第 6 卷，山东美术出版社、河南美术出版社 2000 年版，第 82—83 页。
　　② 图 25e 录自吕品编著《中岳汉三阙》，文物出版社 1990 年版，第 145 页。
　　③ 楼宇烈主撰：《荀子新注》卷 5，中华书局 2018 年版，第 67 页。
　　④ 高亨：《诸子新笺》，山东人民出版社 1961 年版，第 148 页。
　　⑤ 袁珂编著：《中国神话传说词典》，上海辞书出版社 1985 年版，第 333 页。
　　⑥ 袁珂：《古神话选释》，人民文学出版社 1979 年版，第 314—315 页。

等，惊讶的是自己的丈夫是熊的事实大白于眼前，惭愧的是自己与动物是夫妻的事实，在难以接受突发状况之际，唯有变形为石头，来逃避难以言说的痛苦。因此，女娇变形为石头的举动，从情感意义上看，是一种对婚姻的绝望，也是一种对残酷现实的反抗，还是对灾难的逃避及自我保护的体现。

第四节　弥补型变形

弥补型变形的行为主体身上往往具有年轻、美貌、善良、纯真等人类美好品质，充满活力，对生活拥有憧憬、希望，然却因不明原因死亡，死后形体化为异类，继续完成生前遗愿，变形是此类神话中弥补缺憾的最有力武器，以帝女化䔄草神话最具典型性。

（1）帝女死焉，其名曰女尸，化为䔄草，其叶胥成，其华黄，其实如菟丘，服之媚于人。

——《山海经·中次七经》[1]

（2）右詹山，帝女化为詹草，其叶郁茂，其萼黄，实如豆，服者媚于人。

——《博物志·异草木》[2]

（3）姑䃜山，帝之女死，化为怪草，其叶郁茂，其华黄色，其实如菟丝。故服怪草者，恒媚于人焉。

——《山海经广注》吴任臣注引《搜神记》[3]

文献（1）是帝女化䔄草的本事，帝女名女尸，死后所化的䔄草，形貌类似于药草菟丝，具有"服之媚于人"的特性，钱大昕《经典文字考异·女部》以媚注娓，言："娓之言媚也，婉谓言语，媚谓容貌。"[4]"媚"在先秦时代也表美好、可爱之意，见《诗经·大雅·思齐》篇云：

---

[1]（清）郝懿行撰，栾保群点校：《山海经笺疏》卷5，中华书局2021年版，第132—133页。
[2]（晋）张华撰，范宁校证：《博物志校证》，中华书局1980年版，第39页。
[3]（清）吴任臣撰，栾保群点校：《山海经广注》卷5，中华书局2020年版，第255页。
[4]（清）钱大昕：《经典文字考异》，《嘉定钱大昕全集》，凤凰出版社2016年版，第285页。

"思媚周姜。"《毛传》言"媚"即"爱也"①。另《诗经·大雅·下武》篇曰:"媚兹一人。"《毛传》言"媚"为"可爱乎"②。故郭璞注《山海经》的帝女为"为人所爱也"③。足见,郭璞注从人性角度出发,认为未行而卒的䔄草禀赋异能,其摄人心魄的能力,与生俱来,此种媚人特质,与一个未嫁少女的妩媚天性,相类相通,故又注其为"荒夫草"④。"荒"有逸乐过度、放纵之意,但如同上文推测,"荒"也有从缺、缺失之意,指向帝女未嫁而亡的事实。文献(2)、(3)的帝女化詹草、怪草分别是《博物志》《搜神记》等志怪小说对帝女化䔄草本事的衍生型阐释,在文本内容上与文献(1)如出一辙。另外,根据闻一多《高唐神女传说之分析》对帝女身份的层层考证,认为文献(1)提及的帝女即瑶姬,前述三条文献并未言明帝女化䔄草的原因,只侧重强调了由人变草的结果,这在无形中反倒给予后世阐释型神话无限的延展空间,使帝女化䔄草神话内容愈加丰富,以宋玉的敷成最为详细,文曰:

(4) 赤帝之季女曰瑶姬,未行而卒,葬于巫山之阳,故曰巫山之女。楚怀王游于高唐,昼寝,梦见与神女遇,自称巫山之女,王因幸之。去而辞曰:"妾在巫山之阳,高邱之姐,朝为行云,暮为行雨,朝朝暮暮,阳台之下。"旦朝视之,如言,遂为置观于巫山之南,号曰朝云。楚襄王与宋玉游于云梦之野,将使宋玉赋高唐之事。
——《校补襄阳耆旧记》卷1⑤

(5) 我帝之季女,名曰瑶姬,未行而亡,封于巫山之台,精魂为草,实为灵芝。
——《别赋》李善注引宋玉《高唐赋》⑥

---

① (汉)毛亨传,郑玄笺,(唐)孔颖达等正义:《毛诗正义》卷16-3,(清)阮元校刻《十三经注疏》,中华书局1980年影印本,第516页中栏。
② (汉)毛亨传,郑玄笺,(唐)孔颖达等正义:《毛诗正义》卷16-5,(清)阮元校刻《十三经注疏》,中华书局1980年影印本,第525页下栏。
③ (晋)郭璞传,(清)郝懿行笺疏:《山海经笺疏》卷5,《郝懿行集》,齐鲁书社2010年版,第4837页。
④ (晋)郭璞传,(清)郝懿行笺疏:《山海经笺疏》卷5,《郝懿行集》,齐鲁书社2010年版,第4837页。
⑤ (东晋)习凿齿撰,黄惠贤校补:《校补襄阳耆旧记》卷1,中华书局2018年版,第2—3页。
⑥ (清)胡绍煐撰,蒋立甫校点:《文选笺证》卷18,黄山书社2007年版,第451页。

(6) 襄王与宋玉游于云梦之台，望朝云之馆，其上有云气，变化无穷。王曰："何气也？"玉曰："昔者先王游于高唐，怠而昼寝，梦见一妇人，曖乎若云，皎乎若星，将行未止，如浮忽停，详而观之，西施之形。"王悦而问之。曰："我夏帝之季女也，名曰瑶姬，未行而亡，封乎巫山之台。精魂为草，摘而为芝，媚而服焉，则与梦期，所谓巫山之女，高唐之姬。闻君游于高唐，愿荐寝席。"王因幸之。既而言之曰："妾处之瀚，尚莫可言之，今遇君之灵，幸妾之搴，将抚君苗裔，藩乎江汉之闲。"王谢之，辞去曰："妾在巫山之阳，高邱之岨，旦为朝云，暮为行雨，朝朝暮暮，阳台之下。"王朝视之如言，乃为立馆，号曰朝云。

——《文选·宋玉·〈高唐赋〉》李善注
引晋习凿齿《襄阳耆旧传》①

　　文献（4）是瑶姬神话的梗概，述楚怀王游高唐，曾梦遇巫山神女。文献（5）是瑶姬自述，她自称炎帝之女，名瑶姬，未嫁而亡，葬于巫山之上，"精魂为草，实为灵芝"一句，表达了人变形为灵芝的事实。北魏郦道元《水经注》同此说，文曰："丹山西即巫山者也。又帝女居焉，宋玉所谓天帝之季女，名曰瑶姬，未行而亡，封于巫山之阳，精魂为草，寔为灵芝。所谓巫山之女，高唐之阻，旦为行云，暮为行雨，朝朝暮暮，阳台之下。旦早视之，果如其言。故为立庙，号朝云焉。"② 诸条文献所述的瑶姬化灵芝一事，与女尸化䔄草相合，由此可推断，瑶姬神话是基于䔄草神话的进化、演变。明代学者杨慎对此也有考证，其《跋赵文敏工书〈巫山词〉》曰："古传记称，帝之季女瑶姬，精魂化草，实为灵芝。"③ 此处"古传记"即《山海经》，杨慎还将"女尸"正名为"瑶姬"。文献（6）见于宋玉的《高唐赋》，瑶姬于楚怀王梦中飘然而至，化身巫山神女，其形态"旦为朝云，暮为行雨"，婀娜多姿，变化万千，将妙龄姣女书写成可以肆意变形的云、雨等自然物，是䔄草神话的同类置换，也符合中国文学史书写男女爱情习惯取用云、雨等意象的经典传统。

---

① 刘志伟主编：《文选资料汇编·赋类卷》，中华书局2013年版，第658页。
② （后魏）郦道元撰，（清）杨守敬纂疏，（清）熊会贞参疏：《京都大学藏钞本水经注疏》卷34，辽海出版社2012年版，第1585页。
③ （明）杨慎撰，王大厚笺证：《升庵词品笺证》，中华书局2018年版，第531页。

较《山海经》晚出的神话文本，俱言瑶姬"未行而卒""未嫁而亡"，凡此云云，实际都是对其变形原因的说明，是一种人生、情感等所存缺憾，以致帝女有进行弥补型变形的必要。或许，对于一个花季少女而言，成年、出嫁不仅是长大成人的标志，也是人生旅途中极其重要的转折点。就传统观念而言，女子婚配嫁娶一般会被视作人生中的大事，倘若在如此美好的人生阶段尚未到来之前，女子便香消玉殒，难免会让人同情、遗憾，遂先民、文人们便开始想象，写女子死后变形为䔄草、詹草、灵芝、云、雨等自然物，可以继续展露美好，散发魅力，以弥补遗憾，慰藉人们的心灵。

伴随着《山海经》广泛流传，以䔄草、瑶姬神话为原型，诸多衍生型神话文本形成，至唐末五代道士杜光庭《墉城集仙录》，则更嬗变为仙话，然梳理杜光庭所撰瑶姬神话的情节单元，可发现其对相关原始神话的生发，不仅体现在巧妙整合了上文提及的巫山神女、大禹治水两则神话，同时，还进行了移位处理，摒弃了禹、涂山氏的婚恋情节，而以瑶姬替换了女娇之位。即：

（7）大荒之中，有山名朽涂之山，青水穷焉。有云雨之山，有木名曰栾。禹攻云雨，有赤石焉生栾，黄本，赤枝，青叶，群帝焉取药。

——《山海经·大荒南经》①

（8）云华夫人者，王母第二十三女，太真王夫人之妹也，名瑶姬，受徊风混合万景练神飞化之道。尝游东海还，过江之上，有巫山焉。峰岩挺拔，林壑幽丽，巨石如坛，平博可憩，留连久之。时大禹理水，驻其山下，大风卒至，振崖谷陨，力不可制。因与夫人相值，拜而求助。即敕侍女授禹策召百神之书，因命其神狂章、虞余、黄魔、大翳、庚辰、童律等，助禹斩石疏波，决塞导阨，以循其流。

——《墉城集仙录·云华夫人》②

---

① （晋）郭璞传，（清）郝懿行笺疏：《山海经笺疏》卷15，《郝懿行集》，齐鲁书社2010年版，第4987页。

② （唐）杜光庭撰，罗争鸣辑校：《墉城集仙录》卷3，《杜光庭记传十种辑校》，中华书局2013年版，第604页。

杜光庭《墉城集仙录》书写的瑶姬神话，相较于其他神话文本，可谓别出一支，袁珂先生认为其原始状态起源于禹攻云雨神话，此说可从。文献（7）提及的"云雨之山"应指"巫山"。禹攻云雨指向的是大禹巫山治水之事，大禹砍伐栾木作为治水工具，而栾木是神奇的精灵树，据郭璞注"言山有精灵，复变生此木于赤石之上"[1]，可知栾木由精灵变形后，附身于赤石之上，与普通树木相比，自当禀赋奇效，此点想必能为大禹成功治水，大有助益。文中还提及"群帝焉取药"，天帝之物，想来自然与寻常之物存天壤之别，其性能大抵同于鲧治水时所盗的"帝之息壤"，乃非常之物。

文献（8）是瑶姬帮助大禹治水的神话，后续事件是大禹治水归来时，忽然发现瑶姬及辅助大禹治水的众侍女，已变形为十二座山峰，而绵延高耸的众山之中，由瑶姬变形的神女峰，尤为毓秀，杜光庭配合巫山独有的自然风物，新敷衍成神女峰神话，在三峡地区广为流传。剥落芳华，回归本源，瑶姬神话、大禹治水神话又现于眼前，似花却又非花，可谓妙趣横生。恰如卡西尔《神话思维》所言："凡是神话确立了某种关系的地方，它都会促使这种关系的各种成分共同流动并融为一体，这是神话思维的本质所在；这种合生律，关系成分的这种共生，也流行于神话的时间意识中。时间的诸阶段——过去、现在、将来——并无区别；神话意识一再屈从于消除区别并从根本上变区别为纯一的趋势和诱惑。"[2] 无论如何改变，对于未行而卒的女尸、等候丈夫归来的瑶姬，终究只写尽一个情字。

弥补型变形广泛出现于魏晋南北朝、唐宋等各个时期的志怪、笔记小说、传奇等文体中，虽后世的文本情节，与帝女化䔄草的原始神话情节比较，已区别甚大，但所表达的朴拙情感、象征意义始终一脉相承，正所谓"问世间情为何物，直教人生死相许"，弥补型变形已成为文人们最热衷书写的文学主题。在此类作品中，因为爱情，男女可以共赴生死，于是有韩凭夫妇变形的相思树，有鸳鸯萦绕，交颈哀鸣，声色动人，象征二人相伴相依，永生不离；因为爱情，男女可以不惧人鬼殊途，于是吴王小女紫玉与公子韩重，可以痴情默默，人魂相见，打破世俗羁绊；因为爱情，女

---

[1] （晋）郭璞传，（清）郝懿行笺疏：《山海经笺疏》卷15，《郝懿行集》，齐鲁书社2010年版，第4987页。

[2] ［德］恩斯特·卡西尔：《神话思维》，黄龙保、周振选译，中国社会科学出版社1992年版，第126页。

子可以出脱离魂，行神分离，例如庞阿，身未动而魂已远，早就追随自己的情郎远去；因为爱情，女子可以因情而生，为情而死，如卖胡粉女、杜丽娘。通过情感弥补型变形，爱情可以横亘生死，哪怕曾经凄惨哀怨，也能继续缠绵悱恻的爱情，而友情、亲情亦如此，可以跨越时空，永生于亲友的惦念中，继续着骨肉亲情、手足之义。

第五章

先秦神话的梦幻型变形叙事

梦（dreaming），从生理机制上看是睡眠时局部大脑皮层还未完全停止活动而引起的脑中的表层活动[1]，可看作人类在外部形体停止活动之际，内在深层意识的持续活跃。西格蒙德·弗洛伊德（Sigmund Freud）的心理分析学说（psychoanalysis）更深入地指出梦的发生机制，即梦是人类潜意识的表达，人在睡眠之际，潜意识常常狂欢的以梦的形式表现出来。具体到神话这一艺术形式，弗洛伊德更直言："神话是民族的梦"，当然，倘若将一切神话都视为初民集体的一场梦，这种说法稍显绝对，但却客观揭示了神话与梦的必然联系，二者都因虚构、想象产生，又具有隐喻、象征的共同特质。梦在神话中崭露头角，催生的诸多变形意象，使梦幻型变形随之产生。

梦幻，常作为双音节词使用，连缀而言，同指梦中幻境朦胧，也可作为佛教用语，指世界上的事物都好像梦境、幻术一样空虚。独立而言，又各有侧重，显示出差异性。梦是人类睡眠状态下潜意识的不自觉流露，由无数流动着的梦构成，这些梦像蛰伏于人脑意识活动，体现着人的思维方式、思想观念与精神面貌；幻则是人们在通常清醒状态下非逻辑性的思维活动，甚至是违背客观规律的、难以实现的荒谬想法，以及遥不可及的人生祈望。幻是人类主观臆断创作的特殊形式，发轫于个体愿望或社会需求，是全盘指向未来的想象造物。当然，在精神指向方面，幻所指范畴远远胜于梦，梦集奇异、虚幻、突发、瞬时、超越五个特点于一体，其发生机制是有限制的，只存在人类睡眠状态中，而幻则显示出优越性，既可发生于人类清醒之际，又可发生于人类沉睡之时，作为幻想、幻觉、梦幻、

---

[1] 中国社会科学院语言研究所词典编辑室编：《现代汉语词典》，商务印书馆2005年版，第779页。

幻梦等，肆意为之，真假难辨，但无论是梦或幻，都属于人类某种特定情境下的精神活动，因此，古今中外的人们往往将其合而为一，联合使用。

先秦神话中以梦幻为基础产生的梦幻型变形类型，创作机制可谓环环相扣，其首发于行梦主体的潜意识创造，继而虚构成五彩斑斓的梦幻图像，而流动的梦幻图像，一般具有极大跳跃性与非逻辑性，与现实生活差异巨大，会刺激了神话创作者的灵感，促使许多梦幻型变形神话生成。本书讨论的梦幻型变形依托上述形成机制，是指行梦主体在潜意识的操控下，以梦为中介，梦幻图像为主导，或是处于"集体无意识观念"统照下，经历反复变形过程凝结成的"典型的人物类型模式"[1]与集结成的"反复出现的意象和具有约定性的联想群"[2]，据此构筑原型（antitype），开始进入行梦主人公的梦境，于此，主人公梦中所见的人、异物等充当的原型，其自身便要经历变形过程，梦中出现的一系列变形物象，都具有特定含义，并预兆着主人公未来的人生命运。此外，也会有主人公自己入梦后，由人类变形为异类，肆意穿梭、流连于多样化物种形态，体现出物我不分之乐，具备深厚的哲理思辨性。

梦幻型变形具有极强的隐喻性、象征性，需通过梦像得以表现，梦像有时佹诡神异，可看作现实生活中有关某人、某事，即将发生突变的预言，暗示非常之人的人生旅程就此开启或转折，亦或标志着非常之事经历起承转合后，将取得突破性进展。当然，梦像有时又旖旎浪漫，上天入地、无所不能、无处不往，可以完全弥补物类本身形体局限，且打破时间、空间的束缚。根据梦像表现方法的不同，可将梦幻型变形细分为梦像有兆型、梦变有寓型两种亚型。

第一节　梦像有兆型变形

梦像有兆型变形，是指行梦主人公所梦之像有所特指，是发生战争、罹患疾病、绵延子嗣、君位继更、神谕指示等先兆。具体而言，或是行梦者所梦的人或异物自身具有某种特征，变形为符号式意象所纳入的原型范围，其变形过程并非直接明了，需要与人们的固有思维观念达成一致，即言 A 物时，因 B 是 A，在置换变形原型后，可得到结论，A=B；或是主

---

[1] 叶舒宪选编：《神话—原型批评》，陕西师范大学出版社1987年版，第99页。
[2] 叶舒宪选编：《神话—原型批评》，陕西师范大学出版社1987年版，第148页。

人公梦境中所见人和物自身经历变形过程，入梦之际被视为灵魂不死，甚至是鬼神变形，上述两种情形，都对行梦之人的未来命运起到预警、暗示作用。

先秦典籍记载梦像最多者非《左传》莫属，《左传》作为"先秦散文叙事之最"，创造性地开辟了中国古代文学"梦预"叙事传统，《左传》所记梦事，一般指向卜筮、占梦、推断、灾异等内容，构筑了规模庞大、结构缜密的预言系统，开创梦预叙事先河。《左传》载录梦预事件共29例，有26例被赋予神异色彩，叙述内容包罗万象，涉及国家灾祥、氏族兴衰、侯爵纷争、战争成败、个体祸福等社会生活的方方面面。当然，《左传》所见梦像有兆型变形神话，有2例最为典型。一为《左传·昭公七年》晋侯梦遇黄熊，此事也见于《国语·晋语二》，二者叙事略有差异；二为《左传·哀公二十六年》得梦自己变形为鸟。此外，有"诸国卜梦妖怪相书"[①]之称的《琐语》也记载了4例梦事，属梦像有兆型变形的有1例，为晋侯梦赤熊。此类文献均借用早期神话原型装点梦境，或由造梦者直接变形为异物，或是某种经历变形的人、异物等原型，直接进入造梦者的梦境，可谓继承、阐扬了原始初民的生命一体性观念。此种变形亚型，既保留了原始神话浓郁的巫术色彩，又彰显了天命人文的紧密相连，实际上体现着春秋、战国时代，天道鬼神观念的变迁。

一　刑神入梦

（1）虢公梦在庙，有神，人面白毛虎爪，执钺立于西阿。公惧而走，神曰："无走。帝命曰：'使晋袭于尔门。'"公拜稽首。觉，召史嚚占之。对曰："如君之言，则蓐收也，天之刑神也，天事官成。"公使囚之，且使国人贺梦。舟之侨告其诸族曰："众谓虢亡不久，吾乃今知之。君不度，而贺大国之袭于己，何瘳？吾闻之曰：'大国道，小国袭焉曰服；小国傲，大国袭焉曰诛。'民疾君之侈也，是以遂于逆命。今嘉其梦，侈必展，是天夺之鉴，而益其疾。民疾其态，天又诳之，大国来诛，出令而逆，宗国既卑，诸侯远己，内外无亲，其谁云救之？吾不忍俟也，将行。"以其族适晋，六年，虢

---

① 李剑国：《唐前志怪小说史》，天津教育出版社2005年版，第87页。

乃亡。

——《国语·晋语二》①

（2）西方蓐收，左耳有蛇，乘两龙。

——《山海经·海外西经》②

（3）又西二百里曰长留之山，其神白帝少昊居之。其兽皆文尾，其鸟皆文首。是多文玉石。实惟员神魂氏之宫。是神也，主司反景。

——《山海经·西次三经》③

（4）又西二百九十里曰泑山，神蓐收居之。其上多婴短之玉，其阳多瑾瑜之玉，其阴多青雄黄。是山也，西望日之所入，其气员，神红光之所司也。

——《山海经·西次三经》④

（5）孟秋之月，日在翼，昏建星中，旦毕中。其日庚辛，其帝少昊，其神蓐收。

——《礼记·月令》⑤

（6）少昊氏有四叔，曰重，曰该，曰修，曰熙，实能金木及水。使重为句芒，该为蓐收，修及熙为玄冥。世不失职，遂济穷桑。

——《左传·昭公二十九年》⑥

（7）西方，金也，其帝少昊，其佐蓐收，执矩而治秋。

——《淮南子·天文训》⑦

（8）西方之极，自昆仑绝流沙、沉羽，西至三危之国，石城金室，饮气之民，不死之野，少皞、蓐收所司者，万二千里。

——《淮南子·时则训》⑧

---

① （三国吴）韦昭注：《宋本国语》第2册，国家图书馆出版社2017年版，第70—72页。
② （清）郝懿行撰，栾保群点校：《山海经笺疏》卷7，中华书局2021年版，第186页。
③ （清）郝懿行撰，栾保群点校：《山海经笺疏》卷2，中华书局2021年版，第48—49页。
④ （清）郝懿行撰，栾保群点校：《山海经笺疏》卷2，中华书局2021年版，第51—52页。
⑤ （清）孙希旦撰，沈啸寰、王星贤点校：《礼记集解》卷17，中华书局1989年版，第465页。
⑥ （晋）杜预注，（唐）孔颖达等正义：《春秋左传正义》卷53，（清）阮元校刻《十三经注疏》，中华书局1980年影印本，第2124页上栏、中栏。
⑦ 刘文典撰，冯逸、乔华点校：《淮南鸿烈集解》卷3，中华书局2013年版，第88页。
⑧ 刘文典撰，冯逸、乔华点校：《淮南鸿烈集解》卷5，中华书局2013年版，第186页。

第五章　先秦神话的梦幻型变形叙事　　167

　　文献（1）是《国语·晋语》的虢公亡国事件，虢公做梦，梦见人面、白毛、虎爪，手执大斧的神祇，立于宗庙西侧，梦中虢公惊惧欲逃，但神谕虢公，天帝将使晋国袭击虢国，虢公忐忑，对不知名的神祇行稽首大礼，从梦中醒来后，虢公急召史嚚占梦，史嚚直言梦中出现的神祇是刑神蓐收，梦占为凶兆，虢国将灭亡。虢公认为史嚚所言不祥，将其囚禁，又自欺欺人，与国人庆贺做了吉梦，但六年之后，史嚚梦占结果应验，虢国被晋国所灭。该文本表面上叙述了神人入梦预言，通过虢公的个人视角，完整呈现了"做梦—占梦—解梦—验梦"过程，实际上是强调梦幻型变形的内容，将神祇蓐收作为原型，入梦预言，最终达到梦像有兆的目的。文中提及人面、白毛、虎爪、执钺之神是蓐收，蓐收在先秦神话中职事范围甚广，自文献（4）到文献（8），无不涉及。

　　郭璞注文献（2）中"蓐收"为"金神也，人面、虎爪、执钺"[①]。联系文献（1）可知，蓐收属人兽共生型神祇，其左耳戴着蛇饰，脚下踩着两条龙，相对于《山海经》记载的鸟面人身的句芒、兽面人身的祝融、人面鸟身的禺疆，《山海经》对蓐收的形貌描述稍显简单，但《楚辞·大招》却详述其貌："魂乎无西，西方流沙，漭洋洋只；豕首纵目，被发鬤只；长爪踞牙，俟笑狂只。"[②] 王逸注"此盖蓐收神之状也"[③]。可知蓐收神相为猪首、长爪、踞牙，作为兽兽共生型神祇，狞猛有力，与其执掌刑戮的神职高度匹配。明代王夫之《楚辞通释》亦将蓐收视作怪神，言其"狒狒之属，似人豕首，执人则笑，爪其血而饮"[④]。据上说，蓐收为人兽共生型神祇，今存河南洛阳的多处汉代墓葬壁画、画像砖上，都可寻得蓐收图像。其一，根据屈原《楚辞·大招》记载及王逸、王夫之的注释，蓐收为猪首人身形象，在发掘于1976年的河南洛阳西汉晚期卜千秋壁画墓后壁上，可见此形象（图26a）[⑤]，须知，墓葬壁画的空间结构、神怪布局是有逻辑关系的整体，该猪头神见于卜千秋墓室后壁，神祇所在方位是

[①]（晋）郭璞传，（清）郝懿行笺疏：《山海经笺疏》卷2，《郝懿行集》，齐鲁书社2010年版，第4735页。
[②]（汉）王逸注：《楚辞集注》卷7，《书辞章句补注·楚辞集注》，岳麓书社2013年版，第117页。
[③] 金开诚等校注：《屈原集校注》，中华书局1996年版，第715页。
[④]（明）王夫之：《楚辞通释》卷10，《船山全书》第14册，岳麓书社2011年版，第419页。
[⑤] 图26a、26b录自黄明兰、郭引强编著《洛阳汉墓壁画》，文物出版社1996年版，第65、65页，图26c为作者自绘图。

墓室西壁（图26b），与传世典籍载录司职西方、猪首人身的蓐收相对应。当然，文献（1）、（3）另记蓐收为人面虎身形象，也可图文互动阐释，见于1978年河南洛阳金谷园新莽壁画墓出土的壁画砖上，在该壁画墓后室东壁上部的柱斗之间，便绘有人首虎身、浓眉蓄须、背生双翼、长尾上翘、尾附斑点、四肢粗壮，似乎正穿行于云间的西方蓐收神形象（图26c）。

（a）河南洛阳西汉卜千秋壁画墓西壁的蓐收图像（局部）　（b）河南洛阳西汉卜千秋壁画墓西壁的蓐收图像（整体）　（c）河南洛阳金谷园新莽壁画墓出土壁画砖的蓐收图像

图26　蓐收图像

有关蓐收在先秦神祇系统的身份、地位，见于文献（5）、（6），蓐收为西方金正，对读《左传·昭公二十九年》："故有五行之官，是谓五官。实列受氏姓，封为上公，祀为贵神。社稷五祀，是尊是奉。木正曰句芒，火正曰祝融，金正曰蓐收，水正曰玄冥，土正曰后土。"① 蓐收为五行神。蓐收与白帝少昊（皞）关系密切，晋郭璞引郑玄《礼记·月令》注文献（5）曰："蓐收，少白皞氏之子，曰该，为金官。"② 《吕氏春秋·孟秋纪》高诱注亦云："少皞氏裔子曰该，皆有金德，死托祀为金神"③，另《楚辞·远游》曰："遇蓐收乎西皇"④，据王逸注："西皇，即少昊也。《离骚》经曰：'召西皇使涉予'，知西皇所居，在于西海之津也。"⑤ 又洪兴祖《离骚》注云："少皞以金德王，白精之君，故曰西皇。"⑥《白虎通·五行·论阴阳盛衰》曰："秋之言愁也……其帝少皞。少皞者，少敛

---

① （晋）杜预注，（唐）孔颖达等正义：《春秋左传正义》卷53，（清）阮元校刻《十三经注疏》，中华书局1980年影印本，第2123页中栏、下栏。
② （晋）郭璞传，（清）郝懿行笺疏：《山海经笺疏》卷2，《郝懿行集》，齐鲁书社2010年版，第4736页。
③ 许维遹：《吕氏春秋集释》卷7，中华书局2009年版，第154页。
④ 金开诚等校注：《屈原集校注》，中华书局1996年版，第704页。
⑤ 金开诚等校注：《屈原集校注》，中华书局1996年版，第715页。
⑥ （宋）洪兴祖撰，白化文等点校：《楚辞补注》卷1，中华书局1983年版，第45页。

也。其神蓐收。蓐收者，缩也。"① 足见，西皇就是西方之帝少皞氏，蓐收又名该、缩，为西方帝神少皞之子，或是臣工，或如文献（6），蓐收为少昊之叔。虽有异说，但据文献（8）所言，少皞、蓐收关系亲密，属于君臣关系，又为亲属，二者共同执掌西方。

当然，蓐收神职显赫，所司神职内容至少有四。一为刑神，见于文献（1），司刑戮之事，拥有《楚辞·大招》所述的恫人外貌；二为主管日落的大神，见于文献（3）、（4），文献（3）言与白帝少昊共同辖理西方的蓐收"主司反景"，"反"通"返"，表返回之意，"景"通"影"，表影子之意，表明蓐收主司夕阳西下、日影东移之事，乃主管落日的神祇。文献（4）中的"泑山"是蓐收居住地，此山最大特点为"西望日之所入"，意谓此山位置在太阳落山地点以东的地方，表明此处神祇与太阳关系密切。关于"其气员"的景观，郭璞注曰："日形员，故其气象亦然也"②，"员"通"圆"，此处描述的或是太阳之形，或是太阳四周云气环绕形成氤氲晕圈之貌。末句"神红光所司也"，郝懿行注"红光盖即蓐收也"③，意为神红光主管日落。《山海经》中未见有关神红光的记载，但"红光"之名形象生动，描绘了落日偏西景观，此刻光线一泻千里，世界都笼罩于朦胧的红光之中，美不胜收，且仿佛一切都处于神祇庇护下。可见，郝懿行注"红光"为"蓐收"是准确的，这也强调了蓐收的神职为主管日落的大神。文献（3）、（4）的少昊与蓐收所司神职方位同一，与前文所述二神的亲密关系亦相互印证。三为西方金神，见于文献（5）、（7）；四为主管秋天之神，见于文献（7），此点需进一步剖析。

就文字考据而论，蓐收神职的执掌内容涉司刑、司秋、司金、司落日共四项，各职事内容又关系甚密，足以证明神蓐收有变形意象符号性质。首先，刑，"从刀"④；刀，"兵也"⑤；兵，"械也"⑥，械表示兵器、武器，刑中之"开"即"张也"⑦，是手执武器、肆意挥舞之态，表行使刑

---

① （清）陈立撰，吴则虞点校：《白虎通疏证》卷4，中华书局1994年版，第179页。
② （晋）郭璞传，（清）郝懿行笺疏：《山海经笺疏》卷2，《郝懿行集》，齐鲁书社2010年版，第4736页。
③ （晋）郭璞传，（清）郝懿行笺疏：《山海经笺疏》卷2，《郝懿行集》，齐鲁书社2010年版，第4736页。
④ （汉）许慎撰，陶生魁点校：《说文解字》卷4下，中华书局2020年版，第141页。
⑤ （汉）许慎撰，陶生魁点校：《说文解字》卷4下，中华书局2020年版，第138页。
⑥ （汉）许慎撰，陶生魁点校：《说文解字》卷3上，中华书局2020年版，第89页。
⑦ （汉）许慎撰，陶生魁点校：《说文解字》卷12上，中华书局2020年版，第388页。

罚、杀戮等，合于文献（1）叙蓐收为刑戮之神的情况。其次，秋可表秋天谷熟的季节，皮锡瑞《尚书大传·尧典》引《尔雅·释天》注"秋"曰："'秋为白藏。'又曰：'秋为收成。'"① 文献（7）记蓐收所持之"矩"，可看做农具，描摹一种收割动作。文献（7）又言明蓐收专职管理秋收事务。司刑之际司秋，显示出威仪、肃杀，董仲舒《春秋繁露·王道通三第四十四》曰："秋之为言，犹湫湫也。偆偆者喜乐之貌也，湫湫者忧悲之状也。"又曰："秋，怒气，故杀。"② 进一步表明蓐收发挥所长，在灵活使用武器维护秩序外，亦能熟练使用农具，收割庄稼作物。再次，金为"五色金也，黄为之长，久薶不生衣，百炼不轻，从革不违"③。文献（5）、（7）皆言蓐收为金神，蓐收在《左传》《尚书》等先秦史传典籍内多被记作西方金正，究其缘由，与战国以来阴阳五行思想兴起、流传息息相关，见于《尚书大传·周传·洪范五行传》云："若尔神灵，洪祀六沴是合。"注云："神灵，谓……木帝大皞、火帝炎帝、土帝黄帝、金帝少皞、水帝颛顼、木官句芒、火官祝融、土官后土、金官蓐收、水官玄冥，皆是也。"④ 另皮锡瑞疏征引《礼记·曲礼》郑玄注云："祭四方，谓祭五官之神于四郊也。句芒在东，祝融、后土在南，蓐收在西，玄冥在北。"⑤ 当然，就金的属性而言，金具有坚固性能，显然与蓐收惯用刑器匹配；况且，金之气正直而浩大，符合刑戮之神的身份特征；当然，金也与秋收时节黄灿灿的谷物相得益彰，此处"黄"的形象指向黄色植物，金又象征太阳、大地，其联系见《易经》的"天地玄黄"，四字高度概括了黄色与大地的关系，金在大地上象征太阳，太阳又是"中心"与"绝对权力"的代表，揭示了蓐收司金、司秋的关联性。最后，落日颜色偏红，恰与金属同一色系，而落日又有衰败感，与秋象征生命结束的比喻义，有异曲同工之妙。可见，蓐收各项职事内容内在关系密切，这种联系凝结为刑神、秋神、金神、落日神形象，有隐喻、象征意义。

具体到文献（1）虢公亡国的梦预事件，当蓐收进入虢公之梦，其所传达的神谕已是显性提示，关键在于蓐收身上承载的变形符号意味，蓐收

---

① 吴仰湘编：《尚书大传疏证》卷1，《皮锡瑞全集》，中华书局2015年版，第18页。
② （清）苏舆撰，钟哲点校：《春秋繁露义证》卷11，中华书局1992年版，第331—332页。
③ （汉）许慎撰，陶生魁点校：《说文解字》卷14上，中华书局2020年版，第460页。
④ 吴仰湘编：《尚书大传疏证》卷4，《皮锡瑞全集》，中华书局2015年版，第193页。
⑤ 吴仰湘编：《尚书大传疏证》卷4，《皮锡瑞全集》，中华书局2015年版，第193页。

象征着刑戮、死亡、衰败等负面影响,而蓐收素来作为刑神行使职事行为,是虢国遭遇刑戮兵祸的前兆,而虢公对占梦、解梦的史嚚实施惩罚,忽视解梦者意见,反而一意孤行,请人祝贺吉梦,忽略天道人事要素,不听劝谏,更预示着虢国的最终灭亡。

二 梦熊有兆

《说文》十部上"熊"曰:"兽,似豕,山居,冬蛰。从能,炎省声。凡熊之属皆从熊。"① "能"曰:"熊属,足似鹿,从肉。"② 古汉语中熊、能同义,象征力量,多指男性。先秦神话中梦熊有兆的典型例子,非晋侯梦熊莫属,此事同载于《琐语》《国语》《左传》,相较而言,《琐语》《国语》所叙人物、事件近乎同一,《左传》记述又略有差异,兹逐一解析。

(1) 晋平公梦见赤熊窥屏,恶之而有疾。使问子产。子产曰:"昔共工之卿曰浮游,既败于颛顼,自没沉淮之渊,其色赤,其言善笑,其形善顾,其状如熊,常为天王祟,见之堂上则止天下者死,见堂下则邦人骇,见门近臣忧,见庭则无伤。窥君之屏,病而无伤,祭颛顼共工则瘳。"公如其言而疾间。

——《太平御览》卷908引《琐语》③

(2) 浮游作矢。

——《荀子·解蔽》④

文献(1)晋侯梦赤熊的史事同见于《国语·晋语八》,赤熊指浮游,有关浮游,文献记载甚少,所涉之事大约有二,其一如文献(1)所载,其二为文献(2)载浮游发明弓箭,可见是文化产品的创造神。浮游是古神话中共工之臣,水神共工曾为夺取权位,反抗黑帝颛顼,并掀起声势浩大的战争。浮游为共工而战,身先士卒,足见其勇猛。但水神共工的反叛行动终以失败告结,智勇双全的浮游亦未能力挽狂澜,反而自溺于淮水,

---

① (汉)许慎撰,陶生魁点校:《说文解字》卷10上,中华书局2020年版,第322页。
② (汉)许慎撰,陶生魁点校:《说文解字》卷10上,中华书局2020年版,第321页。
③ (宋)李昉等撰:《太平御览》卷908,中华书局1995年影印本,第4024页下栏—4025页上栏。
④ 梁启雄:《荀子简释》,中华书局1983年版,第300页。

变形为赤熊，或许是心有所怨、死而不甘，因此其出现在春秋晋平公的梦境，以变形物赤熊的状态出现，乃灾异之兆。文献（1）所载即与此有关，晋平公梦见赤熊从屏风罅隙内偷窥他，便心生嫌恶，一病不起。晋平公请郑国有名的博物君子子产为其解梦，子产谓赤熊乃浮游，言其变形之身预示着不祥，倘若在朝堂见到浮游，则王政将会崩乱；若在厅堂见到浮游，则民众会受到惊吓；假如在庭院中见到浮游，则反倒不会受其所害，只需诚心祭祀颛顼、共工，即可禳除病痛，晋平公听从子产建议，祭祀之后，疾病渐消。

文本所叙晋平公梦遇共工臣浮游事件本不足为奇，但却通过"造梦→说梦→解（占）梦→验梦"过程，借子产之口，说明人死后精魂不灭，继续变形为异物的神异事件，需以祭祀消除。深究其理，是神道设教的体现，完全符合春秋时期的政治环境，正所谓"国之大事，在祀与戎"。变形为梦征的浮游，作为灾异象征，携带不良意味，是行梦主体遭遇疾病、困难、变故等突发状况的前兆，然可以通过祭祀仪礼消灾解难。此外，从神话系统内部的神祇关系来看，此文本属黑帝颛顼、水神共工争权的延续，是对浮游自溺变形记载的二次阐释。此神话在《左传》亦存异说。

> （3）郑子产聘于晋。晋侯疾，韩宣子逆客，私焉，曰："寡君寝疾，于今三月矣，并走群望，有加而无瘳。今梦黄熊入于寝门，其何厉鬼也？"对曰："以君之明，子为大政，其何厉之有？昔尧殛鲧于羽山，其神化为黄熊，以入于羽渊。实为夏郊，三代祀之。晋为盟主，其或者未之祀也乎？"韩子祀夏郊。晋侯有间，赐子产莒之二方鼎。
>
> ——《左传·昭公七年》①

《左传》所出的晋侯梦黄熊事件，根据"羽渊"等语词提示，可以推断，晋侯所梦之物乃古神话中的治水英雄鲧，伯鲧因私自窃取天帝息壤，遭到火神祝融诛杀，鲧死后变形为黄熊，沉入羽渊。但《左传》移花接木，且进一步扩充了原有神话情节，将变形为黄熊的鲧称为"厉鬼"，也

---

① （晋）杜预注，（唐）孔颖达等正义：《春秋左传正义》卷44，（清）阮元校刻《十三经注疏》，中华书局1980年影印本，第2049页中栏、下栏。

从侧面反映了春秋时期鬼神观念的盛行及其内涵的嬗变，早在殷商之际，鬼指祖先神，殷商先王先公往生之后，可以升天，至天帝身边做伴，继续佑护现实世界中的子孙后代，因此，殷商西周之际，对鬼神是需要恭敬迎接的，《礼记·礼运》曰："傧鬼神"，孔颖达疏曰："以接宾以礼曰傧。以郊天祀地及一切神明是傧鬼神也。"① 又郭沫若《卜辞通纂》谓"宾"为"傧"，言"王宾者，王傧也，是王傧祭鬼神"②。"宾"同"傧"，与商周时期对待鬼神的态度区别甚大，春秋时祭祀活动不仅包括礼敬鬼神，还有驱除恶鬼、禳灾避祸的祭祀活动，《左传》所记韩宣子梦占的结果，便属此类。

《说文》云："鬼，人所归为鬼"，段玉裁注鬼、归二字曰："以叠韵为训，鬼之为言归也。"③ 意谓人死后灵魂不灭，四处飘零，游荡至祖先墓地，与已死亲族继续生活。在鬼魂观念的操控下，变形为黄熊的鲧，甚至被韩宣子称作"厉鬼"，《说文解字注》训"厉"作"烈也"④，则厉鬼可解作虐厉之鬼，想必其时民众已有恶鬼在人间作祟为害的观念，遂将鲧归入厉鬼行列，表达嫌恶。然直言之，鲧死后变形为厉鬼，进入晋侯梦境，亦有所谓"前兆迷信"意味，即"当时社会上普遍崇拜鬼神，人们不认为事物的依据——前兆是自然发生的，而认为是鬼神力量的作用产生。人们迷信，前兆是鬼神对人的启示、警告，而将要发生的事物，是鬼神给人们的惩罚与赏赐。是所谓的'天垂象见吉凶'"⑤。

晋平公梦熊有兆的神话，从《琐语》《国语》体现的原始初民的生命一体化观念，再到《左传》阐扬的鬼魂思想，本质上展示了"万物有灵"向"鬼魂不灭"观念的流变。此外，梦幻作为人类潜意识的一种心理活动，借梦像有兆的变形物，神道设教，也是有意识地将人引向鬼神信仰的一面，由此也扩展了人们的思维、想象空间，并使阐释型神话情节曲折，更加奇幻动人。

---

① （汉）郑元注，（唐）孔颖达等正义：《礼记正义》卷21，（清）阮元校刻《十三经注疏》，中华书局1980年影印本，第1418页中栏。
② 郭沫若：《卜辞通纂》，科学出版社1983年版，第76页。
③ （汉）许慎撰，（清）段玉裁注：《说文解字注》卷9上，上海古籍出版社1988年版，第434页下栏。
④ （汉）许慎撰，（清）段玉裁注：《说文解字注》卷9下，上海古籍出版社1988年版，第446页下栏。
⑤ 朱天顺：《中国古代宗教初探》，上海人民出版社1982年版，第119—122页。

三 梦鸟有兆

根据现实生活中梦验情况，占梦者通常将梦分为多种类型，最典型的分类方法莫过于《周礼》，有《春官·宗伯·占梦》篇云："占梦掌其岁时，观天地之会，辨阴阳之气，以日、月、星辰占六梦之吉凶。一曰正梦，二曰噩梦，三曰思梦，四曰寤梦，五曰喜梦，六曰惧梦。"①述大卜职事范围所占的"六梦"。其后，结合所梦内容、做梦成因，东汉王符又将梦细分为十类，其《潜夫论·梦列》云："凡梦：有直，有象，有精，有想，有人，有感，有时，有反，有病，有性。"②前文已对《左传》等史传文献记载的虢公、晋平公梦遇事件细致分析，就结果而言，可归入《周礼》所言的惧梦、噩梦，参考《潜夫论》的标准，则皆可纳入病梦、时梦，时梦即应时之梦，做梦者所梦内容往往与当下人生正经历的事件密切关联，兹再举1例，见下文所述。

（1）宋景公无子，取公孙周之子得与启畜诸公宫……冬十月，公游于空泽。辛巳，卒于连中……大尹立启，奉丧殡于大宫……得梦启北首而寝于卢门之外，己为鸟而集于其上，咪加于南门，尾加于桐门。曰："余梦美，必立。"

——《左传·哀公二十六年》③

据《左传》所记，宋景公膝下无子，因君权继承需要，便过继公孙周的两位公子得、启，作为继承人培养，但并未明确得、启二人中谁可以继承君位。此时六卿三族听政，大臣大尹向宋景公禀告国事。大尹觊觎皇位已久、居心叵测，常假传景公旨意，宋景公死后，大尹暗度陈仓，立启为国君，要挟诸侯为其效忠，群臣激愤。此时，宋景公的另一养子得做梦，梦见其兄弟启头朝北，睡于卢门之外，得自己则变形为乌鸦停在启的身上，在梦境中，乌鸦的嘴巴搁在南门上，尾巴搁在桐门上，得从梦中醒

---

① （汉）郑元注，（唐）贾公彦疏：《周礼注疏》卷25，（清）阮元校刻《十三经注疏》，中华书局1980年影印本，第807页下栏—808页上栏。

② （汉）王符著，（清）汪继培笺，彭铎校正：《潜夫论笺校正》卷7，中华书局1985年版，第315页。

③ （晋）杜预注，（唐）孔颖达等正义：《春秋左传正义》卷60，（清）阮元校刻《十三经注疏》，中华书局1980年影印本，第2182页下栏—2183页上栏。

来，认为此梦寓吉兆，预示自己即将继位，君临天下。其后，大尹、六卿大战，启死，得取而代之，成为新君，梦验。要全面了解公子得梦乌事件的来龙去脉，需结合先秦时代的鸟占神话与天命观念，方能探清梦境所见变形物及其象征意义。

首先，就乌、鸟的关系而论，深意存焉，乌本归属鸟类，《说文》四上鸟部云："鸟，长尾禽总名也，象形，鸟之足似匕，从匕，凡鸟之属，皆从鸟。"① 《说文》四上又曰："乌者，日中之禽。"② 《说文》另云："乌，孝鸟也，孔子曰：'乌，盱呼也。'取其助气，故以为乌呼，凡乌之属皆从乌。"③ 乌在古汉语中属善鸟，《小尔雅义证·广鸟》曰："纯黑而反哺者谓之慈乌。"④ 清胡承珙注云："《艺文类聚》引《春秋元命包》曰：'火流为乌，孝鸟也。'《初学记》引《春秋运斗枢》云：'飞翔羽翩为阳，阳气仁，故乌哺公也。'《后汉书·赵典传》云：'鸟乌反哺报德。'《文选》典引'三足轩翥于茂树'，注引蔡邕注云：'乌，反哺之鸟，至孝之应也。'"⑤ 先唐典籍都释乌作良禽，且因其反哺行为，乌遂成为孝的代名词，在中华民族传统美德中，百善孝为先，足见唐代之前民众普遍对乌充满尊重、敬仰之情。当然，孔子释乌"盱呼也"，乃取其擅舒气自鸣的特点。至于先秦神话世界中，乌与太阳可谓关系密切。

先秦神话的乌、鸟、太阳三物是互通的。《山海经·海外西经》曰："汤谷上有扶桑，十日所浴。在黑齿北，居水中，有大木，九日居下枝，一日居上枝。"⑥ 《山海经·大荒东经》亦曰："汤谷上有扶木。一日方至，一日方出，皆载于乌。"⑦ 郭璞注曰："中有三足乌。"⑧ 另《淮南子·精神训》曰："日中有踆乌"注曰："踆，犹蹲也，谓三足乌。"⑨《山海经》《淮南子》作为中国古代最集中保存神话的典籍，体现了古代

---

① （汉）许慎撰，（清）段玉裁注：《说文解字注》卷 4 上，上海古籍出版社 1988 年版，第 148 页上栏。
② （汉）许慎撰，陶生魁点校：《说文解字》卷 4 上，中华书局 2020 年版，第 126 页。
③ （汉）许慎：《说文解字》卷 4 下，中华书局 1963 年影印本，第 82 页下栏。
④ （清）胡承珙撰，石云孙校点：《小尔雅义证》卷 9，黄山书社 2011 年版，第 137 页。
⑤ （清）胡承珙撰，石云孙校点：《小尔雅义证》卷 9，黄山书社 2011 年版，第 137—138 页。
⑥ （清）郝懿行撰，栾保群点校：《山海经笺疏》卷 9，中华书局 2021 年版，第 197—198 页。
⑦ （清）郝懿行撰，栾保群点校：《山海经笺疏》卷 14，中华书局 2021 年版，第 244 页。
⑧ （晋）郭璞传，（清）郝懿行笺疏：《山海经笺疏》卷 14，《郝懿行集》，齐鲁书社 2010 年版，第 4978 页。
⑨ 刘文典撰，冯逸、乔华点校：《淮南鸿烈集解》卷 7，中华书局 2013 年版，第 221 页。

先民日、乌等同观念，且三足乌更是太阳的象征物，这在考古遗留物中得以验证。最典型的是四川德阳广汉三星堆出土的2号青铜神树，神树树枝分三层九枝，每条树枝上立有一鸟，可视作《山海经》中"汤谷大木"代指的太阳所栖息扶桑树的原型；长沙马王堆汉墓亦出土了帛画，帛画绘有九枝神树，最夺人眼球的，当属神树顶端背驮金日之鸟，仿佛应和着"十日"之说。除却巴蜀、荆楚两地考古图像对乌、鸟、日等同关系的表征，在古代西南地区，也有类似文化遗留物，譬如云南大理白族地区著名的崇圣寺三塔，主塔千寻塔曾出土大鹏金翅鸟，其修长的尾翼为太阳之形，可见日、鸟素来形影相依。此外，《楚辞·天问》曰："羿焉彃日？乌焉解羽。"① 东夷射神后羿射日，太阳陨落之际，乌亦死亡，同样是将乌、鸟等同，视作一体。传世文献、出土文物俱有力印证日、乌、鸟三者的同一关系，然不囿于此，鸟作为神话物象，还与权力关联。

在世界各古老民族的神话中，太阳象征着至高权力。《说文》七上日部云："日，实也。太阳之精不亏。"②《礼记·月令》正义引《春秋元命苞》云："日之为言实也。"③《释名·释天》云："日，实也，光明盛实也。"④ 如此云云，太阳禀赋光与热，为动植物生长提供能源，太阳代表阳气旺盛，也代表至高权力、地位，太阳神话是中西方文学共有的主题，先秦神话有帝喾、羲和生十日，古希腊神话有太阳神阿波罗等，以及古埃及法老王也以太阳象征自我，都能说明太阳与至尊权力的关系，同类置换，鸟、乌的象征意义，也与权力关联。

系统梳理神话世界中日、乌、鸟三者关系后，再回归《左传》中宋景公养子得梦中变形为鸟事件，不难看出，梦鸟环节乃是公子启、得兄弟二人身份即将逆转的先兆，一是梦鸟的象征意义，乃暗示得将拥有无上权力；二是乌属孝义之鸟，又暗示得将受万民拥戴，故而，公子得梦乌预示其将荣登大统，是祥瑞之兆，这也与杜预注提及的公子启"北首，死象，在门外，失国也"的预言相映衬，梦像预兆，预示公子启、公子得的人生，分别经历吉事与凶事，一一应验，是"做梦—言梦—解梦—验梦"的叙事模式。

---

① 游国恩主编：《天问纂义》，中华书局1982年版，第171页。
② （汉）许慎撰，陶生魁点校：《说文解字》卷7上，中华书局2020年版，第211页。
③ （汉）郑元注，（唐）孔颖达等正义：《礼记正义》卷14，（清）阮元校刻《十三经注疏》，中华书局1980年影印本，第1352页下栏。
④ （汉）刘熙撰，愚若点校：《释名》卷1，中华书局2020年版，第1页。

第二节　梦变有寓型变形

　　梦变有寓型变形，是指造梦者于梦境内亲身参与变形过程，由人变形为异类，梦醒时分，变形戛然而止。造梦者潜心营造的美妙梦境，似乎是其对现实世界进行的非次序化重组，是造梦者悉心打造的理想世界。于此，梦被作为桥梁、纽带，沟通了四处受限的现实世界，体现了造梦者心驰神往的理想世界，二者难以跨越的界限，瞬间消解。

　　造梦者的梦变过程、梦变之物，往往寄寓着人生理想、精神追求和个体愿望。梦像也极具可塑性，客观世界任由造梦者剪裁、加工、塑形，随心而动，顺意而成。况且，梦像本身便具有虚构性，对于梦者而言，更是可以全然无忧、真心交付愿望的理想圣地。现实中难以实现的愿望，可在梦中圆满地达成，即使梦醒之际，发现是梦幻一场，亦能达到短暂的精神慰藉，或是自我情感补偿，恰如奥地利心理学家弗洛伊德《释梦》所言："梦并不是无意义的，并不是荒谬的，并不是以人类观念的储蓄的一部分休眠而另一部分开始觉醒为先决条件的，它是一种具有充分价值的精神现象，而且是愿望的满足。"[1] 此说当是，其有力说明梦幻型变形过程内，梦变有寓一类所散发的魅力，为人津津乐道的缘由。梦变有寓之事，在被冠之以"中国梦文学的开山鼻祖"[2] 之称的《庄子》中大量保存，以庄周梦蝶为典型。

　　　　(1) 昔者庄周梦为胡蝶，栩栩然胡蝶也，自喻适志与！不知周也。俄然觉，则蘧蘧然周也。不知周之梦为胡蝶与，胡蝶之梦为周与？周与胡蝶，则必有分矣。此之谓物化。

　　　　　　　　　　　　　　　　　　　　——《庄子·齐物论》[3]

　　庄子通过梦境变形为无拘无束、翩翩起舞的蝴蝶，表现了一种至乐至美的人生境界。历来研究神话的学者如袁珂、袭维英等，均将庄周梦蝶直接归属寓言，排除于神话大门外，不予置评，这显然源于先秦以来诸家对

---

[1] [奥] 弗洛伊德：《释梦》，孙名之译，商务印书馆1996年版，第2页。
[2] 蒋振华：《〈庄子〉梦寓言——中国梦文学的开山鼻祖》，《求索》1995年第3期。
[3] (清) 郭庆藩撰，王孝鱼点校：《庄子集释》，中华书局2012年版，第118页。

《庄子》文体的传统划分,《史记·老子韩非列传》曰:"故其著书十余万言,大抵率寓言也。"① 但庄周梦蝶不仅是有故事情节、有比喻寄托,且言在此而意在彼的寓言,更确切而言,可视作神话化寓言,庄周梦蝶是具备变形神话基本要件的。恩斯特·卡西尔《人论》指出:"各不同领域间的界限并不是不可逾越的栅栏,而是流动不定的。在不同的生命领域之间绝没有特定的差异,没有什么东西具有一种限定不变的静止状态:由于一种突如其来的变形,一切事物都可以转换为一切事物。"② 但此处需注意,庄周梦蝶与《庄子》所见的混沌、禹疆、西王母等变形神话又存有差异,西王母一类的神话或许是直接来源于庄子及其后学,对战国时期广泛流行的神话人物、神祇活动的运用、加工,与同时期的其他变形神话明显关联。但庄周梦蝶则不然,其融入哲理、抽象思维,是庄子对宇宙、人生及万物变形的体察,是其对早期变形神话的隐性继承。为验证此观点的合理性,下文将通过庄周梦蝶的字源考证,探析庄子的物化观念及其与早期中国变形神话思维法则的关系。

从字源学考察,庄周参与的梦幻型变形,所变之物为蝶,并非偶然臆想,而体现着庄子对生物生命变化过程的悉心体察,显现着严肃而浪漫的态度,是无尽想象力的体现。文献(1)中"胡蝶"也作"蝴蝶",古文献皆记为"蛱蝶"。《说文》释"蛱""蝶"皆"从虫"③,属昆虫一类。许慎译"虫"为:"一名蝮,博三寸,首大如擘指。象其卧形。物之微细,或行,或毛,或蠃,或介,或鳞,以虫为象。凡虫之属皆从虫。"④ 意为虫状如蛇,大小略等于人的大拇指,毛羽鳞甲等物类的总称,亦泛指体型较微小的动物。清段玉裁进一步释为:"有足谓之虫,无足谓之豸。"⑤ 这些解析是对虫的形貌、特征、种类描述,是朴素的生物学观点。当然,从物种起源看,翅膀阔大、色彩斑斓的蛱蝶在变形之前,初犯之形是毛虫,符合上文提及"虫"为"毛"类,其一生需经历"毛虫→茧→蛹→蛱蝶"四个变形阶段。

观察毛虫变形为蛱蝶的过程,则呈现了结茧、化蛹两个阶段。首先,

---

① (汉)司马迁:《史记》卷63,中华书局1982年版,第2143页。
② [德]恩斯特·卡西尔:《人论》,甘阳译,上海译文出版社2004年版,第113—114页。
③ (汉)许慎:《说文解字》卷13上,中华书局1963年影印本,第280页下栏。
④ (汉)许慎撰,(清)段玉裁注:《说文解字注》卷13上,上海古籍出版社1988年版,第663页上栏、下栏。
⑤ (汉)许慎撰,陶生魁点校:《说文解字》卷13下,中华书局2020年版,第446页。

解读"茧"字,"茧",繁体字写作"繭",异体字有"蠒""纼""繭"等写法,《说文》训"繭"为"蚕衣也"①,蚕茧即蚕的衣裳,两者宛若一体。该字所含"糸"字,也说明茧、蚕之间关系亲密。许慎解"糸"为"细丝也,象束丝之形"②,段玉裁又云:"糸,丝者,蚕之所吐也。细者,微也,细丝曰糸"③,形象描述了蚕吐丝结茧、束丝成团的过程。其次,剖析"蛹"字,《说文》虫部训"蛹"为"茧虫也"④,段玉裁云:"许于茧曰蚕衣也,于丝曰蚕所吐也,于蚕曰任丝虫也,于蛾曰蚕之飞蛾也,蛹之为物,在成茧之后,化蛾之前,非与蚕有二物也。"⑤凡上,既强调了"蚕→茧→蛹→飞蛾"四个阶段的变形过程,亦说明四者是同质异形关系。不难想象,当毛虫变形为蛱蝶,或蚕变形为飞蛾,均需经历做茧、成蛹的困苦阶段,二者都需要更改形体,历经磨砺,死而复生,如此,方能延续不绝的生命。

以神话思维方式解读上述生命现象,会发现隐含的巫术、神秘主义色彩,由"蚕→茧→蛹→飞蛾",或"毛虫→茧→蛹→蛱蝶",全然可以体现以死为中介,寻求再生的生命信仰,极富浪漫主义色彩。且在巫术性思考方式统摄下,蚕蜕、蝶变成为不死的象征,二者成茧或脱蛹的结果,更可以象征另一生命体的重生,甚至可以说是新生,显然是生命延续的手段。与此相类,还有蝉蜕、蛇解现象,据此生命观念,先秦时代的古墓发掘,时常会涌现古尸口含玉蝉、石蝉的情况,是不死信仰的体现。先民希望通过蝉的脱皮变形,驱使死者灵魂脱离躯体,使形体获得再生,此种不死观念,是变形引发的巫术信仰。此外,蛇皮的蜕解变形,与蝉变出于同一信仰,有时还与蛇图腾崇拜联系,在古墓中屡见不鲜。于此,据造字基本观念,"蛱蝶"与"虫""蚕""茧""蛹"的字体来源,都取自具体物象,是将相类生命现象符号化。

综合上述观点,庄周化蝶与先秦其他变形神话的思维方式是同一的,且其表现出浓烈的原始性与巫术色彩,因此,可将其归入变形神话。然

---

① (汉)许慎撰,陶生魁点校:《说文解字》卷13上,中华书局2020年版,第424页。
② (汉)许慎撰,陶生魁点校:《说文解字》卷13上,中华书局2020年版,第424页。
③ (汉)许慎撰,(清)段玉裁注:《说文解字注》卷13上,上海古籍出版社1988年版,第643页下栏。
④ (汉)许慎撰,陶生魁点校:《说文解字》卷13上,中华书局2020年版,第437页。
⑤ (汉)许慎撰,(清)段玉裁注:《说文解字注》卷13上,上海古籍出版社1988年版,第664页上栏。

则，庄周梦蝶尚存进一步讨论空间，作为梦幻型变形的亚型梦变有寓型，亦可结合心理学、哲学等进行跨学科阐释。

庄子通过做梦，在梦中将自己变形为蝴蝶，自娱自乐，沉醉其间，事实上，此种身心摆脱束缚的乐趣，乃庄周潜意识的造物。心理学家潘菽认为："梦是特殊状态中某一阶段的意识状态下的思维与意识活动。"[①] 表明梦是人们睡眠状态的某一阶段，处于某种特定的意识状态下的心理活动，梦的产生是自主、原发的行为，因此，在心理活动发生的整个过程中，个体的身心可以随意变形，但其本质是受控于做梦之人的思维与潜意识活动的。当然，庄周梦蝶也是如此，受到庄子个人观念、潜意识的操控。先秦诸子中的墨翟、荀卿，也与庄子有相似观点，《墨子·经上》云："梦，卧而以为然也。"[②]《荀子·解蔽》曰："心，卧则梦。"[③] 实际上，《庄子》全书也充分体现着庄子对"物化"思想的理解。在庄子看来，人与异类、异类与异类的物种界限可以消弭，是可以自由互变的，这种变形观念更寄寓着庄子的人生哲学，是庄子心心念念、执着追求的身心自由，是所谓的"道"，可通过梦中所变之物有所寄寓。

于此，庄子已经以梦为媒介，借助梦境消解了梦、现实的隔阂，使主观思想与客观现实世界浑然一体，通过"物化"之道包孕的无差别境界，体现万物相互变形的自由、从容与平等，此种思想在《庄子》诸篇反复言说。《至乐》篇曰："万物皆化。"[④]《天地》篇曰："天地虽大，其化均也。"[⑤]《秋水》篇曰："物之生也若骤若驰，无动而不变，无时而不移。何为乎？何不为乎？夫固将自化。"[⑥] 诸如此类，来说明天地之间的万物变形，是普遍、必然的现象，天地万物无时无刻不身处变化之中。万物变形是无穷无尽，周而复始的，若《大宗师》云："万化而未始有极

---

① 郭念锋编：《心理咨询师（基础知识）》，民族出版社2005年版，第7页。
② 吴毓江撰，孙启治点校：《墨子校注》卷10，中华书局2006年版，第484页。
③ （清）王先谦撰，沈啸寰、王星贤点校：《荀子集解》卷15，中华书局1988年版，第396页。
④ （清）王先谦：《庄子集解》卷5，《庄子集解 庄子集解内篇补正》，中华书局1987年版，第150页。
⑤ （清）王先谦：《庄子集解》卷3，《庄子集解 庄子集解内篇补正》，中华书局1987年版，第99页。
⑥ （清）王先谦：《庄子集解》卷4，《庄子集解 庄子集解内篇补正》，中华书局1987年版，第144页。

也。"① 万物变形是其自身的一种行为，若《秋水》曰："道无终始，物有死生，不恃其成。"② 如上所言，寓理无穷。更巧妙的是，此种"物化"思想，融汇于庄周梦蝶等梦幻型变形内部，庄子创造梦境，以此神秘世界来摆脱现实世界束缚，现实世界存有的虚幻、无意义之事，会让人们处处受限，但梦幻型变形可以使人们从现实困境中解脱，转身趋向于真正意义的"现实"，此处的"现实"，也就是经历过变形洗刷的理想世界。

庄子无疑是叙述梦幻型变形神话的先锋，《庄子》一书中有大量的梦变有寓神话，如《庄子·应帝王》曰："泰氏，其卧徐徐，其觉于于，一以己为马，一以己为牛，其知情信，其德甚真。"③ 泰氏于梦境中恍惚，时而以为自己变形为马，时而又以为自己变形为牛，同样寄寓了庄子的物化观念，万物之间能以形相禅，可以随意变形转换，冲破物我界限。一言以蔽之，庄子擅于借助梦境，营造光怪陆离的变形世界，并透过梦变有寓，阐述其物化思想。

---

① （清）王先谦：《庄子集解》卷3，《庄子集解　庄子集解内篇补正》，中华书局1987年版，第244页。
② （清）王先谦：《庄子集解》卷4，《庄子集解　庄子集解内篇补正》，中华书局1987年版，第144页。
③ （清）王先谦：《庄子集解》卷2，《庄子集解　庄子集解内篇补正》，中华书局1987年版，第70页。

第六章

先秦神话的进化型变形叙事

变形（metamorphosis），也称为变化，是指古代神话记载的人类或非人类，因外在形状或性质改变，变形为其他生命体的过程。同时，进化（evaluating），是指事物由简单到复杂，由低级到高级的逐渐演变过程。进化型变形兼具变形与进化的规律性，是神话中一种综合性变形类型，兹选取先秦神话中进化型变形叙事的典型例证，予以诠说。

第一节 西王母、三青鸟神话的进化型变形

先秦神话叙事中的西王母与三青鸟，最深刻地诠释了中国古代神话的进化型变形主题。一则外显的物化为西王母神格的变形，以原始猎人为基型，凝结为仿兽型、仿人型、准人形的动态发展序列。伴随着西王母由髣面操戈、图腾装饰的原始猎人，到人兽共生的西极之神，再到人神合一的人间老者，以及向人情人性的女性人王的进化，西王母也由氏族首领、部落神、图腾神嬗变为人间老者、帝女人王。三青鸟则历经了柔婉小鸟、霸气猛禽到东方神鸟的演化。二则内隐着中国古代原始初民自我意识、宗教信仰、神话思维的进化。自我意识由无我、混我、类我向准我的演变，原始宗教信仰由万物有灵、神人同性转向人神分离。原始神话思维由物我一体、物我同一进化为物我两分。以先秦神话文献所见的西王母为研究对象，佐以长期被学者们忽视的三青鸟加以论证，希望借助典型例证，揭橥先秦进化型变形神话的规律。

针对西王母、三青鸟而言，所谓的进化型变形，乃指变形主体穿越历史发展的纵向维度，在历史时间前移，或人类思维观念的不断演变中，由异类变形为人类。整个变形过程持续、缓慢而完整，各阶段的变形主体特

征鲜明突出，是撷取现实生活中人或异物作为基型，受神话思维作用而生成的变形物。质言之，此种进化型变形叙事类型，会表现出变形主体外在形态的演变，分不同阶段递嬗，首先，初犯之形为兽型或物形；其次，为犯人之形；第三，以准人形定型，凝结为"仿兽型（仿物型）→仿人型→准人型"的动态式发展序列，此变形过程，也显示着先民自我意识的变迁，是"无我→混我→类我→准我"的规律性演变过程。当然，进化型变形始终坚持同质异形的变形法则，变形主体始终会保持某些恒定性特征，其外在形态无论如何变形、进化，本质依旧不变。需要强调的是，变形主体常会出现进化环节的缺失，但这却丝毫不影响整体流程。

  作为进化式变形主体，常常会在较长时间的变形过程中，形成动态发展序列。一般会以现实生活的人或物象为基型，发轫期多为仿兽型阶段，神话中参与变形过程的主体，常由纯兽型变形物充当，外在形象趋近于兽类，但兼具兽性、兽情，即使是虎、豹、狼、蛇、鸟、鱼等，也具有超凡能力，是先民动物崇拜的直观显现；发展期是仿人型阶段，变形主体是人兽杂糅、拼接形象，诡异怪诞，恫人心魄，作为人、兽、神结合体，乃图腾信仰的物态化。定型期是准人型阶段，神话中变形主体在经历仿兽型、类人型进化阶段后，性格脾性已同真实的人类相差无几。进化型变形的动态流程，亦是变形神话发展演变规律的体现，西王母、三青鸟无疑是代表。

  纵览中西学者对中国神话的讨论，西王母神话研究素来炙手可热，国内外学者眼中的西王母，或作为怪神、女仙，或是国名或地名，或是君主名、部族名，学界始终聚讼纷纭，莫衷一是。然就学者们对西王母神话自身发展规律的讨论看，以茅盾先生的观点最清晰，其认为神话是原始初民生活、信仰的产物，但由于史学家、文学家等再创作，原始神话会出现"演化"[①]，中国神话中发生此类"演化"的典型，无疑包括西王母神话。茅盾将西王母神话的发展演变划分为三个阶段。第一阶段，西王母从《山海经》中半人半兽的凶神向《淮南子》中手持"不死药"的吉神转变；第二阶段，西王母手中所执之物由"不死药"转变为"桃"；第三阶段，时至魏晋年间，西王母已经"完全铺张成为群仙的领袖"，西王母神话的润色夸饰于此彻底终结，西王母神话也"完全剥落了中国原始神话

[①] 茅盾：《神话研究》，百花文艺出版社1981年版，第153页。

的气味而成为道教传说了。"① 所言甚确，茅盾从总体发展特征出发，综述西王母神话叙事系统的发展过程。本书沿袭此种研究路径，但将时间断限定于先秦时期，以细致观照最具原生态性质的西王母神话文本，通过文学主题学、文字学、图像学、民俗学、神话学交叉视域互动，考释西王母、三青鸟的进化型变形规律。

先秦神话所见的西王母记载，主要见于《山海经》《穆天子传》。《山海经》本经经文凡载 5 次，提及西王母的神格、职位、居住地等基本情况，此类文献言简意赅，却传递出丰富信息，一是有关西王母神格特征，在《山海经》有两次变形、进化过程；二是显示了原始初民的动物崇拜观念、图腾信仰、生命观念。当然，《穆天子传》也载录西王母之事，或与《竹书纪年》所载周穆王十七年"王西征，至昆仑丘，见西王母"的事件关联，作为神话与史实密切结合的典范，无疑是"神话历史化"② 与"历史神话化"的互动典范，及此，将相关神话文本胪列如下，以便考辨。

(1) 西海之南，流沙之滨，赤水之后，黑水之前，有大山，名曰昆仑之丘。有神，人面虎身，有文有尾，皆白处之。其下有弱水之渊环之，其外有炎火之山，投物辄然。有人，戴胜，虎齿，有豹尾，穴处，名曰西王母，此山万物尽有。

——《山海经·大荒西经》③

(2) 又西三百五十里曰玉山，是西王母所居也。西王母其状如人，豹尾虎齿而善啸，蓬发戴胜，是司天之厉及五残。

——《山海经·西次三经》④

---

① 茅盾：《神话研究》，百花文艺出版社 1981 年版，第 156 页。
② 神话历史化的观点最早由法国汉学家马伯乐 1924 年提出，认为："中国学者解释传说从来只用一种说法，就是'爱凡麦'（Euhemrus）派的方法。为了要在神话里找出历史的核心，他们排除了奇异的，不像真的分子，而保存了朴素的残渣。神与英雄于此变为圣王与贤相，妖怪于此变成叛逆的侯王或奸臣。这些穿凿附会的工作所得者，依着玄学的学说（尤其是五行说）所定的年代先后排列起来，便组成中国的起源史。"事实上，中国学者采用的方法与"爱凡麦"派的理论截然相反，"爱凡麦"派提出神话中的人物由历史人物演变而来的，马伯乐将中国学者的方法概括为将神话解读为信史，将神解释为真实的人，是符合神话撰写实际的，然此并非属于"爱凡麦"派。参见［法］马伯乐《书经中的神话》，冯沅君译，商务印书馆 1939 年版，第 17 页。
③ （清）郝懿行撰，栾保群点校：《山海经笺疏》卷 16，中华书局 2021 年版，第 262—263 页。
④ （清）郝懿行撰，栾保群点校：《山海经笺疏》卷 2，中华书局 2021 年版，第 46 页。

(3) 西王母梯几而戴胜杖，其南有三青鸟，为西王母取食。在昆仑虚北。

——《山海经·海内北经》①

(4) 吉日甲子，天子宾于西王母。乃执白圭玄璧以见西王母，好献锦组百纯，□组三百纯。西王母再拜受之。□乙丑，天子觞西王母于瑶池之上。西王母为天子谣曰："白云在天，山陵自出。道里悠远，山川间之。将子无死，尚能复来。"天子答之曰："予归东土，和治诸夏。万民平均，吾顾见汝。比及三年，将复而野。"西王母又为天子吟曰："徂彼西土，爰居其野。虎豹为群，于鹊与处。嘉命不迁，我惟帝女。彼何世民，又将去子。吹笙鼓簧，中心翔翔。世民之子，唯天之望。"天子遂驱升于弇山，乃纪丌迹于弇山之石，而树之槐，眉曰西王母之山。西王母还归丌□。

——《穆天子传》②

一 基型变形：图腾装饰的猎人西王母及其三青鸟

基型（prototype），也称原型，是弗莱提出的一个概念，意指一种文学创作的原初形象。为《山海经》记载的西王母，其初始形象见于《大荒西经》，这一形象为西王母诸多变形形象的基调。据袁珂先生对《山海经》成书顺序的考证，《大荒西经》描摹的西王母形象，应是最早现世的，文曰："有人戴胜，虎齿，豹尾，穴处，名曰西王母"，此原初形象，学界多存争议，袁珂认为此处的西王母乃"男性野蛮人"，"是一个狞猛的野蛮人，大约是一个部落酋长"③。潜明兹则认为"西王母乃西方古羌族部落首领的名号"④。此外，张勤提出西王母是某部落的女性酋长⑤。上述三说虽对西王母性别、所处地域各持己见，但都认可部落酋长是西王母的最初身份，此说当从，且有迹可循。

---

① （清）郝懿行撰，栾保群点校：《山海经笺疏》卷12，中华书局2021年版，第216页。
② （晋）郭璞注，王贻樑、陈建敏校释：《穆天子传汇校集释》卷3，中华书局2019年版，第143—144页。
③ 袁珂：《中国神话史》，上海文艺出版社1988年版，第47页。
④ 潜明兹：《中国神话学》，上海人民出版社2008年版，第372页。
⑤ 张勤：《文化人类学视野下的西王母神话传说研究》，学苑出版社2015年版，第205页。

(一) 图腾装饰己身的西王母

首先,《山海经·大荒西经》中"有人""穴居"四字,显然在传递西王母原初形象属人类的信息,据《山海经》叙述习惯看,每每文中论及神祇、异物,均会直言,但论及神祇,便会以"有神"二字开头,如《大荒西经》言:"有神十人,名曰女娲之肠。"① "有神焉,其状如人而二首,名曰骄虫。"② 同时,论及异物会以"有鸟焉""有兽焉"言说,譬如,《北山经》云:"有鸟焉,其状如乌,五采而赤文,名曰鹖鸹。"③ 另郝懿行注引《西次三经》曰:"崇吾之山,有兽曰举父。"④ 可见,以《山海经》习用的言说方式判断,《大荒西经》所言的"有人"就是实写,主语明确指向人类,而并非神祇、异类。况且,"穴居"二字,分明在叙述一种居于洞穴的状态,显然是对原始初民生活场景的一种真实描绘。须知,迄今为止,在我国境内,考古学家们已陆续发现的最早的古人类遗址,多达三四百处,以元谋人为例,作为目前中国境内存在的年代最早的直立人——元谋人最早被发现时,被确定为距今约 170 万年上下,但据最新考古发掘成果,云南楚雄元谋县的蝴蝶梁子、豹子洞又相继发现东方猿人牙齿,其距今约 250 万年。另如在陕西被发现的蓝田人,大致生活在更新世中期、旧石器时代,为穴居古人类。另外,生活于我国母系社会时期的山顶洞人,据今天北京郊区周口店龙骨山的文化遗址显示,山顶洞人便已开始选择在山最顶端的石钟乳洞生活,其所居空间由洞口、上室、下室、下窨四个部分组成,是有结构分区的洞穴。由此可见,穴居是原始先民的生活常态,故《周易·系辞下》曰:"上古穴居而野处,后世圣人易之以宫室,上栋下宇,以待风雨。"⑤ 结合我国境内古人类活动遗址、传世典籍记载判断,《大荒西经》最早对西王母的叙述是实写,是蛮荒时代以洞窟、石穴为居所的原始初民生活状态的真实记载,后世进化型变形皆以此为基础。

复次,《大荒西经》所见西王母是某原始部落的猎人。关于这一身份的确认,需探究文本内"戴胜"二字的造字初谊,方可明确。戴,《说

---

① (清)郝懿行撰,栾保群点校:《山海经笺疏》卷16,中华书局 2021 年版,第 255 页。
② (清)郝懿行撰,栾保群点校:《山海经笺疏》卷5,中华书局 2021 年版,第 125 页。
③ (清)郝懿行撰,栾保群点校:《山海经笺疏》卷3,中华书局 2021 年版,第 64 页。
④ (清)郝懿行撰,栾保群点校:《山海经笺疏》卷3,中华书局 2021 年版,第 77 页。
⑤ (魏)王弼等注,(唐)孔颖达等正义:《周易正义》卷8,(清)阮元校刻《十三经注疏》,中华书局 1980 年影印本,第 87 页上栏。

文》三上异部云："分物得益曰戴，从异，𢧵声。"① 许慎将"戴"视为形声字，简繁同体，取"異"表意，用"𢧵"表音。"𢧵"虽在此表音，其造字初谊却颇具深意，直接影响"戴"字的整体疏解。"戴"中"𢧵"同"戋"，二者为异体字，篆字皆为"𢦒"。李实的《甲骨文字丛考》认为"'戴'字后改为'𢧵'，'𢧵'为重知的声符"②，可见，"戴"字最早当从"戋"。徐中舒的《甲骨文字典》认为"戋"在甲骨卜辞中具有"兵灾"之意，故"戋""𢦒"二字可通③，𢦒即灾，表灾难、灾害或伤害，故《说文》戈部云："𢧵，同戋，伤也。"④ "戋"在甲骨卜辞中词性凡两种，可作名词使用，表灾害、灾难等，这类义项多来源于殷商时期记载各部族田猎活动遗留的兽骨刻辞；灾又可由名词活用为动词，表攻击、袭击、讨伐，或降灾于某人，此类义项多出于反映氏族部落争战的甲骨卜辞。然无论如何，指向田猎、战争的"𢧵"，都与汉字部件"戈"，联系甚密，"戈"表示武器或农具，田猎、战争都要依仗戈才能完成。联系许慎所言之"𢧵（戋），从戈"⑤，另"戋""戈"析解后的相同义项，可判断"戋"的造字初谊是武器。

戴中取"異"表意，《说文》云："异（異），分也。异，予也。"徐锴曰："将欲与物，先分异之也。"⑥ "分，别也。从八从刀，刀以分别物也。"⑦ "别，从冎从刀，分解也。"⑧ 可见，異与名词刀及动词分解存有密切关系，表示用刀分解某物。"異"，甲骨文作"𢄖"，金文作"𢄗"，生动描摹了有头、手、脚的人形之象。《说文》又云："異，从廾从畀。"⑨ "異"本义为奇特、奇异、奇怪。"異"为象形字，据罗振玉、杨树达等文字学家对"異"甲骨文、金文的形体考察，认定其表一人头戴一物，自蔽其形，至于头戴何物，未有定论。但学者党晴梵已精辟论述过

---

① （汉）许慎撰，（清）段玉裁注：《说文解字注》卷3上，上海古籍出版社1981年版，第105页上栏。
② 李实：《甲骨文字丛考》，甘肃人民出版社1997年版，第610页。
③ 徐中舒主编：《甲骨文字典》，四川辞书出版社2003年版，第1363页。
④ （宋）许慎撰：《说文解字》卷12下，中华书局1963影印本，第266页上栏。
⑤ （宋）许慎撰：《说文解字》卷12下，中华书局1963影印本，第266页下栏。
⑥ （汉）许慎撰，陶生魁点校：《说文解字》卷3上，中华书局2020年版，第89—90页。
⑦ （汉）许慎撰，陶生魁点校：《说文解字》卷3上，中华书局2020年版，第89—90页。
⑧ （汉）许慎撰，陶生魁点校：《说文解字》卷3上，中华书局2020年版，第89—90页。
⑨ （汉）许慎撰，陶生魁点校：《说文解字》卷4下，中华书局2020年版，第131页。

含有"畏"的卑、里、鬼等字与面具的密切关系①。"卑",甲骨文作"畀",金文作"畁"。"里",金文作"里"。鬼,甲骨文作"鬼",金文作"鬼"。卑、里、鬼在甲骨文、金文中,形体均含"畏"形,符合许慎所言之"鬼头"。须知,"鬼头"是原始初民巫觋、田猎、祭祀文化的显现。同时,析解"鬼"的造字初谊,也可从字源着手,"鬼"的形体结构是"人"字构形的变异,"鬼"在甲骨文中作"鬼",可拆分为三个部分,其中"丁"同"示",表祭祀活动,"田"象"田",表劙面或面具,"人"表"人",可见"鬼"字的最早发明,来源于劙面或头戴面具的巫师、祭司正在主持祭祀活动,当然,或许与傩戏佩戴的面具也有关联。"鬼"小篆作"鬼",与甲骨文形体差异较大,与今体反倒相似,体现了《说文解字注》所解"从儿,由象鬼头"②的特点。而"異(异)"的甲骨文、金文形体中同含"畏"形,以此为线索,可推断"異(异)"所指的人头戴之物,或与"劙面"③关系密切。劙,《说文》刀部云:"剥也,划也。"④ 剥即"裂也",划即"锥刀曰划"⑤。劙面,指人们在脸部绘画出千奇百怪的花纹图案,用不易褪色的草本植物浸染而成。目的是自我保护,使原始初民在狩猎时,因图腾装饰的面部能尽显狰狞,以威慑野兽。劙面又可称为雕面、文面、黔面,在早期非洲的一些原始部落,常可以见到当地土著,将各种形状怪异的花纹绘于面部、身体,以自我掩饰,这也补充了文字学家对"異(异)"研究的未解之谜,"異(异)"来源于先民的自我伪装手段,通过劙面或佩戴面具,防御野兽,驱妖辟邪。在我国西北地区的史前崖画上,便有黔面图像,巨齿獠牙的图像,表达先民驱邪禳灾的心理,如在内蒙古白岔河流域克什克腾旗崖画上,便可见直径2米以上的巨型黔面图像,黔面花纹由几何图形混搭而成,以多个圆圈嵌套的形式表示眼睛、眼眶,鼻子、嘴巴由扁圆及不规则

---

① 党晴梵:《先秦思想史论略》,陕西人民出版社1959年版,第98页。
② (汉)许慎撰,(清)段玉裁注:《说文解字注》卷9上,上海古籍出版社1981年版,第434页下栏。
③ 党晴梵:《先秦思想史论略》,陕西人民出版社1959年版,第98页。
④ (汉)许慎撰,陶生魁点校:《说文解字》卷4下,中华书局2020年版,第140页。
⑤ (汉)许慎撰,陶生魁点校:《说文解字》卷4下,中华书局2020年版,第140页。

方形构成，牙齿为锯齿状，为了突出黔面异于正常人的特征，黔面图像在额头、脸颊、嘴巴部分特地绘制了曲线，使面部表情狰狞，并渲染了一种神秘且恐怖的氛围（图27a）①。西北海岸印第安人的鸟形面具图像，也与此类似，造型怪诞（图27b）②。在我国西南少数民族地区，德昂族、黎

（a）内蒙古白岔河流域克什克腾旗崖画的黔面图像

（b）西北海岸印第安人的鸟形面具图像

（c）云南怒江独龙族文面图像

（d）云南怒江独龙族文面女性图像

（e）河南安阳殷墟小屯南M3：31方卣的饕餮纹

（f）四川广汉三星堆祭祀坑出土面具图像K2（2）：228

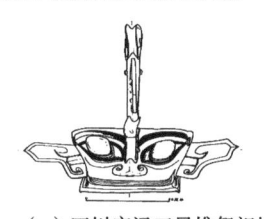

（g）四川广汉三星堆祭祀坑出土面具图像K2（2）：142

图27 文面及相关图像

族、怒族、基诺族、独龙族都流行文面习俗，兹以云南怒江独龙族为例论述，文面俗称"画脸"，是独龙族的古老习俗，主要是女性使用，在20世纪60年代被废止，旧时少女十二三岁被视作成熟，遂家长便邀请族内

---

① 图27a录自陈兆复、邢琏《崖画卷》上卷，《中华图像文化史》，中国摄影出版社2019年版，第52页。

② 图27b录自杨志伟《美洲西北海岸印第安鸟形面具研究》，《荣宝斋》2019年第6期。

成年女性为家中少女文面，女孩仰面平躺，先使用锅烟水于面部突出的地方画出纹样，系为圆点、菱形组合，后使用荆棘文面，再用锅烟水与当地草汁敷面，文面完毕①。文面女图像见图27c、27d线描摹本②。此种因自我保护意识产生的图像，还有青铜礼器上的饕餮纹③，以及巫傩面具等，但饕餮图案、傩戏、祭祀面具的功能，不再是单纯的装饰，以击退凶猛动物威胁，或是图腾崇拜体现，而更强调宗教意味，以沟通天人。以四川广汉三星堆出土的面具为典型，见图27f、27g④。足见，"異（异）"字内藏丰富的文化内涵。

析解了"戋"与"異"的造字取象原理，似可推测出"戴"的造字初谊，是文面操戈、借助图腾物伪装自己，或佩戴图腾面具的猎人形象。于此，前文所引许慎训"戴"字的义项也更明确了，所谓"分物得增益曰戴"，描绘的应是原始初民分配狩猎所得动物的场景，段玉裁《说文解字注》又云："引伸之，凡加于上皆曰戴，如土山戴石曰崔嵬，石山戴土曰碻是也。又与载通用，言其上曰戴，言其下曰载也。"⑤ 载有装载之意，至此，"戴"所描绘的场景更加鲜活了，即：原始猎人狩猎时收获颇丰，在各自拿到分配的猎物后，用工具将猎物运送回家。"戴"字不仅体现了原始猎人的狩猎过程，也暗含了狩猎大获全胜的结果。

胜，古字为"勝"，是由"月"与"券"组合而成的形声字。首先解"月"，甲骨文作"☽"，金文作"𝔇"，是象形字。《说文》云："阙也。大阴之精。象形。"⑥ 阙也作缺，《释名·释天》曰："月，缺也，满则缺也。"⑦ 这是先民对月亮盈亏变化现象的直观解释。当然，也将人们的生命观念渗透其间，月亮的盈亏变化，循环往复，在初民心中体现了"死亡—变形—再生"的过程，故《楚辞·天问》大声诘问："夜

---

① 《独龙族简史》修订本编写组编写：《独龙族简史》，民族出版社2008年版，第97—98页。
② 图27c录自蔡家麒、王庆玲《神秘的河谷：独龙族民族志文献图片集》，民族出版社2016年版，第199页。图像27d录自百度 https://img2.baidu.com/it/u = 185815565,1131139124&fm=253&fmt=auto&app=138&f=JPEG? w=310&h=427。
③ 图27e录自杭春晓《商周青铜器之饕餮纹研究》，文化艺术出版社2009年版，第12页。
④ 图27f、27g录自四川省文物考古研究所编《三星堆祭祀坑》，文物出版社1999年版，第197、203页。
⑤ （汉）许慎撰，（清）段玉裁注：《说文解字注》卷3上，上海古籍出版社1981年版，第105页上栏。
⑥ （汉）许慎撰，陶生魁点校：《说文解字》卷7上，中华书局2020年版，第217页。
⑦ （汉）刘熙撰，愚若点校：《释名》卷1，中华书局2020年版，第1页。

(月)光何德？死则又育。"① 先民将"月"纳入西王母"戴胜"之名，乃无上崇拜、尊重的表达。其次，《说文》力部云："券，劳也。从力，卷省声。"②"券"的上部在金文中作"㞢"，与"手"之金文"㞢"写法关联，描摹了双手捧物之象，"券"的下部为"力"，突出了双手捧物之人的辛苦。又据晚唐段成式《酉阳杂俎》所载："关，兽皮卷也。"③ 联系"券"的下部"力"，则知"券"代表的是力量强悍、擅长切割兽皮的人，也是描摹原始初民行猎分食的活动场景。可见，"券"的造字初谊也与原始田猎、祭祀等活动紧密关联，因此，《说文解字注》又言"勝（胜）"为"任也"，"凡能举之，能克之皆曰胜（勝）"④，也是缘于人类自身力量的解释。

综上所述，"戴胜"二字，余味悠长，其造字初谊，显然源于中国早期先民狩猎活动真实场景的描绘，一群髯面、图腾装饰或佩戴面具的猎人收获满满，正手持刀具，分配猎物。《大荒西经》还记西王母形象为虎齿、豹尾，反映的当是髯面的酋长以虎、豹为图腾装饰物，在狩猎之际，自我伪装的情况。虎齿当作配饰，豹尾当作尾饰，是原始初民自我保护与图腾崇拜的直接表露，虎齿、豹尾是图腾装饰物。事实上，清人陈逢衡已最早关注到《大荒西经》的西王母形象是据事直录，其认为"豹尾者，其衣有尾也"⑤。此说甚确。吕思勉《西王母考》便探究过古史中有关西王母地望、遗迹，认为《山海经》中虎齿豹尾的西王母，并非指其真实面容，"可能是她的图腾服饰"⑥。沈从文先生亦有类似观点，在《中国古代服饰研究》中明确提出西王母"人面虎齿有尾或虎齿豹尾所说正是原始人着兽皮留尾的服饰形象"⑦。诸说所言准确，倘若从身披兽皮、胯下饰尾的服装起源来看，最早可能与原始初民为狩猎而伪装自我、模仿动物的行为相关，此说可通过我国西南、东北等地区各古老民族的服饰制度、

---

① （宋）洪兴祖撰，白化文等点校：《楚辞补注》，中华书局1983年版，第88页。
② （汉）许慎撰，陶生魁点校：《说文解字》卷14，中华书局2020年版，第459页。
③ （唐）段成式：《酉阳杂俎（附续集）》，丛书集成初编本，商务印书馆1937年版，第97页。
④ （汉）许慎撰，（清）段玉裁注：《说文解字注》卷13下，上海古籍出版社1981年版，第700页上栏。
⑤ （晋）郭璞注，王贻樑、陈建敏校释：《穆天子传汇校集释》卷3，中华书局2019年版，第144页。
⑥ 吕思勉：《西王母考》，《说文月刊》第1卷合订本，说文社1943年版。
⑦ 沈从文：《中国古代服饰研究》，商务印书馆2011年版，第24页。

服饰图像解读，予以证明。

西王母虎齿、豹尾的图腾装饰物，与我国北方的鄂伦春人及西南地区的民族服饰关系紧密。观察东北鄂伦春人的狍头帽（图28a）[①]，无疑是古老狩猎遗制体现，人们佩戴鹿头帽以装饰自身，此举与《大荒西经》西王母用虎齿装饰自身有异曲同工之妙。关于豹尾的装饰物，应是饰尾风俗的体现。我国史前北方、西南区系的陶器、崖画上留有大量穿衣留尾图像，衣后有尾被称作"饰系尾"，《说文》云："尾，微也。从到毛在尸后。古人或饰系尾，西南夷亦然。"[②] 饰系尾即指服装后留尾状物，或后襟长垂于地的情形，在中国西南地区，较为习见，《后汉书·南蛮西南夷传》记盘瓠后人"织绩木皮，染以草实，好五色衣服，制裁皆有尾形"[③]，又《华阳国志·南中志》言哀牢夷"衣后着十尾，臂、胫刻纹"[④]，可知饰尾流行于西南古族。当然，北方族群亦存此种习俗，作为少数民族特有的服饰风尚，在考古图像中保存较多。如青海大通孙家寨所出马家窑文化期的舞蹈纹彩陶盆，在内壁上绘有连臂打歌舞者，都有尾饰（图28b）。云南境内澜沧江流域属新石器时代遗迹的沧源崖画，在第七地点3区右端有头戴双耳玦的"鱼尾人"[⑤]（图28c），第五地点亦出相似图像（图28d），二图中鱼尾状服装清晰可见，说明"饰系尾"是流行服饰。如在战国至汉代云南古墓群出土器物上，系尾服饰形象更是频出，另如江川李家山古墓出土铜钺形器17∶26上刻有"羽人"（图28e）[⑥]，其衣尾裁作齐整的梳齿状，服装款式类于沧源崖画的"鱼尾人"，晋宁石寨山铜鼓上（石M12∶1）的"羽人"则是服装后襟连片样式（图28f）。此外，青铜器存留的尾濮图像，更为西王母服饰书写的可视化提供有力依据。晋宁石寨山贮贝器M12绘制有古滇人"初耕"情景，此图共绘制五位男性，都

[①] 图28a为作者自绘图。

[②] （汉）许慎撰，陶生魁点校：《说文解字》卷8下，中华书局2020年版，第272页。

[③] （南朝宋）范晔：《后汉书》卷86，中华书局1965年版，第2829页。

[④] （晋）常璩著，汪启明、赵静译注：《华阳国志译注》卷4，四川大学出版社2007年版，第186页。

[⑤] "鱼尾人"之称参见汪宁生《云南沧源崖画的发现与研究》，文物出版社1985年版，第87页。另参见李昆声主编《云南考古学通论》，云南大学出版社2019年版，第180页。图28c、28d录自汪宁生《云南沧源崖画的发现与研究》，文物出版社1985年版，第59、46页。

[⑥] 邓少琴、张增祺等学者将西南古代民族考古发现的装饰有羽毛或手执羽毛作舞的人物形象称为"羽人"，本书从之。参见张增祺《中国西南民族考古》，云南人民出版社2012年版，第285页。图28e、28f皆录自张增祺、王大道《云南江川李家山古墓群发掘报告》，《考古学报》1975年第2期，第114页。

有尾饰（图 28g）①。晋宁石寨山大墓出土四人乐舞铜佣（石 M17：23），跣足舞动，服饰后襟长垂曳地，左右两侧、背面皆装饰多条兽尾（图 28h、28i）。在鼓形器（石 M13：2）的器面又有身披兽皮、束腰拖尾的部落首领形象（图 28j）。至于铜鼓（石 M13：3）镌刻的舞者头饰兽角，身覆兽皮且长尾垂地（图 28k）②，似乎匹配《山海经》西王母虎齿豹尾的服饰描述。当然，在云南晋宁石寨山出土的 M13 铜鼓的一残片上，西王母虎齿、豹尾的形象更得以高度还原（图 28l），图像似乎以祭祀为主题，祭祀图中的三人为女性，其中，回首侧面的二人手持着戈，以虎豹皮毛为服饰，豹尾上翘，明显以图腾物装饰自身，目光向前之人一手执环，另一手执棒，应是有节奏地奏乐，而此人发髻装饰之物，与《大荒西经》西王母虎齿的记载高度契合。当然，联系世界原始部落民俗遗迹，此种现象亦普遍存在。如古埃及涅加达文化中，猎人首领总是以手高持权杖，腰部悬挂兽尾。古代玛雅族人也习惯于头顶兽首、身披兽皮。

《大荒西经》最后提及"西王母"乃是一个姓名符号，《说文》云："母，牧也。牧者，养牛人也"③，从侧面确认了西王母是游牧部落酋长的身份，与潜明兹等学者的观点一致。于此，西王母的原初形象可确定为某部落酋长，性别未明。《大荒西经》叙述的西王母，以穴为居，劈面操戈，图腾加身，是勇敢的猎人。

(二) 温顺可人的三只小鸟

《山海经》中关于三青鸟的记载共 4 处，其中 3 处分别见于《大荒西经》《西次三经》《海内北经》，另有 1 处也见于《大荒西经》，但所记乃同名异物，不在讨论范围。三青鸟、西王母的亲密关系，不仅源于 3 条文献都直言三青鸟为西王母取食，还在于有关二者的记载，是一一对应的关系，按文献形成的先后顺序，依次见于《大荒西经》《西次三经》《海内北经》，故对三青鸟的审视，也要对应西王母进化变形的动态流程。相关

---

① 图 28g、28h、28l 录自彭长林《云贵高原的青铜时代》，广西科学技术出版社 2008 年版，第 231、233、232 页。

② 图 28i、28j、28k 录自李伟卿《说"尾"——关于濮、尾濮及其"尾"的札记》，《云南民族学院学报》1984 年第 1 期。

③ （汉）许慎撰，（清）段玉裁注：《说文解字注》，上海古籍出版社 1981 年版，第 1224 页。

（a）狍头帽图像　　（b）彩陶盆饰尾图像　　（c）崖画"鱼尾人"图像

（d）崖画"鱼尾人"图像　　（e）铜钺"羽人"图像　　（f）铜钺"羽人"图像

（g）云南晋宁石寨山贮贝器M12饰尾图像

（h）云南晋宁石寨山M17四舞者塑像批皮（毡）正视图像

（i）乐舞铜俑饰尾背面图像　（j）铜鼓饰尾纹饰图像　（k）铜鼓饰尾纹饰图像

（l）云南晋宁石寨山纹饰M13铜鼓残片的虎齿豹尾人物图像

图 28　披皮饰尾图像

记载如下。

（1）西有王母之山……有三青鸟，赤首黑目，一名曰大䴔，一名少䴔，一名曰青鸟。

——《山海经·大荒西经》①

（2）又西二百二十里曰三危之山，三青鸟居之。是山也，广员百里。

——《山海经·西次三经》②

（3）西王母梯几而戴胜杖，其南有三青鸟，为西王母取食。在

---

① （清）郝懿行撰，栾保群点校：《山海经笺疏》卷16，中华书局2021年版，第258—259页。

② （清）郝懿行撰，栾保群点校：《山海经笺疏》卷2，中华书局2021年版，第50页。

昆仑虚北。

——《山海经·海内北经》①

《山海经》载录了三青鸟的神格、栖息地与神职。据《大荒西经》所记，鸟儿形貌为赤首黑目，因数量有三，统称为三青鸟。《说文》训"青"为"东方色也"②，暗指三青鸟出自东方。郭璞注文献（1）的三青鸟为"皆西王母所使也"③，联系前文推断，《大荒西经》的西王母是某一原始部落的酋长，则此经所见三青鸟，似为酋长饲养的宠物，因此，三青鸟能听从主人的召唤，供其驱使。另外，三青鸟分别被命名为大鵹、少鵹、青鸟，古文中"鵹"通"鹂"的情况较为常见，可知，《大荒西经》的三青鸟乃是羽毛艳丽、形体娇小、温顺可爱的宠物鸟。

二　仿兽型变形：人兽共生的西极之神与霸气猛禽

《山海经·西次三经》是对西王母神格、居所、司职情况的叙述，相对于《大荒西经》，《西次三经》的成书时间是次早的。

（一）人兽共生的西极之神

从内容上看，相较《大荒西经》的记述，西王母的基本情况发生了较大变化，表现有四。一为"有人"的叙述修改为"其状如人"，这无疑是物种形态、性质的改变，西王母由人类被改造为异类；二为"穴处"二字被删去，"豹尾、虎齿"后新增"善啸"二字，随遇而安，仰天长啸，原始人性被淡化、兽性被强化；三为"戴胜"二字之前，新增"蓬发"二字，表披头散发状态。上文已解析过"戴胜"的造字初谊，与原始初民的狩猎活动密切相关，但此处与"蓬发"相连的"戴胜"，当另有所解，"戴"表佩戴之意，郭璞注："胜，玉胜也。"④再次观察《西次三经》经文，此经开篇提到了"玉山"，据《淮南子·地形训》云："西北方之美者，有昆仑之球琳、琅玕焉。"⑤高诱注云："球琳、琅玕，皆美玉也。"⑥可见，"玉山"是美玉出产地，故"玉胜"者，可理解为一种类

---

① （清）郝懿行撰，栾保群点校：《山海经笺疏》卷12，中华书局2021年版，第216页。
② （汉）许慎撰，陶生魁点校：《说文解字》卷5下，中华书局2020年版，第161页。
③ （清）郝懿行撰，栾保群点校：《山海经笺疏》卷16，中华书局2021年版，第259页。
④ （清）郝懿行撰，栾保群点校：《山海经笺疏》卷2，中华书局2021年版，第46页。
⑤ 刘文典撰，冯逸、乔华点校：《淮南鸿烈集解》卷4，中华书局2013年版，第139页。
⑥ 刘文典撰，冯逸、乔华点校：《淮南鸿烈集解》卷4，中华书局2013年版，第139页。

似于玉簪、玉钗的头饰，男女均可佩戴，但佩戴者应有权威的身份或至尊的地位，象征导则的建构、秩序的维护。四为新增了西王母的神职，乃"司天之厉及五残"，西王母的职事内容，与其所佩戴的玉胜相得益彰，代表着威仪与神圣性。在四处变化中，西王母由《大荒西经》叙述的原始猎人，被改造为人虎豹共生体，由人类变形为异类，正式开启进化式变形之旅，步入仿兽型变形。

据《西次三经》经文记载，西王母的神格特征是人面、虎齿、豹尾而善啸，为典型的人兽共生型变形神祇。作为人、兽、神结合体，兽类特征最明显，西王母的形体由老虎、豹子的身体部件混搭而成，虎、豹为森林之王，是旷野霸主，既是威胁先民生命安全的猛兽，又是先民敬仰的森林之王，虎、豹象征着速度与力量，先民遂幻想西王母为人虎豹共生形象。

西王母所司神职为《西次三经》记为"司天之厉及五残"，郭璞注云："主知灾厉、五刑残杀之气也。"① 可知西王母的司职范围，至少有灾、厉、五刑、残、杀五种。灾，《说文》十上火部曰："天火曰灾"②，后引申为"凡害之总称。""灾"同"咎"，《文字蒙求》曰："咎，灾也。从人、各。人各者相违也。"③ 人、事相违的情况为灾。《左传·宣公十五年》曰："天反时为灾，地反物为妖，民反德为乱，乱则妖灾生。"④ 天灾人祸、自然秩序失范为灾。西王母乃宇宙万物正常运转次序的维护者，又是自然灾害的控制者、防御者。厉，是灾祸代名词，有猛烈、危险等义，常被假借为恶、病、鬼等，说明西王母是穷凶极恶事物或痛疾病难的管理者。至于五刑，《说文》曰："罚辠也。从井从刀。《易》曰：'井，法也。'"⑤ 刑与实施惩罚、律则建立关联。"五刑"是极端残酷的刑法，《尚书·吕刑》曰："苗民弗用灵，制以刑，惟作五虐之刑曰法。杀戮无辜，爰始淫为劓、刵、椓、黥。"⑥ 孔安国传曰："三苗之主，顽凶若民，

---

① （晋）郭璞传，（清）郝懿行笺疏：《山海经笺疏》卷2，《郝懿行集》，齐鲁书社2010年版，第4728—4729页。
② （汉）许慎撰，陶生魁点校：《说文解字》卷10上，中华书局2020年版，第325页。
③ （清）王筠撰，林贤、刘娜点校：《文字蒙求》卷3，中华书局2021年版，第77页。
④ （晋）杜预注，（唐）孔颖达等正义：《春秋左传正义》卷24，（清）阮元校刻《十三经注疏》，中华书局1980年影印本，第1888页上栏。
⑤ （汉）许慎撰，陶生魁点校：《说文解字》卷5下，中华书局2020年版，第161页。
⑥ （汉）孔安国传，（唐）孔颖达等正义：《尚书正义》卷16，（清）阮元校刻《十三经注疏》，中华书局1980年影印本，第247页下栏。

敢行虐刑，以杀戮无罪，于是始大为截人耳、鼻，椓阴，黥面，以加无辜，故曰五虐。"① 五刑包括大辟、割鼻、断耳、宫刑、黥面五种酷刑，是一种野蛮的、会极大程度伤害受刑之人身体的处罚。《逸周书·周祝解》曰："陈五刑，民乃敬。"② 黄怀信注释内容从孔安国《吕刑》传。另外，《五行大义》引《周书》提及与"五刑"关联的内容，曰："火能变金色，故墨以变其肉；金能克木，故刖以去其骨节；木能克土，故劓以去其鼻；土能塞水，故宫以断其淫；水能灭火，故大辟以绝其生命。"③ 五刑显然是非人道的刑法，故后世又谓之五虐，《北史·隋本纪·恭帝》曰："淫荒无度，法令滋彰，教绝四维，刑参五虐。"④ 又唐代元稹《郊天五色祥云赋》曰："由五常以厚五德，正五刑以去五虐。"⑤ 后起诸说，是对《尚书》《逸周书》的观点承续。如此严苛、恐怖的"五刑"为西王母职掌，足见西王母神位尊高煊赫，监管着刑罚制定、实施。关于残，《说文》四下曰"贼也"⑥，此处自然不是表偷盗，当是虚指，表凶暴、残忍，说明西王母亦是日常生活秩序的规范者。及此可见，西王母神职权力范围之广，上通于天、下至于地，宇宙万物、个人之事，无不在其掌控之中，这与其人面、虎齿、豹尾、善啸的神相相对应，威慑力巨大，令人不寒而栗。当然，关于西王母主刑的神格特征，丁山先生还另有所解，其据《国语·鲁语下》载周人"日食修德，月食修刑"，提出西王母"司天之厉及五残"的神职，是由周代天子、诸侯在夜月之下进行的"纠虔天刑"的礼制发展而来的，西王母是集月神、刑神于一体的神灵⑦。此说亦可取，月神主司生殖，月亮的盈亏变化状态，与女性怀孕期间肚腹瘪圆的变化情况相似，故西王母也是主生殖的神祇，且或是女性神。

有关西王母的居所，亦见于《大荒西经》《西次三经》《海内北经》，其间还隐晦叙述了西王母的神祇级别。文中或言西王母居住地为"昆仑之丘""昆仑虚北"，或是"玉山"，玉山为昆仑山别名，三个地名实指一

---

① （汉）孔安国传，（唐）孔颖达等正义：《尚书正义》卷16，（清）阮元校刻《十三经注疏》，中华书局1980年影印本，第247页下栏。
② 黄怀信：《逸周书校补注译》，三秦出版社2006年版，第385页。
③ （清）皮锡瑞：《今文尚书考证》卷2，《皮锡瑞全集》，中华书局2015年版，第173页。
④ （唐）李延寿：《北史》卷12，中华书局1974年版，第475页。
⑤ （唐）元稹撰，冀勤点校：《元稹集》卷27，中华书局2010年版，第376页。
⑥ （汉）许慎撰，陶生魁点校：《说文解字》卷4下，中华书局2020年版，第130页。
⑦ 丁山：《中国古代宗教与神话考》，上海书店出版社2021年版，第75页。

处。《山海经》记昆仑山在西北方向，是四周环绕"不死水"或"弱水"的神山，《西次三经》记昆仑山为"帝之下都，神陆吾司之"，又《海内北经》述其为"百神之所在"，作为黄帝直辖的都城，由神陆吾管理，又是众帝与百神的聚居地。符合"昆仑为天地之齐"[①] 之说，"齐"通"脐"，表天地万物之灵中心，以"脐"（omphalos）为神话世界的地域空间中心，是世界各古老民族达成共识的观念。《山海经》记昆仑山共8处，牵涉西王母的就有3处，均叙述西王母以昆仑山为居住地，说明其神职显赫，《山海经》中有群帝，各司其职，其中帝喾、黄帝地位最高，但据西王母掌管生死、冥界等神职来看，其地位应与帝喾、黄帝相当。

《西次三经》提及的西王母，相对于《大荒西经》发生了显著变化，可看作仿兽型变形物，这不仅源于西王母的神格特征，为人们臆造为象征力量、速度极致的人虎豹共生体，且将其安顿于神话世界中心的昆仑山，又言其神职执掌内容为维护宇宙、人间秩序、执掌生死、冥界、刑戮等，已是可堪比帝喾、黄帝等的至高级别。此外，其具有司月神特征，性别塑造开始明朗化。

（二）人兽共生的霸气猛禽

《山海经·西次三经》写明三青鸟栖息地是"三危之山"，此山特征有二，既"危"又"广"。《说文》云："危，在高而惧也"[②]，此山还"广员百里"，说明三青鸟居住地在险峻高峰上，且地方偏远，暗示三青鸟有力擅飞的特点，与《西次三经》西王母仰天长啸、人虎豹共生的形象也非常匹配，郭璞注三青鸟"主为西王母取食"[③]，联系《山海经》的言说方式，异兽猛禽多盘踞一方，此经的三青鸟形象应与主神神格对应，具备人兽或兽兽共生特征，类似于《南次三经》三足人面的瞿如、《北次三经》四翼、六目、三足的酸与等，三青鸟已进化为霸气十足的猛禽。

三 仿人型变形：人神合一的人间老者及东方神鸟

（一）人神合一的人间老者

《海内北经》叙述的西王母是《山海经》中最晚出现的，文曰："西

[①] （唐）段成式：《酉阳杂俎（附续集）》，丛书集成初编本，商务印书馆1937年版，第110页。

[②] （汉）许慎撰，陶生魁点校：《说文解字》卷9下，中华书局2020年版，第301页。

[③] （清）郝懿行撰，栾保群点校：《山海经笺疏》卷2，中华书局2021年版，第50页。

王母梯几而戴胜",郭璞注云:"梯乃凭也","梯几"乃"凭几","几"是古代明德睿智、德高望重的老者专有之物,象征较高的身份、地位,经文中"凭"当为动词,与佩戴同义;《海内北经》也出现了"戴胜",前文解说《西次三经》西王母形象之际,将"玉胜"解释为西王母蓬发上佩戴的玉饰,《海内北经》亦同,但此处的"玉胜",除有装饰作用外,更是一种法度功能的象征。

《尔雅翼·释鸟四·〈戴胜〉》就专门解释"胜"的功能,曰:"戴鵀,似山雀而尾短,青色,毛冠俱有文采,如戴花胜,故呼戴鵀,又称戴胜。郭璞注方言曰:'胜所以缠纴。'然则胜者,是后世所谓梭耳。"① 此处又说"胜"属"女之器,而戴鵀之为蚕侯,故妇人首饰象之。"② 则知"胜"为头饰,是类似于枣核状,中间细、两头粗的头发装饰用品。不仅如此,"胜"并非为装饰己身而佩戴的普通头饰,其还是法度的物态化象征,为位高权重者专有。此种观点早在先秦两汉时期就被广泛认可。最早以"胜"象征法度的是淮南王刘安,《淮南子·览冥训》云:"逮至夏桀之时,主闇晦而不明,道澜漫而不修,弃捐五帝之恩刑,推蹷三王之法籍。是以至德灭而不扬,帝道掩而不兴。举事戾苍天,发号逆四时,春秋缩其和,天地除其德;仁君处位而不安,大夫隐道而不言,群臣准上意而怀当,疏骨肉而自容,邪人参耦比周而阴谋,居君臣父子之间而竞载,骄主而像其意,乱人以成其事……西姥折胜,黄神啸吟。"③ 注曰:"以为西王母折其头上之胜,为时无法度焉。黄帝之神伤道之衰,故啸吟而长叹也。"④ 另《后汉书·舆服下》:"上古穴居而野处,衣毛而冒皮,未有制度。后世圣人易之以丝麻,观翚翟之文,荣华之色,乃染帛以效之,始作五采,成以为服。见鸟兽有冠角䫇胡之制,遂作冠冕缨蕤,以为首饰。"⑤ 可见,"胜"还象征着维护制度、秩序的正常运转。当然,据汉代以降的杂家文献、史传文献等,"玉胜"已是一种被抽象化的符号,是君王"德行"之象征,故"王者施行善政则玉胜作为祥瑞而出现"⑥。于

---

① (宋)罗愿撰,石云孙校点:《尔雅翼》卷16,黄山书社2013年版,第196页。
② (宋)罗愿撰,石云孙校点:《尔雅翼》卷16,黄山书社2013年版,第196页。
③ 何宁:《淮南子集释》,中华书局1998年版,第485—489页。
④ 刘文典撰,冯逸、乔华点校:《淮南鸿烈集解》卷6,中华书局2013年版,第211页。
⑤ (南朝宋)范晔:《后汉书》卷30,中华书局1965年版,第3661页。
⑥ [日]小南一郎:《中国的神话传说与古小说》,孙昌武译,中华书局1993年版,第46页。

是，"梯几"所表现的是明德睿智；"戴胜"是法度功能体现，也寓意美好、吉祥，《海内北经》的西王母形象再次转变，变形为神人，象征仁德与祥瑞。西王母的此种形象，汉代以降，在山东、四川、江苏等地画像石中大量出现。比较西王母"戴胜"的图像，其所佩戴的玉胜，既有数目之分，也有款式之别。就今日汉画像石、画像砖所存相关图像数量而言，以西王母佩戴一枚玉胜或华胜的情况居多。兹胪列六例，予以论证。头发上佩戴单枚胜的西王母图像，第一例见于1975年四川省彭山县江口乡崖墓出土的东汉画像砖上，画中西王母头戴方形的胜（图29a）①。第二例出自1979年四川省成都市新区新农乡出土的东汉画像砖，此幅图像所见玉胜或华胜的形制，异于第一例，在直观视觉效果上，类似于糖果或蝴蝶结形状（图29b）。相同图像还存于山东沂南等地出土的汉画像石上，见于第三例（图29c）②、第四例（图29d）③。事实上，东汉时期西王母所戴华胜还有形若冠冕者，见于第五例（图29e），属四川地区出土的画像砖。另外，也有在发髻上佩戴双胜的西王母图像，数量较少，华胜的形制更类似于头叉，体量变小，见于四川出土三国时期的画像砖上，是双胜直接插入西王母发髻的图像（图29f）。

《海内北经》并未直言西王母的神格，但兼具多重意味的"梯几""戴胜"已表明西王母的人性特征。除此之外，关于西王母所处的年龄段，《淮南鸿烈·览冥训》曰："西老折胜"，而"孙诒让云：老当作姥。《广韵·姥》云：'姥，老母。'古书多以姥为母，故西王母亦称西姥。"④说明西王母为女性老者。综上，《山海经》所见西王母，以原始猎人形象为基调，经历仿兽型变形后，正式跨入仿人型变形阶段，是"梯几""戴胜"，兼具人性、神性的老者。此种变形形象，与《穆天子传》中准人型的西王母形象已差距甚微。

（二）通达人情的东方神鸟

《海内北经》再次强调三青鸟"为西王母取食"，郭璞注云："又有三

---

① 图29a、29b、29e、29f为局部图，录自《中国画像砖全集》编辑委员会编《四川汉画像砖》，《中国画像砖全集》第1卷，四川出版集团、四川美术出版社2006年版，第121、117、120、118页。
② 图29c录自中国画像石全集编辑委员会编《山东汉画像石》，《中国画像石全集》第1卷，山东美术出版社、河南美术出版社2000年版，第134页。
③ 图29d录自中国画像石全集编辑委员会编《山东汉画像石》，《中国画像石全集》第2卷，山东美术出版社、河南美术出版社2000年版，第89页。
④ 刘文典撰，冯逸、乔华点校：《淮南鸿烈集解》卷6，中华书局2013年版，第212页。

（a）四川省彭山县江口乡崖墓出土东汉
画像砖的西王母戴胜图像

（b）四川省成都市新区新农乡出土东汉
画像砖的西王母戴胜图像

（c）山东沂南汉墓墓东门立柱的
西王母戴胜图像

（d）山东画像石的
西王母戴胜图像

（e）四川画像砖的
西王母戴胜图像

（f）四川画像砖的
西王母戴胜图像

图 29　西王母戴胜图像

足鸟给使"，说明西王母有异禽作伴，此阶段的西王母"梯几而戴胜"，是雍穆平和的人王，三青鸟作为其使臣，显然通达人情、拥有奇能，类似于殷契记载的天帝与大风（大凤），《山海经》载录的黄帝与应龙，是主神、臣工的关系。

《大荒西经》记述的三青鸟神话，是原生态神话，在汉画像石上，也有老者西王母与三只青鸟同构一图的情况，此类图像所见西王母已进化为人间老者，但三只青鸟仍保持原始神话形态，见于山东省微山县两城镇出土的东汉中、晚期画像石，该图上端中部有一只鸟，位于西王母的头部上端，另有两只鸟分别立于图像下端的左右两侧（图30a）[①]。《大荒西经》最早将三青鸟塑造为神鸟形象，为三青鸟次生态神话创作提供基础，尤其为汉代及其后产生的神话文本、图像中西王母、三足乌同时出现，提供转换依据，三青鸟被直接等同于三足乌，为西王母取食，供其驱使。如《河图括地图》云："昆仑在弱水中，非乘龙不得至。有三足神乌，为西王母取食。"[②] 又《括地志》曰："昆仑弱水，非乘龙不至，有三足神乌为王母取食也。"[③] 三青鸟之名直接被"三足乌""三足神乌"置换，是一种进化过程的体现，即三青鸟由《山海经·大荒西经》中三只屠弱小鸟演变为一只三足神乌，象征着东方的太阳。当然，此种转换可以成立，还依靠先秦神话观念中"日""乌""鸟"三者的等同关系。《大荒西经》载："汤谷上有扶木，一日方至，一日方出，皆出于乌。"[④] "尧命羿仰射十日，中其九日，日中九乌皆死，堕其羽翼。"[⑤] 该神话使屈原诘问："羿焉彃日？乌焉解羽？"[⑥]《淮南子·精神训》曰："日中有踆乌。"高诱注云："踆犹蹲，谓三足乌也。"[⑦] 汉代张衡《灵宪》曰："日者，阳精之宗。积而成鸟，象乌，而有三趾。阳之类，其数奇。"[⑧] 王充《论衡·说日》亦云："日中有三足乌。"[⑨] 三足乌即阳乌，是负日的神乌，常见于汉代壁画、画像石等，多与西王母组合出现。如山东嘉祥洪山村出土东汉早期图像（图30b），三足乌在捣药兔上方。相似图像又有四川彭山一号石棺出土的画像石，三足乌在画面左端，见图30c[⑩]。

[①] 图30a、30b录自中国画像石全集编辑委员会编《山东汉画像石》，《中国画像石全集》第2卷，山东美术出版社、河南美术出版社2000年版，第32、87页。
[②] 袁珂、周明编：《中国神话资料萃编》，四川省社会科学院出版社1985年版，第228页。
[③] 袁珂、周明编：《中国神话资料萃编》，四川省社会科学院出版社1985年版，第229页。
[④] （晋）郭璞传，（清）郝懿行笺疏：《山海经笺疏》卷14，《郝懿行集》，齐鲁书社2010年版，第4978页。
[⑤] （宋）洪兴祖撰，白化文等点校：《楚辞补注》，中华书局1983年版，第96页。
[⑥] （宋）洪兴祖撰，白化文等点校：《楚辞补注》，中华书局1983年版，第96页。
[⑦] 何宁：《淮南子集释》，中华书局1998年版，第508页。
[⑧] （清）严可均辑：《全后汉文》卷55，《全上古三代秦汉三国六朝文》，中华书局1958年影印本，第777页上栏。
[⑨] （汉）王充：《论衡》，《诸子集成》，中华书局1996年版，第111页。
[⑩] 图30c为局部图，录自中国画像石全集编辑委员会编《四川汉画像石》，《中国画像石全集》第7卷，山东美术出版社、河南美术出版社2000年版，第116页。

(a) 山东省微山县两城镇出土东汉中、晚期画像石上的西王母、三青鸟图像

(b) 山东省嘉祥县城东北洪山村出土的西王母、三足乌图像

(c) 四川彭山一号石棺所见的西王母、三足乌图像

图 30　西王母与三青鸟、三足乌图像

四　准人型变形：人情人性的帝女人王及祥瑞之鸟

《穆天子传》记载了周穆王拜会西王母，由《竹书纪年》演绎而成，《竹书纪年》云："十七年，西征昆仑邱，见西王母，西王母止之，曰：'有鸟䜌人。'西王母来见，宾于昭宫。"① 范祥雍补引《列子·周穆王》篇释文引作："穆王十七年，西征，见西王母，宾于昭宫。"② 叙述简洁，

---

① 范祥雍订补：《古本竹书纪年辑校订补》，上海古籍出版社 2018 年版，第 31—32 页。
② 范祥雍订补：《古本竹书纪年辑校订补》，上海古籍出版社 2018 年版，第 32 页。

只描述主要人物、时间、地点，未涉及具体事件。《穆天子传》不仅补叙《竹书纪年》未尽之事，且将西王母、周穆王的友好会晤渲染得美轮美奂，在宴饮唱和中，西王母举止优雅，尽显女王气质。当然，《穆天子传》还保留了《大荒西经》《西次三经》的西王母形象特征。西王母对周穆王自述"爰居其野，虎豹为群，于鹊与处"，只言片语间，西王母虎齿、豹尾、穴处，有三青鸟陪伴的原型特征再次重现。尽管如此，相较于《山海经》的记载，《穆天子传》所见的西王母形象，还是发生了极大的变化，表现有二。

首先，从神格观察，文中虽未直言西王母形貌，却有侧面描述。一为恪守礼仪，周穆王随性而游，赏玩至西王母所辖之地，当他手持白圭、玄璧、彩色丝绦等伴手礼，敬献西王母，西王母"再拜受之"，可见其彬彬有礼；乙丑之日，周穆王与西王母共赴瑶池宴饮，觥筹交错之间，西王母与周穆王吟唱赋诗，优雅之余，才情尽显，原始兽性特征消失殆尽。其次，性别明确，《山海经》中西王母的性别，实难断言，但《穆天子传》中西王母自述"我惟帝女"，其身份、性别明确，西王母是女王，也是天帝之女，至此，西王母完成准人型变形。

《穆天子传》《竹书纪年》都记载周穆王拜见西王母，汉代墓葬艺术中有两幅图像可与传世文献参证。譬如在1982年山东滕州市官桥镇后掌大村发掘的一座东汉晚期单室石椁墓侧板上，便存周穆王、西王母会面图，西王母形象为女王或帝女，该画像石为浅浮雕，由上下两层组合而成，自上而下观察，上层为周公辅成王、羽人饲龙等历史人物、神怪、神话图像，下层为穆天子拜会西王母的场景。图像左端的西王母，戴胜着袍，端坐于鱼尾状的悬圃之上，有三青鸟、羽人、瑞兽等蹲踞于神树枝上，图像中部为周穆王，其乘坐带有华盖之车，由一蟾蜍驾车，六龙引车，正向前疾行，去拜见西王母（图31a）①。另如陕西榆林神木大保当发掘的汉代墓葬也有类似主题图像，见于M16墓门，此墓门为画像石组合图，由五部分构成，即M16：1门楣、刻有牛首人身怪神的M16：2右门柱、刻有鸡首人身怪神的M16：3左门柱、有"白虎在右"四字的M16：

---

① 图31a录自滕州市汉画像石馆编《滕州汉画像石精品集》，齐鲁书社2011年版，第76页。

4右门扉、有"青龙在左"四字的M16：5左门扉（图31b）①。其中，门楣M16：1的图像分为上下两栏，最上栏图像左端，是阴线镌刻的西王母，其头部饰胜，端坐于悬圃顶端，周围有三青鸟、捣药兔、神人侍者、神树、灵草、瑞兽等。门楣右端刻有一辆轺车，在一龙四凤引导下，头戴长冠、手持缰绳的驭车使者正驱车向前，奔向西王母所在方向。乘坐轺车

（a）山东滕州市官桥镇后掌大村发掘东汉晚期石椁墓侧板上的西王母、周穆王会面图像

（b）陕西榆林神木大保当汉代墓葬画像石M16的西王母、周穆王、神兽图像

（c）陕西榆林神木大保当汉代墓葬画像石M16:1门楣的周穆王拜谒西王母图像

图31　西王母与周穆王图像

① 图31b为全图、31c为局部图，录自陕西省考古研究所等编著《神木大保当——汉代城址与墓葬考古报告》，科学出版社2001年版，第60、61页。

者，是头戴通天冠、身着华服的周穆王（图31c）。M16：1门楣最右端刻有内带三足乌的日轮，最左端刻有内带蟾蜍的月轮，正所谓"日出于东，月生于西"，指示着地理方位，既与《穆天子传》中"西征昆仑邱，见西王母"的记载高度匹配，又符合神话世界中西王母主月的神格特征。此幅图像生动描绘了穆天子自东向西而行，拜谒西王母的场景，神话的文本世界与图像空间接榫，美轮美奂。

西王母、三青鸟的进化型变形，就此终结，二者在先秦神话变形叙事系统中的生成规律体现在两个方面。其一，外显的物化为西王母、三青鸟神格的变形，西王母以原始猎人为基型，凝结为仿兽型、仿人型、准人形的动态发展序列，西王母的进化过程有四个阶段，由劈面操戈、图腾装饰的原始猎人，到人兽共生的西方司天之神，再到人神合一的人间老者，最终是人情人性的女人王，西王母完成了从氏族首领、部落神、图腾神向人间老者、女人王的嬗变。三青鸟也随之进化，由温柔可人的三只小鸟、人兽共生的霸气猛禽向通达人情的东方神鸟演化。其二，西王母与三青鸟的形象变形，内隐着古代先民自我意识、原始信仰、思维方式的进化。自我意识由无我、混我、类我向准我演变，原始信仰由万物有灵、神人同性、人神合一转向人神分离，原始神话思维方式由物我一体、物我同一进化为物我两分。

有关西王母、三青鸟在后世的衍生型创作，蔚为大观，又发展出变形仙话，但各类作品，都运用了进化型变形法则。就整体而论，西王母、三青鸟神话、仙话的生成、丕变过程，可概括为五个分期，权可当作西王母变形神话的补充，以完整勾勒其进化曲线。一为发轫期，《山海经》中西王母是以穴为居、劈面操戈、图腾装饰自身的粗犷猎人。继而变形为昆仑山中的权威女王，尽管形象是人兽共生状态，但昆仑山作为若木、栾木等"不死树""不死药"的原产地，为西王母日后仙化提供了条件。二为发展期，西王母"梯几而戴胜"，是兼具人情兽性的类人王。三为定型期，《穆天子传》中西王母不仅拥有准人型特征，变形为天帝神女，且是知书达礼、优雅大气的女王。四为转型期，据《淮南子》《汉武故事》《汉武帝内传》《神异经》《博物志》等典籍，西王母被彻底仙话化，甚至道教化，常常肩生双翼、华冠丽服、正襟屈膝、端坐云端，是世人敬仰、崇拜的女仙。五为沿承期，西王母在两汉魏晋时期，被仙化定型，均以女仙形象示人，可视作后发展时代，随着隋唐时期南亚等异域文化传入，西王母形象也浸染了宗教色彩，以吴承恩《西游记》的王母为代表，在时代更迭中，各类宗教的影响，又使西王母形象持续不断的微变形。西王母进化变形为王母、金母、瑶池阿母等形象，被尊奉为首席道教大仙。沿革期的西王母更不再形单影只，而有东王公与其喜结伉俪，西王母也正式步入中老年行列。此种西王母形象可见于新近发掘的考古成果，是关于西王母图像、文本记录的新材料。在 2015 年西汉海昏侯刘贺墓出土的"孔子屏风"最上端，便绘制有仙话化的西王母、东王公形象，与两名仙人侍者、朱红色凤鸟同构一图，另有配文曰："右白虎兮左仓龙，下有玄鹤兮上凤凰；西王母兮东王公，福熹所归兮淳意藏。"① 李炳海先生精练概括了中国古代神话由原生态向次生态演变过程中"世俗化""伉俪化""老龄化"② 三大趋势，这也体现出了古人审美取向的改变，由"自然美→社会美→人性美"流变的动态发展过程。

以西王母为代表的进化型变形，跨越了从人兽混同的史前状态到文明社会形成的漫长时期，是"一个人的生成的伟大过程"③。更为重要的是，先秦神话中诸如此类的变形，其生成机制与神话自身发展规律也契合无间，古史辨派学者将其概括为"层累说"，即"前代的旧神话尚在，新的神话又叠加上去，神话便显得更加丰富，后出的比前面的更加精致，仿佛几代人同心协力地构筑神话化的古史大厦"④。新旧神话之间的联系千丝万缕，始终难以割断，如同达尔文的进化论，无论物种如何起源，生存、斗争，其总在变异与遗传中进化，且总能追本溯源。

第二节 "大人""小人"神话的进化型变形

先秦传世文献关于"大人""小人"神话的记载层出不穷，是进化型变形的又一典型。关于"大人""小人"的种种文献载录，先后见于《国语》《春秋三传》《山海经》《庄子》《列子》《楚辞》。《山海经》作为地理博物志，以空间叙事为方式，最早以身形为国别特征，记"大人""小人"为东海、北海之外的远国异人。《国语》《春秋三传》等经史元典，

---

① 朱凤瀚主编：《海昏简牍初论》，北京大学出版社 2020 年版，第 364 页。
② 李炳海：《从神坛灵域走向人间世俗——再论中国古代神话演变的基本趋势》，《社会科学战线》2003 年第 4 期。
③ 王锺陵：《中国前期文化—心理研究》，重庆出版社 1991 年版，第 3 页。
④ 田兆元：《论主流神话与神话史的要素》，《文艺理论研究》1995 年第 5 期。

以言语记怪或以异叙事为方式，最早以身形为族别特征，对举"防风氏""僬侥氏"，记"长狄"为神异外族或北方戎狄，叙外域民族之史事。《庄子》《列子》等诸子话语，以神话化寓言为方式，将身形作为个体特征，置换变形出"任公子""龙伯国大人""僬侥国小人"等海外神人。《楚辞》作为文人诗歌，将身形特征抽象化，凝练出"长人"意象，记"长人"为东方神祇。由禀赋奇能的远邦奇人、北方古族到东方神祇的身份嬗变，促使"大人""小人"成为经典形象，在先秦地理博物志、经史典籍、诸子话语、诗类文献中生成。

中国古代关于"大人""小人"的记载，肇始于先秦时代。《国语》最早提及"大人"之名，以言语叙事为方式，对与"大人"关系密切的"汪芒氏""长狄"进行言说，且首次提及"防风氏"与"僬侥氏"，以互证其有无。《国语》将春秋时人对"大人""小人"的诸多称名、身份、故事进行了一次总结，为春秋、战国时期"大人""小人"先后为经书、地理博物志记载，并在战国中后期进入诸子、文人视野，提供了契机与话语根据。自此，在经史元典的奇谈怪论、博物话语的空间转换、诸子言语的寓理于事、文人创作的抒情言志中，"大人""小人"的身份不断演变，以远国异人、神异外族、北方戎狄、海外神人、东方神祇等诸种身份活跃于神话、散文、寓言、诗歌等文学体裁中，显示出神话原型化、神话历史化、历史神话化、神话哲理化、神话意象化的创作倾向，对后世文献生成产生了深远影响。

一 地理博物志的远国异人变形

"大人""小人"原型，最早生成于《山海经》，《山海经》作为"古今语怪之祖"，最早以身形作为国别特征，记"大人""小人"神话。"大人""小人"之事，在《山海经》中各记有四，行文简省，却辞约意丰，以空间叙事为特色，对"大人""小人"的国名、姓氏、区域方位、国人形貌、饮食习惯、经济发展水平、社会文明程度等逐一叙述。对汉魏晋及后世载录"大人""小人"的地理博物文献，影响甚大。

《山海经》对"大人"的载录，凡记有四，围绕"大人""大人之市""大人之堂""大人之国"展开叙述。"大人"之事始见于《海外东经》，文曰："海外自东南陬至东北陬者：嗟丘，爰有遗玉、青马、视肉、杨柳、甘柤、甘华、甘果所生。在东海，两山夹丘，上有树木。一曰嗟丘。一曰百果所在，在尧葬东。大人国在其北，为人大，坐而削船。一曰在髲丘北。"① 可见，"大人国"位处东海之中，髲丘之北。"大人"国民，"为人大，坐而削船"，清郝懿行注"'削'当读若'稍'，削船谓操舟也"②，《说文》手部云："操，把持也。"③ 段玉裁注曰："把者，握也。"④ 言"大人"正手握船篙，端坐撑船。另有袁珂注："削，刻治也，削船谓刻治其船也。"⑤ 言以利刀或尖锐器物造船，握船于手，造船非为己用，而造予他人，袁注所释，似更贴合文意，与"大人"身形巨硕的体貌更趋吻合。似《庄子·庚桑楚》与《列子·杨朱》二篇中的"吞舟之鱼"⑥，为人事之奇大者。

《大荒东经》云："东海之外，大荒之中有山，名曰大言，日月所出。有波谷山者，有大人之国。有大人之市，名曰大人之堂。有一大人踆其上，张其两耳。"⑦ 郭璞注"大人之国"时云："晋永嘉二年，有鹙鸟集于始安县南廿里之鹙陂中，民周虎张得之，木矢贯之铁镞，其长六尺有半，以箭计之，其射者人身应长一丈五六尺也。又平州别驾高会语：'倭国人尝行，遭风吹度大海外，见一国人皆长丈余，形状似胡，盖是长翟别种。'"⑧ 据郭璞记载，周虎张曾在鹙陂拾得长箭，箭长"六尺有半"，以此推断，射箭者当为身形"一丈五六尺"的巨人。此箭来自外海的"长翟别种"，身长丈余，类似胡人。是倭国人远行遇风，被迫漂流时遇见的巨人。郭璞最早利用"大人"远国异人的身份，将其作为海外异闻加以记录。将"大人"放置在常人尚奇的心理需求中，加以审视，通过亲见者的自述其事，使"大人"的异闻奇事广为传播。郭璞注"大人之

---

① （清）郝懿行撰，栾保群点校：《山海经笺疏》卷9，中华书局2021年版，第194页。
② （清）郝懿行撰，栾保群点校：《山海经笺疏》卷9，中华书局2021年版，第194页。
③ （汉）许慎撰，陶生魁点校：《说文解字》卷12上，中华书局2020年版，第393页。
④ （汉）许慎撰，（清）段玉裁注：《说文解字注》卷12上，上海古籍出版社1981年版，第597页上栏。
⑤ 袁珂校注：《山海经校注》卷4，巴蜀书社1993年版，第300页。
⑥ 《庄子·庚桑楚》曰："吞舟之鱼，砀而失水，则蚁能苦之。"成玄英疏曰："其兽极大，口能含车，孤介离山，则不免网罗为其患害。吞舟之鱼，其质不小，波荡失水，蚁能害之。"参见（清）郭庆藩撰，王孝鱼点校《庄子集释》卷8上，中华书局2012年版，第773—774页。《列子·杨朱》："吞舟之鱼不游枝流。"参见杨伯峻《列子集释》卷7，中华书局1979年版，第233页。
⑦ （清）郝懿行撰，栾保群点校：《山海经笺疏》卷16，中华书局2021年版，第239—240页。
⑧ （晋）郭璞传，（清）郝懿行笺疏：《山海经笺疏》卷14，《郝懿行集》，齐鲁书社2010年版，第4972页。

堂"云："亦山名，形状如堂室耳。大人时集会其上，作市肆也。"① 郭璞另注"踆，或作俊，皆古蹲字"②，又袁珂据王念孙、毕沅、郝懿行等诸家校改，引《太平御览》注"张其两耳"作"两臂"③。可知，"大人国"位于东海波谷山中，"大人之堂"为其集会市易之所，有"大人"张开双臂，蹲坐集市。

又《海内北经》云："蓬莱山在海中。大人之市在海中。"④ 另《大荒北经》云："有人，名曰大人，有大人之国，釐姓，黍食。"⑤ "大人"国民姓"釐"，食用黄米。郝懿行注云："《晋语》云，司空季子说黄帝之子十二姓中有僖姓，僖、釐古字通用，釐即僖也。《史记·孔子世家》云：'汪罔氏之君，守封、禺之山，为釐姓。'索隐云：'釐音僖。'是也。"⑥《国语·鲁语下》云："'防风，汪芒氏之君也，守封嵎之山者也，为漆姓；在虞、夏、商为汪芒氏，于周为长狄，今为大人。'汪芒氏即汪罔氏，漆姓即厘姓也。则大人者，防风之后，亦黄帝之裔也。"⑦ 据《大荒北经》载："西北海外，黑水之北，有人有翼，名曰苗民。颛顼生驩头，驩头生苗民，苗民釐姓，食肉。"⑧ 足见，"釐"为姓氏，亦为苗民所用，苗民为胳下生羽的神族，是黑帝颛顼的后裔。"釐"皆作黄帝、黑帝的后裔姓氏，足见"大人"与二者的亲密关系。

《山海经》对"小人"的载录凡四处。《海外南经》云："周饶国在其（三首国）东。其为人短小，冠带。一曰焦侥国在三首东。"⑨ 可知，"周饶国"即"焦侥国"，郭璞注云："其人长三尺，穴居，能为机巧，有

---

① （晋）郭璞传，（清）郝懿行笺疏：《山海经笺疏》卷14，《郝懿行集》，齐鲁书社2010年版，第4972页。
② （晋）郭璞传，（清）郝懿行笺疏：《山海经笺疏》卷14，《郝懿行集》，齐鲁书社2010年版，第4973页。
③ （晋）郭璞传，（清）郝懿行笺疏：《山海经笺疏》卷14，《郝懿行集》，齐鲁书社2010年版，第4973页。
④ （清）郝懿行撰，栾保群点校：《山海经笺疏》卷12，中华书局2021年版，第223页。
⑤ （清）郝懿行撰，栾保群点校：《山海经笺疏》卷17，中华书局2021年版，第268—269页。
⑥ （晋）郭璞传，（清）郝懿行笺疏：《山海经笺疏》卷17，《郝懿行集》，齐鲁书社2010年版，第5008页。
⑦ 袁珂校注：《山海经校注》卷17，巴蜀书社1993年版，第482页。
⑧ （清）郝懿行撰，栾保群点校：《山海经笺疏》卷17，中华书局2021年版，第275页。
⑨ （清）郝懿行撰，栾保群点校：《山海经笺疏》卷6，中华书局2021年版，第176—177页。

五谷也。"① 又引《国语·鲁语》对"僬侥氏"的记载，注曰："焦侥民长三尺，短之至也。"② "周饶""焦侥"为"侏儒"之转声③。《大荒南经》云："有小人，名曰菌人。"④ 此经又云："有小人，名曰焦侥之国，几姓，嘉谷是食。"⑤ 郭璞注云："皆长三寸"。"小人"国民姓"几"，在古汉语中，"几"作为会意字使用时，有"微""殆"之意，称"焦侥"国民以"几"为姓，是以意造象，强调其人身材微小。《大荒东经》云："有小人国，名靖人。"⑥ 郭璞引《诗含神雾》注云："东北极有人长九寸，殆谓此小人也。"⑦ 又《列子·汤问》记"东北极有人名曰诤人，长九寸。"⑧《淮南子》亦记为"靖人"，皆本《大荒东经》所载。《说文》云："靖，一曰细儿"⑨，"靖，同诤，即细小之意"⑩。言其身形细屑。先秦时代，"靖"也假借为"诤"，表编撰、编造之意。《公羊传·文公十二年》云："惟諓諓善诤言。""諓"表巧言之貌，何休注云："诤犹撰也。"⑪ 陈立义疏云："作撰者，巧言之人，凭空结撰，易以动人。"⑫ 可知，"靖人""诤人"之称名，或是夸张臆想、凭空造物的隐晦表达。由上可知，"小人国"有"周饶""僬侥"等数称，国民身形矮小，仅有数寸之高，因形得名，称呼"小人""菌人""靖人""诤人"等。

《山海经》载录的"大人""小人"之状，尽毕于此。依文所载，"大人国"位处东方或北方的外海，是四屹环水的岛国，与蓬莱山相依，

---

① （晋）郭璞传，（清）郝懿行笺疏：《山海经笺疏》卷6，《郝懿行集》，齐鲁书社2010年版，第4892页。
② （晋）郭璞传，（清）郝懿行笺疏：《山海经笺疏》卷6，《郝懿行集》，齐鲁书社2010年版，第4893页。
③ （清）郝懿行撰，栾保群点校：《山海经笺疏》卷6，中华书局2021年版，第176—177页。
④ （清）郝懿行撰，栾保群点校：《山海经笺疏》卷15，中华书局2021年版，第254页。
⑤ （清）郝懿行撰，栾保群点校：《山海经笺疏》卷15，中华书局2021年版，第251页。
⑥ （清）郝懿行撰，栾保群点校：《山海经笺疏》卷14，中华书局2021年版，第240页。
⑦ （清）郝懿行撰，栾保群点校：《山海经笺疏》卷14，中华书局2021年版，第240页。
⑧ 杨伯峻：《列子集释》卷5，中华书局1979年版，第255页。
⑨ （汉）许慎撰，陶生魁点校：《说文解字》卷10下，中华书局2020年版，第336页。
⑩ （汉）许慎撰，（清）段玉裁注：《说文解字注》卷10下，上海古籍出版社1981年版，第500页上栏。
⑪ 李学勤主编：《春秋公羊传注疏》卷14，《十三经注疏（标点本）》，北京大学出版社1999年版，第299页。
⑫ （清）陈立撰，刘尚慈点校：《公羊义疏》卷42，《十三经清人注疏》，中华书局2017年版，第1556页。

屹立于东海之中。"大人"国人因身形高大而得名，国人姓"釐"，为黄帝或黑帝后裔，以黄米为食，为农耕之国，又有造船技能，且有市易之所，显示其受海洋文明润泽。"小人国"位于昆仑山东面，毗邻三目国，位列东海与南海之外。其国为衣冠上国、礼仪之邦，国人"冠带"，为文饰象征，《礼记·冠义》篇云："冠者，礼之始也。"① 冠是文明礼仪之标志。"小人"头戴冕冠，腰束衣带，可谓整齐考究。可知"小人"国民仪表堂堂，讲究文明礼仪。以穴为居，擅长耕种，食用嘉谷、能为机巧，为农耕之国。

《汉书·艺文志》列《山海经》为术数略的形法类，《隋书·经籍志》列其为史部地理类，清《四库全书》列其为子部小说家类。究其内容，多记山川、地理、物产、动植物等，当列其为地理博物类。《山海经》擅以空间叙事，其文叙述"大人""小人"二国的地理位置时，极其注重空间布局。一为"东—南"向或"南—北"向，两两相异。《海外东经》云："大人国在其（䂖丘）北。"② 《海外南经》云："周饶国在其（三首国）东。"③ 《大荒北经》云："有人曰大人。有大人之国，釐姓，黍食。"④ 《大荒南经》云："有小人，名曰焦侥之国，几姓，嘉谷是食。"⑤ 二为位列同一地域，显示其相互依存之关系。《大荒东经》云：东海之外"有大人国。"又云："有小人国，名靖人。"上述载录，在叙事句式上，两两相对，完全符合《山海经》"依地而述"的叙事特点。《山海经》载录的"大人""小人"神话，具有原生态神话的朴拙特点，惟简述神人的基本特征。是先民原始神话思维统摄下的艺术创造，对习见事物，予以夸张、想象，将常人身高加以扩大、缩小，打造其异形之体，又赋予其异常之能，使"大人""小人"成为远国异人，以致汉晋时期生成的地理博物文献，皆广受此影响。《淮南子·地形训》记海外诸国，云："凡海外三十六国，自西北至西南方，有修股民……"⑥ 修为长也，股指大

---

① 李学勤主编：《礼记正义》卷61，《十三经注疏（标点本）》，北京大学出版社1999年版，第1615页。
② （清）郝懿行撰，栾保群点校：《山海经笺疏》卷9，中华书局2021年版，第194页。
③ （清）郝懿行撰，栾保群点校：《山海经笺疏》卷6，中华书局2021年版，第176—177页。
④ （清）郝懿行撰，栾保群点校：《山海经笺疏》卷17，中华书局2021年版，第268—269页。
⑤ （清）郝懿行撰，栾保群点校：《山海经笺疏》卷15，中华书局2021年版，第251页。
⑥ 刘文典撰，冯逸、乔华点校：《淮南鸿烈集解》卷4，中华书局2013年版，第143页。

腿，修股民为长腿族。西晋张华《博物志》卷2"外国"条曰："大人国，其人孕三十六年，生白头，其儿则长大，能乘云而不能走，盖龙类。去会稽四万六千里。"①"异人"条曰："东方有螗螂、沃焦。防风氏长三丈。短人身九寸。远夷之民雕题、黑齿、穿胸、儋耳、大足、岐首。"② 对"大人"的诸多习性进行描绘。晋郭璞《山海经·图赞·靖人国》云："僬侥极么，靖人又小。四体取足，眉目才了。"③《山海经·大荒东经》郭璞注引《河图玉版》云："从昆仑以北九万里，得龙伯国人，长三十丈，生万八千岁而死。从昆仑以东得大秦人，长十丈，皆衣帛。从此以东十万里，得佻人国，长三十丈五尺。从此以东十万里，得中秦国人，长一丈。"④《史记·大宛列传》正义引《括地志》云："小人国在大秦南，人才三尺。其耕稼之时，惧鹤所食，大秦卫助之。即焦侥国，其人穴居也。"⑤ 皆只对内容复有增饰，扩而述之。

二　经史元典中外域神族的变形

纵览先秦典籍，《国语》是载录"大人"的最早文献，借助历史人物对话来言说"大人"故事。《春秋三传》以编年叙事为方式，记"长狄"史事，与《国语》载录互为补充。

（一）史书记言中的神异外族

《国语·鲁语下》首次并列"防风氏""汪芒氏""长狄""大人"之名，述其氏族起源及迁变历史，又最早提及"僬侥氏"，文曰：

> 吴伐越，堕会稽，获骨焉，节专车。吴子使来好聘，且问之仲尼，曰："无以吾命。"宾发币于大夫，及仲尼，仲尼爵之。既彻俎而宴，客执骨而问曰："敢问骨何为大？"仲尼曰："丘闻之：昔禹致群神于会稽之山，防风氏后至，禹杀而戮之，其骨节专车。此为大矣。"客曰："敢问谁守为神？"仲尼曰："山川之灵，足以纪纲天下

---

① （晋）张华撰，范宁校证：《博物志校证》，中华书局1980年版，第22页。
② （晋）张华撰，范宁校证：《博物志校证》，中华书局1980年版，第23页。
③ （晋）郭璞传，（清）郝懿行笺疏：《山海经笺疏·图赞一卷》，《郝懿行集》，齐鲁书社2010年版，第5097页。
④ （晋）郭璞传，（清）郝懿行笺疏：《山海经笺疏》卷14，《郝懿行集》，齐鲁书社2010年版，第4972页。
⑤ （汉）司马迁：《史记》卷123，中华书局1982年版，第3163页。

者，其守为神；社稷之守为公侯。皆属于王者。"客曰："防风何守也？"仲尼曰："汪芒氏之君也，守封、嵎之山者也，为漆姓。在虞、夏、商为汪芒氏，于周为长翟，今为大人。"客曰："人长之极几何？"仲尼曰："僬侥氏长三尺，短之至也。长者不过十之，数之极也。"①

《鲁语》所言为孔子论大骨之事。在孔子与吴王门客的主客问答中，禹戮防风氏的神话被娓娓道来，孔子对"防风氏"的称名、职守、族名、族姓、氏族源流等问题一一解说。在主客二人的四问四答中，孔子的智者形象呼之欲出。据文所载，鲁哀公元年（公元前494年），吴王夫差讨伐越王勾践，摧毁了越王所居的会稽城，吴王"获骨焉，节专车"，骨呈异态，异常奇大，众人困惑，不知何物。吴王遣门客使鲁，向孔子求教。吴史至鲁，鲁国宴客，宴飨之际，吴王门客"执骨"而四问孔子，依次询问"大骨""神守""防风之守""人长之极"诸事，孔子逐一应答，以神话解释怪诞异形之物，彰显了孔子的博学强识。

其一，孔子述"大骨"来源，言"大骨"为"防风氏"遗骨，又追述"防风氏"神话。言禹召集众神聚集会稽山下，防风氏违命后至，遭禹戮杀，后禹以"其骨节专车"。韦昭注云："专，擅也。"吴曾祺曰："专车，满一车也。"②"防风氏"的骨节能装满一车，其身形之高可想而知。关于禹戮防风氏神话，先秦文献中多有记载，且较为完整地叙述事件的前因后果。魏国史书《竹书纪年·帝禹夏后氏》："八年春，会诸侯于会稽，杀防风氏。"③ 又《越绝书》云："禹始也，忧民救水，到大越，上茅山，大会计，爵有德，封有功，更名茅山曰会稽。"④ 其二，孔子释"山川社稷"之守，提出山川神灵能承担治理天下的责任，才可被称作神。能守护江山社稷的安全，方能被称作公侯。强调神祇与诸侯皆受天子统辖，应各司其职。隐晦地回应"防风氏"被杀缘由，为失职所致。其三，客问

---

① （三国吴）韦昭注：《宋本国语》第1册，国家图书馆出版社2017年版，第194—196页。
② 徐元诰撰，王树民、沈长云点校：《国语集解》，中华书局2002年版，第202页。
③ （清）郝懿行著，李念孔点校：《竹书纪年校证》，《郝懿行集》，齐鲁书社2010年版，第3831页。
④ （东汉）袁康、（东汉）吴平著，徐儒宗点校：《越绝书》卷8，浙江古籍出版社2013年版，第50页。

"防风氏"之守，孔子未正面作答，转而述以其氏族迁变历史。言"防风氏"为"汪芒"国君，是守护封、嵎二山的山神，以"漆"为姓。虞、夏、商时称"汪芒氏"，周时其国北迁，称为"长狄"，春秋时称"大人"。据孔子所言，"防风氏"姓"漆"，暗含了其身份信息。据韦昭注："'漆'当为'厘'，古字'厘'与'釐'通，'釐'音'僖'。其引《国语·晋语四》'凡黄帝之子二十五宗，其得姓者十四人，为十二姓，姬、酉、祁、纪、滕、箴、任、荀、僖、姞、儇、衣是也。'"① 可见，"漆"既为"僖"之音转，"防风氏"是黄帝族裔。其四，孔子释"人长之极"，以正反对举，将娇小玲珑的"僬侥氏"作为人大骨长的"防风氏"的参照物，通过二者身形各列长短极致的对比，以达到以求求正的目的。

孔子与客的四问四答，以孔子自述"丘闻之"引出神话，围绕"防风氏"展开叙事，相继言及一系列神人奇事，孔子的博物君子形象溢于言表。然就《鲁语》所记，孔子与吴使的主客问答，绝不囿限于言语语怪之事，旨在因事说理，提出"山川之灵，足以纪纲天下者，其守为神。社稷之守者为公侯。皆属于王者"② 的观点。解说神与公侯的职守之别，又阐述王、公侯、神三者之间的隶属关系。神以守护山川、治理天下为职守，公侯以守护社稷为责任，二者为王所辖。孔子提出神与公侯受王统属，应各尽职守的思想，与上文提及的禹召群神会会稽，防风氏迟迟其行，以致遭祸的神话相对应。孔子征引禹杀防风氏神话，是以神为喻，将王者为大、神与公侯俱为王臣的观点巧妙渗入。通过神话、历史的水乳交融，以雅训神话为旨，表达思想，流露着神话历史化倾向。此种倾向，在先秦两汉载录"防风氏"神话的诸子、史类文献中，又有诸多发挥，甚至直接将禹与"防风氏"由神降格为人，为阐释观点，甚至直接将神话改写为史实。

《韩非子·饰邪》篇载："禹朝诸侯之君会稽之上，防风之君后至而禹斩之。"③ 对读《国语·鲁语下》中"昔禹致群神于会稽之山，防风后至，禹杀而戮之"④ 的神话，发现二者近乎完全弥合。《鲁语下》所云"致群神"即《饰邪》所记的"朝诸侯之君"，"防风"即"防风之君"。

---

① 徐元诰撰，王树民、沈长云点校：《国语集解》，中华书局2002年版，第203页。
② 徐元诰撰，王树民、沈长云点校：《国语集解》，中华书局2002年版，第203页。
③ （清）王先慎撰，钟哲点校：《韩非子集解》卷5，中华书局1998年版，第126页。
④ 徐元诰撰，王树民、沈长云点校：《国语集解》，中华书局2002年版，第202页。

神祇向诸侯的身份转移，是神话在历史语境下的阐释。《国语·鲁语下》韦昭注云："群神，谓主山川之君，为群神之主，故谓之神也……山川之守主，为山川设者也。足以纪纲天下，谓名山大川能兴云致雨以利天下也……封国，立社稷而令守之，是谓公侯。"① 韦昭注"群神"为"山川之君"，是将神话中的山川守护神加以历史化阐述，释"神"为"君"，将神性削弱，人性增强，将"防风之君"作为某一地域的管辖者。又进一步分辨山川之君与公侯的职守之别，山川之君以造设山川、治理天下、兴云致雨为职责，公侯以封国、守国为己任。《史记·孔子世家》《说苑·辨物》《孔子家语·辨物》皆记孔子论大骨之事，诸书所记与《国语》出入甚微，然诸家对防风氏所代表的"神"之身份的解读，已逐渐脱离神话特质，转向客观的历史记载。《史记·孔子世家》裴骃集解引王肃曰："守山川之祀者为神，谓诸侯也。""但守社稷无山川之祀者，直为公侯而已。"② 《说苑·辨物》云："山川之灵足以纪纲天下者，其守为神，社稷为公侯，山川之祀为诸侯，皆属于王者。"③ 称"神"为"诸侯"，负责山川祭祀活动等，诸侯、公侯受命于王。将诸侯分为两类，一类执掌社稷，一类执掌山川祭祀活动，逐渐将神话的夸饰之说，虚无之论，归于雅正。

(二) 经书叙事中的北方狄族

《春秋三传》最早以身形高大为族别特征，在历史叙事诸种笔法的转换中，记"长狄"为北方狄族，为少数民族中的一支，以"鄋瞒"为国名，在国君"侨如"的率领下，其兄弟数人，先后与中原诸国交战。《春秋三传》皆有载录，然对比三家，记人叙事，同中存异，各有侧重。《左传》以正记史，钩沉"长狄"侵齐、"侨如"被俘、"长狄"族灭的史实，叙事详备。其后，晋杜预注、唐孔颖达正义等本《国语》之事，征引神话释经，渲染"长狄"为北方的巨人族。《公羊传》《谷梁传》则以异叙史，记"长狄"兄弟为神异之人，体格奇硕，力量惊人，作战时能以一敌多，使对手陷入苦战。《春秋三传》与《国语》载录互为补充。

1.《左传》所载之"长狄"

据《春秋》《左传》所记，"狄"是春秋时代北方少数民族的泛称，曾屡次进犯中原，与诸国交战，"长狄"作为狄族中的一支，与"赤狄"

---

① 徐元诰撰，王树民、沈长云点校：《国语集解》，中华书局2002年版，第202页。
② （汉）司马迁：《史记》卷47，中华书局1982年版，第1913页。
③ （汉）刘向撰，向宗鲁校证：《说苑校证》卷18，中华书局1987年版，第462页。

"白狄"并立。"长狄"在《左传》中凡记为三①,关于"长狄"是特异体型的狄人种族的文献记载,见于《左传·文公十一年》。据文可知,"长狄"于鲁文公、宣公时期侵伐诸夏国家,文公十一年(公元前616年),"鄋瞒"侵齐,鲁文公命庄叔迎战,庄叔在鹹地大败"鄋瞒",俘虏了"长狄"首领"侨如",其兄弟悉数被杀,"长狄"族灭。原文如下:

[经] 十有一年,春,楚子伐麇。夏,叔仲彭生会晋郤缺于承筐。秋,曹伯来朝。公子遂如宋。狄侵齐。冬,十月,甲午,叔孙得臣败狄于鹹。

[传] 鄋瞒侵齐。遂伐我。公卜使叔孙得臣追之,吉。侯叔夏御庄叔,绵房甥为右,富父终甥驷乘。冬,十月,甲午,败狄于鹹,获长狄侨如。富父终甥摏其喉,以戈杀之。埋其首于子驹之门,以命宣伯。初,宋武公之世,鄋瞒伐宋。司徒皇父帅师御之,耏班御皇父充石,公子榖甥为右、司寇牛父驷乘,以败狄于长丘,获长狄缘斯,皇父之二子死焉。宋公于是以门赏耏班,使食其征,谓之耏门。晋之灭潞也,获侨如之弟焚如。齐襄公之二年,鄋瞒伐齐,齐王子成父获其弟荣如,埋其首于周首之北门。卫人获其季弟简如,鄋瞒由是遂亡。②

《左传》编年记史,《左传·文公十一年》详述"长狄"由主动扩张到族人离散的过程。《左传》作为正史,在全知全能型视角的操控下,以第三人称叙事,客观记录了"长狄"在春秋时期的兴盛衰亡。在左丘明的历史叙事中,"长狄"依次侵伐宋、鲁、齐、晋、卫五国,"长狄"先祖"缘斯",国君"侨如",其兄弟"荣如""焚如""简如"相继遭俘被杀,以至"鄋瞒"亡国、"长狄"灭族。《左传·文公十一年》中,经于秋书狄侵齐,于冬记庄叔败狄于鹹。传叙鄋瞒侵齐,鲁文公占卜显吉,命

---

① "长狄"之事见于《左传·文公十一年》,参见李学勤主编《春秋左传正义》卷19下,《十三经注疏(标点本)》,北京大学出版社1999年版,第535页。另载于《左传·襄公三十年》传:"叔孙庄叔于是乎败狄于鹹。获长狄侨如及虺也、豹也,而皆以名其子。"参见李学勤主编《春秋左传正义》卷40,《十三经注疏(标点本)》,北京大学出版社1999年版,第1113—1114页。

② 李学勤主编:《春秋左传正义》卷19下,《十三经注疏(标点本)》,北京大学出版社1999年版,第533—537页。

庄叔追击鄋瞒军队，获"长狄"国君"侨如"，将其俘杀，埋于土中。其中，传又补叙"长狄"族人经历，云："初，宋武公之世，鄋瞒伐宋。司徒皇父帅师御之……获长狄缘斯……晋之灭潞也，获侨如之弟焚如。齐襄公之二年，鄋瞒伐齐，齐王子成父获其弟荣如，埋其首于周首之北门。卫人获其季弟简如，鄋瞒由是遂亡。"① 从历史纪年来看，上述传文所载诸事，有叙事失次，有悖常理之嫌。

宋武公时（公元前765年—公元前748年），"长狄"先祖"缘斯"伐宋，为宋所杀，此为春秋前期。齐襄公二年，即鲁桓公十六年（公元前696年），"鄋瞒"伐晋，"荣如"被杀。文公十一年（公元前616年），"鄋瞒"侵齐，"侨如"被俘，其弟"简如"外奔于卫，为卫杀之。宣公十六年（公元前593年），晋灭"潞氏"，"焚如"被俘。《左传》以年为序，但将"长狄"族人各事置于线性时间轴上，可发现有失逻辑。其一，"缘斯"是"侨如"的祖先，为宋武公时人。宋武公之女仲子嫁与鲁惠公，生鲁桓公，鲁桓公为宋武公之外孙。"缘斯"在鲁桓公时被杀，可知，"缘斯"与"侨如"相距百年。而齐襄公二年（公元前696年）被俘的"荣如"，距"侨如"被俘获时间（公元前616年）已有八十年，《左传》记"荣如"为"侨如"之弟，年岁存有矛盾。其二，宣公十六年，晋国杀"焚如"，又距"侨如"被杀已逾百年。言二人为兄弟关系，甚为牵强。其三，卫人所杀的"简如"，为"焚如""侨如"何人之季弟，未知其解。②《左传》擅于记史，但在关涉"长狄"族人的事件叙述上，却事序错乱。然通读其文，皆以正记史，绝无懦词怪说。但自晋以来，历代诸家在各自注疏中，往往尚奇博杂，征引《国语》等先秦典籍中的神话注释经文，形成历史神话化的解读潮流。

有关"鄋瞒""长狄""侨如"及其兄弟三人，《左传》经传是依史实述，然历代注家多本《国语》所说，渲染"长狄"为北方狄族中的"特异人种"③，"狄之长者"④，国名"鄋瞒"，"防风氏"后裔，姓

---

① 李学勤主编：《春秋左传正义》卷19下，《十三经注疏（标点本）》，北京大学出版社1999年版，第535—537页。
② 傅隶朴：《春秋三传比义》（上册），台湾商务印书馆2006年版，第595页。
③ 李学勤主编：《春秋左传正义》卷19下，《十三经注疏（标点本）》，北京大学出版社1999年版，第534页。
④ 李学勤主编：《春秋左传正义》卷19下，《十三经注疏（标点本）》，北京大学出版社1999年版，第534页。

"漆",黄帝宗亲,是身长寿高的神异民族。其一,杜预注"侨如"为"鄋瞒国之君,盖长三丈。"丈,在古人观念中,为数之极也,注"侨如"身高较高。《左传》曰:"富父终甥摏其(侨如)喉,以戈杀之,埋其首于子驹之门。"① 孔颖达疏曰:"《考工记》戈之长六尺六寸耳,得及长狄之喉者。兵车之法,皆三人共乘。鲁、宋与长狄之战,车皆四乘,改其乘,必长其兵。谓之戈,盖形如戈也。"② 又杜注云:"骨节非常,恐后世怪之,故详其处。"③ 以"侨如"被杀武器、所用战法的与常相异,衬托其人之非比寻常。其二,诸家注"长狄"为巨人"防风氏"之后,黄帝后裔。杜注曰:"鄋瞒,狄国名,防风之后,漆姓。"④ 又孔疏曰:"狄是北夷大号。鄋瞒是其国名。""漆"者,阮元校云:"案《史记·孔子世家》'漆'作'釐',《说苑》亦作'釐',《世本》无'漆'姓,此'漆'字当为'泩'之讹。襄二十一年'邾庶其以漆闾邱来奔',《释文》云:'漆本作泩。''泩''釐'声相近。"⑤ 阮元更对"漆"姓详加考证,认为"漆"与"釐"相近,阮元据《山海经》"大人"姓"釐",推论"大人国"与"鄋瞒"同姓,从而确定"长狄"为黄帝宗族。其三,注"长狄"为长寿之人。前文已述,《左传》叙述"侨如"及其祖先、兄弟三人的年岁自相矛盾。然杜注曰:"荣如,焚如之弟。焚如后死而先说者,欲其兄弟伯季相次。荣如以鲁桓十八年死,至宣十五年一百三岁,其兄犹在。传言既长且寿,有异于人。"⑥ 杜预注经,以异言事,将《左传》中"长狄"兄弟的不合人寿加以神话阐释,言其殊异,对狄人的身高、寿命加以夸饰。可见,杜注、孔疏、阮校在一定程度上皆受《国语》《山海经》等典籍影响,谵神谈怪。然孔疏虽以怪诞释经,却质疑并存,认

---

① 李学勤主编:《春秋左传正义》卷19下,《十三经注疏(标点本)》,北京大学出版社1999年版,第535页。
② 李学勤主编:《春秋左传正义》卷19下,《十三经注疏(标点本)》,北京大学出版社1999年版,第535页。
③ 李学勤主编:《春秋左传正义》卷19下,《十三经注疏(标点本)》,北京大学出版社1999年版,第535页。
④ 李学勤主编:《春秋左传正义》卷19下,《十三经注疏(标点本)》,北京大学出版社1999年版,第534页。
⑤ 李学勤主编:《春秋左传正义》卷19下,《十三经注疏(标点本)》,北京大学出版社1999年版,第534页。
⑥ 李学勤主编:《春秋左传正义》卷19下,《十三经注疏(标点本)》,北京大学出版社1999年版,第536页。

为"长狄""大人"诸事,为"人情度之,深可惑也"①。

2.《公羊传》《谷梁传》所载之"长狄"

《公羊》与《谷梁》二传载录的"长狄",颇具神异色彩。《公羊传·文公十一年》云:

> [经]狄侵齐。冬,十月,甲午,叔孙得臣败狄于鹹。不言师师而言败,何也?直败一人之辞也。一人而曰败,何也?以众焉言之也。

> [传]长狄也,弟兄三人,佚害中国,瓦石不能害。叔孙得臣,最善射者也。射其目,身横九亩。断其首而载之,眉见于轼。②

《公羊》以"长狄"兄弟三人的战事经历,达"记异"之旨。遵循"春秋笔法"的书写规范,记鲁败"长狄"一事,又以大战书法记录交战的时间、地点,隐晦地表达"长狄"兄弟的殊异之能。在鲁与"长狄"交战中,"侨如"因有巨人体魄,以寡敌众,虽遭俘杀,却使鲁军深陷苦战。《公羊》逞怪披奇,采异入史。联系《左传》原文,《公羊》所记"长狄兄弟三人",当是《左传》中的"荣如""侨如"与"焚如"。"荣如""侨如"分别为齐大夫王子成父、鲁大夫叔孙得臣所杀,"焚如"至晋后,则生死不明。兄弟诸人,皆为高大魁梧的巨人。关于"长狄",何休解诂曰:"长狄盖长百尺。"③浦卫忠疏云:"盖长百尺"④,记其身形异长。与此同时,《公羊》又述"记异"因由,通过"叔孙得臣败狄于鹹"的事件记述与笔法说明,以鲁军与"侨如"大战的情景为例,解释经书"败"字,是大其兴师动众,经书"曰"字,是大其结日而战,经书"鹹"地,是大其得胜之地。此战似只俘杀"侨如"一人,却以"败"记之,究其缘由,何休解诂云:"据败者,内战文,非杀一人也。""长狄之三国,皆欲为君。长大非一人所能讨,兴师动众,然后杀之,如大战,

---

① 李学勤主编:《春秋左传正义》卷19下,《十三经注疏(标点本)》,北京大学出版社1999年版,第537页。

② 李学勤主编:《春秋谷梁传注疏》卷14,《十三经注疏(标点本)》,北京大学出版社1999年版,第173—174页。

③ 李学勤主编:《春秋公羊传注疏》卷14,《十三经注疏(标点本)》,北京大学出版社1999年版,第296页。

④ 李学勤主编:《春秋公羊传注疏》卷14,《十三经注疏(标点本)》,北京大学出版社1999年版,第296页。

故就其事言败。"① 又大战书法记日、记地，均因鲁大夫杀"长狄侨如"之不易，因"侨如"体型"长大"，需调兵遣将，犹如经历一场大战。足见，《公羊传》所记的"长狄"兄弟，皆非常人。"长狄"之事亦见于《谷梁传·文公十一年》，文云：

　　［经］狄侵齐。冬，十月，甲午，叔孙得臣败狄于鹹。不言帅师而言败，何也？直败一人之辞也。一人而曰败，何也？以众焉言之也。
　　［传］长狄也，弟兄三人，佚害中国，瓦石不能害。叔孙得臣，最善射者也。射其目，身横九亩。断其首而载之，眉见于轼。②

《谷梁传》中的"长狄"兄弟，身长力强，且有神人体质，坚不可损。《谷梁传》《公羊传》的叙事笔法类似，以经为纲，记鲁、晋、齐败狄，传文补叙，叙述交战过程。解释经文用"败"而不用"帅师"的笔法，是因庄叔所败者只有"一人"，此人以一敌多，鲁军击退此人如同击退众人。《谷梁》所言的"一人"，对读《左传》文，为"长狄"国君"侨如"，范宁集解云"言其力足以敌众"③，言"侨如"体赋神力、骁勇善战。此外，《谷梁传》又以文记异，云长狄兄弟三人"肌肤坚强，瓦石打擿，不能亏损"④，其创荡中国，骨坚体健，瓦石不摧。在鲁与"长狄"交战时，长于箭术的鲁大夫叔孙得臣射中"侨如"之目，"侨如"遂亡，尸横于地，竟有九亩之长，斩其首载于车，眉毛竟与"轼"长相类。"轼"是古代兵车前用作扶手的横木，通常"兵车之轼高三尺三寸"⑤，"侨如"眉长与车轼同长，又身横九亩之外，足见其有巨人形体。

---

　　① 李学勤主编：《春秋公羊传注疏》卷14，《十三经注疏（标点本）》，北京大学出版社1999年版，第297页。
　　② 李学勤主编：《春秋谷梁传注疏》卷14，《十三经注疏（标点本）》，北京大学出版社1999年版，第173—174页。
　　③ 李学勤主编：《春秋谷梁传注疏》卷14，《十三经注疏（标点本）》，北京大学出版社1999年版，第173页。
　　④ 李学勤主编：《春秋谷梁传注疏》卷11，《十三经注疏（标点本）》，北京大学出版社1999年版，第174页。
　　⑤ 李学勤主编：《春秋谷梁传注疏》卷11，《十三经注疏（标点本）》，北京大学出版社1999年版，第174页。

三　诸子话语中海外神人的变形

《庄子》《列子》作为道家经典，擅长用寓言讲述故事，又以事寓理，表达观点。常假托二人对话，或以智者的见闻来展开哲理表达，在追忆上古神话的基础上，对神话中诸多神人、地名等加以直接引用、扩充、杂糅、改装，形成"神话化寓言"，在《庄子》《列子》中，"大人""小人"被加以置换变形，作为海外神人，生成"任公钓鱼""大人钓鳌"两则寓言。

（一）《庄子·外物》之"任公子"

《庄子·外物》篇记"任公子"钓若鱼之事，其文如下：

> 任公子为大钩巨缁，五十犗以为饵，蹲乎会稽，投竿东海，旦旦而钓，期年不得鱼。已而大鱼食之，牵巨钩，錎没而下，［骛］扬而奋鬐，白波若山，海水震荡，声侔鬼神，惮赫千里。任公得若鱼，离而腊之，自制河以东，苍梧已北，莫不厌若鱼者。已而后世辁才讽说之徒，皆惊而相告也。夫揭竿累，趣灌渎，守鲵鲋，其于得大鱼难矣，饰小说以干县令，其于大达亦远矣，是以未尝闻任氏之风俗，其不可与经于世亦远矣。①

"任公钓鱼"记述了东海神人"任公子"醉心垂钓，日复一日，一无所得，终有一日，钓得神物"若鱼"的奇事。以"任公子"经历为喻，阐明经世之理。作者在寓言生成过程中融入诸多神话，开创了独具特色的"神话化寓言"，以寓言阐释哲理，撒播道家的哲学思想。将《庄子》"寓真于诞，寓实于玄""意出尘外，怪生笔端"的特点表现得淋漓尽致。当然，《庄子》更因时常不自觉的征引先秦典籍中的神话，达到"人鲜不读，读鲜不嗜，往往与之俱化"②的阅读效果。"任公钓鱼"的寓言，便是巧妙采撷地理博物志、史书典籍所记的"大人"神话，又如法炮制，有所增加，以传其旨，表现有二。

其一，"任公子"有"大人"神格，体形颀长，力大无穷，能以"大

---

① （清）郭庆藩撰，王孝鱼点校：《庄子集释》卷9上，中华书局2012年版，第918页。
② （清）刘熙载著，薛正兴点校：《艺概》卷1，《刘熙载文集》，江苏古籍出版社2000年版，第60—61页。

钩巨缁"①，自制钓竿，以五十头犗牛为饵，对巨竿挥之自如。其"蹲乎会稽，投竿东海"，成玄英疏云："蹲，踞也；踞，坐也，踞其山。"②《山海经》记东海之外的大人之堂"有一大人踆其上，张其两耳。"郭璞注云："踆或作俊，皆古蹲字"。《字林》云："踆，古蹲字。"《大荒东经》记东海之中有波谷山，有"大人"张开双臂，蹲坐于市。《庄子》记"任公子"蹲于会稽山上，挥竿东海。比较二书对"大人""任公子"的叙述，二者的垂钓地点、动作形态的描摹可谓如出一辙。在大鱼吞食巨饵，垂死挣扎，翻腾于东海之际，任公子却掌控有度，捕获若鱼，又"离而腊之，自制河以东"，腊为鱼脯，分给"制河以东，苍梧已北"的人们，共飨美食。据成玄英疏："若鱼，海神也。""海神肉多，分为脯腊，自五岭已北，三湘以东皆厌之。"③"任公子"能操巨型鱼竿，轻松捕获海神若鱼，以至八方百姓皆饱食鱼肉，足见"任公子"当有巨人形体，魁梧奇伟。

其二，《庄子》讲述"任公子"得若鱼，常旁征博引，"会稽""东海""若鱼""苍梧"之名，均取自上古神话，与诸多文献载录的"大人"神话息息相关。"会稽"见于《山海经》《国语》《竹书纪年》等先秦典籍中，为禹戮防风氏之地，前文已言，兹不赘述。"东海"素为神话中的神奇圣地，奇山神兽，远国异人，不一而足。《山海经》记"大人"居于东海之外。"若鱼"为海神，《释鱼》云："若鱼，大鱼名若，海神也。"④《庄子》中的"若鱼"，是北海海神，神格为鱼，奇大无比。先秦神话中，以"若"命名之物，多是神物。如"若木""若水"之类，《山海经》记"若木"为青叶赤华的神树，《离骚》《天问》言神树"若木"可代替太阳发出光芒，照耀大地。"若水"则因水滨多长若木而得名，据《水经注·温水·泸水》引《史记·五帝本纪》言"其二曰昌意，降居若水"⑤，认为泸水即若水，为黄帝之子昌意的封地。"苍梧"作为地名，见于《礼记》《山海经》等文献，皆记为神话中舜之葬所。此外，"任公

---

① （清）郭庆藩撰，王孝鱼点校：《庄子集释》卷9上，中华书局2012年版，第918页。
② （清）郭庆藩撰，王孝鱼点校：《庄子集释》卷9上，中华书局2012年版，第919页。
③ （清）郭庆藩撰，王孝鱼点校：《庄子集释》卷9上，中华书局2012年版，第919页。
④ 刘文典撰，赵锋、诸伟奇点校：《庄子补正》（下册），安徽大学出版社、云南大学出版社1999年版，第736页。
⑤ （北魏）郦道元著，陈桥驿校证：《水经注校证》卷36，中华书局2007年版，第842页。

子"之姓，并非随意取之。《国语》载"任"为黄帝后人十二姓氏之一，推知"任"公子为黄帝族裔，且因位列神族，其神格特征、生活习性也与同姓族人颇为相似。《大荒北经》云"无肠之国，是任姓，无继子，食鱼"①，郝懿行注"为人长也"。又《海外北经》云："其为人长而无肠。"② 北海海神"禺强"亦姓"任"，《大荒北经》云："有儋耳之国，任姓，禺号子，食谷北海之渚中。有神，人面鸟身，珥两青蛇，践两赤蛇，名曰禺强。"③

"任公钓鱼"巧取《山海经》《国语》等典籍中的神话，有序采撷神祇、地名等，看似信手拈来，实则匠心独运，内隐深意。一方面，庄子以"大人"神话为原型，又将与"大人"关联的"会稽""东海""苍梧"等逐一融入，生成任公得鱼的寓言，然其搜奇抉异，绝不旨在展现奇人异事，而在于以事寓理。据《史记·老子韩非列传》载："故其（庄子）著书十余万言，大抵率寓言也。"④ 又司马贞《史记索隐》曰："其书十余万言，率皆立主客，使之相对语，故云'偶言'。又音寓，寓，寄也。故《别录》云：'作人姓名，使相与语，是寄辞于其人，故庄子有《寓言》篇。'"⑤ 无独有偶，郭象注《庄子·杂篇·寓言》曰："寄之他人，则十言而九见信矣。"⑥ 又郭庆藩疏曰："寓，寄也。世人愚迷，妄为猜忌，闻道己说，则起嫌疑，寄之他人，则十言而信九矣。"⑦《释文》曰："寓，寄也。以人不信己，故托之他人，十言而九见信也。"⑧ 可见，《庄子》之"寓言"，为哲学家间接表达事理的寄托性言论。"任公钓鱼"篇末云："已而后世辁才讽说之徒，皆惊而相告也。夫揭竿累，趣灌渎，守鲵鲋，其于得大鱼难矣。"⑨ 成玄英疏曰："代末季叶，才智轻浮，讽诵词

---

① （清）郝懿行撰，栾保群点校：《山海经笺疏》卷17，中华书局2021年版，第272页。
② （清）郝懿行撰，栾保群点校：《山海经笺疏》卷8，中华书局2021年版，第189页。
③ （清）郝懿行撰，栾保群点校：《山海经笺疏》卷17，中华书局2021年版，第270—271页。
④ （汉）司马迁：《史记》卷63，中华书局1982年版，第2143页。
⑤ （汉）司马迁：《史记》卷63，中华书局1982年版，第2144页。
⑥ （晋）郭象注，（唐）成玄英疏：《南华真经注疏》卷9，中华书局1998年版，第538页。
⑦ （清）郭庆藩撰，王孝鱼点校：《庄子集释》卷9上，中华书局2012年版，第947页。
⑧ （清）郭庆藩撰，王孝鱼点校：《庄子集释》卷9上，中华书局2012年版，第947页。
⑨ （晋）郭象注，（唐）成玄英疏：《南华真经注疏》卷9，中华书局1998年版，第526—527页。

说，不敢玄道，闻得大鱼，惊而相语。"① "担揭细小之竿绳，趋走溉灌之沟渎，适得鲵鲋，难获大鱼也。"② 庄子以后世那些才识浅薄、爱好道听途说、评头论足，遇事又惊蛰不已，奔走相告之人为例，前后对比，引出观点，旨在说明倘若举着小竿细绳，奔向灌溉农用的小沟渠，便只能守候并钓到鲵鲋般的小鱼，孱弱细微，妄想钓到至长至大的若鱼，如同痴人妄语，不切实际。足见，庄子打造了"任公钓鱼"的"神话化寓言"，旨在"有比喻寄托，言在此而意在彼"③，依附寓言的生成，阐发哲理，表明依靠琐屑的言论以求取高名美誉，同玄妙的大道相比，相距甚远。

(二)《列子·汤问》之"龙伯国大人"与"僬侥国诤人"

《列子》一书吸纳了诸多上古神话，神人异物可谓俯拾皆是，诸篇之中，征引神话之最甚者，非《汤问》莫属，原文假托殷汤与夏革对话，于汪洋辟阖的文风中，讲述了诸多超逸绝尘的神话。"龙伯国大人"及"僬侥国诤人"便见于此篇。文曰：

> 渤海之东不知几亿万里，有大壑焉，实惟无底之谷，其下无底，名曰归墟。八纮九野之水，天汉之流，莫不注之，而无增无减焉。其中有五山焉：一曰岱舆，二曰员峤，三曰方壶，四曰瀛洲，五曰蓬莱。其山高下周旋三万里，其顶平处九千里。山之中间相去七万里，以为邻居焉……所居之人皆仙圣之种；一日一夕飞相往来者，不可数焉。而五山之根无所连著，常随潮波上下往还，不得暂峙焉。仙圣毒之，诉之于帝。帝恐流于西极，失群仙圣之居，乃令禺强使巨鳌十五举首而戴之。迭为三番，六万岁一交焉，五山始峙而不动。而龙伯国有大人，举足不盈数步而暨五山之所，一钓而连六鳌，合负而趣归其国，灼其骨以数焉。于是岱舆员峤二山流于北极，沉于大海，仙圣之播迁者巨亿计。帝凭怒，侵减龙伯之国使阸，侵小龙伯之民使短。至伏羲神农时，其国人犹数十丈。从中州以东四十万里得僬侥国。人长

---

① 刘文典撰，赵锋、诸伟奇点校：《庄子补正》（下册），安徽大学出版社、云南大学出版社1999年版，第741页。

② 刘文典撰，赵锋、诸伟奇点校：《庄子补正》（下册），安徽大学出版社、云南大学出版社1999年版，第742页。

③ 陈浦清：《中国古代寓言史》，湖南教育出版社1983年版，第2页。

一尺五寸。东北极有人名曰诤人，长九寸。①

在殷汤、夏革君臣二人的对话中，"龙伯国"与"僬侥国"，"大人"与"小人"神话被徐徐述说。如文所记，渤海之东，有名为"归墟"的深谷，据《山海经》②《天问》③《庄子》④诸书，"归墟"深不见底，天地之间，八极九方之水，皆聚于此，但"归墟"的水位始终如一，不增不减。渤海东面，有"岱舆""员峤""方壶""瀛洲""蓬莱"五座仙山，巍然耸立，悬浮于海。神山之上，居有"仙圣"，因五山全无所系，常随波飘移，来往不定。天帝忧虑，担心群圣失其居所，便命北海海神"禺强"驱巨鳌十五，以首戴山。"禺强"将巨鳌分为三批，六万年轮替一次，五山才峙而不动。龙伯国有"大人"，仅举足数步便至五山前，投下钓钩，一钓而得六只巨鳌，又以肩负鳌，灼其骨以占卜。张湛注曰："以高下周围三万里山而一鳌头之所戴，而此六鳌复为一钓之所引，龙伯之人能并而负之，又钻其骨以卜计，此人之形当百余万里。鲲鹏方之，犹蚊蚋蚤虱耳。则太虚之所受，亦奚所不容哉？"⑤杨伯峻解云："伯者，长也，龙，有力之大者也。"⑥可见，龙伯国"大人"有庞大无比的巨人身躯，气力奇强，举头戴山的巨鳌，"大人"能一钓有六，又负鳌返国。致使神山"岱舆""员峤"漂至北极，沉没深海，数以亿计的仙圣流离迁徙。天帝盛怒而施威，"侵减龙伯之国使陁，侵小龙伯之民使短"，《释文》云："侵"作"浸"，汪中曰："古陁隘通"⑦，龙伯国国土日趋狭小，国人身形逐渐变矮。天帝虽惩罚"大人"之过，缩其国域，减其身高，但至伏羲与神农之时，龙伯国人"犹数十丈"。

---

① 杨伯峻：《列子集释》卷5，中华书局1979年版，第151—155页。
② 《山海经·大荒东经》中的"东海之外大壑"，郭璞云："《诗含神雾》曰：'东注无底之谷。'谓此壑也。"参见（清）郝懿行撰，栾保群点校《山海经笺疏》卷14，中华书局2021年版，第238页。
③ 《楚辞·天问》云："东流不溢，孰知何故？"王逸注云："言百川东流，不知满溢，谁有知其故也。"参见（汉）王逸注，（宋）洪兴祖补注《楚辞章句补注》，吉林人民出版社1999年版，第89页。
④ 《庄子·秋水篇》曰："天下之水，莫大于海，万川归之，不知何时止而不盈；尾闾泄之，不知何时已而不虚。春秋不变，水旱不知。"参见（晋）郭象注，（唐）成玄英疏《南华真经注疏》卷6，中华书局1998年版，第329页。
⑤ 杨伯峻：《列子集释》卷5，中华书局1979年版，第155页。
⑥ 杨伯峻：《列子集释》卷5，中华书局1979年版，第155页。
⑦ 杨伯峻：《列子集释》卷5，中华书局1979年版，第155页。

《汤问》中的"龙伯国大人"，承袭了"大人"神话一以贯之的特质，"龙伯国"是海外之国，"大人"身高力强，趋步可跨越神山，一钓而连六鳌，自由往来于东海之上，即使为天帝所罚，受惩变矮，国人身形"犹数十丈"，与《山海经》中的"大人"、《庄子》中的"任公子"神性相类。以致汉代谶纬文献加以敷衍，《山海经》郝懿行案引《河图玉版》曰："从昆仑以北九万里，得龙伯国，人长三十丈，生万八千岁而死。从昆仑以东得大秦，人长十丈，皆衣帛。从此以东十万里，得佻人国，长三十丈五尺。从此以东十万里，得中秦国，人长一丈。"① 与此同时，《汤问》将"僬侥国""诤人"与"龙伯国""大人"相提并论，记"僬侥国"在中州以东，人长一尺五寸，又有"诤人"长九寸，所叙之事与《国语》相类。

　　"大人钓鳌"的寓言，广泛搜罗了地理博物志、经、史及诸子典籍所载的奇谈怪论，直接加以引用或改装，以飨博物君子，又以怪诞诡奇之语，阐发哲理。殷汤、夏革君臣二人的奇谈，以问答形式探讨浩瀚宇宙的无穷性，曰"无极无尽"，"无始无终"；探讨四海之广阔，天地无极；探讨物之两极，无奇不有。"龙伯国"与"僬侥国"、"大人"与"小人"的正反相对，是夏革针对殷汤的提问："物有巨细乎？有修短乎？有同异乎？"② 所作的应答之语，"大人"之身材魁梧、体富神力、至大至强，"小人"之身形奇小、安居海上，汇集百川、水位恒定的"归墟"，巨鼋戴山，"大人"钓鼋灼骨等奇闻异说，是对物有巨细、修短、异同做出的解释。旨在以"神话化寓言"为载体，阐释天地之广袤无垠，万物之繁富驳杂，无奇不有，应以广阔的视野，打破物之巨细、修短、同异之畛域。

四　文人诗歌中东方神祇的变形

　　流传于春秋、战国前期经、史、博物类文献中的"大人"神话，在战国中后期被加以继承、创造，作为"长人"意象生成于文人诗歌创作中。见于屈原《楚辞》的《天问》《招魂》二篇。文曰：

　　　　何所不死？长人何守？靡蓱九衢，枲华安居？灵蛇吞象，厥大何

---

① （清）郝懿行撰，栾保群点校：《山海经笺疏》卷14，中华书局2021年版，第239页。
② 杨伯峻：《列子集释》卷5，中华书局1979年版，第151页。

如？黑水玄趾，三危安在？延年不死，寿何所止？鲮鱼何所？鬿堆焉处？①

《天问》以问难体形式记录"长人"，独树一帜。有关"长人"的身份，历代诸家，各有所见。一者以"何所不死？长人何守？"为两事，认为上句书"不死民"神话，下句记"长人"神话，以王逸为代表，洪兴祖、朱熹皆从之。注"不死"为"不死民"，则"何所"为"不死国"。又注"长人"即"长狄"，引《国语》记载，言"长人"为"防风氏"后人。一者以"何所不死？长人何守？"为一事，丁晏、姜亮夫等主此说，认为上下两句文义相对，"何所"与"何守"对应，"守"为"操守"，"不死"与"长人"等同，"长人"即"不死民"。考察《天问》全文，"长人"应具有"不死民"之质性，或因"寿长"而得名，似乎更为妥当。

《天问》所载神话，往往上下相合，互为补充。"何所不死？长人何守？"可与下文"延年不死，寿何所止"相对应，谈及"不死民""不死国"与"长人"寿限之事。关于"不死民""不死国"的最早文献载录，当追溯至《山海经》。《海外南经》云："不死民在其东，其为人黑色，寿，不死。"②《大荒西经》云："有不死之国，阿姓，甘木是食。"郭璞注"甘木即不死树，食之不老。"③据《海内北经》云："不死树在昆仑山上。"其为神树，张华《博物志·物产》篇本此事，曰："员丘山上，有不死树，食之乃寿；有赤泉，饮之不老。"④《天问》王逸注曰："又大荒之山，日月所入，有人三面，一臂奇右，其人不死。"另《大戴礼记·易本命》篇云："食气者神明而寿，不食者不食而神。"⑤高诱据此注引《淮南子·坠形训》之"不死民"，曰："不死，不食也。"可知，"不死国"有"不死民"，具神人不死之特质。"长人"应与"不死民"相似，寿而无终。此外，"长人"之"长"，当与《天问》所记"彭铿斟雉，帝

---

① （宋）洪兴祖撰：《楚辞补注》，《文渊阁四库全书·集部》第1062册，上海古籍出版社2012年影印本，第167页。
② 袁珂校注：《山海经校注》卷6，巴蜀书社1993年版，第238页。
③ 袁珂校注：《山海经校注》卷15，巴蜀书社1993年版，第425页。
④ 袁珂校注：《山海经校注》卷6，巴蜀书社1993年版，第240页。
⑤ （清）孔广森撰，王丰先点校：《大戴礼记补注（附校正孔氏大戴礼记补注）》，中华书局2013年版，第251页。

何飨？受寿永多，夫何久长"的"长"为同义。王逸注"彭铿"为"彭祖"。洪兴祖补注曰："彭祖姓钱名铿，帝颛顼玄孙，善养气，能调鼎，进雉羹于尧，封于彭城。""彭祖"因烹制雉汤献予天帝，天帝飨之而报之以永寿。《庄子》①《列子》②等先秦文献中皆记"彭祖"之长寿。可知，《天问》所记"长人"，以长寿为特点。《楚辞》所记"长人"凡二处，另见于《招魂》篇中，文曰：

> 魂兮归来！东方不可以托些。长人千仞，惟魂是索些。十日代出，流金铄石些。彼皆习之，魂往必释些。归来兮！不可以托些。③

《招魂》中的"长人"，身高"千仞"，王逸注："七尺曰仞。""千仞"为"极言之尔"，然诗中"长人"，不仅身长至极，且为凶神，司守东方，专食人魂。王逸注云："东方有长人之国，其高千仞，主求人魂儿食之也。"洪兴祖补注引《山海经》曰："东海之外，大荒之中，有大人之国。"④可知，"长人"与"大人"神格相似，身形皆长，又同处东方。"长人"作为东方神祇，似为凶神，搜人魂魄，得而食之。《招魂》中"长人"的习性与"土伯"相似。"土伯"又称"后土"，为"幽都"之王。《招魂》云："君无下此幽都些"，王逸注曰："幽都，地下后土所治也；地下幽冥，故称幽都。"⑤《招魂》又云："土伯九约，其角觺觺些。"王逸注曰："言地有土伯，执卫门户，其身九屈，有角觺觺，主触害人也。"⑥《招魂》另曰："敦脄血拇，逐人駓駓些。参目虎首，其身若牛些。此皆甘人。"⑦可知，"幽都"是北方冥府所在地，黑水出处，由冥神"后土"管辖。"后土"形貌丑陋，好以指攫人，常血染手指，疾跑追人，

---

① 《庄子·逍遥游》云："楚之南有冥灵者，以五百岁为春，五百岁为秋；上古有大椿者，以八千岁为春，八千岁为秋。而彭祖乃今以久特闻，众人匹之，不亦悲乎！"参见（清）郭庆藩撰，王孝鱼点校：《庄子集释》卷1上，中华书局2012年版，第11页。又《齐物论》曰："莫寿于殇子，而彭祖为夭。"参见（清）郭庆藩撰，王孝鱼点校：《庄子集释》卷1下，中华书局2012年版，第79页。

② 《列子·力命》云："彭祖之智不出尧舜之上，而寿八百。"参见杨伯峻《列子集释》卷6，中华书局1979年版，第202页。

③ （宋）洪兴祖补注：《楚辞补注》，凤凰出版社2007年版，第176—177页。

④ （宋）洪兴祖补注：《楚辞补注》，凤凰出版社2007年版，第176页。

⑤ （汉）王逸注：《楚辞章句补注·楚辞集注》卷9，岳麓书社2013年版，第199页。

⑥ （宋）洪兴祖补注：《楚辞补注》，凤凰出版社2007年版，第179页。

⑦ （宋）洪兴祖补注：《楚辞补注》，凤凰出版社2007年版，第179页。

且以食人为甘美。"长人"与"后土"皆好食人,恶性相似,为凶煞之神,又同以食鬼、守门为职守。类似于守门神祇"神荼""郁垒",《山海经·订讹一卷·经内逸文》曰:"沧海之中,有度朔之山,上有大桃木,其屈蟠三千里,其枝间东北曰鬼门,万鬼所出入也。上有二神人,一曰神荼,一曰郁垒,主阅领万鬼。恶害之鬼,执以苇索而以食虎。于是黄帝乃作礼,以时驱之,立大桃人,门户画神荼、郁垒与虎,悬苇索以御凶魅。"① 作为黄帝麾下的守门神祇,二神居于海外深山,擅长捉鬼。可知,《招魂》中的"长人"为东方凶神,以守护幽都之门为职守,搜食人魂。《天问》诘问:"长人何守?"似与《招魂》所言一致,将"长人"作为一方守神。

屈原《天问》《招魂》中的"长人",以东方神祇之身份,出现于文人创作中,洋溢着浪漫主义色彩。作为文人大胆的幻想之辞,以夸张、想象打造了"长人",兼具神话中"大人"的巨人形貌,"不死民"的受寿永多,又流露着"神话仙话化"色彩。屈原借《山海经》等典籍载录的"大人""不死民""不死国"神话,将"长人"塑造为身形奇高、寿而无终的神祇。又紧扣《天问》《招魂》二篇的叙事主题,将"长人"凝练为经典意象,作守门之神,司职东方。在《天问》错落有致的"诘难而问"中,"长人"作为东方象征,与南方神祇雄虺、海神倏忽、北方凶兽魃省、西方黑水、玄趾、三危等神祇异兽,伴随着诗人向天、地、自然界的问询求索,在东、西、南、北四方的空间腾挪中,逐一呈现,展现了琦玮僪佹的神话世界。《招魂》中的"长人",有千仞身躯,又为冥府凶神,以"惟魂是索"为己任,凶悍阴森,类似于原始神话中北方幽都之王"土伯",及西方"司天之厉及五残"的西王母等主一方的恶煞凶神。"长人"出现于"巫阳"的招魂词,"巫阳"受命招魂,以方位为序,先陈四方之恶,以东方索人魂魄的"长人",南方雕面黑齿民的人祀,西方滚烫灼热的流沙,北方千年不释的冰河,恫吓灵魂,招其重返国土。

"长人"在《楚辞》中,已然凝练为一种意象,"长人"身长且寿,是主凶之神,为东方守门神祇。屈原将上古神话巧妙编织于"骚体诗"中,以排比铺陈之法,华赡辞藻,巧用神人异物象征方位,共同构成东西南北的四方组合式意象,四方意象在单独审视之际,自有其意,组合成整

---

① 见于《山海经》,原文已佚。今引自王充《论衡·订鬼》篇中。参见(清)郝懿行撰,栾保群点校《山海经笺疏》,中华书局2021年版,第350页。

体意象时，又臣服于整体空间叙事布局。而"长人"意象创作，不仅形成怪诞的美学效果，更开创了诗赋中好奇尚异的文学习尚。

　　行文至此，先秦"大人""小人"的身份嬗变与相关文献生成的线索已逐一清晰。一是"大人""小人"的文献生成类型、方式及二者身份的衍变。"大人""小人"神话最初载录于史书、地理博物志中，春秋、战国时期经史典籍、地理博物志载录的"长狄""大人""小人"神话，为二者进入战国诸子的言语活动、文人的创作视野提供了契机和话语依据。以《山海经》为代表的地理博物志，惯以"依地而叙"的方式，在腾挪跳跃的空间转换中，最早以身形长短作为一国的国别特征，用"大人""小人"之名，记"大人国""小人国"的方位、姓氏、国别特征、饮食习惯等，将二者作为北海、东海之外的远国异人，洋溢着先民对域外世界的遐想，通过原始思维构筑的夸张型想象，创造了"大人""小人"的神话原型。《国语》作为先秦史书，以记言见长，孔子以语怪之词，答客所问。讲述"汪芒氏""长狄""大人"与"防风氏"之关系，对"防风氏"山神身份进行确认之余，最早以"长狄"为族名，记其为神异外族，追溯其氏族迁变历史，且首次以体型巨大作为一族族别特征，是历史神话化的体现。《春秋三传》作为经书典籍，以史叙事。《左传》以正记史，叙述"鄋瞒"国的国家兴衰，"长狄"氏族各兄弟的奋起抗争，记"长狄"为春秋时期北方狄族，与"赤狄""白狄"并立。晋杜预注"长狄"之际，以《国语》所言为据，引用神话文献阐释"长狄"之事，言其为体型巨大的神异氏族。唐代孔颖达疏据"疏不破注"的原则，从杜预之注。《公羊传》《谷梁传》则直接以异记事，记"长狄"兄弟为巨人，体现了神话历史化的创作倾向。《庄子》《列子》作为诸子之言，采用神话化寓言的方式，以《山海经》所记"大人""小人"为原型，采撷诸多先秦典籍中的神话，置换变形，杂糅改装，创造了"任公子""龙伯国大人""僬侥国小人"的海外神人形象。《楚辞》作为文人创作，极尽想象之能事，凝练出"长人"意象，为东方守门神祇，主凶，身长且寿，司职东方，显示文人诗歌创作的浪漫主义特征。

　　二是载录"大人""小人"文献的文体生成与叙事主题。先秦时期，围绕"大人""小人"的叙事主题所生成的各类文献，虽以神话、散文、寓言、诗歌等文体形式生成，且在诸书中载录各异，但在叙事主题的表达上，却始终一脉相承，表现为三。其一，对"大人""小人""防风氏"

"长狄""任公子""龙伯国大人""僬侥国小人""长人"等形象的神格叙述具有恒定性,诸类文献皆记其基本特征为异于常人、形体高大且禀赋异能,有时也形貌怪诞、恫人神魄,又寿而不夭,或气力奇大。上述特征,往往择其一二,或兼取之。其二,诸类文献针对"大人""小人"的种种叙事,常将"大人—小人"、"大人国—小人国"对举,使其相互印证衬托,以互证其神异性与合理性。其三,诸类文献皆将"大人""小人"置于海外、域外等偏远地域,以"异国""远邦"等情调加以渲染,或作为奇人异象以耸人听闻,表现了一种跨文化共感共生的"尚奇"积习,包含天地万物,大小巨细,无奇不有的哲理思索。但也有戏谑之言,是华夏之民对偏远地域之民存有偏见的体现。

三是诸类文献的创作倾向及对后世文献生成的影响。以《山海经》为代表的地理博物志,依地而叙,较早载录"大人""小人"神话,在原始神话思维的统摄下,展开想象的翅膀,以夸张之法,将常人身形扩大、缩小,创造了"大人""小人"的神人原型,"大人""小人"为高矮之至,并作为东海、北海之外的远国异人,且最早将身形奇大或矮小作为一国的国别特征加以记载。以至其后所出的地理博物志、诸子寓言等,皆受此影响,成为外域博物传说中的惯常题材。先秦经史典籍对"大人""小人"的载录,显示了历史与神话的二元互动。《国语》是最早载录"大人""小人"的文献,是二者诸多称名、事件在先秦文献中得以整合的一次系统性叙述,为"大人""小人"在地理博物志、史书、经书、诗歌等诸类文体中身份的衍变奠定了基础。《国语》作为国别体史书,以神话记史,则显示了历史神话化的创作倾向。《春秋三传》以历史叙事为方式,《公羊传》《谷梁传》竟直以异叙事,使历史人物具有神性特征,将史实与神话融合,是神话化历史的创作倾向之表现。《庄子》《列子》作为诸子言语,以《山海经》中"大人""小人"远国异人的神话原型为基础,广泛引用经史典籍中的神话,将"大人""小人"置换变形为"任公子""龙伯国大人""僬侥国小人",并通过任公子钓鱼、龙伯国大人钓巨鳌两则神话化寓言,阐发哲理,体现了神话哲理化的创作倾向,以致《管子》等诸子话语中出现的"小人庆忌"等皆寄寓了诸子的思想与情感。《楚辞》作为文人诗歌,其所创作的"长人"意象,是将神话意象化,以抒情言志。"长人"的"不死"特性,体现了神话仙话化倾向,后代诗词歌赋中,被广泛使用。

第七章

先秦神话的变形叙事模式

叙事学，最早产生于法国，法文中的叙事学，由拉丁文"词根 narrato（叙事、叙述）+希腊文词尾 logie（科学）"组成，英文为"narratology"，中文译名有"叙述学""叙事学"两种。随着研究日臻细致，国内学者认为前者表示"语言层次上的叙事技巧"，后者则指向"故事结构与话语技巧"①，分别表示两个层面，但无论如何区分，二者关注的焦点始终为文本。从狭义角度界定，叙事学，顾名思义，是"对叙事现象的理论研究"②，具体而言，是关于"叙事文本或叙事作品的理论"③。可见，"叙事"是诸多理论家在"叙事学"领域首要关注的研究对象。从纯文学范畴界定，所谓叙事，乃是"采用一种特定的言语表达形式——叙述，来表达一个故事，换言之，即'叙事+故事'"④。"模式"，是一种功能框架⑤，是对一种规范的确立与常态的认可。

叙事模式（narrative pattern），依据字面意思，即是对叙述与故事功能框架的解读；是目前中西方叙事研究中最为习见的方法，脱胎于俄国形式主义与法国结构主义。叙事模式研究，是文学批评加倍重视文本创作行为、结构形式的体现，是二者关系互动的结果，而这正好把握了叙事学基本事体的创作命脉与基本特征，诸如神话、小说等艺术样式。神话是中国叙事学源头，叙事模式凝结成的范型（paradigm）、规范、法式、范式，

---

① 申丹：《叙述学与小说文体学研究》，北京大学出版社2004年版，第1页。
② [美]华莱士·马丁：《当代叙事学》，伍晓明译，北京大学出版社2005年版，第242页。
③ 谭君强：《叙事学导论：从经典叙事学到后经典叙事学》，高等教育出版社2008年版，第2页。
④ 徐岱：《小说叙事学》，商务印书馆2010年版，第6页。
⑤ 徐岱：《小说叙事学》，商务印书馆2010年版，第208页。

可以使原生态神话的解读，全然超越传统路径，不再囿限于表层化感悟感知型的解说，而是通过深层次、宏观、具体、综合的理论技巧，解读神话叙事，清晰展现神话思维与神话叙事之间的关系。

先秦神话作为中国叙事文学滥觞，叙事文字简洁精练，虽多为缺乏系统性的"残丛小语"，但却无比实用。具体到变形叙事一类，不仅涵盖了无比丰富的叙事类型，且包含多元、神秘的神话思维逻辑，在彰显自身强悍生命力之际，亦直接影响了后世传记、野史、博物地志、志怪、神魔小说等叙事事体的创作模式。在常规意义上，"模式之所以为模式在于其意味着对一种规范的确立和对常态的认同"①，以固有规范与常态认同为契机，开辟出异态模式，达成一种超越，是次生态神话创造者不遗余力的艺术追求。要达成神话世界巍然不倒的终极目标，就必须调和常态与异态，规范与超越之间的矛盾，通过神话叙事模式的自我更新、蜕变，可使原生态神话不仅不在历史舞台上寿终正寝，反而能通过次生态神话延续生命，呈现既保留经典模式，又有新模式不断生成的繁荣局面。千里之行，始于足下，作为中国变形叙事发端的先秦神话变形叙事模式，直接影响了秦汉变形神话、东晋六朝变形志怪小说，乃至元明清神魔变形小说的创作。故本章将运用西方叙事理论、方法，拟从叙事语法、叙事结构、叙事视角、叙事时间四个方面出发，系统观照先秦变形神话，通过演绎法、归纳法、例证法的交叉使用，解读先秦神话变形叙事的发展规律与特点。

第一节　变形叙事语法

叙事的狭义界定即"讲故事"②，叙事语法即是对"故事"总体的抽象研究。它是破译、解析故事的元逻辑，将故事符号化、程序化的过程。叙事语法的研究，从根本上借鉴了以索绪尔、乔姆斯基为代表的西方现代语言学的方法，如同索绪尔从纷繁的语言现象出发，"试图从表面杂乱无章的信息中找出一条分类原则和一个描写焦点"③。叙事语法就是为了说

---

① 徐岱：《小说叙事学》，商务印书馆2010年版，第208页。
② [美]浦安迪讲演：《中国叙事学》，北京大学出版社1996年版，第4页。
③ [法]罗兰·巴特：《叙事作品结构分析导论》，张寅德译，张寅德编选《叙述学研究》，中国社会科学出版社1989年版，第3页。

明"叙事作品中可资分析的共同结构"① 的一个具有普遍规则的潜在系统。与此同时,借鉴乔姆斯基的转换生成语法,也就是他在《句法结构》中倡导的"新形式语法",借用"短语结构""转换""语素音位"三大规则,生成"核心语符列"②。具体到先秦神话变形叙事语法的研究,本书将采用演绎法、归纳法,从先秦神话文献中提炼"核心语符列"的基本句型,以破译系统记录、说明先秦变形神话普遍规则的符号与程序,可提炼为"六维"变形语法。

先秦神话变形叙事的语法分类,以格雷马斯的符号方阵为理论指导,将神话中人类与异类因某种原因,或依据某种途径相互之间多样化变形的复杂过程,用符号抽离而出,同构为六组二元对立关系,当然,亦囊括前文详细分析的变形叙事的六种类型、亚型及其式的神话内容,力图理据充分,如图 32 所示:

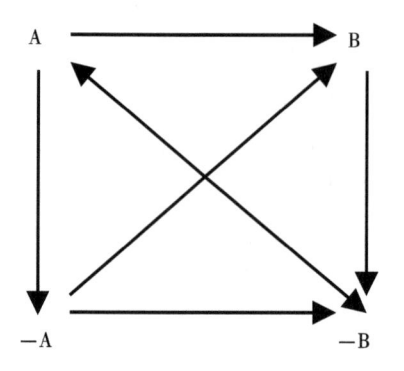

图 32 人类、异类变形的语法符号方阵

在图中使用 A 表示人类(拥有神性或非凡能力的人),关涉天神、地祇(并幽冥界)、人类三种;用 B 表示异类,专指鬼魅、动物、植物、无生物及自然现象等。与此相对应,引用形式逻辑的表示方法,其中,−A 即指非人类,可视为异类;−B 即指非异类,可等同于人类。箭头所指为变形这一行动的方向,分别从 A、B、−A、−B 四点出发,可得到 12 对对当关系。将相同关系归为一类后,可得到人与异类变形的"六维"语法,与此同时,嵌入前文详悉过的变形类型,如表 2 所示:

---

① 胡亚敏:《叙事学》,华中师范大学出版社 2004 年版,第 170 页。
② 胡亚敏:《叙事学》,华中师范大学出版社 2004 年版,第 171 页。

表 2　　　　　　先秦神话变形叙事的"六维"语法

序号	符号	叙事语法	叙事类型、亚型		类型总计	亚型总计
1	A→B、A→-A、-B→B	人类→变形→异类	类比想象型	情感型变形	3	4
			惩罚型变形	牵连型变形		
2	B→-B、-A→A、-A→-B	异类→变形→人类	图腾型变形	进化型变形	2	5
3	A→-B	人类→变形→人类	夸饰想象型变形		1	3
4	-A→B	异类→变形→异类	复合型想象	接触型变形	2	4
5	A→-A→-B	人类→变形→异类→变形→人类	梦像有兆型变形		1	3
			避险型变形			
6	-A→A→-B	异类→变形→人类→变形→异类	图腾型变形		1	4

上述"六维"变形语法，横亘在人类、异类之间，与先秦神话变形叙事类型是一一对应的关系，凡人与异类的互动，皆为此叙事语法所涵盖，后世如万斛泉涌、汹涌而出的变形仙话，或东晋六朝变形志怪，乃至元明神魔变形小说，皆遵循此"六维"变形语法体系，四者合力打造了中国古代变形文学光怪陆离、神异浪漫的世界。

第二节　变形叙事结构

"结构"，在西方叙事学中也称作"叙事结构"（narrating structure），是一个内涵无比丰富的概念，诸多叙事理论研究者均对结构进行过剖析，结论各异，显示出此概念的复杂性。本节所探讨的"结构"概念辐射范围狭小，仅囿限于静态文本结构的研究，也就是对叙事中故事的组成形态的观照。所依据的是亚里士多德的理论，其在《诗学》中提出故事是叙事的核心，认定故事由人物（行动者）与行动两大基本要素构成，人物、结构在故事结构中的关系，行动常处于主导地位，而人物（行动者）反倒处于从属状态，仅仅作为行动的媒介和执行者。此处的人物，当指行为者（mover），即"表现为叙事作品中就是人物或者人格化的动物或其他物体"[1]。可见，叙事结构是由叙事作品在展现行为者（mover）及其行动

---

[1] 谭君强：《叙事学导论：从经典叙事学到后经典叙事学》，高等教育出版社2008年版，第155页。

（move）过程中所建立的叙事方式与叙事线索编织而成的。

"结构"二字，在古汉语中最早是作为动词使用的。析言之，"结"见于《说文》十三上糸部，"结，缔也，从糸"①，"缔，结不解也，从糸"②，"糸，细丝也，象束丝之形。凡糸之属皆从糸"③，指将绳子系为纽结；"构"见于《说文》六上木部，"构，盖也"④，与"冓"同义，"冓，交积材也。凡覆盖必交积材"⑤，表交错材料之状，是架木盖屋之意。联言之，"结构"依然有两种用法，可作动词，或是动词的名词化，东晋葛洪《抱朴子·外篇·勖学》曰："文梓干云，而不可名台榭者，未加班输之结构也。"⑥ 认为楚国盛产的梓木，即使长及云霄，却未能称其为亭阁楼榭，原因是尚未经过鲁班级别的大师倾力打造为建筑体。这是对"结构"一词非常准确的概况，葛洪所言"结构"乃偏义名词，侧重于"构"的表达，直接与建房构屋相联系，后"结"也表盖房之意，据此，每每论及文章构造，中国古人就习惯性的以建宅为喻，以清代戏曲评论家李渔最具代表性，其理论虽针对戏曲评点，但却通用于叙事文学，李渔《闲情偶寄》卷1《词曲部上·结构第一》专门讨论"结构"：

> 至于结构二字，则在引商刻羽之先，拈韵抽毫之始。如造物之赋形，当其精血初凝，胞胎未就，先为制定全形，使点血而具五官百骸之势。倘先无成局，而由顶及踵，逐段滋生，则人之一身，当有无数断续之痕，而血气为之中阻矣。工师之建宅亦然：基址初平，间架未立，先筹何处建厅，何方开户，栋需何木，梁用何材，必俟成局瞭然，始可挥斤运斧；倘造成一架而后再筹一架，则便于前者不便于后，势必改而就之，未成先毁，犹之筑舍道旁，兼数宅之匠资，不足供一厅一堂之用矣。故作传奇者，不宜卒急拈毫，袖手于前，始能疾书于后。有奇事，方有奇文，未有命题不佳，而能也其锦心，扬为绣口者也。尝读时髦所撰，惜其惨淡经营，用心良苦，而不得被管弦、

---

① （汉）许慎撰，陶生魁点校：《说文解字》卷13上，中华书局2020年版，第427页。
② （汉）许慎撰，陶生魁点校：《说文解字》卷13上，中华书局2020年版，第427页。
③ （汉）许慎撰，陶生魁点校：《说文解字》卷13上，中华书局2020年版，第424页。
④ （汉）许慎撰，陶生魁点校：《说文解字》卷6上，中华书局2020年版，第181页。
⑤ （汉）许慎撰，（清）段玉裁注：《说文解字注》卷4下，上海古籍出版社1988年版，第158页下栏。
⑥ 杨明照撰：《抱朴子外篇校笺》卷3，中华书局1991年版，第117页。

副优孟者，非审音协律之难，而结构全部规模之未善也。①

以上是考察"结构"一词，由词源上的动词演变为名词的过程，"结绳""架屋"的过程，生动说明了研究叙事结构的两大基本方法，即矢向时间维度与三维空间维度。一为叙事结构的动词性，侧重强调了叙事结构的生命过程与生命形态，它要求关注时间的先后顺序。同时，杜绝冷漠地将叙事结构归为机械的组合整体，而是可以自由组合，或随心开展独立的结构主义叙事，既是"已经完成的存在"，又是"正在进行着的过程"②，等同于英语语法中的现在完成进行时态。二为叙事结构的名词性，着力于强调叙事结构的时间性，是文本形式组织的过程。然而，在中国叙事体系中，对叙事结构的解读，是应侧重于前者，即"结构的动词性"③解读，究其原因，是由于这是"中国特色的叙事学贡献自己智慧的一个重要命题"④，强调动词性结构，是中国叙事特色。事实上，就中国叙事结构特征来看，其自身除具有等同于西方叙事结构的功能、意义之外，更潜伏着中国古代独树一帜的关于宇宙、人生、审美方面的哲学⑤，即叙事结构与高深莫测的"天人之道"遥相呼应。当然，叙事结构是道、技同构思维的产物，"道"即"叙事之道"，是"天人之道"的表达，指向某种潜在的文化、人生哲学；"技"即"叙事之技"，是"叙事法"的表达，指向种类繁多的叙事技巧。因此，分析叙事结构之际，必须联系结构思维与结构技巧，同时解读其文化隐义，如此，方能称之为完整的叙事结构解读。

本节将倾力于先秦神话变形叙事结构解读，采用中西结合的方法，一方面，运用西方叙事理论，采用演绎、归纳两种方法，分析变形叙事的行为者（mover）与行动（move），厘清二者的互动关系，联系变形叙事类型，萃取叙事结构句法，目的在于通过外显的表层内容发掘，以及内隐的深层叙事结构，即"试图通过分析叙事体共有的各种要素及其联系，建立一套叙事普遍的结构模式"⑥。另一方面，结合中国叙事研究方法，突

---

① （清）李渔著，单锦珩点校：《闲情偶寄》卷1，《李渔全集》，浙江古籍出版社2014年版，第4页。
② 杨义：《中国叙事学（图文版）》，人民出版社2009年版，第39页。
③ 杨义：《中国叙事学（图文版）》，人民出版社2009年版，第39页。
④ 杨义：《中国叙事学（图文版）》，人民出版社2009年版，第39页。
⑤ 杨义：《中国叙事学（图文版）》，人民出版社2009年版，第43页。
⑥ 胡亚敏：《结构主义与叙事学探讨》，《外国文学研究》1987年第1期。

出叙事结构的中国特色解读,具体到神话这一叙事体上,既需要研究神话的内部构造与组织形式,又要揭示统摄叙事结构的思维方式及其使用的叙事方法,解读叙事结构表现的文化、文本特征及审美风貌。通过中西视域的共同审视,更全面深入地把握先秦神话叙事结构的特点。就先秦神话变形叙事结构而言,可以划分为两种类型。

一 圆形循环结构

圆形循环结构,是指神话中人类或异类充当的变形主体在展开行动,即实现功能的过程中,所表现出周而复始地循环运动方式,由此形成一个环抱完整的圆形结构。这种圆形循环结构,是通过"变形"这一核心的、具体的行动结构加以实现的,它直接受控于先民动态进化着的圆形思维方式的作用,使神话文本呈现闭合状态之余,亦在审美风格上呈现整体性特征。联系具体的变形叙事类别,以及变形结构语法的相关内容,就可以归纳出圆形循环结构的基本特征。先秦神话变形叙事类别中,有三种类型、五种亚型具有圆形循环结构特点,试将其归纳如表3所示:

表3　　　　　先秦神话变形叙事的圆形循环结构

叙事结构	叙事类型	叙事亚型	叙事语法
圆形循环结构	图腾型变形	动物图腾型变形	异物→变形→人类→变形→异物
		植物图腾型变形	
		自然物图腾型变形	
	梦幻型变形	梦变有寓型变形	人类→变形→异物→变形→人类
	功能型变形	避险型变形	

由上表可知,圆形循环叙事结构与先秦神话叙事中的三种类型、两种叙事语法是一一对应关系,在此基础上,依据神话思维演变规律与变形主体的形态归属,将圆形循环叙事结构细致划分为两类。第一类,变形行动由异类诱发,叙事语法表达为"异物→变形→人类→变形→异物",此类称为逆向圆形循环结构。它来源于原始初民仿兽、仿物的神话思维方式,将异类作为世界直观比附的对象,神话中异类的地位高于人类,是原始初民认知水平尚处低级阶段的表现。第二类,变形行动由人类诱发,叙事语法遵循着"人类→变形→异物→变形→人类",将其称为顺向圆形循环叙事结构,它脱胎于先民类人化、准人化的神话思维

方式，将人类作为世界的比附对象，神话中人类的地位明显高于异类，是先民认知水平上升至高级阶段，对自然万物采用一种客观的、全新的理解方式的表现。从逆向到顺向的结构转变，是原始神话思维的进化与超越的确证。

(一) 逆向圆形循环结构

逆向圆形循环结构，与"异物→变形→人类→变形→异物"的叙事语法相对应，先秦神话变形叙事类型中图腾型变形一类，最能说明此种结构规律。

在图腾信仰的鼎盛时期，原始初民对图腾崇敬至上、虔诚膜拜。认定图腾为"我的亲属""我的祖先"，在图腾制度作用下，涌现了大量"回归祖先型"，亦可称作"原型回归型"的变形神话。这些神话多以原始氏族部落的始祖、先妣、生祖、首领等为对象，从情节结构审视，属于"原始→历劫→回归"的周期循环格式；从神话主题观察，是"生存→死亡→变形→再生"的循环往复的生命历程。无论何种分类标准，始终呈现出环抱完整的闭合特征。

图腾型变形叙事结构具有首尾同一的特征，从叙事语法观照，图腾型变形是"图腾→变形→人类→变形→图腾"的动态旋转运动机制，这一过程依仗于变形这一叙事行动得以顺利展开。前文已经提及本节的研究对象为静态文本结构，是由角色、功能两大要素共同构成的叙事方式与线索。角色常不断更换，但在叙事语法、叙事结构中，始终以变项姿态亮相，图腾与人就具有这种变项特征，变项的数量、位置是灵活多变的。叙事功能则具有常项特征，显示出恒久稳定性，故把握了叙事功能这一常项，就等于把握了叙事结构。因此本节将着力于"变形"这一叙事功能的结构解读，构成"5W"结构句法，即：who（谁来变）——why（为甚变）——where（何地变）——how（怎么变）——what（变什么）。"5W"包含了变形功能的五要素，包括我、他（或它）、因、地、事，共同构成"变形"功能句法。在此基础上，将涉及的人、异类两种叙事角色作为常量嵌入，形成角色、功能要素齐全的叙事结构句法，目的在于通过图腾型变形叙事结构说明逆向圆形循环结构的特点，为此，可撷取图腾型变形神话的典型案例，逐一分析。

表 4   逆向圆形循环结构句法与案例

序号	神话名称	谁来变 who	变什么 what	为甚变 why	何地变 where	怎么变 how
1	精卫填海	炎帝少女	鸟	游于东海 溺而不返	东海	死亡
2	颛顼变鱼妇	黑帝颛顼	人鱼	未明	大海泉	死亡
3	鲧治洪水	黄帝臣鲧	黄龙	窃帝息壤	未明	死亡
4	鲧治洪水	黄帝臣鲧	黄熊	窃帝息壤	羽泉（郊）	死亡
5	伊尹出空桑	伊尹之母	桑树	违背承诺	轩辕山	死亡

通常而言，叙事行动是由逻辑原则、常规限定两大标准组合而成的[1]，但中国神话多属"残丛小语"，最突出特征当是文字简短却意蕴丰富，故神话叙事文本常依据因果关系的常规限定，并非每个神话都逻辑要素齐全，这亦是中国原生态神话最鲜明的叙事特色之一，后有专文讨论，本节特筛选逻辑原则清晰的五个神话，虽有以偏概全之嫌，但正所谓滴水可知海味，每个神话都具有典型性，下面将就"5W"功能展开讨论。

1. 谁来变——神性之人

这是变形主体的问题，综观表中 5 个神话，变形者均为帝、帝女、帝臣等，这些人天赋异能，是神性之人。

2. 变什么——图腾

这是变形客体的问题，女娃精卫失足东海，横溺而死，惟长留东海，变形为愤怒的小鸟，回归炎帝一族的鸟图腾；黑帝颛顼无由而死，死后凭借北风之力变形为蛇，进入水中又变为鱼妇，回归氏族图腾；鲧因违禁，私自窃帝之息壤，被祝融殛杀，死后变形为龙、熊，亦是返回动物图腾；汤相伊尹之母因违背神命、触及禁忌而罹难水中，变形为水边桑树，是植物图腾的回归。

3. 为甚变——困境、意外、违约

精卫因溺水变鸟，是意外导致其变形；鲧因窃帝息壤，被诛杀变龙、熊，是困境导致其变形；伊尹之母违背与神的约定，触碰禁忌，是违背约定的变形。可见，危机与困境、意外、违约等因素是变形的诱发条件。

---

[1] 谭君强：《叙事学导论：从经典叙事学到后经典叙事学》，高等教育出版社 2008 年版，第 27 页。

4. 何地变——山林海泽

表中神性之人的变形之地分别为东海、大海泉、羽泉（郊）、洪水，均与水有关，这实际上并非偶然，是原始初民心智折光的产物。当然，变形之地也不全然为江、河、湖、海等地，也有高山、深渊、峡谷等地，但无论如何，均是常人罕至的险峻之地。

5. 怎么变——死亡

文献中所列的神话，无一例外的均以死亡作为变形途径，联系前文图腾型变形的所有神话，也都是将死亡作为变形的不二选择，以此表达"生成→死亡→变形→再生"的生命历程，表达原始初民"灵魂转生"的原始宗教信仰，客观反映了原始初民对死亡的认知。

即此，"5W"功能的各个要素已一一析解，连缀而言，即：

表5　　　　　　　　图腾型变形的"5W"结构句法

谁来变	变什么	为甚变	何地变	怎么变
神性之人	图腾	意外、困境、违约	山林海泽	死　亡

上述结构句法表现了"人类→变形→图腾"的过程，应为顺向线性结构，但如前文已述，原始初民笃信图腾为"我的祖先""我的亲属""我的标记""我的保护神"，认为人的诞生是图腾的作用，即由图腾变形而来，故先秦神话所见完整的图腾型变形结构句法当为：

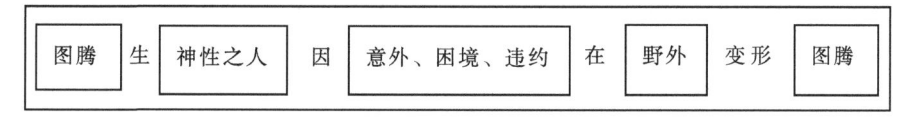

| 图腾 | 生 | 神性之人 | 因 | 意外、困境、违约 | 在 | 野外 | 变形 | 图腾 |

图33　先秦神话图腾型变形叙事结构句法

上述"5W"功能结构句法，与"图腾→变形→人类→变形→图腾"的叙事句法合二为一，说明了逆向圆形循环结构的典型特征，即叙事文本结构首尾同一，形成环抱完整的文本闭合结构。

（二）顺向圆形循环结构

顺向圆形循环结构，与"人类→变形→异物→变形→人类"的叙事语法相对应，反映了由人类变形为异类的过程，以表3中所示的梦幻型变形、功能型变形为代表。

梦幻型变形中的梦变有寓一类，常以主人公梦境中的变形活动为内容结构全文，从梦幻变形过程观察，是"人类→入梦→梦事→变形→异类→梦醒→人类"；从矢量时间观察，是"梦前（人类）→梦中（变形→异类）→梦后（人类）"；从三维空间考察，是"现实（人类）→梦境（变形→异类）→现实"。三种分类标准，均显示其首尾同一，即人类处于清醒状态，存在现实空间中，是一个圆融完整的闭合结构，典型例证为庄周与泰氏二人之梦。

表6　　　　　　　　　顺向圆形循环结构句法与案例

序号	结构\篇章	梦前	梦中	梦后	文献出处
1	庄周梦蝶	庄周	梦为胡蝶，栩栩然胡蝶也，自喻适志与！不知周也	俄然觉，则蘧蘧然周也	《庄子·齐物论》
2	泰氏梦牛马	泰氏	一以己为马，一以己为牛	未言	《庄子·应帝王》

以上为先秦时期梦幻型变形的代表作品，庄子于梦境中变形为蝴蝶，享受物我不分、无拘无束之乐，醒后亦沉醉其中，泰氏亦是于梦中随心所欲的变化。这种顺向圆形循环结构是先秦神话变形叙事的基本结构程式，其形成动因受控于"身体—潜意识"的生理、心理双重因素，弗洛伊德认为其是"本我—自我—超我"的精神机制，荣格则将其析解为"（入梦）开端—发展—高潮与转折—结局（梦醒）"的心理机制。可见，在梦的生理、心理双重属性驱动下，梦变有寓型变形的总体结构必然走向圆形循环结构。

功能型变形中的避险型变形也是顺向圆形循环结构的代表，对二者的分析依然沿用我、他（它）、时、地、事的"5W"结构句法。

表7　　　　　　　　　避险型变形的"5W"结构案例

序号	结构\神话	谁来变 who	变什么 what	何时变 when	何地变 where	怎么变 how	文献出处
1	虞舜二妃	舜	鸟	治廪之际	屋顶	衣鸟工往	《列女传》《楚辞·天问》
			龙	浚井之际	井底	衣龙工往	

表7中所述神话当属次生态神话，是对先秦原始变形神话的再阐释，

两则神话在表现出浓郁生活化色彩的同时,亦显示出神话发展中的世俗化倾向。首先,变形主体依旧为神性之人,但并非在神圣世界中高高在上,也降格为世俗世界生活的领导者。变形时间为工作之时,变形地点为室外,变形客体为常见动物,这四要素均显示遥不可及的变形主体出现了"人化"的亲民倾向,即"神灵从封闭状态中走出来,与世人亲近,也像人一样充满欲望。神灵的世俗化使他脱去恐怖的性质,不再是令人敬畏的对象,人神之间的关系变得轻松"①,于是,修缮屋顶、疏通井底的工作,需要舜亲力亲为。但值得关注的仍然是"怎么变"这一环节,虞舜工作之际,遭受糊涂父亲与凶狠弟弟象的陷害,命悬一线之际,穿鸟形、龙形的彩纹衣服变形为鸟、龙,成功脱险,显然是借助了魔物的力量来实现变形。于此,可以精练出"5W"结构句法,即:

表 8 避险型变形的"5W"结构句法

谁来变	变什么	何时变	何地变	怎 么 变
神性之人	动物	危机	室外	魔术、魔物、心理因素

于此,可更详细展现避险型变形的"5W"结构句法内容,即:

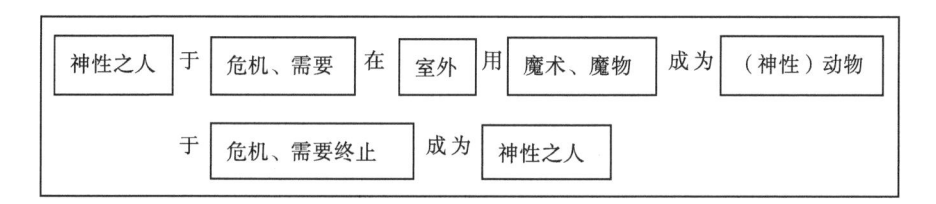

神性之人 于 危机、需要 在 室外 用 魔术、魔物 成为 (神性)动物

于 危机、需要终止 成为 神性之人

上述"5W"结构句法,仍然与"人类→变形→异物→变形→人类"的叙事语法相契合,变形流程始于人类,结局亦回归人类,这种顺向圆形循环结构同样显现出首尾同一、叙事结构文本闭合的特点。

先秦神话变形叙事的圆形循环结构,是史前以来初民神话思维、世界观共同作用的产物。原始初民由于认知力的有限,惟依仗直观比拟的思维方式,将广袤无垠的苍穹视为圆形,将一望无际的大地视为方形,于是天圆地方的观念随之产生。夏商周三代以来,伴随着民众认知力的提升,先

---

① 李炳海:《从神坛灵域走向人间世俗——再论中国古代神话演变的基本趋势》,《社会科学战线》2003年第4期。

民开始关注天地人三者之间的关系，而先秦诸子典籍多将具象化的思维方式彻底抽象化，如《周易·系辞下》言："为道也屡迁。变动不居，周流六虚。"①《庄子·内篇·大宗师》曰："万化而未始有极也。"②《道德经》云："周行而不殆"。③凡此种种，是对宇宙万物生生不息、循环往复的变化历程的高度概括，是一种世界观的独特体察。从感性思维作用的天圆地方直观表达，至理性天地人三者的关系审视，再上升至宇宙世界观规律的总结，这一流变过程，也是传统圆融思想与圆形思维方式形成的过程。在圆融思想、圆形思维方式的双重统摄下，作为最早叙事体的神话，便有圆形循环结构产生，这种文本结构上的闭合状态，对后世影响深远。如图腾型变形展现的"原始—历劫—回归"的情节模式，直接启发、影响了《红楼梦》《水浒传》《封神演义》等中国古典小说的创作。《红楼梦》中青埂峰的石头经历了可歌可泣的劫难后，又回归石头；《水浒传》中天罡地煞在人间轰轰烈烈的经历各种考验，最终各归其位。

  圆融思想与圆形思维方式倾力打造的艺术结构，无处不彰显整体性特征。在审美风格上，追求首尾同一、前后呼应，营造了和谐严密的风貌。在故事结构上，力求完整统一、首尾相衔，组合成环环相扣的情节。恰如李渔《闲情偶寄》卷1《词曲部上·结构第一·密针线》所言："编戏有如缝衣，其初则以完全者剪碎，其后又以剪碎者凑成。剪碎易，凑成难，凑成之工全在针线紧密。一节偶疏，全篇之破绽出矣。每编一折，必须前顾数折，后顾数折，顾前者欲其照映，顾后者便于埋伏。照映埋伏，不止照映一人、埋伏一事，凡是此剧中有名之人、关涉之事，与前此后此所说之话，节节俱要想到，宁使想到而不用，勿使有用而忽之。"④虽是戏曲评点，但同样适用于神话。在瞻前顾后中，叙事文本呈现出一种密封闭合的状态，神话开始便预示着结局，而各个环节均倾向于结局安排。在文本意蕴上，呈现动态的原生态回归，在首尾呼应的对照中，折射出先秦时代人民的原始信仰、生命观念，以及先民对宇宙、世界、人生的思考，在叙事逻辑上，呈现出因果关系，互相转化，本始相应，互补共存，归于圆融。

---

  ① （魏）王弼等注，（唐）孔颖达等正义：《周易正义》卷8，（清）阮元校刻《十三经注疏》，中华书局1980年影印本，第89页下栏。
  ② 刘文典撰，赵锋、诸伟奇点校：《庄子补正》卷3上，中华书局2015年版，第196页。
  ③ （魏）王弼注，楼宇烈校释：《老子道德经注校释》上篇，中华书局2008年版，第63页。
  ④ （清）李渔著，单锦珩点校：《闲情偶寄》卷1，《李渔全集》，浙江古籍出版社2014年版，第9页。

二 线形单向结构

所谓线形单向结构，是指先秦神话中由人类或异类充当的行为者在变形这一行动实施过程中，呈现直线似的单向运动方式，行动次数为1次，也就是说，变形行动一次完成，变形行动终止之际，行为者的形态或性状发生变形，变形行动具有不可逆转性。线形单向结构叙事线索单一，仅局限于特定时空内的一人一变或一物一变；叙事情节较为简单，多围绕行动者的一次变形展开叙事情节；叙事场面也较为单纯。联系前文详悉过的相关变形叙事类型及其叙事语法，归纳如表9所示。

表9　　　　　　　　先秦神话变形叙事的线形单向结构

叙事结构	叙事类型	叙事亚型	叙事之式	叙事语法	总数
线形单向结构	想象型变形	类比想象型变形	尸生（化）万物型	人类→变形→异类	3类7亚型
	情感型变形	复仇型变形			
		忧懑型变形			
		惭惧型变形			
		弥补型变形			
	功能型变形	惩罚型变形			
		牵连型变形			
	想象型变形	类比想象型变形	元件成活型	异类→变形→人类	1类1亚型
			坼剖生子型		
	功能型变形	巫术型变形	接触型变形	异类→变形→异类	1类1亚型
			相似型变形		
			接触相似型变形		
	图腾型变形	静态图腾型变形	人兽共生型变形	人类→变形→人类（异类）	1类1亚型
	想象型变形	夸饰想象型变形	扩大型变形	人类→变形→人类（异类）	1类1亚型
			缩小型变形		
			过度型变形		
			缺失型变形		

线形单向结构中，行为者充当变项，由人类、异类交替扮演，非此即彼。行动充当常项，其构成要素直接影响着整体结构的生成、运转。故依

据行动叙事方式的差异,可将其划分为动词型结构、动作型结构、数字型结构三类。

(一) 动词型结构

动词型结构中人类、异类的互变过程非常简单,行动的叙事方式完全倚仗动词在刹那间完成,动词也只有囫囵一个,由"为""化""生""作""成"等轮流使用,如同简笔画,寥寥几笔就勾勒出故事的整体发展脉络。在动词型结构中,变形这一核心行动无任何确切的证据可寻,甚至简陋抽象到变形过程几近省略之态。乐蘅军教授认为这种极端简陋的叙事结构乃是原始初民神话信仰与信心投射的产物:"神话信仰是直觉的……在这种信仰的基础下,只需连续性的时间,就可以把异类生命统贯为先后的一体,而不需要虚拟的事实和匠心的想象,也不需要过程的详尽描述,不需要视觉形象的逐渐变迁来证明变形的事实。"[①] 如上所述,是将动词型结构看作一种纯然的信仰,这种观点未尝不可。然而,再简陋的叙事仍是具备一定结构要素的,可以用"3W"叙事结构句法分析。

表10　　　　　　线形单向动词型"3W"结构句法与案例

序号	结构\神话	谁　来　变 who　(what)	如何变 how	变　什　么 who　(what)
1	盘古创世	(盘古)之气、声、左眼、右眼、四肢五体、血液……	为	风、云、雷霆、日、月、四极五岳、江河……
2	嫦娥奔月	嫦娥	为	蟾蜍
3	颛顼鱼妇	蛇	化	鱼
4	女娲创世	女娲之肠	化	十神
5	禹母生禹	修己之胸	生	禹
6	莘氏生子	莘氏之胸	生	禹
7	女嬇生子	女嬇左肋、右肋	生	六子
8	大禹治水	禹	作	黄熊……

通过上述表格,可以析取出"3W"叙事结构句法＝行为者(神性之人、神性之物)＋Verb(为、化、生、作、成)＋变形物(人类、异类)。

---

① 乐蘅军:《中国原始变形神话试探》,《古典小说散论》,台北纯文学出版社1976年版,第6页。

(二) 动作型结构

动作型结构的行动由一系列连贯的动作构成,行为者与行动直接的关系可以通过"5W"叙事结构句法阐释。

表 11　　线形单向动作型"5W"结构句法与案例

序号	结构＼神话	谁来变 who	变什么 what	为甚变 when	何地变 where	怎么变 how
1	精卫填海	炎帝女娃	鸟	仇恨	东海	死亡
2	苌弘(宏)碧血	苌弘(宏)之血	碧血	忧懑	未言	死亡
3	启母石	涂山氏	石头	惭愧、惧怕	嵩高山下	未言
4	帝女瑶姬	瑶姬	䔄草	祈愿	姑媱之山	死亡
5	鼓与钦䲹	鼓	大鹗	惩罚	钟山之东	死亡
		钦䲹	鵕鸟			
6	贰负与危	贰负	贰负之尸	惩罚	疏属之山	死亡
		危	未明			
7	窦窳龙首	窦窳	龙首	牵连	若水之中	死亡
8	夸父逐日	夸父手杖	桃林	巫术	野外	死亡
9	赤石生栾木	赤石	栾木	巫术	刏涂之山	未言
10	蚩尤化枫林	蚩尤血染桎梏	枫林	巫术	宋山	死亡

表 11 所示内容,是先秦神话变形叙事类型与线形单向结构中的动作型结构相对应的神话,涉及 3 种类型 9 种亚型,选择各类中的典型例子,以此可归纳出先秦神话的动作型结构的叙事结构句法。即:

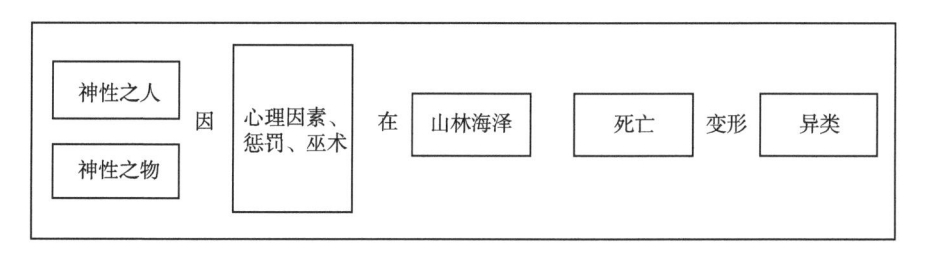

神性之人／神性之物 因 心理因素、惩罚、巫术 在 山林海泽 死亡 变形 异类

(三) 数字型结构

先秦神话变形叙事结构中最为特别的一类,当属数字型叙事结构,它

不似圆形循环结构、线形单向结构的动词型结构、动作型结构一般，需要分析行动者、行动之间的互动关系，只需要从中萃取简单明了的叙事结构句法，便能说明故事的基本规则。因为它本身已是无比精练的句法结构，行为者只有一个，是神性之人，多为创世始祖，行动=名词+数字+动词，如表12所示：

表12　　　　　　　　　　线形单向数字型结构句法与案例

序号	结构＼神话	行动者	行动 名词	行动 数字	行动 动词	文献出处	
1	女娲创世	女娲	一日	七十	化	《山海经》	《楚辞·天问》
2	盘古创世	盘古	一日	九	变	《三五历纪》	《路史》

如表12展示，女娲"一日七十化"，盘古"一日九变"，二者均是特定时间内行为者的自动变形，变形过程缺失，故事的叙述所倚仗的全然是一种神秘数字信仰。在原始信仰、术数之学的双重影响下，某些特定数字因暗含宇宙玄机而神秘感倍增，渗入变形结构内部，体现了神话的哲理意蕴。

中国原始神话中盘古、女娲创世之事，均涉及神秘数字"七十""九"构成的叙事结构。"七十"的使用当与"七"相联系。在神秘诡异的数字世界中，"七"是"可用作宇宙树描述中的常数"[①]，故其常作为圣数、宇宙数、宇宙观念的象征而出现，通常情况下，均与叙说宇宙发生、世界生成的创世神话相联系。"七"还表示"某种发展的极限或循环的周期"[②]，这种观念不仅影响深远，而且渊源有自，最早的"七"见于人类有文字记载的苏美尔神话，"七"代表无限大的夸张意义，而后来的古希伯来、古巴比伦先后将这一结构移花接木，创造了挪亚方舟故事。此外，《旧约》中圣数"七"的使用，更达到了登峰造极的程度，《圣经》中的洪水故事亦反复出现神秘的数字"七"。可见，神秘数字"七"在世界各古老民族的创世神话中是功能性的普遍存在，而"七十""七百"不过是圣数"七"的夸张变体形式，然其出现于变形叙事中，实非任意而

[①] 叶舒宪：《中国神话哲学》，陕西人民出版社2005年版，第234页。[苏联] B. H. 托波罗夫：《神奇的"数字"》，魏哲译，《民间文坛》1985年第4期。

[②] 叶舒宪：《中国神话哲学》，陕西人民出版社2005年版，第235页。

为或是偶然之事，是先民宇宙观念的显现，女神女娲"一日七十化"，强调了女娲大地母神，主宰宇宙万物生成的无上权力与至高地位。

继数字"七"之后，又出现了后起的圣数"九"，"九"在《周易》中是天数，同样蕴含着原始宇宙认识及哲学思想。"九"又是"天地之至数"①，是天数与阳数之极，天与宇宙关联，阳与男性相系，故盘古"一日九化"，突出其男性始祖、创世之神的身份。

神秘的数字型结构，形成先秦神话中神秘莫测的奇幻叙事，对后世影响深远，如《西游记》中悟空七十二变，二郎神杨戬七十二变，牛魔王的三十六变，未能尽举，然而，需要强调的是孙悟空、二郎神等神秘数字加身，是从小说表达中获取的信息，与本书中女娲、盘古作为行动者、用数字与名词、动词组织的句法结构是存有差异的，所以杨义先生认为前者"或有神秘的意蕴"②。

第三节　变形叙事视角

叙事视角（narrative point of view），简称为"视角"，也称作"聚焦"（focalization）。此概念自产生以来，在很长一段时间内，都与声音被视为一体，直至法国叙事学家热拉尔·热奈特借用语言学概念才将二者分离开来，他认为："视角研究谁看的问题，即谁在观察故事，声音研究谁说的问题，指叙事者传达给读者的语言，视角不是传达，只是传达的工具。"③作为西方叙事学最富于建设性的成果之一，叙事学家们如此不遗余力地对概念加以准确界定，为研究叙事视角明晰了方向。

本节探讨的叙事视角沿袭热奈特的观点，具体指向"一部作品，或一个文本，看世界的特殊眼光和角度"④。须知，叙事是由叙体、事体构成的，二者关系是事而被叙，其前提自然在于视而能见，可见，叙事行为首发于叙事视角。作为叙事形态的中心枢纽，叙事视角主要研究的是"谁在看"与"什么被看"、看者与被看者所持有的态度等问题。在叙事行为中，叙事视角首先与作者、叙事者缔缘，以二者的角度投射视线，

---

① 叶舒宪：《中国神话哲学》，陕西人民出版社2005年版，第203页。
② 杨义：《中国叙事学（图文版）》，人民出版社2009年版，第58页。
③ 转引自胡亚敏《叙事学》，华中师范大学出版社2004年版，第20页。
④ 杨义：《中国叙事学（图文版）》，人民出版社2009年版，第197页。

以期顺利完成对叙事世界的审视、感知与体察，作者视角与叙事者视角直接的关系，直接决定着叙事视角的类型，不同类型的视角带来审美效果的差异，给予读者不同感受，由此形成完整的叙事流程。

叙事学研究者历来都无比重视叙事视角的作用，如英国小说理论家珀西·路柏克在《小说技巧》一书中指出："小说技巧中整个错综复杂的方法问题，我认为都要受观察点问题——叙事者所站位置对故事的关系问题——支配。"① 这一观点传递了两层信息，其一，是在观察点的重视方面，直指要害，认定它主导着叙事者与故事之间的关系，此处的"观察点"当指视角，诚然，视角不同，同一故事会体现出迥然相异的结构与情趣。其二，亦强调了叙事视角异常复杂的特性。路柏克的观点虽针对小说叙事，但同样适用于不同的叙事文体，故对叙事视角的审视，可以从叙事者与故事之间的关系切入。

叙事视角实际上是一种古老而又无处不在的普遍存在，有叙事即有视角。视角的选择是无端自由的，不同视角的设置与调度，直接决定了叙事文本的审美效应，文本是枯寂之形或是鲜活之态，全然倚仗视角运用。此外，视角还因偕同作者的感觉、思想而会呈现出哲理意味。当然，叙事视角的最大功用乃在于其作为一种核心叙事策略，直接影响着叙事结构、叙事时间等叙事要素，与它们形成一损俱损、一荣俱荣的关系。

变形叙事是中国神话叙事滥觞最重要的主题，其叙事视角无疑是一种最古老的视角存在，对后世具有巨大的启发性、影响力。在先秦先民运用直观比拟、想象等神话思维构筑的奇异世界中，叙事视角的灵活调度，直接促使波谲云诡的变形叙事模式的倏然生成，而其使用的叙事视角，主要有全知全能视角与第三人称叙事视角两类。

一　全知全能视角

全知全能视角，是指叙事者全然独立于故事之外，如旁观者一般，采用第三人称视角叙述故事。叙事学家也将这种全知全能叙事称作无聚焦、非聚焦或零聚焦，是普荣所言的"后视角"[2]。一般而言，叙事视角的核心在于叙述者的视线，即视点的限制，而作为这种视角核心的视点，是不

---

① 转引自胡亚敏《叙事学》，华中师范大学出版社2004年版，第19页。
② 谭君强：《叙事学导论：从经典叙事学到后经典叙事学》，高等教育出版社2008年版，第89页。

受任何约束的。在叙事进行时,叙事视角常与叙事者相依相偎,二者一般同时出现且相互影响。全知全能视角的视点是绝对自由的,这意味着叙述者的视点可以随意漂移,自上而下,由远及近,叙事者"在讲述故事时,没有看不到或感受不到所希望感受到的任何东西"①,充分说明了叙事者视域活动范围异常广泛,叙事者好像变身为智者或精灵,对一切无所不知,并且可以全然打破时空藩篱,可以无时不在、无处不往,从任意角度观察与谈论故事,如罗兰·巴特所言:"叙事者既在人物之内又在人物之外,知道他们身上所发生的一切但又从不与其中任何一个人物认同。"② 简而化之,即如托多罗夫的公式:"叙事者>人物"③。当然,需要特别强调的是在全知全能视角运用方面,叙事者的功能仅仅等同于摄像机,囿限于对人物、事件、环境的客观记录,绝不渗入主观评价与个人情感倾向。

先秦神话变形叙事,尤以全知全能视角的使用频率最高。透过这种视角讲述变形故事的叙述者是异叙述者,他不属于变形故事中的人物,而且着力叙述的亦是别人的变形故事。异叙述者在叙述人与异类的变形行动之时,总秉持客观立场,对涉及变形的圆形循环或线形单向的人事行为序列进行实录。根据叙事者审视故事方式的差异,将全知全能视角形象生动的划分为两类,简称为粗放型全知视角、集约型全知视角。

(一) 粗放型全知视角

粗放型全知视角中,异叙事者掌握着故事全局,他常常居高临下,透过宏观视域俯瞰纷繁复杂的变形叙事世界,对故事中人类、异类及其变形行动持续不断地进行整体性观察。虽然,先秦神话中变形故事零落散乱且缺乏系统性,但这丝毫不影响叙事者向其投射视线,叙述者仍可以视通万里、纵观前后,对变形故事的来龙去脉、因果关系,展开全局性掌控。

上述视角在叙述《山海经》《楚辞》等原生态变形神话时使用最为广泛。叙事者用"上帝的眼睛"洞察一切,他能清晰地看到宇宙生成之际,大地母神女娲肠化为十神,黑帝颛顼在北风到来之际,变形为鱼妇复活并

---

① 谭君强:《叙事学导论:从经典叙事学到后经典叙事学》,高等教育出版社2008年版,第91页。

② 徐岱:《小说叙事学》,商务印书馆2010年版,第209页。原文引自[法]罗兰·巴特《叙事作品结构分析导论》,张寅德译,张寅德选编《叙述学研究》,中国社会科学出版社1989年版。

③ 谭君强:《叙事学导论:从经典叙事学到后经典叙事学》,高等教育出版社2008年版,第89页。

转生，青要之山南方的墠渚是禹父所化，鲧变身黄熊，沉入羽渊；他观察到发鸠山中小鸟是炎帝女所变，姑媱山未行而卒、变形䔄草的帝女之尸，其枝叶服之魅惑于人；他关注到叛神刑天、鼓、危、钦䲹、貳负反叛天帝，被帝臣诛杀，变形为异类的过程；他洞察到伯鲧因窃帝之息壤，遭到惩罚变形为熊、龙、鱼的过程。诸如此类，难以胪列。叙事者总是"用居高的视点、即上帝的视点传发故事"①，以"实录"为手段，见证着人类、异类关涉图腾、功能等内容的变形行动，于此，时空的束缚全然被打破，叙事者在三维空间中可谓"会当凌绝顶，一览众山小"，尽情鸟瞰神话世界全貌；在矢量时间中可以同时看到任何地方发生的事。叙事者无所不知的才能得以发挥，他对人类、异类扮演的行动者的过往、当下、未来了如指掌。

当然，粗放型全知视角中除表现为异叙事者视野广阔之外，亦表现出一种距离感，类似于摄影机的镜头到焦点之间呈现较大焦距的状况，摄影机的镜头等同于叙述者的视角投射点，焦点相当于被叙述者的位置，二者之间显示出较远的距离，是叙事者对故事流动进程的远距离观察。

(二) 集约型全知视角

集约型全知视角在运用过程中，是异叙事者掌握着故事局部，他常常细腻入微，透过微观视角平视眼花缭乱的变形神话世界，对故事中行动者的外貌进行漫画式的描摹。

上述视角在人兽共生型变形、兽兽共生型变形中表现得最为突出。叙事者对这两种变形类型的审视，体现为对变形的人类、异类神格的图解式描绘。在人兽共生型变形中，创世始祖伏羲、女娲的人面蛇身，黑帝颛顼变形为鱼妇"其中为鱼"，西王母人首而虎齿豹尾，钟山之神烛龙人面蛇身，其子鼓人面龙身，战神蚩尤牛头人身，刑神蓐收的人面白毛虎爪，雷神人头龙身，昆仑山神陆吾人面虎爪、虎身九尾，神英招人面马身、虎文鸟翼，神相柳九首人面蛇身、白环色青，类于此种，广见于《山海经》。叙事者视域中的变形物形象怪诞，是正在进行的变形，在行为者变化兴味酣畅淋漓的中途，变形行动忽然因为某种不可查明的原因戛然而止，一瞬间停顿凝固为人兽共生形象，巧妙地反映了图腾信仰。在兽兽共生型变形

---

① [法] 罗兰·巴特：《叙事作品结构分析导论》，张寅德译，张寅德编选《叙述学研究》，中国社会科学出版社 1989 年版，第 29 页。

中，大量异类形体拼接杂糅的变形物，令人眼花缭乱，如聚肉形如牛肝、有两目的视肉，因体态诡异，常被人们赋予灾异色彩。数量繁多，不再逐一列举。叙事者暂时抛弃了上帝视角的特权及优越感，以亲近平和之姿，直接站立于行动者跟前，充当纯粹的记录者，静心描摹眼前的一切，有节制地发布信息。

对比粗放型全知视角的视域广阔，以及叙事者、被叙事者焦距甚远的特点，集约型全知视角的视域范围是特定且狭窄的，叙事者、被叙事者的焦距很小，是叙事者对行动者形貌的定点审察。

全知全能视角运用于先秦神话变形叙事，其叙述者均为异叙述者一类，叙述的是他人的故事，在视点上完全不受任何束缚。无论是粗放型叙事视角也好，集约型叙事视角也罢，都是以纯然、客观、冷静、超然的视角独立于故事之外，或如上帝一般眼观六路，鸟瞰人类、异类的变形行动，完全凌驾于故事之上，掌控着故事圆形循环或线形单向线索。冷静旁观各种人类、异类隐秘的变形行动，好似娴熟运用摄影机的长镜头，可谓是一眼览尽天下事，对变形故事详尽解说。或如参观展览，平视眼前的展品，悉心观察变形行动者的神格，通过图解式叙述方式，无比生动地诠释变形物的形貌，运用摄影机的特写功能，使焦点悄然于前，方便与读者共享恢诡憰怪的另类视觉盛宴。

二　第三人称限知视角

在先秦神话变形叙事中，除全知全能视角外，使用频率次之的当属第三人称限知视角。此种视角又被西方叙事学者冠以内聚焦、同视界式、人物视点式等名，是布兰宣称的"有限视角"，普荣所言的"同视角"[1]。第三人称叙事视角具体指向的是故事在被讲述的过程中，"叙事者往往放弃自己的眼光，而采用故事中主要人物的眼光来叙事"[2]，以清晰洞察故事内部人物内心世界，更深入地窥探其思想与灵魂，从而使陈述人事行为序列的方式更多样化。叙事者极似热带雨林中的藤蔓植物，主要依靠寄居其他母体，以维系自己的生命，叙事者的视听范围因此备受规约，活动范围亦相对缩小，被时空捆绑，只能在特定时间和一定空间中谈论故事。米

---

[1] 谭君强：《叙事学导论：从经典叙事学到后经典叙事学》，高等教育出版社2008年版，第89页。

[2] 申丹：《叙述学与小说文体学研究》，北京大学出版社2004年版，第222页。

克·巴尔将这种关系概括为"人物—聚焦者"①，即叙事者仅对特定人事有所认知，而这些人事是叙事者所寄居的故事人物眼见、经历的诸般事件，用符号示之即"叙事者＝人物"②。

在第三人称限知视角中，陈述变形故事的叙述者是同叙述者，他只能将自己亲身参与或所闻的变形故事娓娓道来。这种以同叙述者作为故事陈述主体的视角运用，在梦幻型变形中最为常见。有时，同叙述者借用故事中的一个人物讲述变形行动，与此同时，揭示人物内在的心理活动，巧妙地借故事人物之口无拘无束地表达主观思想与情感。如《庄子·齐物论》中记载的庄周梦蝶之事，通过庄子之口，将其在梦中变形为蝴蝶，对怡然自得的行动进行有条不紊地叙述，用"不知周之梦为胡蝶与，胡蝶之梦为周与"，说明庄子的心理活动，在准确传达身处故事内部的人物，即变形行动者疑惑、陶醉的心理状态之外，又生动刻画了梦醒时分的庄子，依然沉醉于梦幻变形之中，不愿从梦境中抽离的情态。

与此相类似的还有《庄子·应帝王》中的泰氏，其在梦中经历了反复的变形行动，"一以己为马，一以己为牛"，是一种懵懂的心理状态。在同叙述者讲述庄子、泰氏的变形故事之际，他显然已成功寄居二人，其视角的视点与二人重合，可以不动声色地借用二人的眼光观察故事，以语言为媒介，分享自己梦中变形为蝴蝶、牛、马之事，顺理成章地直接表达了疑虑、困惑、懵懂、愉悦的心理活动。有时，同叙述者又以人物之间的对话、讨论为媒介，讲述自己所见所闻的变形故事。如《国语·晋语二》中虢公向史嚚讲述自己的梦事，史嚚将其所梦界定为刑神蓐收变形为熊。《古文琐语》中晋平公向子产叙说自己梦赤熊窥屏，子产解释平公所梦之物为水神共工之臣，是浮游变形的赤熊。诸如此类的变形神话，叙事者依然只采用故事内的人物眼光来叙事，并作为一个转述者，以传递此人与外部交流之际，所获得的信息及其个人的内部心理活动。

上文所举的梦幻型变形故事，在第三人称限知视角的使用方面，还拥有一个特质，即同叙述者陈述的故事显现出清晰的叙述层次，表现为

---

① [荷]米克·巴尔：《叙述学：叙事理论导论》，谭君强译，中国社会科学出版社2003年版，第173页。

② 谭君强：《叙事学导论：从经典叙事学到后经典叙事学》，高等教育出版社2008年版，第89页。

"所述的故事与故事里面的叙事之间存有界限"[①]，使所涉故事立体丰盈，是故事内外两种层次结构的叠加。故事的第一层次是外部层次，是包容整个文本的故事，如庄周、泰氏、虢公、晋平公做梦之事；故事的第二层次是内部层次，是故事中的故事，表现为故事内的人物庄周、泰氏、虢公、晋平公讲述自己或他者的梦变、梦遇事件，就出现了庄周化蝶、泰氏变牛和马、蓐收变黄熊、浮游变赤熊的细节。这种故事结构类似于俄罗斯套娃，大娃娃里套着小娃娃，也就是大故事里套着小故事。当然，同叙述者在此类故事前，往往呈现随波逐流之势，因时制宜的分化为外叙述者与内叙述者，以更好地对应读者，来区分故事内外层次的叙述。外叙述者通常叙说着第一层次的故事，即上述四则例证中人物的梦事，在文本中仅处于支配地位，起到框架结构作用；内叙述者则是故事内部讲故事的人，故事中的人物是叙述者，此时，叙述者又具有了新闻发言人一般的交代与解说功能。于此，可以准确判断，先秦神话变形叙事中第三人称限知视角的叙述者是同叙事者，且还是故事内的叙事者。

神奇怪异的变形叙事因第三人称限知视角的使用，可以呈现出更为细腻的叙事层次与异彩纷呈的叙事内容，创造了更多样化的叙事结构，这些叙事要素合力打造了光怪陆离、曼妙旖旎的变形神话世界。如此理想的审美效应，除得益于第三人称限知视角中叙述者的功劳外，作为叙事视角核心的视点亦功不可没。第三人称限知视角核心的视点是被限制的，其只能与参与故事的某一具体人物的视点重合，观察世界的眼光只能徘徊于特定的视野范围之内。同样，以上文所举的梦幻型变形神话为例，视角核心的视点与庄子、泰氏、虢公、晋平公的视点是全同关系，只存在于特定时空范围内。

第三人称叙事视角在陈述先秦变形故事之际，除与其关系密切的叙事者，也就是归属同叙述者、视角的核心视点受限制之外，这种视角本身就显示出极大的稳定性，可将其称作固定视角，即"被叙述的事件通过单一人物的意识现出，视角自始至终来自一个人物"[②]。可见，恒定的视角、同叙述者、叙述视角核心视点的受限，是第三人称限知视角最显著的特点。

叙事是一个名词化的动宾结构短语，然文而被叙，前提在于视而能

[①] 胡亚敏：《叙事学》，华中师范大学出版社2004年版，第43页。
[②] 胡亚敏：《叙事学》，华中师范大学出版社2004年版，第30页。

见、听而能觉，从而感而能思，想而能写。在看、听、感、写的不同阶段，看毋庸置疑是叙事的首发环节，它错综复杂地联结着作者、叙事者、文本、读者等叙事要素，可谓牵一发而动全身。先秦神话变形叙事视角主要有两种，它们亦牵连着文本的叙事结构、叙事时间等构成要素，是需要细致考察的，故现将其各自的特点展示如表 13 所示：

表 13　　　　　先秦神话的变形叙事视角类型与特征

序号	关涉要素 视角名称	视角 个数	视角核心 的视点	叙述者类型	叙述者态度	典型类型
1	全知全能视角	1个	自由视点	异叙述者	客观型	共生型变形
2	第三人称限知视角	1个	限制视点	同叙述者	主观型	梦幻型变形

从最古老的全知全能视角的广泛使用，到第三人称限知视角的初步展示，先秦变形神话叙事视角在流变过程中日益多样化，与叙事视角自身发展、演变的规律相吻合。然而，叙事视角的功能性意义，并不止于此，其所展现的光怪陆离、神异奇幻的独特视镜，也折射出先秦时代先民们无比丰富的内心世界，以及较高的审美品位。

第四节　变形叙事时间

叙事是一种时间艺术，无论沧海桑田或世事变迁，叙事与时间始终保持着须臾不离的亲密关系。任何叙事体都无一例外的包含着双重时间序列的转换体系，具体关涉着四个要素，这四个要素互相影响和制约，共同构筑完整的叙事时间之余，亦是叙事策略的隐性表达。

叙事时间在组合轴上是"写作时间"与"阅读时间"[1]，前者指作者实际陈述一个故事、创作一部作品的时间，其都是晚于故事的，可看作是一个常项；后者指故事或作品的真正读者具体接受、阅读该故事、作品的时间，可看作是一个变项。与此同时，叙事时间在聚合轴上，还有"叙述时间"与"故事时间"，是"被叙述的故事的原始或编年时间与文本中的叙述时间"[2]。二者之间存有显著差异，叙述时间往往强调事件发生的

---

[1] 徐岱：《小说叙事学》，商务印书馆 2010 年版，第 277 页。
[2] 胡亚敏：《叙事学》，华中师范大学出版社 2004 年版，第 63 页。

顺序，故事时间则表示语言叙述的时间顺序①，前者是作者对故事时间的具体安排，这种时间由于需要借助具体的叙述话语实现，故又被称为"话语时间""文本时间"，是"在叙事文本中所出现的时间状况，这种时间状况可以不以故事中实际事件发生、发展、变化的先后顺序以及所需的时间长短而表现出来"②。故事时间是指"故事中的事件或者说一系列事件按其发生、发展、变化的先后顺序所排列出来的自然顺序时间"③。由此可知，组合轴上的写作时间与阅读时间，是侧重于文本外部时间的考察，聚合轴上的叙事时间和故事时间，则又与文本息息相关。

本节将着力探讨的叙事时间，仅囿限于聚合轴上的时间探讨，即叙事文本内部的时间考察，包括叙述时间（话语时间、文本时间）与故事时间，通过二者互动产生的时序、时长关系的探讨，挖掘先秦神话变形叙事时间特点。

一　叙事时序

西方哲学家极早就提出时间、空间是运动着的物质的存在形式与基本属性，这种言论涉及抽象时间特点的概括，具化为物质运动的顺序性、持续性。于此，可以将顺序性当作时间的第一本质属性。具体到叙事文本内部，时间的顺序性当指叙事时序（order），以叙述时间（话语时间、文本时间）顺序与被叙事时间（故事时间）顺序互动时显现的种种关系为研究对象，具体内容为"事件在故事中的编年时间顺序和这些事件在叙事文中排列的时间顺序之间的关系"④。考察先秦时期的变形神话，其叙事时序主要有顺时序、逆时序与非时序三种。

（一）顺时序

顺时序是指叙事文本中，叙事时间顺序、被叙事时间顺序出现全然平行的状况，即文本时间顺序等同于故事时间顺序。在单一线索的神话、童话、民间故事等叙事体中，这种顺时序普遍存在，在先秦变形神话中也经

---

① ［法］兹韦坦·托多罗夫：《文学作品分析》，黄晓敏译，张寅德编选《叙述学研究》，中国社会科学出版社1989年版，第61页。
② 谭君强：《叙事学导论：从经典叙事学到后经典叙事学》，高等教育出版社2008年版，第120页。
③ 谭君强：《叙事学导论：从经典叙事学到后经典叙事学》，高等教育出版社2008年版，第120页。
④ 胡亚敏：《叙事学》，华中师范大学出版社2004年版，第64页。

常运用，依据故事情节发生、演变的时间进程逐一叙述，层层推进，可将其简称为"正叙"或"顺叙"①。在变形叙事的萌发期，文献内容往往简短、凌乱，故叙事时间顺序是无法借助准确的时间点的组合得以呈现的，它只能隐藏于叙事过程中，透过语言表达的逻辑关系得以体现。在变形故事中，人或异类的变形行动由因及果被叙述，就等同于顺时序，即依据"变形之由→变形之事→变形之后"的叙事时间顺序。

先秦神话变形叙事中顺时序的使用比比皆是。尤在图腾型变形、功能型变形、进化型变形中高频出现。例如在图腾型变形类型中，《山海经·海内经》《楚辞·天问》《左传·昭公七年》同叙的鲧变形事件，完全依照"帝命鲧治水→鲧窃息壤→鲧被诛杀→鲧变形为黄熊（玄鱼或黄龙）"的顺序；另有《国语·晋语》所记的褒国二君，按照"褒二君遇难→变形为二龙→国人藏龙漦→龙漦变形→玄鼋再生"的时序。另如功能型变形中的夸父、相柳，《山海经·海内北经》是"夸父逐日→道渴而死→弃其手杖→杖化邓林"的顺序。《山海经·海外北经》是"相柳作乱→惨遭诛杀→鲜血渗地→五谷不生"的安排。此外，进化型变形中的西王母与三青鸟，还有"大人"与"小人"，沿着漫长的历时性时光轴线，在顺时序中完成整体的变形过程。上述变形神话"从某种意义上说，叙事的时间是一种线性时间，而故事发生的时间则是立体的。在故事中，几个事件可以同时发生，但是话语则必须把它们一件一件地叙述出来，一个复杂的形象被投射到一条直线上"②。

清代李绂《秋山论文》言及叙事时序曾云："顺叙最易拖阘，必言简而意尽乃佳。"③ 先秦神话变形叙事中顺时序的使用，显然最大限度地贴合了这种要求，人类、异类的变形故事多为单一线索，平铺直叙，言简意丰，叙述酣畅淋漓，一气呵成。

（二）逆时序

就先秦变形神话总体的创作情况而言，在叙事时序的安排上，也存在着叙述时间顺序与被叙述时间顺序错落排列的情况，即叙述时间与故事时

---

① （清）刘熙载：《艺概》卷1，上海古籍出版社1978年版，第42页。
② ［法］兹韦坦·托多罗夫：《叙事作为话语》，《马克思主义文艺理论研究》编辑部编选《美学文艺学方法论》（下册），文化艺术出版社1985年版，第562页。
③ 于景祥、李贵银编著：《中国历代碑志文话辑要》，《中国历代碑志文话》（下编），辽海出版社2009年版，第502页。

间在顺序安排上出现"前"与"后"的倒置。此现象的根源，在于文本时间、故事时间性质的迥然有别，即"话语时间是线性的，而故事时间则是多维的"①。二者的倒置，直接导致闪前、闪回两种时间运动轨迹的生成。

1. 闪回

闪回也称为"倒叙"②"追叙"，顾名思义，是指回头叙述先前发生的事情，是话语时间、故事时间的不平行，直接导致了文本叙事的逆向操作。全然体现着叙述者的深谋远虑，是叙述者为读者量身打造的叙事之法，是欲擒故纵的叙事部署。叙述者先将故事结果袒露于读者面前，以激发读者无穷无尽的好奇心，听其"对故事发展到现阶段以前的事件的一切时候叙述"。在中国古代文学理论中，清初学者王源在对《左传》的写作技法精辟评点之际，就曾生动锤炼出闪回（追叙）的特点，他认为奇文的第一要义是追求捉摸不定，奇诡无常，王源反对平铺直叙的叙事手法，认为叙述方法应追求多样性，有时需要打破历时性顺序，所谓"陡然起，不知其何来；瞥然过，不知其何往；杳然去，不知其何终"，方能激发读者的阅读兴趣，其在《左传评·叔孙得臣败狄于咸》篇后总评道：

> 追叙之法乃凌空跳脱法也……叙事之法，切不可前者前，中者中，后者后。若前者前之，中者中之，后者后之，印版耳，如生理何？唯中者前之，后者前之，前者中之、后之，使人观其首，乃身乃尾；观其身与尾，乃首乃身，如灵蛇腾雾，首尾都无定处，然后才能活泼泼也。③

文中对"追叙"之法，即"凌空跳脱法"的特点进行说明，是一种普遍性规律，它表明"闪回"中叙述者对事讲述的规律，应是有意先从中间或者最后的结局开始讲述，凸显出较大的灵活性。先秦神话中情感型变形、梦幻型变形、功能型变形、图腾型变形，都不同程度地采用了闪回的逆时序手段。例如情感型变形中的精卫填海神话，叙述时序为："变形

---

① [法]兹韦坦·托多罗夫：《文学作品分析》，黄晓敏译，《叙述学研究》，中国社会科学出版社1989年版，第62页。
② （清）刘熙载：《艺概》卷1，上海古籍出版社1978年版，第42页。
③ （清）王源：《左传评》，《四库全书存目丛书本·经部》第139册，齐鲁书社1997年版，第230页。

之中（小鸟精卫）→变形之前（炎帝少女）→变形之后（衔木填海）"；又如梦幻型变形中庄周化蝶的神话化寓言，所依时序是："梦醒之后（自述其梦）→梦幻之中（变形为蝶）→做梦之前（圣人庄周）"；再如功能型变形中蚩尤化枫林神话，内含时序为："变形之后（宋山枫木）→变形之前（蚩尤桎梏）→变形之中（蚩尤被杀）"；还有图腾型变形中汤相伊尹产空桑神话，遵循时序是："变形之后（伊尹出空桑）→变形之前（母违神谕、罹难洪水）→变形之中（母变桑树）"，例证繁多，不一而足，均系闪回之法，叙述中都体现由果追因的语义逻辑。

以"闪回"为时序打造的变形神话，谜底揭于文首，读者虽然可以最先看到神话结局，但也能继续刺激他们积极融入故事，探寻变形叙事的过程，这种处理时间的方式，虽然与正叙截然相反，但此种安排，不仅仅单纯属于将简单时序倒置错乱的问题，而是在错置倒放的时序中低调地表达着某种内隐的情感，诉说着鲜为人知的奇妙感受。

2. 闪前

闪前又称"预叙"①，指"叙事者提前叙述以后将要发生的事件"②，体现了作者匠心独运，作者对变形神话的叙事结构运筹帷幄，使其呈现圆形循环的闭合结构特征，与此同时，驱使叙述者寄居于故事人物之上，然后借助故事中的人物，诉说自己亲身经历之事，使故事始终笼罩着神秘诡异的氛围。

闪前的时序设置，在梦幻型变形中最为多见，多是梦者向他人讲述梦中变形或梦遇变形物之事，而涉及变形物的梦，梦本身还具有祥瑞、灾异的象征功能。法国文学批评家热拉尔·热奈特提出："提前，或时间上的预叙，至少在西方叙述传统中显然要比相反的方法（指倒叙）少见得多"③，言下之意，预叙乃西方叙事体系的薄弱环节，相对而言，我国的预叙叙事体系就显得异常发达，远在先秦时期就广泛应用于史传文学作品中，其中，《左传》对预叙的使用可谓登峰造极，表现为梦占预叙、推断预叙、灾异预叙、卜巫预叙四种，这些预叙往往遵循着做梦→叙梦→占梦→解梦→梦验的流程，环环相扣，充分显示出梦对现实的预示功能。

---

① （清）刘熙载：《艺概》卷1，上海古籍出版社1978年版，第42页。
② 胡亚敏：《叙事学》，华中师范大学出版社2004年版，第68页。
③ ［法］热拉尔·热奈特：《叙事话语 新叙事话语》，王文融译，中国社会科学出版社1990年版，第38页。

先秦以降，人们就具有虔诚的崇梦信仰，认定梦是沟通天人、传达神谕、预示祸福的中介，能对国家兴亡、君位继承、子嗣绵延、家庭命运、个人遭遇、疾病康健等做出准确预示，梦的类型颇多，《周礼》《潜夫论》都曾细致描述，占梦有祝宗卜史一类的专门职业人士，先秦神话变形叙事类型中，以梦像有兆型变形为典型代表。如《国语·晋语二》中刑神蓐收变形为黄熊，进入了虢公之梦，《左传·昭公七年》中共工臣浮游变形为赤熊，进入晋平公之梦，《左传·哀公二十六年》宋景公养子得梦见自己变形为乌，变形事件分别预示着虢公亡国、平公患疾、得继君位。此类神话，变形事件总处于梦验之前，在预示主人公未来命运之际，亦对故事人物起到警醒作用，假如故事人物能清楚参透梦意，那么他便能通过祭祀、行巫等行动，来化解命定劫数，重获生机。如晋平公就在博物君子子产的引导下，祭祀颛顼、共工，打破了生命终结的魔咒，逆转了命运。

由上可知，闪前在先秦神话变形叙事中体现为两大特征，一为语言的暗示性，借助文本语义的含混其词，实质是伏笔，以便部署后续事件，如金圣叹先生点评《水浒传》第五十一回《李逵打死殷天锡　柴进失陷高唐州》曰："每于事前先逗一线，如游丝惹花，将迎复脱，妙不可言"[1]，此批语所言的"游丝惹花"指闪烁之词，代表的就是暗示，它总是依托于语义，有意无意地向读者透露主人公的命运，提示下文之余，更诱使读者自发咀嚼、感受。二为时间的指示性，是在具体的叙事过程中，对变形事件进行预先叙述，致使其后接踵而至的事件，与变形事件的暗示对应，借助时间的指示性，来诱发读者的期待视野，引导读者关注人物命运、行动及整个故事的起伏迭变。

（三）非时序

先秦神话变形叙事时序，呈现多样化运动轨迹，除前文提及的顺时序、逆时序之外，还存在着非时序。非时序并不等同于无时间，只是在叙事中毅然决然地杜绝中规中矩的线性移动方式，选择非线性运动轨迹，是一种无比自由的时间连接，出现于叙事时间顺序与故事时间顺序完全不相关的情况，具体指向叙事文本的时间忽然中断，即处于停滞、凝固的状态。

在先秦神话变形叙事文本中，非时序的表现形态只有一种情况，即

---

[1]（明）施耐庵、罗贯中：《水浒传》，中华书局2009年版，第445页。

"画面",是"以物体的相对位置来结构作品"①,这种"画面"形态强调物的静态描摹,叙事者对叙事对象的审视,以细致入微著称,整个叙述仿佛一场无比绚烂的文字游戏,叙述者需调度敏锐的观察力及天马行空的想象力,悉心绘制一幅幅毕加索似的静物图。此种非时序高频出现在先秦变形神话,人兽共生型变形、兽兽共生型变形都属于这种非时序的"画面"形态。

就《山海经》而言,在人兽共生型变形中,叙述者细致描绘了人与蛇、狗、马、牛、羊、虎、鸟等动物共生而成的半兽人,数量繁多、形貌诡异,又大胆想象出伏羲、女娲、颛顼、烛龙、鼓、句芒、泰逢、延维、英招、陆吾、相柳等神祇,这类神祇形象直观怪诞,是"画面"形态中天真想象的物态化;兽兽共生型变形中,叙述者讲了不同动物共生成的神性动物的形貌性状,如龙、凤、九尾狐、饕餮等,这些神兽形象腾挪多变,多是图腾崇拜的产物,蕴含祥瑞灾异色彩。上述叙事类型,其所表现的神话时间,全都处于停滞、凝固的状态,仿佛被冻结一般,历时性叙述被瞬间消解,取而代之的是共时性叙述的崛起。

将"画面"单独析出,作为神话叙事的某种突出特征加以审视与讨论,并非笔者首创。最早关注这一问题的学者,是中国台湾的乐蘅军先生,他在探讨上古原始变形神话时提出:"原始初民把不同类的生命现象组合在一定的时间里,表现着变形的过程:人面蛇身或鸟首人身的怪物,以异类互体的现象表现出来……是图解式的静态变形。"② 此外,国内学者龙迪勇在《图像叙事:空间的时间化》中谈到莱辛所谓的"最富于孕育性的顷刻"③。可谓切中肯綮,此种理论在研究《山海经》图像叙事方面,尤显自洽,在单一场景叙述中,所谓"最富于孕育性的顷刻",通常会暗示事情的前因后果,从而让观察者在意识中自主完成一个叙事过程,此种叙事的核心特征为"空间的时间化",体现在莱辛无比推崇的古希腊雕塑《拉奥孔》,以及我国河南汲县彪镇出土的战国时期水陆攻打铜鉴上等,此类文物都是"空间的时间化"的产物。另外,李道和甚至直接提出《山海经》中专注形貌名称的叙述没有多少小说特征,更多的是美术

---

① 胡亚敏:《叙事学》,华中师范大学出版社2004年版,第74页。
② 乐蘅军:《古典小说散论》,台北:纯文学出版社有限公司1976年版,第8页。
③ 龙迪勇:《图像叙事:空间的时间化》,《叙事丛刊》第1辑,中国社会科学出版社2008年版,第178页。

趣味，不妨称之为'图解式叙事'，即一种直观静态而非线性流动态的描摹。① 上述三位学者的观点极具指导意义，但主要侧重于将"图画"，即"画面"形态定位为叙述方式。虽然傅修延先生已提及图像叙事与时空关系，李道和先生亦强调图解叙事的非线性流动特征，但均是点到即止，未明确将其与叙事时序勾连。然而，"画面"本来就属于非时序的一种表现形态，应将其与叙事时间紧密联系。

以非时序作为运动方式的先秦神话类型，其叙事文本中不再存有完整的情节结构和叙事线索，共时性叙述代替了历时性叙述，于此，时间的流动性被屏蔽，唯一显示的时间要素是叙述者自身观察世界的顺序。当然，这种非时序化的叙事并未能如顺时序、逆时序一般，长期占据叙事时序的主流位置，因为它总要求叙事者将目光锁定于某一空间或具体时间，致使叙事视角局限，叙事缺乏自由。但无论如何，非时序中的"画面"形态，对叙事时间观念仍是有力的冲击，它彻头彻尾地流淌着臆想的幽默与狂热，童话的幼稚与纯真，用缤纷色彩、神奇意象打造了梦幻瑰丽的神奇世界，是将超自然的感觉巧妙运用于造型和图画，致使变形神话瞬间具备绘画的视觉艺术感的一种手段。

先秦神话变形叙事时序，在叙述时间（话语时间、文本时间）顺序与被叙述时间（故事时间）顺序的平行、错置及不关联的关系变化中，清晰展示出如下特征：

表 14　　　　　　　先秦神话的变形叙事时序类型与特征

序号	时序名称	时序类型	时序别称	文本时间顺序与故事时间顺序的相互关系
1	顺时序	顺序	正叙	平行
2	逆时序	闪回	追叙	错置
		闪前	倒叙	
3	非时序	图画		不关联

叙事时序（order）是叙事研究的一个重要方面，时间交错结构已成为先秦神话变形叙事惯常的必杀技，线性、非线性的双重时间运动轨迹，使得变形叙事趣味横生，在运用时序平铺直叙之余，也将故事时间分解，

---

① 李道和：《民俗文学与民俗文献研究》，巴蜀书社 2008 年版，第 165—166 页。

再重新组装，顺序、闪回、闪前、图画的交叉使用，形成了复杂而更具凝聚力的叙事时间结构。

二 叙事时长

叙事纯然归属时间艺术，它体现着物质运动的顺序性、持续性。顺序性涉及叙事时间的矢向问题，是上文详悉过的叙事时序；持续性关联叙事时间的矢量问题，是即将于本节中探讨的叙事时长。

叙事时长（duration），也称之为"叙事时限"，是"由故事事件所包含的时间总量以及描述这些相关事件的叙事文本中所包含的时间总量之间的关系"[①]。在即将开启的叙事时长旅程研究之际，需引入"速度"这一概念作为衡量各类叙事长度的标尺，在此，可采用法国叙事学家热奈特的观点，即"叙事文的速度是根据故事的时长（用天、月、年等测定）与文本长度（用行、页等衡量）之间的关系来确定"[②]。这表明叙事速度是叙述时间（文本所占篇幅）、故事时间的长度对比，叙事时长研究的就是二者的关系。当然，叙事速度是有快慢之分的，就先秦神话变形叙事时长而言，作者在叙述变形故事之际常常"突然加快和放慢叙述速度来控制读者的阅读心理"[③]，这种叙事速度的高低起伏，直接导致神话中概述、扩述与静述三种叙述形态的交替使用。

（一）概述

概述，又称概要、概略，是变形叙事中一种高速的、大跨度的时间形态，是"以较短的文本描述较长一段时间的故事"[④]，它横亘于较长时间的变形情节，压缩为几个字、几句话或一段文字，以极省简的笔墨，徜徉于悠长时光中，叙述种种复杂的变形情节，以使叙述时间（文章所占篇幅）＜叙事时间，是叙事加速度作用的产物。

先秦神话变形叙事中，叙述者惯用数字化的时间叙述方式，虽惜墨如金，却能为读者呈现故事远景，使读者从整体了解变形故事。如创世神话中惯用的数字型结构一类，人类开天辟地的男性始祖盘古能"一日九

[①] 谭君强：《叙事学导论：从经典叙事学到后经典叙事学》，高等教育出版社2008年版，第133页。

[②] ［法］热拉尔·热奈特：《叙事话语 新叙事话语》，王文融译，中国社会科学出版社1990年版，第87—88页。

[③] 谭君强：《叙事理论与审美文化》，中国社会科学出版社2002年版，第171页。

[④] 谭君强：《叙事理论与审美文化》，中国社会科学出版社2002年版，第171页。

变", 大地母神女娲"一日七十化", 一日数事尽现于寥寥几字, 可谓字字珠玑。如洪水神话中鲧、禹父子治水之事, 鲧的一生, 所涉之事大抵为三, 即鲧窃息壤、鲧遭诛杀、鲧的变形; 禹的一生, 所涉事件主要为四, 即禹治洪水、禹娶涂山氏、禹变黄熊、涂山氏化石生启。一生之事全穷尽于几个句子; 如帝女神话中, 精卫、瑶姬、湘妃竹, 叙述者简短的一段话, 便囊括帝女人生初始、意外、死亡、变形等事件, 将帝女催人泪下、可歌可泣的经历, 恰如其分地予以诠释。

以叙事加速度概述的变形神话, 具有叙事节奏紧凑、叙事视角广阔的特征, 其最大功用在于将大跨度的时间形态容纳于简明扼要的话语中, 是对变形行动的综合性概述, 达到如珀西·卢伯克所言的"在不需要清晰的能见度却更需要长的跨度的场合便找到了大显身手的机会"[1]。

(二) 扩述

扩述, 又称为延缓 (stretch) 或减缓 (slow down), 是变形叙事中一种低速度、小跨度的时间形态, 常"以较长的文本篇幅描述较短一段时间的故事"[2]。扩述总是将倏然而过的人类、异类的变形行动, 扩展为具有一定篇幅的文字, 以细腻的摹状貌手法, 渲染变形情节。当此之际, 叙述时间 (文章所占篇幅) > 故事时间, 是叙事减速度操纵的结果。

尸生万物型, 作为先秦神话变形叙事中想象型变形的一类, 将扩述的功用发挥得淋漓尽致。盘古创世神话是尸生万物型的典型代表。此神话最早出自唐代《艺文类聚》征引三国徐整的《三五历记》, 文曰: "天地混沌如鸡子, 盘古生其中。万八千岁, 天地开辟, 阳清为天, 阴浊为地。盘古在其中, 一日九变, 神于天, 圣于地。天日高一丈, 地日厚一丈, 盘古日长一丈。如此万八千岁, 天数极高, 地数极深, 盘古极长。"[3] 载录盘古作为巨人, 在一万八千年中辛勤劳作、孤独挣扎, 终于开辟天地。另《五运历年纪》也有类似记载: "分布元气, 乃孕中和, 是为人也。首生盘古, 垂死化身。"[4] 但相较于《三五历记》, 此则神话渗入了阴阳观念等, 是后起的次生态神话。南朝《述异记》也有类似记载, 记盘古虽完

---

[1] [英] 珀西·卢伯克:《小说的技巧》, 伦敦考克斯与怀门有限公司1966年版, 第193页。
[2] 谭君强:《叙事理论与审美文化》, 中国社会科学出版社2002年版, 第171页。
[3] 栾保群编著:《中华神怪大辞典》, 人民出版社2018年版, 第403页。
[4] 栾保群编著:《中华神怪大辞典》, 人民出版社2018年版, 第403页。

成了开天辟地的创举，终结了世界混沌状态，但其并未能如《圣经·旧约》中的耶和华一样，稳坐云端，尽情畅享自己创作的华美世界，而是如同芸芸众生一般，于身心俱疲之际轰然坠地，据《五运历年纪》《述异记》，盘古的尸身变形为山川河流、日月星辰等自然万物。该类神话文本所载的盘古尸解万物的过程即采用了扩述，盘古的变形行动在时间上的瞬时性被消解，取而代之的是叙事时间的拉长，叙述者陈述盘古变形行动之际，采取了动作分解与细节展示的叙事手段，"仿佛是电影摄影中的一种慢镜头，它将某些重要的场景或人物的某些行动比正常的运动速度更慢的速度展现出来"①，故盘古"气成风云，声为雷霆，左眼为日，右眼为月，四肢五体，为四极五岳，血液为江河，筋脉为地理，肌肉为田土，发髭为星辰，皮毛为草木，齿骨为金石，精髓为珠玉，汗流为雨泽，身之诸虫，因风所感，化为黎甿"②。又或言盘古"死后骨节为山林，体为江海，血为淮渎，毛发为草木"③。于扩述中，变形故事的情节发展被推迟，故事的结构比例被改变，变形行动者或故事得以细致展示，故事的叙事节奏也显示出延宕性。

（三）静述

静述，又称停顿（pause），是停滞、凝固、禁止的时间状态，指叙事作品中"相应于一定量文本篇幅的故事时间跨度为零"④ 的状况，简言之，故事时间暂停，叙述充分展开，叙述时间（文章所占篇幅）与故事时间无关。此时，叙述与故事时间不存在联系，无任何叙事速度的作用。

在先秦神话变形叙事中，这种静述或叙述停顿，多采用描写的方式，在人兽共生型变形、兽兽共生型变形中最为多见。静述擅长将数目繁多、形象怪诞的神祇，或龙、凤、九尾狐等原始初民直观想象的造物作为创造对象，以细致观察变形行动者的外在形貌、性状为手段。静述展开之际，叙述者可以将叙述视角固定于某一特定的变形行动者身上，与此同时，故意忽略故事时间的存在，将变形故事情节拒之门外，丝毫不加以说明，致使变形故事结构也呈现松散或停滞之状。

---

① 谭君强：《叙事学导论：从经典叙事学到后经典叙事学》，高等教育出版社2008年版，第143页。
② 袁珂编著：《中国神话传说词典》，上海辞书出版社1985年版，第358页。
③ 袁珂编著：《中国神话传说词典》，上海辞书出版社1985年版，第358页。
④ 谭君强：《叙事学导论：从经典叙事学到后经典叙事学》，高等教育出版社2008年版，第141页。

先秦神话叙事时长在叙述加速度、减速度、零速度中呈现概述、扩述、静述三种形态，其特点可概括如表 15：

表 15　　　　　　先秦神话的变形叙事时长类型与特征

序号	名称	别称	时间形态特点		叙述时间（文本所占篇幅）与故事时间的关系
1	概述	概要、概略	高速度	大跨度	叙事时间 < 故事时间
2	扩述	延缓、减缓	低速度	小跨度	叙事时间 > 故事时间
3	静述	停顿	零速度	零跨度	叙事时间充分、故事时间停止

由此可见，概述以叙事加速度为内驱力，对变形故事的叙述是高效、简洁的，对世界与存在表现出"积极进取"之态；扩述以叙事减速度为内核，叙述者擅长用动态叙述激活原本静谧的变形画面；静述以叙事零速度为特征，叙事者偏爱动态描写的使用，打断叙事时间进程，对叙事在空间中展开大有裨益。扩述、静述共同诠释了对世界与存在的"静观无为"之姿，是一种"富于诗意"的艺术手段，于叙事速度与叙述形态的生成与替换中，先秦神话变形叙事时长的特点亦一展无遗。

第八章

先秦神话的变形叙事发展向度

立足动态化、系统化的发展视域,全面观照先秦神话的变形叙事发展向度,实是对变形叙事(narrative of metamorphosis)演变规律的考察、析取与综合。需将变形叙事放置于历史坐标,就其所涉及的神话文本的外部表意特征、内部结构方式,在自然时间流动中呈现的阶段性特点为基础,继而提炼出整体性的变形叙事规律。也就是说,既需要细致探讨先秦神话的变形叙事主题类型、叙事模式的基本特征、演变规律,又需要总结其对后世变形主题产生的深远影响。

具体而言,需从两个维度切入:一是从共时性向度出发,剖解先秦神话变形叙事的横切面,探讨其变形叙事规律,立足于本书第一章至第六章详细阐析的六种变形主题叙事类型,并梳理出各类型在先秦神话中依次出现的先后顺序及使用频率。以此为基础,再结合本书第七章提炼的先秦神话变形叙事的模式,展现叙事语法、叙事结构、叙事视角、叙事时间的各自使用及变化情况。二是从历时性角度出发,连缀出先秦神话变形叙事的纵贯线,以先秦神话为始基,探讨变形叙事类型、亚型及其式,乃至叙事模式渗透影响下,历代生成的与变形叙事关联甚密的文学体裁。

第一节 先秦神话变形叙事的共时性向度

苏珊·朗格在《情感与形式》一书中曾指出:"艺术本是人类情感的符号形式创造。"[1] 作为中国古代艺术源头的先秦神话,是从集体创作、

---

[1] [美]苏珊·朗格:《情感与形式》,刘大基、傅志强等译,中国社会科学出版社1986年版,第105页。

口口相传到用文字符号缔造的传世文献，是从"残丛小语"到"连缀数事"的动态化形式创造，是从蒙昧无知到心智开化的文化情感嬗变的表达，它在开启中国古代叙事文学旅程之际，自然而然地包罗着原始初民的情感、思维方式与文化—心理结构，更体现着初民构筑符号的能力。及此，本节将从动态视野出发，以符号（symbol）和形式（form）为审视对象，进而全面观照先秦神话变形叙事向度。

一 变形叙事的型与式演化

先秦神话的变形叙事，首先体现在文学主题学领域，各变形叙事类型、亚型及其式，不断产生、发展与演变。正如本书第一章至第六章的分类、定性与举证，变形叙事作为先秦时代神话叙事主题学的内核，集中表现为图腾型变形、想象型变形、功能型变形、情感型变形、梦幻型变形、进化型变形这六种类型表达。然而，变形叙事作为一种古老的叙事主题，从其本身的创作机制来看，变形叙事的产生、发展会受到多重因素的影响，变形叙事会经历创作主体的改变，并受到初民自我认知迁移、思维方式进化、心理成熟蜕变及原始信仰变迁等多因素的作用。

变形叙事的创作者逐步由集体转向个人；人们的认知水平不断提升，使变形叙事开始从感性直观的宇宙万物、生命现象的仰观俯察，上升为理性客观的关于自然万物生息起灭的哲理性思考；人们的思维方式渐次升级，使得变形叙事开始脱离物我混同（物我一体）的混沌表达，显示正确的物我两分原则。原始宗教信仰也通过变形叙事呈现嬗变之姿，转变路径为活物论（Animatism）（泛灵信仰←→泛生信仰）→万物有灵论（Animism）（自然神灵信仰→图腾信仰→女性神灵信仰→男性神灵信仰）→灵鬼论（Daimonism）（灵鬼信仰）→神人同性论（Anthropomorphism）（神人同性信仰）。诸种因素的交互作用，使得变形叙事远离枯寂之姿而呈现鲜活之态。基于变形叙事的流动质性，变形叙事六种类型在先秦神话中出现的顺序亦有先有后，使用频率也各有不同。为透析先秦神话变形叙事类型的变化规律，下文将继续以《山海经》为研究中心，进行定性定量的变形文本的统计归类，在此基础上，联系各典型例证，包括在《琐语》《归藏》《楚辞》《庄子》等文献中的使用情况，以排列出各叙事类型出现的时间序列及掌握各类型的具体使用情况（见表16、表17）。

表 16　　　　《山海经》动态变形叙事类型收录一览表

方式	方位	序次	文献名称	神话名称	变形叙事类型	变形叙事亚型	文献出处
动态变形	中	1	《中山经》	禹父化仆累、蒲卢	图腾型变形	动物图腾型	本经
		2	《中次三经》	鲧化黄熊	图腾型变形	动物图腾型	晋郭璞注
		3	《中次七经》	帝女化蓇草	图腾型变形 情感型变形	植物图腾型 弥补型	本经
	南	4	《中次七经》	启母化石生子	情感型变形	惭惧型	本经
		5	《大荒南经》	蚩尤桎梏化枫林	功能型变形	巫术型	本经
		6	《大荒南经》	赤石生栾木	功能型变形	巫术型	本经
		7	《海外南经》	相柳腥血渗地	功能型变形	巫术型	本经
		8	《海内南经》	窫窳龙首	功能型变形 情感型变形	牵连型 复仇型	本经
	西	9	《大荒西经》	女娲之肠化十神	想象型变形	元件成活型	本经
		10	《海外西经》	刑天断首	想象型变形	元件成活型	本经
		11	《西次三经》	黄帝玉膏生玉石	功能型变形	巫术型变形	本经
		12	《西次三经》	鼓与钦䲹化大鹗、鵕鸟	功能型变形	惩罚型	本经
		13	《西次三经》	九德之气生长乘	图腾型变形	无生物图腾	本经
		14	《大荒西经》	颛顼化鱼妇	图腾型变形	动物图腾型	本经
		15	《海内北经》	盘瓠神话	图腾型变形	动物图腾型	晋郭璞注
	北	16	《海内北经》	危与贰负	功能型变形	惩罚型	本经
		17	《海外北经》	夸父手杖化邓林	功能型变形	巫术型	本经
		18	《海外北经》	王子夜（王亥）之尸	功能型变形	惩罚型	晋郭璞注
		19	《北次三经》	精卫变鸟	图腾型变形 情感型变形	动物图腾型 弥补型	本经
	内	20	《海内经》	后稷尸生百谷	功能型变形	巫术型变形	本经
		21	《海内经》	鲧复生禹	图腾型变形	图腾生人	本经
		22	《海内经》	鲧化黄龙	图腾型变形	动物图腾型	晋郭璞注
	其他	23	《大荒南经》《西次三经》《海内北经》	西王母	进化型变形	原始猎人 人兽型 人型	本经

表 17　　　　　《山海经》动态变形叙事类型收录计量表

变形方式	序次	变形类型	各类型总量	各类型使用频率
动态变形	1	图腾型变形	8 例	34.78%
	2	想象型变形	2 例	8.7%
	3	情感型变形	2 例	8.7%
	4	功能型变形	7 例	30.43%
	5	进化型变形	1 例	4.35%
	6	兼类型变形	3 例	13.04%
		总计	23 例	100%

由表 17 可知，《山海经》中以动态方式呈现，可归入变形叙事类型讨论的神话共 23 例，包含单类使用、兼类共用两种情况，主要涉及图腾型变形、情感型变形、想象型变形、功能型变形、进化型变形 5 种类型。结合表 16 进行数据分析可发现，《山海经》所含的变形叙事类型，按使用频率由高到低，依次可排列为如下序列：1. 图腾型变形→2. 功能型变形→3. 情感型变形、想象型变形（兼类）→4. 情感型变形、想象型变形、进化型变形（单例）→5. 进化型变形。具体来看，图腾型变形用例最多，共涉 8 例，约占总用例的 34.78%，其中动物图腾型变形共 6 例，约占总例 26.08%，与植物图腾、无生物图腾关联的各占总例的 4.5%。功能型变形共 7 例，约占总例的 30.43%，包括 4 例巫术型变形，3 例惩罚型变形，分占总例的 17.39% 及 13.04%。以图腾型变形与情感型变形构成的兼类型共 3 例，占总例的 13.04%，二者各自为用时各有 2 例，分占总例的 8.7%。进化型变形因其本身的跨时代特征而在使用上受到限制，仅为 1 例，只占总例的 4.35%。由此可见，《山海经》中人类、异类互变的五种变形叙事类型，出现的时间大致相同，而在使用频率上则差异较大，以图腾型变形与功能型变形使用频率最高，其内含的动物图腾型、巫术型两种亚型出现得最为频繁，从侧面说明了战国前后期图腾崇拜盛行，巫教之风兴盛，尤以动物崇拜与巫术信仰为核心。当然，仅以《山海经》中归属动态方式的变形叙事类型为研究对象，未免有以偏概全之嫌，需继续考察《山海经》中的静态变形叙事类型（见表 18）。

表 18　　　　　　《山海经》静态变形叙事类型收录计量表

方式	序次	变形类型	各类型总量	各类型使用频率	变形亚型	各亚型总量	各亚型使用频率	备注
静态变形	1	图腾型变形	66 例	22.52%	人兽共生型	55 例	18.77%	山神（23 例）天神（37 例）其他神（6 例）
					兽兽共生型	11 例	3.75%	
	2	想象型变形	227 例	77.48%	异民	44 例	15%	属畸体人类
					异兽	96 例	19.12%	属畸体动物
					异禽	56 例	32.76%	属畸体鸟类
					异鱼	31 例	10.6%	属畸体鱼类
		总计	293 例	100%		293 例	100%	

说明：表格中各类型依据特征区分，特征相同的物类不再重复累计。

由表 18 可知，《山海经》中以静态方式构成的变形物共 293 例，主要包括图腾型变形、想象型变形两类。其中，想象型变形居于主导地位，共有 227 例，约占总用例的 77.48%，图腾型变形次之，共 66 例，约占总用例的 22.52%。细致而言，想象型变形主要表现为畸形体态的人类、动物、鸟类、鱼类（含水体动物），是《山海经》中关于远国异民与象征灾异祥瑞的飞禽走兽的叙述。有异民 44 例，约占总例的 15%，如一目国、三首国、长臂国等。有异兽 96 例，约占总例的 19.12%，如狌狌、鹿蜀、豪彘等。有异禽 56 例，约占总例的 32.76%，如灌灌、凫徯、橐蜚等。如有异鱼 31 例，约占总例的 10.6%，如滑鱼、旋龟、鯩鯩鱼等。图腾型变形则包括人兽共生型、兽兽共生型两种亚型，前者有 55 例，占总例的 18.77%，后者有 11 例，占总例的 3.75%，共涉及天神 37 例，山神 23 例，其他神祇 6 例。此种静态方式作用产生的想象型与图腾型变形，往往侧重于异类整合成的变形物或神祇神格特征的描绘，本质上都含有共生成分，二者的区别仅在于神祇的神格构成又与图腾崇拜相关联，故共生型的天神、山神常是人神兽三位一体的结合体，他们能言擅语，通达万物之情、拥有智慧，且能飞健走、擅长潜游又勇猛有力，有时还精通魔术，可以造人、登天、射日、化地成河，可谓是兼具人情、神力与兽形，是初民"拟人化"（"人格化"）手法的调度，亦是自发、古朴的自然神灵信仰与图腾崇拜的全然表露。

然而就整部《山海经》而言，以静态方式表达的变形叙事仍然侧重于想象型变形的使用，初民随意杂糅、拼接整合成的悍鸟、猛兽及怪鱼，俯仰皆是，它们"殊形诡制，每各异观"，不仅造型奇诡、千姿百态且数量庞大，《山海经》总记物种 793 例，想象型变形物就多达 227 例，占据物类总和的近 1/3，这些物象源于原始初民的直观比拟与大胆想象，是"以己度物""以类度类"的原始神话思维与"拟物化"手法幻化而成的视觉盛宴。与此同时，这些变形物还呈现着显著的二元对立特征，属"祯祥变怪之物"①，或具有保健愈病的神效，或显现祸众伤人的威力，普遍兼具祯定祸福的预言功能，从侧面反映着地理博物学的巫术化特征。

《山海经》全书三万一千余字，其内容主要是上古或稍晚出的神话传说与地理博物传说的交错、渗透与融合，是"神话之渊府"②。西晋郭璞《〈山海经传〉序》言其"宏诞迂夸，多奇怪俶傥之言"③，明代胡应麟称其为"古今语怪之祖。"④《四库全书简明目录》亦云："侈谈神怪，百无一真，是直小说之祖耳。"⑤ 诸家所言，显然共同指向《山海经》的小说文体特征，表现为丰富奇异的幻想。当然，瑰丽旖旎的幻想无疑是《山海经》最为人称道的，而毋庸置疑的是变形叙事就是大胆幻想表达的直接载体。通过前文的数据比对，此处可以得出如下结论，《山海经》所涵盖的变形叙事类型共有 5 种，即图腾型变形、想象型变形、情感型变形、功能型变形与进化型变形，从其使用状况来看，以图腾型、想象型与功能型三类的使用最普遍。先秦神话变形叙事类型中有 5 类同出于一部文献，这亦说明它们的产生时间是相同的。然而，尽管《山海经》包罗着数量庞大的变形例证，但它仅是一部单一作品，并不足以完整说明先秦神话变形叙事特点，故需再联系《琐语》《归藏》《伊尹说》《左传》《庄子》《楚辞》等文本继续变形叙事类型生成规律的探讨（见表 19）。

---

① （汉）刘秀：《上〈山海经〉表》，周明辑撰《山海经集释》，巴蜀书社 2019 年版，第 558 页。
② 袁珂校注：《山海经校注·序》，巴蜀书社 1993 年版，第 1 页。
③ 周明辑撰：《山海经集释》，巴蜀书社 2019 年版，第 559 页。
④ （明）胡应麟：《四部正讹下》，《少室山房笔丛》卷 32 丁部，中华书局 1958 年版，第 412 页。
⑤ 李剑国：《唐前志怪小说史》，天津教育出版社 2005 年版，第 106 页。原文引自《四库全书总目》卷 68 "地理类序"。

表 19　　　《琐语》《归藏》《伊尹说》《左传》《庄子》
变形叙事类型选录表

序次	成书年代	文献出处	变形方式	神话名称	变形叙事类型	变形叙事亚型及其式
1	约战国初年	《琐语》全文共8例	动态	晋平公梦赤熊（浮游）	梦幻型变形	梦像有兆型
2	约战国末期	《归藏》全文共8例	动态4例	常娥（嫦娥）化月精	图腾型变形 情感型变形	动物图腾型 惩罚型
				鲧化黄龙	图腾型变形	动物图腾型
				鲧死三岁不腐刀剖出禹	图腾型变形	图腾生人
				启母化石	情感型变形	惭惧型
			静态4例	共工人面蛇身	图腾型变形	人兽共生型
				蚩尤八肱八趾	图腾型变形	兽兽共生型
				丽山子皷青羽人面马身	图腾型变形	人兽共生型
				羽民鸟喙赤目白首	图腾型变形	兽兽共生型
3	约战国末期	《伊尹说》	动态	伊尹出空桑	图腾型变形	植物图腾型
4	约战国中期	《左传》只列专类共2例	动态	晋平公梦黄熊（鲧）	梦幻型变形	梦像有兆型
				宋景公养子得梦己为乌		
5	约战国末期	《庄子》只列专类共3例	动态	庄周梦蝶	梦幻型变形	梦变有寓型
				泰氏梦己为马、为牛		
				梦鸟飞天、梦鱼沉渊		

如表 19 所示，上述五书依次约略成书于战国前期、中期与末期，其所涉神话，多属于原生态神话，在变形叙事表达中，动态变形、静态变形常交叉使用，涉及图腾、情感、梦幻三种叙事类型的使用。表 19 最有力说明如下规律：一是梦幻型变形在先秦神话中产生时间最早，其在战国前期《琐语》、战国中期《左传》、战国末期《归藏》中就已出现，由此可以明确判断其产生于战国初期，而就其亚型而言，梦像有兆型产生时间早于梦变有寓型，后者似最早出现于战国末期，以《庄子》中 3 例典例的使用为代表。二是图腾型变形在整个战国时期使用均是最广泛的。

表20　《楚辞·天问》变形叙事类型收录计量表

方式	序次	变形叙事类型	类型总数	所占比例	神话名称	变形叙事亚型及其式	文献出处
动态变形	1	图腾型变形	7例 原文5例 补注2例	36.84%	伯鲧复禹	图腾生人	本经
					鲧化黄熊	动物图腾型	
					简狄生子	感孕生子型	
					伊尹出空桑	感孕生子型	
					精女采薇见鹿	感孕生子型	
					褒之二君化龙	动物图腾型	洪兴祖补
					姜嫄履雷神迹孕	感孕生子型	
	2	想象型变形	6例 原文4例 补注2例	31.58%	羿弹九日（鸟）	类比型变形	本经
					女娲肠化十神	元件成活型	
					防风氏（巨人）	夸饰型变形	
					女岐生九子	坼剖生子型	
					陆终氏生六子	坼剖生子型	洪兴祖补
					修己生禹	坼剖生子型	
	3	功能型变形	5例 原文2例 补注3例	26.32%	河海应龙	巫术型变形	本经
					舜弟象变其态	惩罚型变形	
					河伯化白龙	职能型变形	
					龙伯国大人	惩罚型变形	洪兴祖补
					舜化龙、鸟	避险型变形	
	4	情感型变形	1例 补注1例	5.26%	涂山氏化石	惭惧型变形	洪兴祖补
总计		4类型	19例	100%	19则		
静态变形	1	想象型变形	6例	75%	异人（2例）	夸饰型变形	本经
					异兽（2例）		
					异鱼（2例）		
	2	图腾型变形	2例	25%	蓐收	人兽共生型	
					应龙	兽兽共生型	
总计		2类型	8例	100%	8则		

由表20可知，《楚辞·天问》共含27例变形神话，可归入变形叙事主题考察，其中，动态型变形共19例，涉及图腾、想象、功能、情感四种叙事向度，以图腾、功能两种类型的使用频率最高。静态型变形共8例，表现为想象与图腾两种类型，以想象型变形的使用最为常见。将表16、表17、表18与表20放在一起对比，可发现四个表格反映的变形叙事类型、使用规

律完全一致。《山海经》约略成书于战国前期及其后，《楚辞·天问》则产生于战国末期，二书都包罗着无比丰富神话，就变形叙事类型表达、使用频率总结的变形叙事规律来看，二书完全吻合，这能在较高程度反映先秦初民对变形叙事类型的偏爱与创造特点，动态变形通常与图腾、功能相关联，静态变形则依仗图腾、想象，而图腾型变形更是一以贯之。明确此点，再联系表19，终于可将上述各表规律演绎如表21所示：

表21　　　　　　先秦神话变形叙事的类型使用一览表

序次	成书年代	文献名称	图腾型变形	想象型变形	情感型变形	功能型变形	梦幻型变形	进化型变形
1	约战国前期	《琐语》					√	
2	约战国前期及其后	《山海经》	√	√	√	√		√
	约战国中期	《左传》	√				√	
3	约战国末期	《庄子》					√	
		《归藏》	√		√		√	
		《伊尹说》						
		《楚辞·天问》	√	√	√	√		

说明：进化型变形是历史性向度中综合发展的类型，对其使用频率的考察需要较长的时间跨度，表21中只能说明此类型的典型神话的产生时间。

综上所述，先秦神话变形叙事的类型、亚型及其式的表达发展规律如下：一是从使用状况来看，以动态方式表现的变形叙事类型，以图腾型变形使用频率最高，功能型变形次之，图腾型变形多侧重于动物图腾亚型的使用，功能型变形以巫术亚型使用最频繁，继而是惩罚型变形。与此同时，以静态方式参与的变形叙事类型，以想象型变形使用最为频繁，多是人兽共生亚型、兽兽共生亚型的交替使用。

二是从六种图腾类型的产生、发展规律来看，（1）梦幻型变形产生时间最早，首见于有"古今纪异之祖"之称的《琐语》，在战国中期曾高速发展，在一定程度上彰显了《左传》梦预叙事先驱，以及《庄子》"中国梦文学鼻祖"的地位，就其亚型来看，梦像有兆型产生于梦变有寓型之前。进入战国末期后，梦幻型变形出现式微趋势，在《山海经》《归藏》《楚辞》等文献中更一度消失。（2）图腾型变形、想象型变形、情感型变形、进化型变形的产生时期大致相同，约略为战国中期、末期及其后，4种类型协同发展，其中，以图腾型变形的使用时间最长、范围最广泛，在先秦神话中近乎无处不在，强烈反映着先秦时代图腾信仰之鼎盛。（3）进化型变形作为一种综合的变形叙事类型，需要倚仗较长的历史发展时间，如西王母与三青鸟、"大人"与"小人"，此类型在动态发展过程中，显示着最顽强的生命力，不仅横亘于整个先秦时代，在后世依旧经久不衰，不断被加以阐释，成为变形叙事类型中最熠熠生辉的一类。

二 先秦神话变形叙事的模式转换

先秦神话是中国叙事文学源头，就神话叙事整体而论，中国古代文献中并未出现过完整性的神话专集，神话仅散见于《琐语》《山海经》《归藏》《庄子》《左传》《楚辞》等典籍，使神话表现着"零散性""片段性"特征，但这并不意味着先秦神话毫无体系而言，它们自身仍然遵循着原生态神话的创造到次生态神话的多维阐释、再造的发展流程。具体到变形叙事上，也表现着从单一到丰富的特点，从最初的关于变形故事的"丛残小语"到语段、篇章的扩张，变形叙事的文本容量不断扩大；从初生时的叙事情节缺失，全然依仗直觉信仰的表达，到叙事情节日趋完整，叙事要素逐渐齐全与叙事技巧渐次浮现，变形叙事已成为一种经典模式，具有自身稳定的功能框架，且伴随着不同文献中变形叙事形态、内容、表现形式的嬗变，常态模式又不断得以更新，致使异态功能框架的创造与超越，上升为一种弹性模式，这种动态性的弹性模式就表现在先秦神话变形叙事的模式转换上，通过变形语法的确立、叙事结构的转换、叙事视角的流动、叙事时间的调控得以实现。

（一）变形叙事语法规律

以先秦神话中变形叙事涉及的6种类型、14种亚型及其式为对象，依据格雷马斯的符号方阵，采用归纳—演绎之法，先秦神话中叙述人或异类因某种知名或不知名的原因，凭借某一途径实现相互之间多样化变形的故事共可提炼为六维叙事语法，可分为单一式和综合式两种（见表22）。

由表22可知，先秦神话变形叙事六维语法中，人类→变形→异类的使用频率最高，涉及功能、图腾、情感三个叙事向度。其次，异类→变形→人类、异类→变形→异类、人类→变形→异类→变形→人类三种语法次之，涵盖图腾、进化、功能、想象、梦幻五种变形类型。而人类→变形→人类、异类→变形→人类→变形→异类的使用频率最低，及此，可得

出变形叙事语法规律,见表 23 所示:

表 22　　　　　　　先秦神话变形叙事语法使用频率表

序次	分类	叙事语法	相关叙事类型	总计	叙事语法使用频率
1	单一式	人类→变形→异类	功能型变形 想象型变形 情感型变形	3	50%
		异类→变形→人类	图腾型变形 进化型变形	2	33.3%
		人类→变形→人类	想象型变形	1	16.7%
		异类→变形→异类	想象型变形 功能型变形	2	33.3%
2	综合式	人类→变形→异类→变形→人类	梦幻型变形 功能型变形	2	33.3%
		异类→变形→人类→变形→异类	图腾型变形	1	16.7%

表 23　　　　　　先秦神话变形叙事语法使用频率分级表

序次	叙事语法	数目	叙事语法使用频率分级
1	人类→变形→异类	1	高频
2	异类→变形→人类 异类→变形→异类 人类→变形→异类→变形→人类	3	中频
3	人类→变形→人类 异类→变形→人类→变形→异类	2	低频

上述"六维"叙事语法穷尽性地概括了人类、异类互变的方式,在先秦神话中,初民在叙述变形事件之际,最倾向于叙述人类与异类之间的变形故事,当然,叙事语法使用频率的等级划分,并不在于说明"六维"变形语法孰优孰劣,只是表明初民在创造变形故事过程中,对人变形为异类故事的偏爱。

(二) 变形叙事结构特征

以先秦神话静态文本为基础的变形叙事考察,是采用中西结合的方

第八章 先秦神话的变形叙事发展向度

法，对叙事过程中变形故事组成形态的观照。一则运用西方叙事学理论，观察变形叙事的行为者（mover）与行动（move），根据二者的互动关系萃取变形语法。二则突出叙事结构的中国特色解读，在叙事结构的思维方式、叙事方法、文化特征、审美风貌等综合因子的指引下，解读神话的内部构造和组织形式。通过中西叙事视野与方法的交叉运用，得出了变形叙事结构的特征，如表24所示：

表24　　　　　　　　先秦神话变形叙事结构使用频率表

序次	叙事结构总类	叙事结构分类	行动者	行动次数	句法类别	叙事类型	总计	使用频率
1	圆形循环结构	逆向圆形循环结构	异物	≥2	5W	图腾型变形	1	16.7%
		顺向圆形循环结构	人类	≥2	5W	功能型变形 梦幻型变形	2	33.3%
2	线形单向结构	动词型结构	人类 异物	=1	3W	图腾型变形 想象型变形 功能型变形 情感型变形	4	66.7%
		动作型结构	人类 异物	=1	5W	图腾型变形 想象型变形 功能型变形 情感型变形	4	66.7%
		数字型结构	人类	不定	N+数字+变、化…	想象型变形	1	16.7%

由表24可知，先秦神话变形叙事的结构共有2种类型5种亚型，其中，圆形循环结构依据运动方式分为逆向、顺向2种，二者的行动者分别是异物、人类，变形行动大于或等于2次，说明变形故事中的人物或动植物等，至少经历过2次以上的变形，叙事句法为"5W"，表明我、他（它）、时、地、事的变形情节要素齐全。线形单向结构也有3种亚型，首先，动词型结构与动作型结构，二者的行动者既有人物又有动物，变形行动次数为1，说明变形故事中的人物或动植物等仅经历过1次变形，其中，动词型结构极其简约，省略了变形情节中的时间、地点要素，故叙事语法简明扼要的表达为"3W"，即我、他（它）、事。动作型结构则"5W"要素齐全。其次，先秦神话变形叙事线形单向结构中还存有极为特殊的一类，即数字型结构，其行动者往往为人类（多是创世神话中的男性开辟神或女性始祖），变形行动次数不定，完全脱离时空限制，其变

形故事本身就是结构语法，可表达为："人（名词）+次数（7、10、70、72…）+'变''化'……"

先秦神话变形叙事结构，是从丰富多彩的变形故事中提炼而来的，自然与其类型表达相关联，就各类叙事结构在各叙事类型中的使用情况来看，线形单向结构中的动词型、动作型2种结构，广泛涉及想象、功能、图腾、情感四维叙事向度，使用频率约为66.7%，是先秦神话变形世界中最为常见的叙事结构。继而是圆形循环结构中的顺向一类，兼含梦幻、功能两个叙事向度，使用频率为33.3%，在变形故事中间或出现。嗣后是圆形循环结构中的逆向一类与线形单向结构中特殊的数字型结构，出现频率为16.7%，被使用的概率相对较低。及此，又可获得先秦神话变形叙事的结构演化特点。

表25　　　　　先秦神话变形叙事结构使用频率分级表

序次	叙事结构总类	叙事结构分类	数目	叙事结构使用频率分级
1	线形单向结构	动词型结构	3	高频
		动作型结构		
		数字型结构		
2	圆形循环结构	顺向圆形循环结构	2	低频
		逆向圆形循环结构		

如表25所示，先秦先民叙述的变形故事，多具有线形单向结构，以动词型或动作型2种结构亚类为主。此类结构统摄的变形故事，特点有二。一是叙事线索单一，多是特定时空中的一人一变或一物一变；二是叙事情节简单，变形行动干净利落、一次完成，变形行动终结之际，行动者的形态、情状全然变形，变形结果不可逆转，变形故事尘埃落定。此外，顺向圆形循环结构也常被放置于变形故事中，使用频率相对较低，其特点亦有二。一为叙事线索相对复杂，一般含有2条或2条以上的叙事线索，叙述一人多变或一物多变之事；二是叙事情节相对复杂，呈现"首、身、尾"连贯一体的特征，各叙事要素（时间、地点、行动者、行动等）相对齐全，变形行动逐一展开，使变形故事情节波澜起伏，大大增加了故事的趣味性与吸引力，另外，变形故事呈现开放性结局，余味悠长，任凭读者想象。相较而言，逆向圆形循环结构在数据上也归属低频，显示此种结构出现较少，逆向圆形循环结构，在先秦神话中仅囿限于图腾型变形的使

用,虽然与图腾关联的变形故事数量庞大,但它们的结构方式都如出一辙。当然,需留意到数字型结构在使用上亦存在着极大的局限性,多是创世神话中男性、女性始祖神的变形活动,此类神话的叙事线索、叙事情节全然缺失,但却能显示出最大的自由性与想象力,一瞬之间,万象更新,只言片语便尽显叙事张力。

(三) 变形叙事视角特征

叙事视角是叙事作品中无处不在、无时不往的普遍存在,它内隐着叙事者的思想、感觉、审美趣味等,作为叙事的一种核心策略,它影响着叙事结构、叙事时间,其选择、调度直接决定着叙事文本是枯寂之姿或是鲜活之态。在先秦时期,初民在讲述变形故事之际,叙事视角的调度呈现如下特点:

表26　　　　　　　先秦神话的变形叙事视角类型与特征

序次	叙事视角总类	叙事视角特征	叙事视角亚类	变形方式
1	全知全能视角	叙事者>人物	粗放型全知视角	动态式
			集约型全知视角	静态式
2	第三人称限知视角	叙事者=人物		

如表26所示,变形叙事视角主要有全知全能视角、第三人称限知视角两种,相较而论,全知全能视角涵盖了粗放型全知视角、集约型全知视角两种亚型,这种视角视点自由,异叙事者需秉持客观的叙事态度,或对行动者的行动进行全程记录,或对变形物象进行细致描摹。第三人称限知视角中,陈述变形故事的同叙述者视点常常受到限制,他只能将自己亲身参与或所见所闻的变形故事娓娓道来,当然,他尽可以将自己的主观思想、情感全盘汇入,使变形故事内含深意。就先秦神话变形叙事视角的使用情况看,早期的变形叙事阶段,全知全能视角运用较多,这大抵受到早期人们思维方式、世界观念的影响,他们注重宇宙万有、自然万物的仰观俯察,对事物存在多以客观记录为主,以致叙事规模宏大开阔,即使近距离的观察叙事,也多从旁观者的角度切入。稍晚时期出现的变形叙事,人们开始注重个体的主观认知、判断与情感表达,第三人称变形叙事又开始融入并大量使用。可见,变形叙事视角是由一而多的变化。

(四) 变形叙事时间特征

叙事作为一种时间艺术,关涉文本之外的写作时间、阅读时间及文本之内的叙述时间、故事时间四个要素。就先秦神话变形叙事文本内部时间的考察而言，可发现其特点全然体现在叙述、故事两种时间的关系互动上，由叙事时序、叙事时长得以直观展现。纵览先秦时期叙述古老变形主题的神话，先民对叙事时长与时序的统筹安排大抵如下：

表 27　　　　　先秦神话的变形叙事时间类型与特征

序次	叙事时间要素	总类	分类	特征	叙事特征
1	叙事时序	顺时序	顺序	叙事文本时间正常	叙事由因及果
		逆时序	闪回		叙事由果及因
		非时序	闪前	叙事文本时间超前	预叙事
			画面	叙事文本时间停滞	静态叙事
2	叙事时长	概述		叙事加速度、大跨度	叙事简练
		扩述		叙事减速度、小跨度	叙事详细
		静述		叙事零速度、零跨度	

由表 27 可以判断，先秦神话变形叙事时间具有如下规律：一是变形故事的叙述时序有顺时序、逆时序和非时序三种，叙事时长有概述、扩述、静述三种。二是在动态方式呈现的人类、异类相互变形的神话中，可以由因及果、由果及因或采取预叙（预言）方式对变形事件进行梗概或详述。三是在动态方式变形的变形物中，非时序与静述常相偕出现，变形物象悄无声息，在静态叙述中呈现千姿百态。

第二节　先秦神话变形叙事的历时性向度

先秦神话变形叙事，是在变形叙事类型、结构的产生与使用基础上提炼而出的规律与概括总结的特征。具体而言，先秦神话变形叙事以丰富多彩的故事类型，由简渐繁的叙事模式，构筑了一个异彩纷呈的神话世界。而流淌着的变形叙事定律，不仅客观记录下变形叙事各类型草创、发展、定型、新变的各个节点，也真实反映着原始初民创造变形神话之际对各类型的使用状况。除此之外，变形叙事模式从常态的创立，到异态的创新与超越，都强烈表现出初民在变形故事创造之际，在叙事语法、叙事结构、叙事视角、叙事时间四个层面的运用特点，是由一而多、简而入繁的发展渐变。也从侧面折射着先秦初民的生活环境、情感取向、思维方式、心理特征、艺术创造与审美取向等。然而，先秦神话变形叙事作为一种定律，其存在意义绝不可能仅仅囿限于共时性向度内变形叙事的类型使用，以及模式创建两个方面的规律性总结，其价值还在于在历时性向度上，作为一种大胆的艺术创造，引领了文学主题学领域的叙事风尚，由此连缀出先秦神话变形叙事的历时性向度。

一 先秦神话变形叙事向度

以先秦时期的神话为叙事事体，变形叙事包罗了图腾、想象、情感、功能、梦幻、进化六种类型表征。贯穿于史前口传至书写阶段的神话，自邈远的远古时代，再到夏商周三代、春秋、战国至秦时出现的神话文献当中，虽无系统辑录的专集，却散见于史传杂记、地理博物志、小说等文本，如表28所示6部典籍最为典型。

表28　　　　　　　　　先秦神话变形叙事案例举要

序次	文献名称	成书年代	文体	作者	变形叙事典例	备注
1	《琐语》	约战国初期	史书	晋氏史官	晋平公梦赤熊	古今纪异之祖
2	《山海经》	约战国前期及其后	地理博物志	巫祝方士	详见表16、表17、表18	古今语怪之主
3	《归藏》	约战国末期	卜筮书（易书）	不详	常娥（嫦娥）之事 鲧化黄龙	
4	《伊尹说》	约战国末期	杂传	不详	伊尹出空桑	
5	《庄子》	约战国末期	散文	庄周	详见表19	
6	《楚辞·天问》	约战国末期	诗歌	屈原	详见表20	

二 秦汉神话、仙话变形叙事向度

秦末、汉初阴阳五行学说、谶纬学说、神仙方术的兴起并日臻鼎盛，使变形参与的神话、仙话数量庞大，广泛流传，相关文体有地理博物志、杂传、散文、小说等，在内容上多表达人类、异物的相互变化，或是直接继承了先秦神话变形叙事类型，或是将变形行动直接改造为求仙的必然途径，将行动者通过变形化为鸟、鹤等作为求仙行动成功的标志。就创作者而言，诸多神话、仙话都由文人倾力打造，如东方朔、刘向、郭宪、班固、刘安等，兹举要如表 29 所示：

表 29　　　　　　　秦汉神话、仙话变形叙事案例举要

序次	文体	文献名称	作者	成书时间	变形叙事典例
1	地理博物志	《括地图》	不详	西汉末期	西王母与三足乌；男子背生二子
		《神异经》	东方朔（存疑）	西汉末期	西王母会东王公；饕餮；北海大鸟
		《洞冥记》	郭宪	东汉初期	巨灵（神女）化青雀远飞
		《十洲记》	东方朔（存疑）	东汉末期	西王母、火浣布风生兽、火光兽
2	杂传	《列仙传》	刘向	西汉	修羊公化白羊；王子乔化白蜺、大鸟；华山毛女
		《汉武故事》	班固、王俭或六朝人撰（存有争议）	西汉	西王母（神仙）会汉武帝、操不死药
		《蜀王本纪》	扬雄	西汉	望帝杜宇化子规；五丁力士化大石
		《徐偃王志异》	不详	东汉	徐君母感孕生子
		《汉武内传》	不详	东汉末年至曹魏间	汉武帝会西王母（美仙）
3	散文	《淮南子》	刘安	西汉	公牛哀化虎

三　魏晋南北朝志怪变形叙事向度

变形叙事萌发于先秦时期，至两汉后高速发展，到魏晋南北朝之际已进入全面繁荣阶段。究其兴盛动因，乃在于魏晋时期人们对佛教、道教推崇备至，使灵魂不灭、鬼神显验等成为普泛性的社会心理意识，加之六朝之际，清谈之风渐成风尚，人们闲暇之时，普遍热衷于戏语与讲故事，致使"嘲戏之语"无处不在，于是饱学之士广集故事之余，又醉心创作，将志怪小说作为变形叙事事体，终使浩如烟海的变形故事竞相迭出。这时期林林总总的变形故事，在叙事文体上多属杂记，叙事内容更包罗万象、无奇不有，叙事情节也日渐复杂，曲折多变，叙事容量不断扩大，叙事语言亦更加优美生动，典型文献如表 30 所示：

表 30　　　　　　　　魏晋南北朝志怪变形叙事案例举要

序次	文体	文献名称	作者	成书时间	变形叙事典例
1	杂传	《列异传》	曹丕	魏	韩冯（凭）夫妇、望夫石
2	地理博物志	《博物志》	张华	西晋	精卫填海
3	地理博物志	《玄中记》	郭璞	东晋	犬封国（盘瓠神话） 姑获鸟、狐妖
4	杂传、小说	《搜神记》	干宝	东晋	详见表31
5	杂传	《神仙传》	葛洪	东晋	壶公尸解变杖
6	杂史	《拾遗记》	王嘉	东晋	鲧自沉羽渊化玄鱼 青虹绕神母生庖牺 周穆王会西王母（神仙）
7	杂传、小说	《搜神后记》	陶渊明	南朝宋	仙人丁令威（化鹤归辽） 虹精；鹿女；狐怪化人
8	杂传	《幽明录》	刘义庆	南朝宋	吴龛条——五色石化河伯女 费升条——狸怪化女子 苏琼条——白鹄精化女子
9	传记	《异苑》	刘敬叔	南朝宋	吴龛 恒谦——蚂蚁精 殷琅——蜘蛛精
10	杂传	《齐谐记》	东阳无疑	南朝宋	薛道询——人化虎又化人 吴道宗母——吴母化虎
11	杂传	《述异记》	祖冲之	南朝宋齐	吴龛 长人 封诏化虎、尹雄生角
12	地理博物志	《述异记》	任昉	南朝梁	楚宫宫人草、淮南懒妇鱼 魏国断肠草、鲁班化石龟 鹿产女鹿娘、女冠尸解成仙 精卫填海、鬼母产鬼
13	杂传	《续齐谐记》	吴均	南朝梁	吴龛 燕昭王墓斑狐

由上可知，魏晋南北朝的变形叙事主题，主要充溢于志怪小说中，奇诡异事无所不揽，尤以《搜神记》所叙类型最为广泛，故单列如表31，再行检视。

表 31　　　　　　　　《搜神记》变形叙事类型使用一览表

序次	变形叙事类型	变形故事亚型	变形叙事典例	变形故事数量	使用频率
1	神仙方术型变形	神仙术	赤松子、宁封子 丁令威化鹤 子乔化白蜺 崔子文化鸟 王乔化白蜺	11 例	11.6%
		隐身术	淮南安王宴八老公变八童子		
		变身术	女子化丈夫（徐登）		
		尸解型	钩弋夫人尸解化履		
2	神灵感应型变形	感应型	白水素女、蒙双氏	13 例	13.7%
		梦幻感孕型	孙坚夫人梦日生孙策、梦月生孙权 零陵太守之女接水有妊		
3	灾异预兆型变形	灾异动态型	魏女子化丈夫（气乱于中） 周幽王是岁马化为狐 留宠炊饭化为螺	26 例	27.3%
		灾异静态型	五足牛、王琼之牛、生角马		
4	气化型变形	动物型	阿紫、胡博士、蚕女（马）	36 例	37.9%
		植物型	韩冯夫妇		
		无生物	望夫岗		
		精怪	度朔君（狸神）		
5	其他变形	妖怪变化	妖怪、龙易骨	9 例	9.5%
总计	5 类	13 亚型		95 例	100%

东晋"鬼董狐"干宝的《搜神记》，无疑是魏晋变形叙事主题的巅峰之作，其全书共叙 393 个故事，变形故事就有 95 例，约占全书故事的 24.17%，此志怪小说的创作特点为"会聚散逸，使自一贯"。一则将散见于各类古书之中及《列异传》等前人所著文献搜集起来加以再造，完成"承于前载"的"片片残行"的缀言创造。二则实地考察、搜集材料，正所谓"博访知古者"，又"采访近世之事"，干宝亲自采集故事之余，又汇聚前人成果加以再造，致使《搜神记》成为魏晋变形叙事主题表达的佼佼者，而最为重要的是《搜神记》使得变形叙事呈现出新的发展特点，不仅叙事的整体性、丰富性及文本容量大大增强，叙事条例、章法也灵活多变，表现为叙事情节起伏多变，并开始融入细腻化的场景描摹、人物对话等，开辟了变形叙事的新局面。

四 明代神魔小说变形叙事向度

明代后期,在经历了先秦神话、秦汉神话与仙话、魏晋六朝志怪、唐传奇、宋元话本等各时期的萌芽、积淀与多元发展之后,变形叙事又进入了新的发展高峰。在儒、释、道"三教"合一的宗教思想激荡下,明代神魔小说以尚奇主幻为特征,多以神魔怪异为题材,参照黑暗社会现实中政治、宗教、伦理各方面的斗争,比附性的缔造出一系列妖魔鬼怪形象,这些形象亦幻亦真,虚实相生,以《西游记》和《封神演义》为典型代表,除却取经、斗法等受宗教因素影响与支配的事件与行动,单纯从各类形象着手,亦可发现变形叙事对一众妖魔鬼怪生成的显隐作用,试列举典例如表32所示:

表32　　　明代神魔小说变形叙事类型使用一览表

序次	动态变形方式			行动者 mover	行动 move	静态变形方式		变形叙事语法
	类型	亚型	式			式	特征	
1	想象型变形	夸饰型	扩大型	火焰山	山变火山			异类⟷异类
			兼类型	芭蕉扇	变大变小			
						缩小型	土地公	人类—人类
				哪吒		过度型	三头六臂	
2	功能型变形	魔术型		孙悟空	七十二变 吹毛成形	人兽共生型	人、猴	人类⟷异类
				牛魔王	三十六变	人兽共生型	人、牛	
				杨戬	七十二变	过度型	人身三目	
		巫术型	感孕型	女儿国人	喝水生子			人类—人类
		职能型		三太子	变白龙马	人兽共生型	人、龙	人类⟷异类
		惩罚型		天蓬元帅	变猪八戒	人兽共生型	人、猪	人类→异类
		避险型		孙悟空	花鸟虫鱼	人兽共生型	人、猴	人类⟷异类
3	神仙方术型	隐身术		孙悟空	形体隐匿	人兽共生型	人、猴	人类⟷异类
		变身术		猪八戒	形体物化	人兽共生型	人、猪	人类⟷异类
		飞行术		哪吒	御风火轮	过度型	三头六臂	人类—人类
		遁地术		土行孙	肆意遁地	缩小型	小矮人	人类—人类
4	精灵妖怪型			九尾狐	变形为人	兽兽共生型	狐狸九尾	人类—异物

表 32 中所列，未能尽述，然以点带面亦能折射全貌，以《西游记》和《封神演义》为代表的明代神魔小说，在极大程度整合前代出现的变形叙事类型之余，又继续融入时代特征加以创新，从总体上看，突出体现了动静相宜的综合性特点。就小说形象而言，总给予人似曾相识之感，却又亦真亦幻、个性鲜明。一则是以静态方式构筑成的变形叙事，就神性之人或妖魔鬼怪而言，变形行动者多由人兽、兽兽共生或异形成体。二则是以动态方式表达的变形叙事，以《山海经》与《西游记》为例，多是一一对应的关系，如涂山氏化石生启与石头生悟空；又如"女娲一日七十化"与悟空、二郎神会七十二变、猪八戒会三十六变；再如《山海经·海外西经》中的女子国，郭璞注曰："有黄池，妇人入浴，出即怀妊矣。"记述女子国民洗浴能生子之事，与此相类的是《西游记》中的女儿国饮天河水即能怀孕生子。再如聂耳国民与顺风耳，三眼国民与二郎神，长臂国与长手大仙、长脚大仙，青丘国的九尾狐与狐精，如此等等，呈现一一对应关系。三则就变形叙事模式而言，《西游记》《封神演义》等明代神魔小说中的变形行动，已经完全杜绝某一模式的密集使用，而是信手拈来，在人类到异类的"六维"变形模式间游刃有余，打破时空界限，摆脱物类之别，只全心全意地缔造光怪陆离、奇幻旖旎的变形世界。

结　语

　　变形，是人类、异物之间，基于某种原因或未知名原因，在主动或被动情境中，凭借某一途径发生的同类物种、异类物种之间的相互变化。变形脱胎于原始初民的变化思维，是一种生命现象的体察记录与生命观念的隐晦表达。变，古字为變，《说文》云："变（變），更也"，"更，改也"，以更训变，以改训更，强调了变的改变、改换之意。繁体字"變"属会意字，字体内含二"糸"，"糸"表"细丝也"，为"蚕所吐也"。可见，"變"字取象于蚕缚茧成蛹，蚕蛹化为蛾的形体迁变过程，与此相类，有蝶变、蝉蜕、蛇解等物象形态改变，都在强调各种经历变形的形体走向绵延、持续，成就永恒不朽的生命奥秘。化，《说文》云："化，从匕从人。"化来源于"倒人"的情状，意表为人而倒变，取象于岁时流转中人类形体的缓慢变化，是由生到老、由老到死的生命现象，既是变，又是化。变化二字，表达的物类新旧形体嬗变、物态老化变形的两大观念，是变形发生的直接基础。及此，变形成为用法灵活的词汇，可以活用为动词，概述一个形体从原初状态转型蜕变为另一状态；可以充当名词，描摹原始初民借助想象力天马行空，是对物象抽象变形的方式。

　　本书以先秦神话为叙事"话语"（discourse）研究之"场"，借生动的神话论例与图像，解读变形故事的符号表达与结构形式。依据第一章至第六章的研究，在先秦神话中人类、异类相互变形的故事，根据表达内容的不同，可以划分为六种叙事类型，一是图腾型变形，有静态、动态2亚型，前者包含人兽共生、兽兽共生2式，后者包括动物图腾、植物图腾、自然物图腾3式。细致探讨了以部落、氏族或人体图腾为媒介的死亡与再生，还有吞卵生子、灵木孕婴、履足迹或感天象生子等丰富的感生事件，另有人兽、兽兽形体杂糅、拼接的怪诞视觉形象生成。二是想象型变形，有夸饰、类比2亚型。前者包括扩大、缩小、过度、缺失4式；后者涉及尸生万物、元件成活、坼剖生子3式。三是功能型变形，有巫术型、惩罚型、牵连型、避险型4亚型。四是情感型变形，有复仇型、忧懑型、惭惧型、弥补型4亚型。在巫术接触律、相似律的单一使用或混合使用下，催生了遭遇灾难、逃脱困境、触碰禁忌、接受考验等故事单元。五是梦幻型变形，有梦像有兆、梦变有寓2亚型，涉及梦遇意象式变形物，以及神怪变形物入梦预言等情节，梦幻型变形使物我界限消弭，也超越了生死。六是进化型变形，是变形行动者从原生态神话到次生态神话中的历时性变形过程。

第七章是研究先秦神话变形叙事模式，通过具体的神话文本，考察先秦神话变形言语形式表达的叙述、变形故事功能框架的构成。一是将其归纳—演绎为变形叙事语法，涵盖"人类→变形→异类""异类→变形→人类""人类→变形→人类""异类→变形→异类""人类→变形→异类→变形→人类""异类→变形→人类→变形→异类"的"六维"模式。二是分析其叙事结构，包括圆形循环结构、线形单向结构两类。其中，圆形循环结构有顺向、逆向2亚型，线形单向结构有动词型、动作型、数字型3亚型。三是研究其叙事视角，表现为全知全能视角、第三人称限知视角的交替使用。四是考察其叙事时间，包括叙事时序的顺时序、逆时序、非时序的安排，以及叙事时长的概述、扩述与静述使用方法。

第八章是先秦神话变形叙事的整体性发展向度的解读，是变形叙事规律的析取与总结。一是通过定性定量统计，结合第一章至第六章的类型研究、第七章的叙事模式解读成果，剖析出先秦神话变形叙事共时性向度，对《归藏》《琐语》《山海经》《左传》《国语》《庄子》《楚辞》等神话文献的变形叙事类型、模式的产生时间、发展与演变规律进行数据分析，通过比较发现，在先秦神话变形叙事系统内部，梦幻型变形产生的时间最早，图腾型变形使用最为频繁，进化型变形存在时间最长。在变形模式中，"人类→变形→异类"的单一叙事变形语法、线形单向叙事结构使用最为频繁。同时，全知全能、第三人称限知两种叙事视角常交叉运用，而叙事时间包含叙事时序中的顺时序、逆时序、非时序及叙事时长中的概述、扩述、静述始终是混合搭配的。二是结合先秦神话变形叙事对后世文学创作的影响，连缀成先秦神话变形叙事的纵向维度，其影响深远，对后世衍生型神话，以及仙话、野史、杂传、地理博物志、志怪、神魔小说的文本生成，皆有推动作用。

参考文献

一 国学典籍和资料汇编

（汉）班固：《汉书》，中华书局1962年版。

（汉）刘熙撰，愚若点校：《释名》，中华书局2020年版。

（汉）刘向撰，向宗鲁校证：《说苑校证》，中华书局1987年版。

（汉）司马迁：《史记》，中华书局1982年版。

（汉）宋衷注，（清）秦嘉谟等辑：《世本八种》，中华书局2008年版。

（汉）王逸注：《楚辞章句补注·楚辞集注》，岳麓书社2013年版。

（汉）王符著，（清）汪继培笺，彭铎校正：《潜夫论笺校正》，中华书局1985年版。

（汉）许慎：《说文解字》，中华书局1963年影印本。

（汉）许慎撰，陶生魁点校：《说文解字》，中华书局2020年版。

（汉）许慎撰，（清）段玉裁注：《说文解字注》，上海古籍出版社1981年版。

（东汉）袁康、吴平著，徐儒宗点校：《越绝书》，浙江古籍出版社2013年版。

（东汉）赵晔撰，周生春辑校汇考：《吴越春秋辑校汇考》，中华书局2019年版。

（三国魏）王弼注，楼宇烈校释：《老子道德经注校释》，中华书局2008年版。

（三国吴）韦昭注：《宋本国语》，国家图书馆出版社2017年版。

（晋）常璩原著，汪启明、赵静译注：《华阳国志译注》，四川大学出版社2007年版。

（晋）葛洪著，杨明照校笺：《抱朴子外篇校笺》，中华书局 1991 年版。

（晋）郭象注，（唐）成玄英疏：《南华真经注疏》，中华书局 1998 年版。

（晋）郭璞注，（清）洪颐煊校：《穆天子传》，丛书集成初编本，商务印书馆 1937 年版。

（晋）郭璞传，（清）郝懿行笺疏：《山海经笺疏》，《郝懿行集》第 6 册，齐鲁书社 2010 年版。

（晋）郭璞注，王贻樑、陈建敏校释：《穆天子传汇校集释》，中华书局 2019 年版。

（晋）郭璞注，周远富、愚若点校：《尔雅》，中华书局 2020 年版。

（晋）干宝撰，汪绍楹校注：《搜神记》，中华书局 1979 年版。

（晋）干宝、（宋）陶潜撰，李剑国辑校：《搜神记辑校 搜神后记辑校》，中华书局 2019 年版。

（晋）张华撰，范宁校证：《博物志校证》，中华书局 1980 年版。

（晋）王嘉撰，（梁）萧绮录，齐治平校注：《拾遗记校注》，中华书局 1981 年版。

（南朝宋）范晔：《后汉书》，中华书局 1965 年版。

（梁）萧统编，（唐）李善注：《文选》，中华书局 1977 影印本。

（梁）顾野王撰，吕浩校点：《大广益会玉篇》，中华书局 2019 年版。

（北齐）魏收：《魏书》，中华书局 1974 年版。

（北魏）郦道元著，（清）王先谦校：《水经注》，巴蜀书社 1985 年版。

（北魏）郦道元著，陈桥驿校证：《水经注校证》，中华书局 2007 年版。

（北魏）郦道元撰，（清）杨守敬纂疏，（清）熊会贞参疏：《京都大学藏钞本水经注疏》，辽海出版社 2012 年版。

（唐）段成式：《酉阳杂俎（附续集）》，丛书集成初编本，商务印书馆 1937 年版。

（唐）杜光庭撰，罗争鸣辑校：《杜光庭记传十种辑校》，中华书局 2013 年版。

（唐）陆德明：《经典释文》，上海古籍出版社 2013 年版。

（唐）刘知几著，（清）浦起龙通释：《史通通释》，上海古籍出版社2009年版。

（唐）魏征等：《隋书》，中华书局1973年版。

（唐）徐坚等：《初学记》，中华书局2004年版。

（明）胡应麟：《少室山房笔丛》，中华书局1958年版。

（宋）洪兴祖撰，白化文等点校：《楚辞补注》，中华书局1983年版。

（宋）洪兴祖补注：《楚辞补注》，凤凰出版社2007年版。

（宋）洪兴祖撰：《楚辞补注》，《文渊阁四库全书·集部》第1062册，上海古籍出版社2012年影印本。

（宋）李昉等撰：《太平御览》，中华书局1995年影印本。

（宋）罗愿撰，石云孙校点：《尔雅翼》，黄山书社2013年版。

（宋）罗泌：《路史》，北京图书馆出版社2003年版。

（宋）郑樵撰，王树民点校：《通志二十略》，中华书局1995年版。

（宋）王应麟著，张三夕、杨毅点校：《汉制考·汉艺文志考证》，中华书局2011年版。

（宋）张君房编，李永晟点校：《云笈七签》，中华书局2003年版。

（明）施耐庵、罗贯中：《水浒传》，中华书局2009年版。

（明）《山海经十八卷》，成化六年（1470）刻本，《四部丛刊初编》第59函，上海涵芬楼影印本。

（明）王崇庆：《山海经释义》，万历四十七年（1619）大业堂刻本，《四库全书存目丛书·子部》第245册，齐鲁书社1995年影印本。

（明）杨慎撰、王大厚笺证：《升庵词品笺证》，中华书局2018年版。

（明）王圻、王思义编集：《三才图会》，上海古籍出版社1988年版。

（明）王夫之：《楚辞通释》，《船山全书》第14册，岳麓书社2011年版。

（明）吴承恩著，李天飞校注：《西游记》，中华书局2014年版。

（清）陈立撰，吴则虞点校：《白虎通疏证》，中华书局1994年版。

（清）高士奇撰，杨伯峻点校：《左传纪事本末》，中华书局2015年版。

（清）郭庆藩撰，王孝鱼点校：《庄子集释》，中华书局2012年版。

（清）顾炎武著，黄汝成集释，栾保群、吕宗力校点：《日知录集释：全校本》，上海古籍出版社2006年版。

（清）郝懿行著，吴庆峰等点校：《尔雅义疏》，《郝懿行集》第 4 册，齐鲁书社 2010 年版。

（清）郝懿行撰，栾保群点校：《山海经笺疏》，中华书局 2021 年版。

（清）郝懿行著，李念孔点校：《竹书纪年校证》，《郝懿行集》第 5 册，齐鲁书社 2010 年版。

（清）郝懿行笺疏，范祥雍补校：《山海经笺注补校》，上海古籍出版社 2013 年版。

（清）胡承珙撰，石云孙校点：《小尔雅义证》，黄山书社 2011 年版。

（清）胡绍煐撰，蒋立甫校点：《文选笺证》，黄山书社 2007 年版。

（清）刘熙载著，薛正兴点校：《刘熙载文集》，江苏古籍出版社 2000 年版。

（清）李渔著，单锦珩点校：《闲情偶寄》，《李渔全集》，浙江古籍出版社 2014 年版。

（清）孔广森撰，王丰先点校：《大戴礼记补注（附校正孔氏大戴礼记补注）》，中华书局 2013 年版。

（清）马瑞辰撰，陈金生点校：《毛诗传笺通释》，中华书局 1989 年版。

（清）马骕撰，王利器整理：《绎史》，中华书局 2002 年版。

（清）马国翰辑：《玉函山房辑佚书》，广陵书社 2004 年影印本。

（清）茆泮林辑：《十种古逸书》，清道光十四年梅瑞轩刻本。

（清）钱大昭撰，黄建中、李发舜点校：《广雅疏义》，中华书局 2016 年版。

（清）钱大昕：《经典文字考异》，《嘉定钱大昕全集》，凤凰出版社 2016 年版。

（清）阮元校刻：《十三经注疏》，中华书局 1980 年影印本。

（清）苏舆撰，钟哲点校：《春秋繁露义证》，中华书局 1992 年版。

（清）孙希旦撰，沈啸寰、王星贤点校：《礼记集解》，中华书局 1989 年版。

（清）孙诒让撰，孙启治点校：《墨子闲诂》，中华书局 2001 年版。

（清）孙诒让撰，王文锦、陈玉霞点校：《周礼正义》，中华书局 2013 年版。

（清）孙星衍撰，陈抗、盛冬铃点校：《尚书今古文注疏》，中华书局

2004 年版。

（清）吴任臣撰，栾保群点校：《山海经广注》，中华书局 2020 年版。

（清）王照圆撰，虞思征点校：《列女传补注》，华东师范大学出版社 2012 年版。

（清）王聘珍撰，王文锦点校：《大戴礼记解诂》，中华书局 1983 年版。

（清）王先谦撰，吴格点校：《诗三家义集疏》，中华书局 1987 年版。

（清）王先谦撰，沈啸寰、王星贤点校：《荀子集解》，中华书局 1988 年版。

（清）王先慎撰，钟哲点校：《韩非子集解》，中华书局 1998 年版。

（清）王念孙著，张其昀点校：《广雅疏证（点校本）》，中华书局 2019 年版。

（清）汪绂：《山海经存》，《山海经穆天子传集成》，上海交通大学出版社 2009 年版。

（清）永瑢等：《四库全书总目》，中华书局 1965 年影印本。

（清）永瑢等：《四库全书简明目录》，上海古籍出版社 1985 年版。

（清）姚振宗：《隋书经籍志考证》，《二十五史艺文经籍志考补萃编》，清华大学出版社 2014 年版。

（清）严可均辑：《全上古三代秦汉三国六朝文》，中华书局 1958 年影印本。

陈国庆编：《汉书艺文志注释汇编》，中华书局 1983 年版。

陈鼓应注译：《庄子今注今译》，中华书局 2007 年版。

陈奇猷校释：《吕氏春秋新校释》，上海古籍出版社 2009 年版。

董治安主编：《唐代四大类书》，清华大学出版社 2003 年版。

傅隶朴：《春秋三传比义》，台北：台湾商务印书馆 2006 年版。

梁启雄：《荀子简释》，中华书局 1983 年版。

黎翔凤：《管子校注》，中华书局 2004 年版。

方诗铭、王修龄：《古本竹书纪年辑证》，上海古籍出版社 1981 年版。

范祥雍订补：《古本竹书纪年辑校订补》，上海古籍出版社 2018 年版。

郭世谦：《山海经考释》，天津古籍出版社，2011 年版。

郭沫若：《卜辞通纂》，科学出版社1983年版。

《古代汉语词典》编写组编：《古代汉语词典（缩印本）》，商务印书馆2007年版。

何宁：《淮南子集释》，中华书局1998年版。

黄晖：《论衡校释》，中华书局1990年版。

黄怀信、张懋镕、田旭东撰：《逸周书汇校集注》，上海古籍出版社2007年版。

刘文典撰，冯逸，乔华点校：《淮南鸿烈集解》，中华书局2013年版。

刘文典撰，赵锋、诸伟奇点校：《庄子补正》，安徽大学出版社、云南大学出版社1999年版。

刘锡诚、王文宝主编：《中国象征辞典》，天津教育出版社1991年版。

李学勤主编：《十三经注疏（标点本）》，北京大学出版社1999年版。

李剑国辑释：《唐前志怪小说辑释》，上海古籍出版社2011年版。

李剑国：《唐前志怪小说史》，天津教育出版社2005年版。

李实：《甲骨文字丛考》，甘肃人民出版社1997年版。

楼宇烈主撰：《荀子新注》，中华书局2018年版。

栾保群编著：《中华神怪大辞典》，人民出版社2018年版。

马茂元主编：《楚辞注释》，湖北人民出版社1985年版。

马宗霍：《论衡校读笺识》，中华书局2010年版。

沈从文：《中国古代服饰研究》，商务印书馆2011年版。

金开诚等校注：《屈原集校注》，中华书局1996年版。

王先谦补注：《汉书补注》，商务印书馆1959年版。

王同亿主编译：《英汉辞海》，国防工业出版社1988年版。

吴毓江撰，孙启治点校：《墨子校注》，中华书局2006年版。

王泗原：《楚辞校释》，中华书局2014年版。

吴仰湘编：《皮锡瑞全集》，中华书局2015年版。

徐元诰撰，王树民、沈长云点校：《国语集解》，中华书局2002年版。

徐宗元辑：《帝王世纪辑存》，中华书局1964年版。

徐中舒主编：《甲骨文字典》，四川辞书出版社 2003 年版。

许维遹：《吕氏春秋集释》，中华书局 2009 年版。

游国恩主编：《天问纂义》，中华书局 1982 年版。

游国恩主编：《离骚纂义》，中华书局 1980 年版。

杨伯峻：《列子集释》，中华书局 1979 年版。

杨伯峻编著：《春秋左传注》，中华书局 1995 年版。

袁珂选译：《神话选译百题》，上海古籍出版社 1980 年版。

袁珂：《古神话选释》，人民文学出版社 1979 年版。

袁珂校注：《山海经校注》，巴蜀书社 1993 年版。

周明辑撰：《山海经集释》，巴蜀书社 2019 年版。

二 中文专著

陈浦清：《中国古代寓言史》，湖南教育出版社 1983 年版。

陈建宪：《神祇与英雄——中国古代神话的母题》，生活·读书·新知三联书店 1994 年版。

陈振裕主编：《中国古代青铜器造型纹饰》，湖北美术出版社 2001 年版。

晁福林：《夏商西周的社会变迁》，北京师范大学出版社 1996 年版。

晁福林：《先秦社会形态研究》，北京师范大学出版社 2003 年版。

晁福林：《春秋战国的社会变迁》，商务印书馆 2011 年版。

董小英：《叙述学》，社会科学文献出版社 2001 年版。

党晴梵：《先秦思想史论略》，陕西人民出版社 1959 年版。

丁山：《古代神话与民族》，商务印书馆 2005 年版。

丁山：《中国古代宗教与神话考》，上海书店出版社 2021 年版。

傅修延：《先秦叙事研究：关于中国叙事传统的形成》，东方出版社 1999 年版。

傅道彬：《中国生殖崇拜文化论》，湖北人民出版社 1990 年版。

胡亚敏：《叙事学》，华中师范大学出版社 2004 年版。

黄懿陆：《〈山海经〉考古：夏朝起源与先越文化研究》，民族出版社 2007 年版。

关永中：《神话与时间》，台北：台湾书店 1997 年版。

何星亮：《中国图腾文化》，中国社会科学出版社 1992 年版。

黄雅峰、陈长山编著：《南阳麒麟岗汉画像石墓》，三秦出版社 2008 年版。

乐蘅军：《古典小说散论》，台北：纯文学出版社有限公司 1976 年版。

鲁迅：《中国小说史略》，《鲁迅全集》第 9 卷，人民出版社 2005 年版。

吕微：《神话何为——神圣叙事的传承与阐释》，社会科学文献出版社 2001 年版。

吕思勉：《先秦史》，上海古籍出版社 1982 年版。

李丰楙：《神化与变异：一个"常与非常"的文化思维》，中华书局 2010 年版。

刘小枫主编：《人类困境中的审美精神——哲人、诗人论美文选》，魏育青等译，东方出版中心 1996 年版。

林惠祥：《文化人类学》，商务印书馆 2011 年版。

刘城淮：《中国上古神话》，上海文艺出版社 1988 年版。

刘毓庆：《图腾神话与中国传统人生》，人民出版社 2002 年版。

李立：《汉墓神画研究：神话与神话艺术精神的考察与分析》，上海古籍出版社 2004 年版。

李道和：《岁时民俗与古小说研究》，天津古籍出版社 2004 年版。

李道和：《民俗文学与民俗文献研究》，巴蜀书社 2008 年版。

李学勤：《比较考古学随笔》，广西师范大学出版社 1997 年版。

李炳海：《部族文化与先秦文学》，高等教育出版社 1995 年版。

李夏廷、李劭轩编著：《晋国青铜器艺术图鉴》，文物出版社 2009 年版。

李昆声主编：《云南考古学通论》，云南大学出版社 2019 年版。

刘志伟主编：《文选资料汇编·赋类卷》，中华书局 2013 年版。

茅盾：《中国神话研究初探》，上海古籍出版社 2005 年版。

茅盾：《神话研究》，百花文艺出版社 1981 年版。

欧阳哲生编：《傅斯年文集》，中华书局 2017 年版。

潜明兹：《中国神话学》，上海人民出版社 2008 年版。

容庚、张维持：《殷周青铜器通论》，文物出版社 1984 年版。

申丹：《叙述学与小说文体学研究》，北京大学出版社 2004 年版。

陕西省考古研究所、陕西省安康水电站库区考古队：《陕南考古报告集》，三秦出版社1994年版。

谭君强：《叙事学导论：从经典叙事学到后经典叙事学》，高等教育出版社2008年版。

谭君强：《叙事理论与审美文化》，中国社会科学出版社2002年版。

徐旭生：《中国古史的传说时代》，文物出版社1985年版。

闻一多：《神话与诗》，湖南人民出版社2010年版。

闻一多：《楚辞校补》，岳麓书社2013年版。

闻一多：《闻一多全集》，湖北人民出版社1993年版。

汪宁生：《云南沧源崖画的发现与研究》，文物出版社1985年版。

王孝廉：《中国的神话与传说》，台北：联经出版事业公司1977年版。

王孝廉：《中国的神话世界》，作家出版社1991年版。

王小盾：《原始信仰和中国古神》，上海古籍出版社1989年版。

王钟陵：《中国前期文化—心理研究》，重庆出版社1991年版。

万建中：《解读禁忌：中国神话、传说和故事中的禁忌主题》，商务印书馆2001年版。

萧兵：《楚辞与神话》，江苏古籍出版社1987年版。

谢选骏：《神话与民族精神——几个文化圈的比较》，山东文艺出版社1986年版。

徐岱：《小说叙事学》，商务印书馆2010年版。

杨利慧：《女娲的神话与信仰》，中国社会科学出版社1997年版。

杨向奎：《中国古代社会与古代思想研究》，上海人民出版社1962年版。

张光直：《中国青铜时代》，生活·读书·新知三联书店1983年版。

叶舒宪：《英雄与太阳——中国上古史诗的原型重构》，上海社会科学出版社1991年版。

叶舒宪选编：《神话—原型批评》，陕西师范大学出版社1987年版。

叶舒宪：《中国神话哲学》，陕西人民出版社2005年版。

杨义：《中国叙事学（图文版）》，人民出版社2009年版。

袁珂、周明编：《中国神话资料萃编》，四川省社会科学院出版社1985年版。

袁珂编著：《中国神话传说词典》，上海辞书出版社1985年版。

袁珂：《中国神话史》，上海文艺出版社1988年版。

严文明：《中国史前艺术》，文物出版社2022年版。

赵毅衡：《苦恼的叙述者——中国小说的叙述形式与中国文化》，北京十月文艺出版社1994年版。

张寅德编选：《叙述学研究》，中国社会科学出版社1989年版。

何星亮：《图腾文化与人类诸文化的起源》，中国文联出版社1991年版。

郭预衡：《中国散文史》，上海古籍出版社1993年版。

顾颉刚编著：《古史辨》第1册，上海古籍出版社1982年版。

顾颉刚：《中国上古史研究讲义》，中华书局1988年版。

郭念锋编：《心理咨询师（基础知识）》，民族出版社2005年版。

过常宝：《楚辞与原始宗教》，东方出版社1997年版。

古添洪、陈慧桦编著：《从比较神话到文学》，台北：东大图书有限公司1977年版。

郭大顺：《红山文化》，文物出版社2005年版。

顾实编：《穆天子传西征讲疏》，上海三联书店2014年版。

葛兆光：《中国思想史》，复旦大学出版社2013年版。

贺学君等编：《中日学者中国神话研究论著目录总汇》，中国社会科学出版社2012年版。

施劲松：《长江流域青铜器研究》，文物出版社2003年版。

张增祺：《中国西南民族考古》，云南人民出版社2012年版。

朱天顺：《中国古代宗教初探》，上海人民出版社1982年版。

张勤：《文化人类学视野下的西王母神话传说研究》，学苑出版社2015年版。

湖北省博物馆编：《曾侯乙墓》，文物出版社1989年版。

四川省文物考古研究所编：《三星堆祭祀坑》，文物出版社1999年版。

中国画像石全集编辑委员会编：《中国画像石全集》，山东美术出版社、河南美术出版社2000年版。

中国社会科学院语言研究所词典编辑室编：《现代汉语词典》，商务印书馆2006年版。

中国社会科学院考古研究所等编著:《襄汾陶寺: 1978—1985 年考古发掘报告》,文物出版社 2015 年版。

《中国画像砖全集》编辑委员会编:《中国画像砖全集》,四川出版集团、四川美术出版社 2006 年版。

中国社会科学院考古研究所编著:《庙底沟与三里桥》,文物出版社 2011 年版。

三　外文原著与译著

［日］白川静:《中国の神話》,中央公论新社 2003 年版。

［日］大林太良:《神话学入门》,林相泰、贾福水译,中国民间文艺版社 1989 年版。

［日］内藤虎次郎等:《先秦经籍考》,江侠庵编译,国家图书馆出版社 2010 年版。

［日］林巳奈夫:《神与兽的纹样学: 中国古代诸神》,常耀华等译,生活·读书·新知三联书店 2009 年版。

［美］C. 恩伯、M. 恩伯:《文化的变异——现代文化人类学通论》,杜杉杉译,辽宁人民出版社 1988 年版。

［美］王靖宇:《中国早期叙事文研究》,上海古籍出版社 2003 年版。

［苏］谢·亚·托卡列夫:《世界各民族历史上的宗教》,魏庆征译,中国社会科学出版社 1985 年版。

［美］戴卫·赫尔曼主编:《新叙事学》,马海良译,北京大学出版社 2002 年版。

［德］马克思:《摩尔根〈古代社会〉一书摘要》,中国科学院历史研究所翻译组译,人民出版社 1978 年版。

［德］恩斯特·卡西尔:《符号·神话·文化》,李小兵译,东方出版社 1988 年版。

［德］恩斯特·卡西尔:《语言与神话》,于晓等译,生活·读书·新知三联书店 1988 年版。

［德］恩斯特·卡西尔:《神话思维》,黄龙保、周振选译,中国社会科学出版社 1992 年版。

［德］恩斯特·卡西尔:《人论》,甘阳译,上海译文出版社 2004 年版。

［奥］弗洛伊德：《释梦》，孙名之译，商务印书馆 1996 年版。

［瑞士］卡尔·古斯塔夫·荣格：《原型与集体无意识》，徐德林译，国际文化出版公司 2011 年版。

［美］阿兰·邓迪斯编：《西方神话学读本》，朝戈金等译，广西师范大学出版社 2006 年版。

［美］本杰明·史华兹：《古代中国的思想世界》，程钢译，江苏人民出版社 2008 年版。

［美］海登·怀特：《形式的内容：叙事话语与历史再现》，董立河译，文津出版社 2005 年版。

［美］杨晓能：《另一种古史：青铜器纹饰、图形文字与图像铭文的解读》，唐际根、孙亚冰译，生活·读书·新知三联书店 2017 年版。

［德］黑格尔：《美学》，朱光潜译，商务印书馆 1979 年版。

［苏］柯斯文：《原始文化史纲》，张锡彤译，生活·读书·新知三联书店 1955 年版。

［法］马伯乐：《书经中的神话》，冯沅君译，商务印书馆 1939 年版。

［法］古斯塔夫·勒庞：《乌合之众》，冯克利译，中央编译出版社 2005 年版。

［法］克洛德·列维-斯特劳斯：《结构人类学》，张祖建译，中国人民大学出版社 2006 年版。

［荷］米克·巴尔：《叙述学：叙事理论导论》，谭君强译，中国社会科学出版社 2003 年版。

［俄］普列汉洛夫：《普列汉诺夫哲学著作选集》第 3 卷，汝信等译，生活·读书·新知三联书店 1962 年版。

［美］路易斯·亨利·摩尔根：《古代社会》，杨东莼等译，商务印书馆 2012 年版。

［美］浦安迪讲演：《中国叙事学》，北京大学出版社 1996 年版。

［美］华莱士·马丁：《当代叙事学》，伍晓明译，北京大学出版社 2005 年版。

［美］苏珊·朗格：《情感与形式》，刘大基、傅志强等译，中国社会科学出版社 1986 年版。

［意］维柯：《新科学》，朱光潜译，人民文学出版社 1997 年版。

［奥］西格蒙德·弗洛伊德：《图腾与禁忌》，赵立玮译，上海人民

出版社 2005 年版。

[英] 詹·乔·弗雷泽：《金枝》，徐育新等译，中国民间文艺出版社 1987 年版。

[法] 热拉尔·热奈特：《叙事话语 新叙事话语》，王文融译，中国社会科学出版社 1990 年版。

后　记

　　本书探讨先秦神话的变形叙事，主要依托国家社科基金项目、校级博士科研启动费项目、校级青年项目，收录了近十年本人独撰并公开发表的数篇学术论文，自2022年至今，又新采录300余幅神话图像，大幅调整、修改、增补了部分研究内容，终不负夙夜勤勉，写成一书，待全书撰毕之时，颇有"致青春"意味。十余年时光，倏忽而逝，遥想十年之前，自己初入学术门庭，撰文论道，乃发乎兴趣。自小我便听爷爷讲述云南大理白族地区世代流传的"观音服罗刹"神话，为怪诞诡奇的叙事情节吸引，至研究生求学期间，阅读大量中国古代神话典籍、研究专著等，纯然的兴趣渐次发展为个人的学术志趣。十年之后，自己已然结束求学生涯，成为高校的一名"青椒"，对于古代域内域外神话的聚焦，甚至已生发为孜孜以求的花朵，关注不止。在近期增删、校对本书的过程中，授课任务依旧异常繁重，但我丝毫不敢惰怠，此过程漫长而艰辛，是愉悦与痛苦携行的过程，在搜集、整理神话图像，文图互动阐释中，我似乎唤回了做学问的初心与兴趣，忘却时光，全情投入，无甚杂念，当然，也能静心斟酌字词，反复校对书稿，始终保持敬畏学术的本心。

　　今拙著即将付梓，感慨良深，非常感谢硕士、博士求学期间，恩师王乙教授、尚学峰教授的悉心教导与尽心栽培，导师的温柔敦厚，治学严谨，时常让我倍感温暖，并受益匪浅。由衷感谢中国社会科学出版社慈明亮编辑为此书出版所付出的辛勤劳动，以及所给予的大力支持与帮助。感谢我的家人们，尤其是我的父母，全家人的关怀、陪伴、爱护与支持，一如既往是我勇敢前行的铠甲，让我自求学时光到工作阶段，始终能心无旁骛，静心向学。感谢读书与工作期间志同道合的师友们，在进德修业之途中，我们彼此鼓励，未曾孤独。感谢我的学生们，与诸君相遇，是人生之小确幸，虽有身为"摆渡人"的艰辛，但同学们的喜爱和信赖，是敦促我加强学习，成为更好的自己的驱动力。《诗》曰："日就月将，学有缉熙于光明"，问学之路，必然道阻且长，切磋琢磨，乃进学之道，我依旧会保持初心，踏实向学。此书的撰写已正式告一段落，但我亦深知，因个人力有不逮，书中必有不尽之处，敬请各位专家学者，有以教我，以待日后厘正完善。

段　丽
甲辰年二月初八于大理古城